Franz Dürheim, Werner Freißler, Winfried Haas,
Günter Heß, Otto Mayr

Unterrichtssequenzen Geschichte/ Sozialkunde/Erdkunde

Geschichte und Gegenwart des menschlichen Lebensraums im integrativen Unterricht der Hauptschule

9. Jahrgangsstufe

Mit Materialien für die 10. Jahrgangsstufe

Auer Verlag GmbH

Inhalt

Stoffverteilungsplan 3

Vorwort 6

Bildnachweis 6

9. Jahrgangsstufe

    1. Das geteilte Deutschland *(Otto Mayr)* 7

    2. Demokratie in Deutschland *(Franz Dürheim)* 33

    3. Auf dem Weg zur Einigung Europas *(Winfried Haas)* 61

    4. Die Wiedervereinigung Deutschlands im Zusammenhang der europäischen Einigungsbewegung *(Otto Mayr)* 83

    5. Eine Welt *(Werner Freißler)* 100

    6. Friedensbemühungen in der Weltpolitik der Gegenwart *(Günter Heß)* 126

    7. Der Islam *(Otto Mayr)* 140

    8. Menschen aus anderen Herkunftsländern *(Günter Heß)* 166

10. Jahrgangsstufe

    1. Geschlechterrollen *(Otto Mayr)* 176

    2. Bevölkerungsentwicklung *(Otto Mayr)* 191

    3. Siedlungsräume *(Günter Heß)* 207

    4. Technik *(Werner Freißler)* 218

    5. Bürger in der Demokratie *(Winfried Haas)* 233

Literaturhinweise/Medien/zusätzliche Materialien/Projektvorschläge 252

Lösungsblätter 259

Gedruckt auf umweltbewusst gefertigtem, chlorfrei gebleichtem
und alterungsbeständigem Papier.

1. Auflage. 1999
Nach der Neuregelung der deutschen Rechtschreibung
© by Auer Verlag GmbH, Donauwörth. 1999
Alle Rechte vorbehalten
Karten: u. a. Andreas Toscano del Banner, München
Zeichnungen: Gabriele Dal Lago, Otterfing
Gesamtherstellung: Ludwig Auer GmbH, Donauwörth
ISBN 3-403-02963-8

Stoffverteilungsplan

Geschichte	Sozialkunde	Erdkunde	Bayerischer Lehrplan
1. Das geteilte Deutschland **1.1 Deutschland im Jahr 1945** – Ausüben der staatl. Gewalt durch die Alliierten – Mangel als Alltagserfahrung – Flüchtlinge, Vertriebene – Wirtschaftsleben – „Entnazifizierung" **1.2 Die Teilung Dtls. und Konflikte in der „Anti-Hitler-Koalition"** – Wiederaufbau – Währungsreform – 1949: doppelte Staatsgründung u. d. Teilung Dtls. **1.3 Die Entwicklung in den beiden dt. Staaten** – Entwicklung in der BRD – Entwicklung in der DDR – 17. Juni 1953 – 13. August 1961 **1.4 Leben im geteilten Dtl.** – die Jugendlichen in BRD und DDR – gesellschaftl. Zustände – Verbindendes – Projektvorschlag: Aufbau eines Feindbildes: Wehrkunde in der DDR			9.1 Das geteilte Deutschland
	2. Demokratie in Deutschland **2.1 Politische Parteien in Dtl.** – Parteien, ihre Aufgaben, ihre Interessen, ihre Programme – Einparteiensystem/Mehrparteiensystem **2.2 Wahlen auf Bundesebene** – Wahlsystem der BRD – Wahlsysteme **2.3 Die föderative Ordnung** – Staatsorganisationsformen – Dtl. – ein Bundesstaat **2.4 Gesetzgebung in Bayern** – Bayer. Verfassung – Volksbegehren, Volksentscheid		9.2 Demokratie in Deutschland
3. Auf dem Weg zur Einigung Europas **3.1 Europa in früheren Jahrhunderten** – gemeinsame Wurzeln und Entwicklungen **3.2 Vorstellungen von Europa im 20. Jhdt.** – Ideal von Europa nach 1945 **3.3 Stufen der wirtschaftl. und polit. Einigung Europas** – vom Europarat zur EU – EU: Aufgaben, Organe **3.4 Die Entwicklung in Osteuropa** – Auflösung des Ostblocks			9.3 Auf dem Weg zur Einigung Europas
4. Die Wiedervereinigung Deutschlands im Zusammenhang der europäischen Einigungsbewegung **4.1 Der Prozess der Wiedervereinigung** – Ursachen des Zusammenbruchs der DDR – Weichenstellungen auf dem Weg zur dt. Einheit **4.2 Der Fortgang der Einigung Europas** – Ausbau der polit. und wirtschaftl. Union – Chancen u. Probleme der Osterweiterung			9.4 Die Wiedervereinigung Deutschlands im Zusammenhang der europäischen Einigungsbewegung

Geschichte	Sozialkunde	Erdkunde	Bayerischer Lehrplan
		5. Eine Welt	9.5 Eine Welt
		5.1 Entwicklungsländer	
		– Entwicklungsländer – Lage, naturgeograph., ökolog. Probleme – Bsp. Bangladesch – wirtschaftl. Möglichkeiten	
		5.2 Industrieländer	
		– Industrienationen – Kennzeichen – Bsp. USA	
		5.3 Beziehungen zwischen Entwicklungs- und Industrieländern	
		– Energieverbrauch – Entwicklungshilfe – Ferntourismus	
	6. Friedensbemühungen in der Weltpolitik der Gegenwart		9.6 Friedensbemühungen in der Weltpolitik der Gegenwart
6.1 Ein aktueller Krisenherd im Licht seiner historischen Dimension – Geschichte der Region Kosovo, Konflikte			
	6.2 Internationale Strategien zur Krisenbewältigung und Möglichkeiten zur Friedenssicherung – Internationale Organisationen		
	6.3 Bundeswehr und Friedenssicherung – Bundeswehr – ihr Auftrag – Friedenseinsatz in Bosnien-Herzegowina		
	Fächerübergreifende Bildungsaufgabe **7. Der Islam**		**Fächerübergreifende Bildungsaufgabe** 9.7 Der Islam
	7.1 Der Islam im Mittelmeerraum – Der Islam – Entstehung, Lehre und Ausbreitung – Einfluss auf Europa		
	7.2 Strukturen und Lebensformen im Islam – Türkei – ein islamischer Staat		
	7.3 Europa und der Islam – Muslime in Dtl. – Zusammenleben von Deutschen und Türken		
	7.4 Projekt: Der Islam – Strukturen und Lebensformen – die fünf Pfeiler des Islam		
		8. Menschen aus anderen Herkunftsländern	9.8 Menschen aus anderen Herkunftsländern
		8.1 Ursachen von Migrationsbewegungen – Warum kommen Ausländer nach Dtl.?	
		8.2 Eingliederungsprobleme – drei Frauen – drei Schicksale: Lebensläufe	
	8.3 Möglichkeiten für ein friedliches Zusammenleben – Ausländer – Vorurteile und Realität		

Geschichte	Sozialkunde	Erdkunde	Bayerischer Lehrplan

1. Geschlechterrollen

1.1 Gegenwartsbezogene Gesellschaftsanalyse
– Frauenbilder – Männerbilder

1.2 Kontinuität und Wandel
– Familie und Geschlechterrollen im Wandel der Zeit

1.3 Tradition und Moderne
– Geschlechterrollen im Islam
– Familienplanung in China

1.4 Zielperspektive: Gleichberechtigung
– aktuelle Grundlagen

10.1 Geschlechterrollen

2. Bevölkerungsentwicklung

2.1 Die Weltbevölkerung im Überblick
– Weltbevölkerungsbericht, Zahlen, Fakten

2.2 Bevölkerungsentwicklung in Deutschland

2.3 Bevölkerungswachstum weltweit
– Indien, China

2.4 Zukunftsperspektive: Überleben in der Einen Welt
– Entwicklungsstaaten
– Entwicklungszusammenarbeit
– Agenda 21

10.2 Bevölkerungs-entwicklung

3. Siedlungsräume

3.1 Kennzeichen des Ortes bzw. Raumes
– geologische und geoökologische Kriterien
– der Siedlungsraum und seine histor. Besonderheit
– Heimatraum innerhalb von größeren Raumeinheiten

3.2 Faktoren der Veränderung und ihre Wirkung
– Arbeitsmarkt
– Leben auf dem Land
– Freizeitgestaltung
– Zentralität und Versorgung

10.3 Siedlungsräume

4. Technik

4.1 Epochentypische technische und wissenschaftliche Errungenschaften
– Das technische Zeitalter
– Folgen für Mensch und Umwelt

4.2 Ansichten über den technischen Fortschritt
– Technikeuphorie, Technikkritik, Technikakzeptanz
– Folgen
– globale Probleme

4.3 Technik und Verantwortung
– Verantwortung
– politische Rahmenbedingungen
– Technik und Wirtschaft
– ethische Grenzen

10.4 Technik

5. Bürger in der Demokratie

5.1 Akzeptanz von Politik und Demokratie
– Demoskopie
– Politiker

5.2 Politische Willensbildung

5.3 Politische Mitwirkung im demokratischen Staat
– direkte und repräsentative Demokratie
– direkte Partizipation

5.4 Konflikt, Konsens und Minderheitenschutz
– Kosovo

10.5 Bürger in der Demokratie

Vorwort

In ihrer individuellen Lebenswelt sind die Schüler täglich mit der zunehmenden Komplexität geschichtlicher, politischer, wirtschaftlicher und geographischer Strukturen konfrontiert. Sie sehen globale Probleme wie Armut, Umweltzerstörung, Missachtung der Menschenrechte und die Gefährdung des Friedens.

Die Verflochtenheit der globalen Schwierigkeiten erfordert globales Denken. Dies will das neue Fach mit dem Leitgedanken einer ganzheitlichen Betrachtungsweise erreichen. Die Schüler setzen sich mit gesellschaftlichen Wirklichkeiten in unterschiedlichen Zeiten und Räumen auseinander. Sie machen sich vertraut mit Grundfragen und Grundformen menschlicher Lebensgestaltung in ihrem geschichtlichen Wandel. Sie erhalten einen Einblick in die Wechselwirkungen zwischen Mensch und Raum. Darüber hinaus eignen sie sich Grundkenntnisse über politische Ordnungsformen, politische Prozesse und die internationale Politik an. Sie machen sich Gedanken über das Verhältnis von Individuum und Gesellschaft. Sie werden mit grundlegenden Überzeugungen vertraut, die unsere Kultur prägen.

Das Fach Geschichte/Sozialkunde/Erdkunde erfordert fachgemäße Arbeitsweisen, die gezielt eingeführt, intensiv geübt und ständig weiterentwickelt werden sollen. Dazu gehören das Arbeiten mit Texten, Medien und Objekten; das Sammeln und Auswerten von Informationen; das Erkunden von Institutionen; das Erproben verschiedener Verhaltensweisen in Simulationsspielen; das Dokumentieren von Ergebnissen; Fallanalysen und Diskussionen.

Inhaltlich wird die Aufbereitung der einzelnen Themen den beschriebenen Ansprüchen gerecht, die an einen modernen, methodisch interessanten Unterricht gestellt werden. Ausgearbeitete Projekte zu einzelnen Themen und weitere Projektvorschläge bieten dem Lehrer zusätzliche Möglichkeiten, die Vernetzung der Bereiche Geschichte, Sozialkunde und Erdkunde deutlich werden zu lassen und vertiefte Einsichten in die wechselseitigen Beziehungen von gesellschaftlich-sozialen, individuellen, wirtschaftlichen und räumlichen Bedingungen zu vermitteln.

Otto Mayr

Bildnachweis

1. Abbildungen

AFP, Berlin S. 51 u., 206

Cartoon-Caricature-Contor, München c5.net S. 75, 90, 91 o., 100, 124 o. l., 133, 223, 229, 270, 271

Erich Schmidt Verlag, Berlin/Bielefeld/München S. 50, 52 u., 86 o., 93 M., 107 (3×), 108, 113, 191 (2×), 195, 200 u., 202, 242, 243, 245 u., 266

Globus, Hamburg S. 92, 93 o., u., 97 M. r., u. r., 116 u. l., 196 o., 266

Haitzinger, Horst S. 33, 85 o., 119, 120 o., 123 o., 267

2. Karten

Andreas Toscano del Banner, © Auer Verlag GmbH, S. 13 o. r., 16 u. l., 17, 55 M., u., 56, 64 u., 68 r., 69 (5×), 71, 77 o. r., 80 M., 82, 98, 99, 102, 104, 108 M. l., 112, 114, 118, 131, 142, 144, 145, 149, 150, 155, 169, 199, 204 (4×), 213, 251, 260 o. l., 262 o. r., 263 u. l., 264 o. r., 265 o. l., o. r., u. l., 267 o. l., 268 u. l., u. r., 269 o. l., 272 u. l.

Für einige Abbildungen konnte der Urheber nicht ermittelt werden. Der Verlag ist bestrebt, Ergänzungen in einer Nachauflage zu berücksichtigen.

Alle anderen Abbildungen: Verlagsarchiv und Privatarchiv der Autoren.

1. Das geteilte Deutschland

→ 9.1 Das geteilte Deutschland (bayerischer Hauptschullehrplan)

Lerninhalte:

- Die schwierige politische, gesellschaftliche und wirtschaftliche Ausgangslage im Nachkriegsdeutschland kennen lernen
- Voraussetzungen und Etappen der Teilung Deutschlands kennen lernen
- Die Entwicklung der beiden deutschen Staaten kennen lernen
- Die Lebenswirklichkeit im geteilten Deutschland (Jugendkultur, gesellschaftliche Zustände, Mentalität, Stabilität des politischen Systems) kennen lernen

Arbeitsmittel:

Folienvorlage (Karte/Wappen BRD/DDR), Informationsblätter, Arbeitsblätter

Folienvorlage:

9. Jahrgangsstufe

1. Das geteilte Deutschland

Einstieg ins Thema: Folienvorlage (Karte/Wappen BRD/DDR; S. 7)

1.1 Deutschland im Jahr 1945 (S. 9)

Übernahme der vollen staatlichen Gewalt durch die Alliierten (S. 9)
Hunger und Mangel als Alltagserfahrung (S. 9)
Flüchtlinge und Vertriebene (S. 10)
Kriegszerstörungen, Demontage, Zusammenbruch des Wirtschaftslebens (S. 10)
Die so genannte Entnazifizierung und die Nürnberger Prozesse (S. 11)
Zusammenfassung durch Texte (S. 12)

1.2 Die Teilung Deutschlands und Konflikte in der „Anti-Hitler-Koalition" (S. 13)

Wiederaufbau der staatlichen Ordnung in den Ländern und Gemeinden (S. 13)
Der Weg zur doppelten Staatsgründung 1949 (S. 14)
Die Währungsreform 1948 (S. 15)
Die Berlin-Blockade 1948/49 (S. 15)
Die Entstehung der Bundesrepublik Deutschland – die Gründung der Deutschen Demokratischen Republik (S. 16)
Die Teilung Deutschlands (Arbeitsblatt S. 17; Lösungsblatt S. 260)

1.3 Entwicklung in den beiden deutschen Staaten (S. 18)

Die Entwicklung in der Bundesrepublik Deutschland – die Ära Adenauer (S. 18)
→ AL 9.5
Lebensstil, Kultur und Freizeit der Bevölkerung in den 50er Jahren (S. 19)
Die Entwicklung in der Deutschen Demokratischen Republik (S. 20)
Der 17. Juni 1953 (S. 21)
Der 13. August 1961 (S. 21)
Die BRD und die DDR in den 70er und 80er Jahren (S. 22)
Zusammenfassung – Rätsel: Bundesrepublik Deutschland/Deutsche Demokratische Republik? (S. 24)
Die Entwicklung in der Bundesrepublik Deutschland (Arbeitsblatt S. 25; Lösungsblatt S. 260)
Die Entwicklung in der Deutschen Demokratischen Republik (Arbeitsblatt S. 26; Lösungsblatt S. 260)

1.4 Leben im geteilten Deutschland (S. 27) → D 9.2.2

Die Jugendlichen in der Bundesrepublik Deutschland (S. 27) → KR 9.1.2
Die Jugendlichen in der Deutschen Demokratischen Republik (S. 28)
Gesellschaftliche Zustände in der Bundesrepublik Deutschland (S. 29) → EvR 9.6.2
Gesellschaftliche Zustände in der Deutschen Demokratischen Republik (S. 30)
Verbindendes zwischen Ost und West (S. 32)

Projektvorschlag: Aufbau eines Feindbildes: Wehrkunde in der Deutschen Demokratischen Republik (S. 253)

Lebenslauf eines DDR-Schülers (S. 253)
Die sozialistische Wehrerziehung in der Deutschen Demokratischen Republik (S. 254)
Aufbau eines Feindbildes in der Deutschen Demokratischen Republik (Arbeitsblatt S. 256; Lösungsblatt S. 272)

1.1 Deutschland im Jahr 1945

Übernahme der vollen staatlichen Gewalt durch die Alliierten

Am 8. Mai 1945 unterzeichneten Vertreter der deutschen Wehrmacht in Berlin die Urkunde über die bedingungslose Kapitulation Deutschlands. Die vier Siegermächte, die USA, die Sowjetunion, Großbritannien und Frankreich übernahmen die volle staatliche Gewalt. Es gab keine deutsche Regierung mehr.

Zerstörung und Verwüstung

Bei der Besetzung Deutschlands fanden die Alliierten ein verwüstetes Land vor. Die Zentren der großen Städte waren fast völlig zerstört; Berlin, Hamburg, Köln und Dresden bildeten einzige Trümmerwüsten. Köln z. B. hatte bei seiner Eroberung durch die Amerikaner nur noch 40 000 Einwohner – 1939, bei Kriegsbeginn, waren es 750 000. Der Eisenbahn- und Postverkehr war

In drei Angriffswellen bombardierte die Royal Air Force am 13./14. Februar 1945 Dresden. Da viele Flüchtlinge sich in der Stadt aufhielten, fanden mindestens 50 000 Menschen den Tod. Von Dresden blieb nur ein Skelett übrig.

eingestellt, Brücken und Gleisanlagen waren vielfach zerstört. In den Städten fehlte es oft an Wasser, Gas und elektrischem Strom. Gekocht wurde auf primitiv aus Ziegeln zusammengebauten Feuerstellen. Wasser wurde mit Eimern und Blechnäpfen an den wenigen Pumpen, die heil geblieben waren, geholt.

Hunger und Mangel als Alltagserfahrung

In den Monaten Mai und Juni 1945 war die Erzeugung und Verteilung der Lebensmittel nahezu völlig zusammengebrochen. Fehlende Arbeitskräfte, überalterte Maschinen, Mangel an Dünger waren Gründe dafür, dass Deutschland sich nur noch zur Hälfte aus eigener Kraft ernähren konnte und auf Lebensmittellieferungen der Alliierten angewiesen war. Ein wahrer Segen war die Arbeit amerikanischer Frauenorganisationen. Sie sammelten für so genannte Care-Pakete Lebensmittel und Kleidung und linderten so die größte Not, vor allem die der Kinder. Viele Deutsche verdankten diesen privaten Spendern ihr Leben.

Carepakete aus USA

Nur zögernd konnte in den noch vorhandenen Fabriken die Arbeit wieder aufgenommen werden. Die Konsumgüterindustrie, also die Herstellung von Kleidung, Schuhen und Möbeln, kam nur sehr schleppend in Gang, da die Alliierten wegen der Energieknappheit die Erlaubnis zur Produktion für diese Erzeugnisse nur zögernd erteilten.

Die Arbeiter konnten sich für ihren Lohn kaum etwas kaufen, Geld war nahezu wertlos geworden. Tausch und der „Schwarze Markt" waren die einzigen Möglichkeiten, an Lebensmittel, Kleidung und Brennmaterial zu kommen. Hier wurde Ware gegen Ware getauscht, wobei oft die Schachtel amerikanischer Zigaretten als Wertmesser diente. Natürlich war der Schwarzhandel verboten. Polizei und Soldaten der Besatzungsmächte kontrollierten oft. Wer erwischt wurde, musste seine eingetauschten Waren hergeben und wurde bestraft. Aber was blieb z. B. einer Frau übrig, deren Mann im Krieg umgekommen war und die drei Kinder ernähren musste?

Auf der Jagd nach ein paar Brocken Kohle

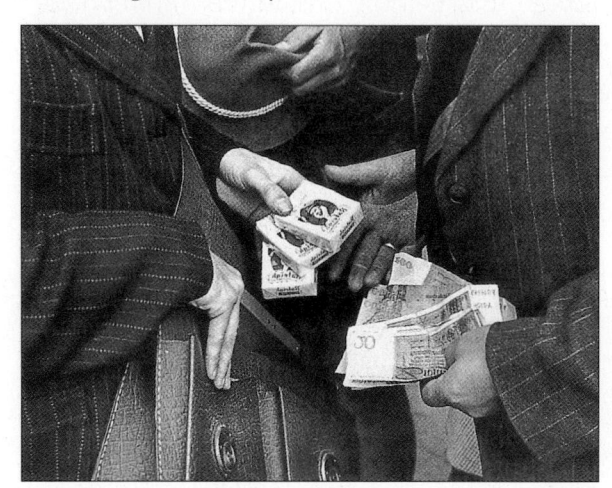

Der Handel mit Zigaretten auf dem Schwarzmarkt brachte guten Gewinn.

Flüchtlinge und Vertriebene

Die größten Probleme der Nachkriegszeit waren der Hunger, die Wohnungsnot und der Mangel an Heizmaterial. Die Menschen wohnten notdürftig in den Kellern zerbombter Häuser. Verschlimmert wurde diese Situation noch durch Millionen Flüchtlinge. Der Flüchtlingsstrom konzentrierte sich anfangs auf einige Länder, vor allem in Schleswig-Holstein, Niedersachsen und Bayern war der Flüchtlingsanteil sehr hoch. Im Oktober 1946 kamen ca. 9,7 Millionen Flüchtlinge und Heimatvertriebene nach Deutschland. Für die notdürftige Unterbringung blieben nur Kasernen oder Baracken als Möglichkeiten offen.
Die schwerste Prüfung stand den Flüchtlingen, den Kriegsinvaliden und Hinterbliebenen, vor allem den Alten und Schwachen im Winter 1946/47 bevor. Mitte Dezember 1946 begann in Mitteleuropa einer der kältesten Winter seit Menschengedenken. Es gab zu wenig zu essen, zu wenig Wohnungen, kaum Heizmaterial und zu wenig geeignete Kleidung. Der „Hungerwinter" dauerte bis April 1947 und forderte mehrere Tausend Tote.

Kriegszerstörung, Demontage, Zusammenbruch des Wirtschaftslebens

Nach Kriegsende kam die Industrieproduktion in Deutschland fast völlig zum Erliegen. In der amerikanischen Zone betrug sie im Juli 1945 etwa 10% derjenigen des Jahres 1936, im Dezember 1945 waren es 20%. In der britischen Zone waren die Produktionsleistungen etwas besser, insbesondere in der wichtigen Kohle- und Stahlerzeugung des Ruhrgebiets.

Unmittelbar nach Ende des Krieges begannen Frankreich und die Sowjetunion – beides Länder, deren Wirtschaft durch die deutsche Besatzung während des Krieges schwer in Mitleidenschaft gezogen worden war – ganze Fabrikanlagen zu demontieren. Diese Fabrikanlagen wurden in Eisenbahnwaggons oder auf Schiffe verladen und dienten zum Aufbau der industriellen Produktion in den Heimatländern der genannten Besatzungsmächte. Vor allem die Sowjetunion holte sich auf diese Weise den Grundstock für ihre Industrialisierung. Die in den West-Berliner Bezirken liegenden größeren Fabriken wurden von der Sowjetunion demontiert, bevor die Truppen der westlichen Siegermächte die ihr zugewiesenen Sektoren Berlins besetzten. Vor allem die sowjetische Besatzungszone hatte unter den Demontagen zu leiden.

Abtransport von Reparationsgütern in die Sowjetunion – eine der seltenen Dokumentaraufnahmen dieses Vorgangs.

Besatzer und Deutsche

Viele Deutsche hatten die Alliierten zunächst als Befreier vom Nationalsozialismus begrüßt. Im Lauf der Zeit machte sich jedoch eine Missstimmung in Deutschland gegenüber den Besatzern breit. Die Ernährungslage hatte sich nicht wesentlich gebessert, Wohnraum blieb lange Zeit Mangelware und die ganze Versorgung war nicht zufrieden stellend. Für diese schwierige Situation machten viele die Besatzer verantwortlich.

Darüber hinaus kam es immer wieder zu Übergriffen wie Gewalttätigkeiten oder Vergewaltigungen von den Soldaten der Besatzungsmächte auf die Bevölkerung. Und mit Erbitterung sahen die Deutschen, die sich in überfüllten Wohnungen drängten und selbst nur wenige Stunden am Tag Strom verbrauchen durften, wie in manchen beschlagnahmten Häusern Tag und Nacht das Licht brannte.

Die so genannte Entnazifizierung und die Nürnberger Prozesse

Am 20. November 1945 begann in Nürnberg der Prozess gegen 22 „Hauptkriegsverbrecher". Die Anklagepunkte lauteten: Verbrechen gegen den Frieden, Verbrechen gegen die Menschlichkeit, Verbrechen im Krieg. Drei der Hauptschuldigen lebten zu diesem Zeitpunkt jedoch nicht mehr. Adolf Hitler, Joseph Goebbels und Heinrich Himmler begingen kurz vor Kriegsende Selbstmord.

Am 1. Oktober 1946 wurde das Urteil verkündet. Zwölf der Angeklagten wurden zum Tod verurteilt, sieben erhielten langjährige Freiheitsstrafen, drei wurden freigesprochen. Der Prozess war der Auftakt

Das Internationale Militärtribunal in Nürnberg 1945 – hinter der Barriere die Hauptangeklagten, ganz links Göring, der sich bald durch Selbstmord dem Urteil entzieht.

zur so genannten Entnazifizierung. Diese sollte dem Ziel dienen, den Nationalsozialismus auszumerzen. Die Bevölkerung wurde nach dem Grad ihrer Verstrickung in den Machtapparat der Nationalsozialisten in fünf Gruppen eingeteilt: Hauptschuldige, Belastete, Minderbelastete, Mitläufer und Unbelastete. Die Aburteilung erfolgte durch Spruchkammern, die von Deutschen besetzt waren.

Die folgenden Texte kennzeichnen verschiedene Aspekte des unmittelbaren Nachkriegsdeutschland. Welche Problematik ist hier jeweils angesprochen?

1 „Die Frauen erfanden immer neue Gerichte, die in keinem Kochbuch standen und von denen sie auch heute nicht mehr sagen können, wie sie zubereitet worden waren. Vielleicht gab es plötzlich irgendwo Kastanien. Mit dem Fahrrad oder zu Fuß holten sie einen Rucksack voll, und dann gab es eben eine Woche lang Kastanienkuchen. Oder sie kriegten von irgendwo Mais. Dann backten sie aus Maismehl Pfannkuchen und waren froh, wenn sie ein paar Waldhimbeeren fanden, um das Gericht ein bisschen schmackhafter zu machen. Sehr begehrt war auch Lebertran. Er schmeckte zwar den wenigsten Kindern, half aber vielen, sich in den schwersten Zeiten einigermaßen zu entwickeln."

2 „Jetzt wohnen unzählige Familien in ein und derselben Wohnung durcheinander. In der gleichen Küche streiten sich fünf Wohnparteien und mehr um die gleiche Herdflamme, den gleichen Wasserhahn und den gleichen Kehrichteimer."

3 „Einem hungrigen Freund wurde ein Pfund Butter für 320 Reichsmark angeboten. Er nahm sie auf Kredit, weil er so viel Geld nicht hatte. Er wollte sie morgen bezahlen. Ein halbes Pfund bekam seine Frau. Mit dem Rest gingen wir ‚kompensieren'. In einem Tabakladen gab es für das halbe Pfund 50 Zigaretten. 10 Stück behielten wir für uns, mit dem Rest gingen wir in eine Kneipe. Wir rauchten eine Zigarette, und das Geschäft war perfekt: Für die 40 Zigaretten erhielten wir eine Flasche Wein und eine Flasche Schnaps. Den Wein brachten wir nach Hause. Mit dem Schnaps fuhren wir wieder aufs Land. Bald fand sich ein Bauer, der uns für den Schnaps zwei Pfund Butter eintauschte. Am nächsten Morgen brachte mein Freund dem ersten Butterlieferanten sein Pfund zurück, weil es zu teuer war. Unsere Kompensation hatte eineinhalb Pfund Butter, eine Flasche Wein, zehn Zigaretten und das Vergnügen eines steuerfreien Gewerbes eingebracht."

4 „Achtung, Achtung! Alle Personen in dieser Stadt werden unverzüglich und vorbehaltlos alle Anordnungen und Befehle der alliierten Militärregierung befolgen. Die Regierungsgewalt wird in Leipzig von den Amerikanern ausgeübt. Schießen aus dem Hinterhalt, Sabotage und Plündern sind verboten. Auf jedes dieser Verbrechen steht die Todesstrafe. Lebensmittelgeschäfte und Lebensmittelversorgung stehen unter unserem Schutz, und Vorräte werden gleichmäßig und in gerechter Weise verteilt werden. Behalten Sie ihre Lebensmittelkarten. Jedermann, ob Deutscher oder Nichtdeutscher, hat sofort nach Hause zu gehen. Im Freien darf man sich nur zwischen 8.00 und 10.00 Uhr morgens und zwischen 4.00 und 6.00 Uhr nachmittags aufhalten. Weitere Ankündigungen werden folgen."

5 „Die Brücken über den Rhein waren zerstört. Schutt lag in den Straßen meterhoch. Überall erhoben sich riesige Geröllhalden von den zerbombten und zusammengeschossenen Gebäuden. Köln sah mit seinen zerstörten Kirchen … mit seinem geschändeten Dom, mit den aus dem Rhein ragenden Trümmern der einst so schönen Brücken und dem unendlichen Meer von zerstörten Häusern gespenstisch aus."

6 „Während das Werk im Jahre 1943 mit rund 43 000 Menschen den Höchststand seiner Belegschaft erreicht hatte, kamen im Mai 1945 die ersten Fabrikationen mit kaum 800 Mann wieder zum Anfahren … Für alle Fabrikationen waren Produktionsgenehmigungen seitens der Militärregierung erforderlich. Alle Rohstoffe, Brennstoffe sowie die elektrische Energie mussten vor Produktionsbeginn von den Alliierten genehmigt werden."

1.2 Die Teilung Deutschlands und Konflikte in der „Anti-Hitler-Koalition"

Wiederaufbau der staatlichen Ordnung in den Ländern und Gemeinden

Nach dem Krieg wurde Deutschland in vier Besatzungszonen aufgeteilt, in denen die Siegermächte USA, Großbritannien, Sowjetunion und Frankreich die Regierungsgewalt ausübten. Eine einheitliche Verwaltung Deutschlands durch den Alliierten Kontrollrat in Berlin, den die Siegermächte bildeten, kam jedoch nicht zustande.

So versuchte man in jeder Besatzungszone auch auf unterschiedliche Art und Weise, mit den unmittelbaren Problemen fertig zu werden. Zunächst galt es, die dazu notwendigen Verwaltungseinrichtungen wieder in Gang zu setzen. Aber wer sollte an die Stelle der bisherigen nationalsozialistischen Amtsinhaber treten?

Im Allgemeinen ließ der Offizier der Militärregierung in der Gemeinde den Priester, den örtlichen Schullehrer und ein paar Bürger zu sich kommen und forderte sie auf, einen Bürgermeister oder Landrat vorzuschlagen. Dieser versuchte dann zusammen mit den Bürgermeistern, die kommunale Verwaltung wieder in den Griff zu bekommen.

Am schnellsten funktionierte dieses System in Bayern. Bereits am 28. Mai 1945 wurde auf Anordnung der amerikanischen Militärregierung eine erste provisorische Regierung eingesetzt. Das politische Leben hatte wieder begonnen.

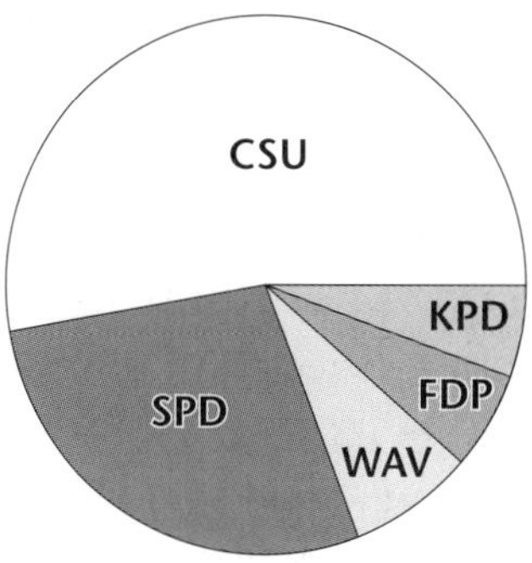

Stimmenverteilung bei der ersten bayerischen Landtagswahl vom 1. Dezember 1946.

Wiedergründung bzw. Neugründung politischer Parteien

In den westlichen Besatzungszonen waren politische Parteien zunächst nur in den Gemeinden zugelassen. Neben den alten Parteien SPD (Sozialdemokratische Partei) und KPD (Kommunistische Partei Deutschlands) erhielten 1946 auch vier neue Parteien ihre Lizenz: die Christliche Demokratische Union (CDU), die Christlich Soziale Union (CSU) in Bayern, die Freie Demokratische Partei (FDP) und die Liberal-Demokratische Partei (LPD).

Die Vorsitzenden der großen Parteien:

Konrad Adenauer, CDU    *Theodor Heuss, FDP*    *Kurt Schumacher, SPD*

In der sowjetischen Besatzungszone kam auf Druck der sowjetischen Militärverwaltung eine Vereinigung von SPD und KPD zur Sozialistischen Einheitspartei Deutschlands (SED) zustande. Diese Partei sollte zum Aufbau eines sozialistischen Staates nach sowjetischem Vorbild Hilfe leisten.

Der Weg zur doppelten Staatsgründung 1949

Über den Aufbau eines deutschen Staates waren sich die vier Siegermächte nicht einig. Wachsende Gegensätze zwischen den Westmächten und der Sowjetunion wurden sichtbar. Eine gemeinsame Deutschlandpolitik war durch den dauernden Einspruch der sowjetischen Besatzungsmacht nicht möglich. Am 1. Januar 1947 schlossen die Amerikaner und Briten ihre Besatzungszonen zur Bizone zusammen. Ein Jahr später erklärte sich auch Frankreich mit diesem wirtschaftlichen Zusammenschluss einverstanden. Die Bizone wurde zur Trizone erweitert.

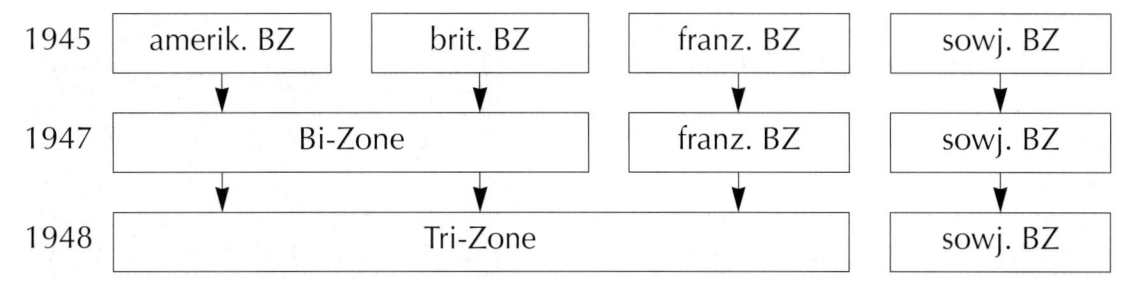

1945	amerik. BZ	brit. BZ	franz. BZ	sowj. BZ
1947	Bi-Zone		franz. BZ	sowj. BZ
1948	Tri-Zone			sowj. BZ

Der Marshallplan

George **Marshall**, der Außenminister der USA, hatte sich bei einer Reise durch Westeuropa von der trostlosen wirtschaftlichen Lage der durch den Krieg geschwächten Länder überzeugt. Auf seine Initiative hin wurde nun eine wirtschaftliche Hilfe für die europäischen Länder eingeleitet.

Die Amerikaner wollten die wirtschaftlichen Verhältnisse stabilisieren und dadurch die Gefahr einer kommunistischen Machtergreifung verhindern. Außerdem hatten amerikanische Unternehmer Interesse am Wiederaufbau. Ein wirtschaftlich starkes Europa konnte für amerikanische Unternehmer als Markt wieder interessant sein.

Um einen europäischen Markt zu schaffen, hatte Marshall gefordert, dass die Europäer sich selbst über ein **Wiederaufbauprogramm** und die Verteilung der Hilfsgüter einigen sollten. Deshalb beschlossen 16 europäische Staaten einen gemeinsamen Aufbauplan, den man bald **Marshallplan** nannte.

Ab dem Jahr 1948 flossen nun die Dollar-Millionen. Die USA verpflichteten die europäischen Staaten, amerikanische Güter zu kaufen. Mit den Krediten, die nur zu $2/3$ zurückbezahlt werden mussten, wurden Fabriken wieder aufgebaut, die Landwirtschaft mit Kunstdünger und modernen Maschinen versorgt, wurden Fahrzeuge, Nahrungsmittel und Brennstoffe finanziert.

Plakat aus dem Jahre 1948

Die UdSSR verbot den Ländern in ihrem Machtbereich (Polen, Tschechoslowakei, Ungarn, Rumänien, Bulgarien) Hilfe aus dem Marshallplan anzunehmen. Auch die sowjetische Besatzungszone durfte keine Hilfe annehmen.

Die Währungsreform 1948

Eine wichtige Voraussetzung für den Erfolg der Marshallplan-Hilfe und für eine schnelle wirtschaftliche Gesundung war die Reform der Währung.

Vergeblich versuchten die Westmächte, gemeinsam mit der UdSSR eine **Währungsreform** für ganz Deutschland zu erreichen. Nachdem das nicht möglich war, entschlossen sie sich, in ihren drei Zonen die Währungsumstellung durchzuführen.

Am 20./21. Juni 1948 wurde die alte Reichsmark auf **„Deutsche Mark"** (DM) umgestellt. Jeder Deutsche in den westlichen Besatzungszonen bekam für 60 Reichsmark 60 neue „Deutsche Mark". Dieses „Kopfgeld" erhielt man in zwei Raten: 40 DM erhielten sie am Sonntag, 20. Juni 1948, die restlichen 20 DM im August.

Diese Reform wurde von den Westmächten ausdrücklich nicht auf ihre Sektoren in Berlin ausgedehnt.

Zur **Einführung getrennter Währungen** in Berlin kam es erst, als der sowjetische Marschall Sokolowski am 22. Juni 1948 den Versuch unternahm, die nun auch in der sowjetischen Besatzungszone geplante Währungsreform auf das gesamte Berlin auszudehnen. Daraufhin führten die drei Westmächte in ihren Sektoren die neue Währung der DM ein. Es gab in Berlin nunmehr eine **„Westmark"** und eine **„Ostmark"**.

Die Berlin-Blockade 1948/49

Als Antwort auf die Einführung der neuen Währung in den Westsektoren der Stadt ordnete die sowjetische Besatzungsmacht die **totale Blockade Berlins** an.

Sowjetische Streitkräfte sperrten alle Eisenbahnlinien, Straßen und Wasserwege nach Berlin. Auch die Lieferung von Strom und Kohle aus der sowjetischen Zone sowie die Versorgung der Stadt mit Milch, Gemüse und anderen Lebensmitteln wurde eingestellt. Über zwei Millionen Menschen waren von der Zufuhr lebensnotwendiger Güter abgeschnitten. Die Sowjetunion hoffte, die Stadt aushungern und die Westmächte zum Abzug ihrer Truppen aus Berlin zwingen zu können.

Der Plan scheiterte jedoch an der Unnachgiebigkeit der Amerikaner und Engländer. Beide Staaten errichteten eine **Luftbrücke**. Über zehn Monate lang flogen sie Lebensmittel für über zwei Millionen Menschen nach Westberlin. Kohle, Rohstoffe, Maschinen und Ersatzteile, sogar ein komplettes Kraftwerk zur Erzeugung von Strom gelangten auf diesem Weg in die eingeschlossene Stadt. In rund 300 000 Flügen wurden über 1,5 Millionen Tonnen Güter aller Art nach Berlin eingeflogen. Im Durchschnitt landete Tag und Nacht alle drei Minuten ein Flugzeug.

Bei den Versorgungsflügen kamen 31 Amerikaner, 39 Briten und 8 Deutsche ums Leben. Zur Erinnerung an die Luftbrücke und ihre Opfer errichteten die Westberliner im Jahr 1951 das Luftbrückendenkmal.

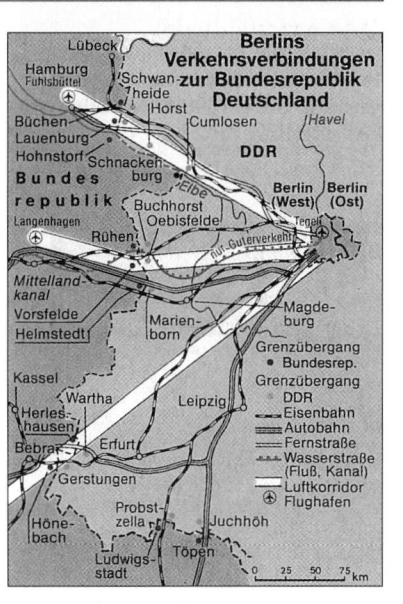

Schließlich sah sich die sowjetische Besatzungsmacht gezwungen, die **Blockade wieder aufzuheben**. Am 12. Mai 1949 wurden alle Einschränkungen im Berlinverkehr aufgehoben.

Die Blockade erzeugte in der westdeutschen Bevölkerung eine starke Stimmung gegen die Sowjetunion und den Kommunismus; gleichzeitig verstärkte sie die Sympathien für Amerikaner und Briten. Aber auch bei den Westmächten wurde das Gefühl lebendig, dass sie gemeinsam mit den Westberlinern, die in dieser schlimmen Zeit einen außerordentlichen Widerstandswillen gezeigt hatten, die Freiheit verteidigt hatten.

Berliner Schüler beobachten den Anflug eines amerikanischen Transportflugzeuges vom Typ „Skymaster", von den Berlinern „Rosinenbomber" genannt, zum Flugplatz Tempelhof während der Blockade 1948/49.

Die Entstehung der Bundesrepublik Deutschland – die Gründung der Deutschen Demokratischen Republik

Am 1. September 1948 trat der Parlamentarische Rat in Bonn zusammen. Er setzte sich aus 65 Abgeordneten der westdeutschen Länderparlamente zusammen. Seine Aufgabe war, eine Verfassung auszuarbeiten. Der Rat wählte Konrad Adenauer zu seinem Vorsitzenden.

Anfang Mai 1949 hatte der Parlamentarische Rat seine Arbeit beendet und beschloss das **Grundgesetz der Bundesrepublik Deutschland**. Die Bezeichnung „Grundgesetz" sollte ausdrücken, dass dies eine vorläufige Verfassung sein sollte. Die endgültige deutsche Verfassung sollte erst nach der erstrebten Wiedervereinigung ausgearbeitet werden.

Das Grundgesetz wurde nun den 11 Länderparlamenten zur Abstimmung vorgelegt. Nur der bayerische Landtag lehnte es ab. Seinen Abgeordneten erschien der Einfluss der Länder in der Bundesrepublik als zu gering. Allerdings erklärten sie gleichzeitig, das Grundgesetz solle auch für Bayern gelten, wenn zwei Drittel der Länder ihm zustimmen würden.

Dr. Konrad Adenauer unterzeichnet das Grundgesetz.

Das Dokument

Am **24. Mai 1949** trat das Grundgesetz in Kraft. Damit war die Bundesrepublik Deutschland gegründet.

Am 7. Oktober **1949** wurde aus der sowjetischen Besatzungszone die Deutsche Demokratische Republik (DDR). An diesem Tag wurde eine „Provisorische Deutsche Volkskammer" (Parlament) gebildet, die eine bereits fertig gestellte **Verfassung** in Kraft setzte und Otto **Grotewohl** mit der Bildung einer Regierung beauftragte. Einige Tage später wurde der Vorsitzende der SED, Wilhelm **Pieck**, zum Präsidenten gewählt. Damit waren zwei wichtige Staatsämter in den Händen der SED.

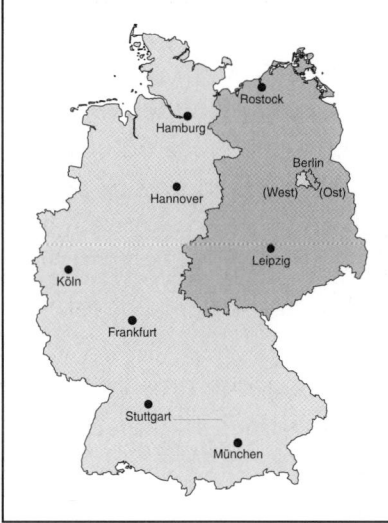

| Name: | Klasse: 9 | Datum: | **Geschichte** Sozialkunde Erdkunde | Nr.: |

Die Teilung Deutschlands

Westzonen
(_____)

Ostzone
(_____)

1945

1946

1947

1948

1949

1.3 Die Entwicklung in den beiden deutschen Staaten

Die Entwicklung in der Bundesrepublik Deutschland – Die Ära Adenauer

Am 12. September 1949 wurde Professor Theodor Heuss (FDP) zum ersten Bundespräsidenten gewählt. Drei Tage später wählte der Bundestag Konrad Adenauer mit einer Stimme Mehrheit zum Bundeskanzler.

Adenauer war von Anfang an bestrebt, die Integration (Einbindung) der BRD in die westliche Welt zu erreichen. Sicherheit für die Bundesrepublik konnte seiner Meinung nach nur durch die Anlehnung an Westeuropa und die USA erlangt werden.

Die zunehmende Bedrohung des Westens durch die Sowjetunion veranlassten die USA zu einer Politik der Stärke gegenüber der UdSSR. Aus diesem Grund forderten USA und England einen militärischen Beitrag der Bundesrepublik zur Verteidigung Westeuropas. Es sollte also wieder deutsche Soldaten geben.

In vielen kleinen Schritten wurde die Bindung der BRD an den Westen vorangetrieben. Am 5. Mai 1955 erhielt die BRD ihre volle Souveränität. Daraufhin trat am 9. Mai die BRD dem westlichen Verteidigungsbündnis, der NATO, bei. Am 7. Juli 1956 beschloss die Bundesregierung die Einführung der allgemeinen Wehrpflicht.

Die ersten Freiwilligen der neuen Streitkräfte beziehen am 2. Januar 1956 in der rheinischen Garnisonstadt Andernach Quartier.

Im September 1955 reiste der Bundeskanzler zu einem Staatsbesuch nach Moskau. Es kam zur Aufnahme diplomatischer Beziehungen zwischen beiden Staaten. Als großen Erfolg konnte Konrad Adenauer die Freilassung von über 10 000 deutschen Kriegsgefangenen betrachten.

Ein besonderes Anliegen des Bundeskanzlers war die deutsch-französische Aussöhnung. Am 22. Januar 1963 unterzeichneten der französische Staatspräsident de Gaulle und Konrad Adenauer den deutsch-französischen Freundschaftsvertrag.

Ihr Sohn wird endlich heimkehren. Eine Mutter bedankt sich bei Bundeskanzler Adenauer nach seiner Rückkehr aus Moskau.

Entscheidend für den raschen Wiederaufbau der BRD war die Einführung der Sozialen Marktwirtschaft durch den Wirtschaftsminister Ludwig Erhard. Seine „Zauberformel": Freier Wettbewerb der Unternehmer, soziale Kontrollen zugunsten der Arbeitnehmer. Gestützt auf den Wert der Deutschen Mark nach der Währungsreform 1948 konnte frei produziert, gekauft und verkauft werden. Die Preise wurden durch Angebot und Nachfrage auf dem Markt reguliert. Die Nachfrage war groß, die Produktion wuchs, die Unternehmer erzielten hohe Gewinne, die weitere Investitionen ermöglichten. Auch die

Löhne und Gehälter stiegen, die Zahl der Arbeitslosen nahm rasch ab, die soziale Sicherung des Einzelnen wuchs. Bald sprach man vom so genannten deutschen Wirtschaftswunder. Die DM wurde zu einer der härtesten Währungen der Welt.

Konrad Adenauer trat 1963 zurück. Sein Nachfolger wurde Ludwig Erhard.

Lebensstil, Kultur und Freizeit der Bevölkerung in den 50er Jahren

In allen Untersuchungen zur Freizeit in den fünfziger Jahren wurde als auffälligster Grundzug das Beisammensein innerhalb der Familie betont. Verständlich – wer werktags zwischen sechs und sieben Uhr morgens aufstand und zwischen 18 und 19 Uhr abends nach Hause kam, der suchte zunächst einmal Ruhe. Der private Rückzug prägte nicht nur den werktäglichen Feierabend, sondern auch das Wochenende. Arbeit in Haus und Garten, die Lektüre der Tageszeitung und das Radio bildeten das Zentrum der Freizeit. Der Radio stellte das ideale Mittel dar, die Häuslichkeit attraktiv zu gestalten und bildete das Zentrum des Feierabend- und Wochenendgeschehens. Die fünfziger Jahre waren der Höhepunkt des Radiozeitalters. Ab dem Jahr 1954 kam das Fernsehen auf, mit einem Programm, das nur ab dem Abend gesendet wurde. 1960 verfügten ein Viertel aller Haushalte über einen Fernseher.

Der Urlaub war kurz. Mitte der fünfziger Jahre besaß überhaupt erst ein Fünftel der Bevölkerung einen Reisepass, damals in der Regel Voraussetzung für einen Grenzübertritt. Die ersten Deutschen, die in Urlaub fuhren, machten sich mit ihrem Kleinwagen auf den Weg nach Italien.

Nur etwa ein Drittel der Bevölkerung lasen gelegentlich ein Buch, ein Drittel besaß überhaupt keine Bücher. Die Lesebedürfnisse wurden mit einer Unmenge von Heftchenromanen befriedigt: Heimatromane, Arzt-, Landser-, Liebes-, Kriminal- und Wildwestromane waren die Renner. Immer mehr Menschen griffen auf der Fahrt zur Arbeit zum billigen und reißerisch aufgemachten Boulevardblatt. Die Auflage der Mitte 1952 erstmals erschienenen „Bild-Zeitung" überschritt 1956 bereits die Dreimillionen-Grenze.

Klassiker deutscher Begehrlichkeit: der Schiefe Turm von Pisa und der eigene VW-Käfer

In den Filmen der fünfziger Jahre spiegelte sich die nach den Kriegskatastrophen besonders ausgeprägte Sehnsucht nach einer heilen und von materiellen Sorgen freien Welt. Der „Heimatfilm" war die beliebteste Filmsparte dieser Zeit.

Besonders erfolgreich waren auch Filme über bekannte Könige oder Königshäuser. Bekannt sind aus dieser Zeit heute noch die legendären „Sissi-Filme".

Die Musik der fünfziger Jahre bestand zu 80% aus Unterhaltungsmusik und hier spielte die Schlagermusik die Hauptrolle. Themen: Liebe, Sehnsucht nach der Heimat, Suche nach einer heilen Welt in der Ferne. Ein tiefer Bruch zwischen den Generationen tat sich Mitte der fünfziger Jahre auf, als der Rock 'n' Roll aus den USA auch nach Westdeutschland kam. An dieser Musik von Bill Hailey, Elvis Presley schieden sich die Geister. Für die Älteren war es bedrohlicher Lärm, für die Jüngeren Ausdruck eines neuen freiheitlichen Lebensgefühls.

Die Entwicklung in der Deutschen Demokratischen Republik

Die Rolle der SED

Im Vergleich zur BRD gab es in der DDR keine politische Opposition. Die Sozialistische Einheitspartei Deutschlands herrschte unumschränkt. Alle fünf Jahre wurden zwar Wahlen durchgeführt. Dabei wurden aber alle in der Volkskammer vertretenen Parteien und Massenorganisationen auf einer Liste unter der Führung der SED zusammengeschlossen. Letztlich gab es nur die Möglichkeit, die SED zu wählen. So konnte man nur von einer „Scheindemokratie" innerhalb der DDR sprechen.

1. Parteikonferenz der SED am 25. Januar 1949 mit dem Slogan, der zum Programm wurde.

Verstaatlichung der Wirtschaft

Die DDR strebte an, ein Staat nach dem Vorbild der Sowjetunion zu werden. Bereits in den ersten Nachkriegsjahren wurde deshalb die Umgestaltung der wirtschaftlichen Grundlagen eingeleitet. Das private Eigentum in der Landwirtschaft, im Handwerk und in der Industrie sollte abgeschafft werden.

Eine der ersten Briefmarken der damaligen Sowjetischen Besatzungszone verkündete 1945 die Bodenreform, die als eine der ersten Maßnahmen der sowjetischen Militäradministration zur Enteignung aller Großgrundbesitzer führte. Die beschlagnahmten Flächen wurden an Flüchtlingsbauern und ehemalige Landarbeiter verteilt.

Nachdem bereits im Jahr 1945 die Großgrundbesitzer enteignet worden waren, wurden ab 1952 die Bauern gezwungen, in Landwirtschaftliche Produktionsgenossenschaften (LPG) einzutreten und ihren Hof aufzugeben. 1960 war dieser Vorgang, den man „Kollektivierung der Landwirtschaft" nannte, abgeschlossen.

Auf ähnliche Weise führte man die Verstaatlichung der Industrie durch. Die Firmen wurden in so genannte Volkseigene Betriebe (VEB) umgewandelt.

Auch viele Handwerker mussten den Produktionsgenossenschaften des Handwerks (PGH) beitreten. In diesem Wirtschaftszweig blieben aber noch eine kleine Anzahl von Privatbetrieben bestehen. Gewerkschaften als Vertreter der Arbeiter, wie es sie in der BRD gibt, bestanden in der DDR nicht.

Entwicklung der Wirtschaft

Der Staat plante und steuerte nach sowjetischem Vorbild zentral die Wirtschaftsabläufe (Planwirtschaft). Der Plan, meist von fünfjähriger Dauer (Fünfjahresplan), legte fest, was in einer bestimmten Zeit zu produzieren war und wie die Produkte verteilt werden sollten. Aber auch die Arbeitsleistung wurde als Norm genau vorgeschrieben. Um hohe Arbeitsleistungen zum gleichen Lohn zu erhalten, erhöhte man immer wieder die Normen. Hin und wieder erfüllten einzelne Arbeiter sogar das vorgegebene Arbeitssoll.

Sie waren die gefeierten Helden und wurden in dieser Funktion für Propagandazwecke missbraucht: Ihr Vorbild sollte Ansporn sein für die übrigen so genannten Werktätigen, damit auch diese die Arbeitsnorm weit überschreiten würden.

Trotzdem sank die Produktion ständig und die Versorgung wurde immer schlechter. Die jährlichen Planziele der Wirtschaft konnten nicht annähernd erreicht werden. Die Menschen waren mit dieser Situation äußerst unzufrieden.

Der 17. Juni 1953

Am 28. Mai 1953 erfolgte eine weitere Erhöhung der Arbeitsnormen. Die Arbeiter wurden unruhig. Schlechte Lebensmittelversorgung und eine weitere Erhöhung der Arbeitsnormen, das wollten sie nicht hinnehmen. Doch die Regierung blieb hart. Deshalb legten die Bauarbeiter am 16. Juni 1953 an der Stalinallee in Ostberlin die Arbeit nieder.

Am Morgen des 17. Juni 1953 versammelten sich die Arbeiter in Ostberlin, um gegen die Erhöhung der Arbeitsnormen zu demonstrieren. Die Belegschaften marschierten von den Vororten in Richtung Stadtzentrum. Die Nachricht von den Ostberliner Ereignissen verbreitete sich rasch im gesamten Gebiet der DDR. Auf diese Weise kam es in etwa 250 Orten zu Streiks und Demonstrationen der Arbeiter. Der Streik ging nun in einen Aufstand über. Die Demonstranten forderten nicht nur bessere Arbeitsbedingungen, sondern auch den Abzug der sowjetischen Armee, mehr politische Freiheit, freie und geheime Wahlen und den Rücktritt der Regierung.

Am Mittag des 17. Juni griff die sowjetische Besatzungsmacht mit Panzereinheiten ein und beendete mit Gewalt diesen Aufstand. Nur diesem Eingreifen verdankte die SED-Führung, dass sie sich an der Macht halten konnte. Die traurige Bilanz des 17. Juni 1953: ca. 300 Tote unter den Demonstranten, ca. 130 tote Soldaten. Tausende von Teilnehmern an diesen Demonstrationen wurden in den folgenden Wochen verhaftet und zu hohen Zuchthausstrafen verurteilt.

Die Bundesregierung in Bonn beschloss, den 17. Juni zum Gedenken an diesen Aufstand zum gesetzlichen Feiertag zu machen, zum „Tag der deutschen Einheit".

Steine gegen Panzer; die Antwort der DDR-Machthaber auf die Forderungen der Arbeiter: Die sowjetische Armee setzte Panzer gegen die unbewaffneten Demonstranten ein.

Der 13. August 1961

Die allgemeine Unfreiheit in der DDR, die Unterdrückung jeglicher abweichender Meinung, die Verstaatlichung von Industrie und Landwirtschaft, die miserable Versorgung der Bevölkerung und die Ereignisse am 17. Juni 1953 führten zu einer Massenflucht der Bevölkerung in die BRD. Bis 1961 verließen 2,7 Millionen, also 15% der Bevölkerung von 1945, die DDR. Da die Hälfte der Flüchtlinge jünger als 25 Jahre war und da es sich zumeist um qualifizierte Fachkräfte handelte, war die DDR allmählich in ihrer wirtschaftlichen Existenz bedroht.

Walter Ulbricht, Regierungschef der DDR, drängte bei den Sowjets darauf, die Fluchtwege nach dem Westen abzuriegeln. Wer bis zu diesem Zeitpunkt in den Westen flüchten wollte, brauchte nur nach Ost-Berlin zu fahren, um von dort mit der S-Bahn, der U-Bahn oder zu Fuß nach West-Berlin zu gelangen.

Am 13. August 1961, einem Sonntag, nachts um 2 Uhr, begann die DDR damit, quer durch Berlin eine Mauer zu errichten. Dieser Bau schloss die letzte offene Stelle zwischen Ost und West. Die Flucht in den Westen war nun nur unter Lebensgefahr möglich, denn ein „Schießbefehl" verpflichtete die Wachsoldaten dazu, Fluchtversuche mit der Waffe zu verhindern. Für viele Berliner bedeutete der Bau der Mauer die Trennung von Freunden, Familienangehörigen, Verwandten und Bekannten.

Um den Flüchtlingsstrom in den Westen zu stoppen, sah die DDR keinen anderen Ausweg mehr, als an der Sektorengrenze in Berlin am 13. August 1961 eine Mauer zu errichten.

Unmittelbar nach dem Bau der Mauer und in den folgenden Jahren versuchten immer wieder Menschen diese scharf bewachten Grenzen zu überwinden, um in den Westen zu gelangen. Für viele endete die Flucht aus der DDR tödlich. Andere, die festgenommen wurden, erhielten hohe Zuchthausstrafen wegen Republikflucht.

Die BRD und die DDR in den 70er und 80er Jahren

Internationale Entspannungspolitik

Zu einer Verbesserung im deutsch-deutschen Verhältnis war das Einverständnis der Westmächte und der Sowjetunion erforderlich. Im Lauf der 60er Jahre kam es zwischen den beiden Supermächten USA und UdSSR zu gemeinsamen Gesprächen über eine mögliche Begrenzung des beiderseitigen Wettrüstens. Diese Annäherung der beiden Staaten war Voraussetzung für die Aufnahme von Verhandlungen zwischen den beiden deutschen Staaten.

Bundeskanzler Willy Brandt

Politische Aufbruchstimmung – die Ära Brandt/Scheel

Im Oktober 1969 bildeten erstmals die Sozialdemokraten mit den Liberalen die Regierung. Willy Brandt (SPD) wurde Bundeskanzler, Walter Scheel (FDP) Außenminister. Diese neue Regierung war Ausdruck einer gesellschaftlichen und politischen Aufbruchstimmung. Die sozialliberale Koalition (also die Verbindung zwischen SPD und FDP) trat mit dem Versprechen an, eine energische Demokratisierung von Staat und Gesellschaft durchzusetzen. Willy Brandt in seiner Regierungserklärung:

„Wir wollen mehr Demokratie wagen ... Wir stehen nicht am Ende unserer Demokratie, wir fangen erst richtig an."

Das Regierungsprogramm enthielt eine Reihe von Reformvorhaben: mehr Chancengleichheit im Bildungswesen, Herabsetzung des Wahlalters, Gleichstellung der Frau im Ehe- und Familienrecht, Strafrechtsreform, Ausbau der sozialen Sicherheit, Ausweitung der betrieblichen Mitbestimmung.

Neue Ostpolitik

Auch im außenpolitischen Bereich sollte sich eine Menge ändern: Willy Brandt und Walter Scheel bemühten sich um eine neue Ostpolitik. Die Erfolge zeigten sich bald: Bereits 1970 konnten die so genannten „Ostverträge" unterzeichnet werden: der Moskauer Vertrag zwischen der BRD und der UdSSR im August; der Vertrag mit Polen (Warschauer Vertrag) im Dezember. In beiden Verträgen verpflichteten sich die Vertragspartner, ihre Streitfragen mit friedlichen Mitteln zu lösen.

Bundeskanzler Willy Brandt und der sowjetische Ministerpräsident Aleksej Kossygin unterzeichnen am 12. August 1970 im Kreml das deutsch-sowjetische Gewaltverzichtsabkommen.

Treffen der Regierungschefs der beiden deutschen Staaten. Willy Brandt und Willi Stoph am 13. März 1970 in Erfurt (DDR).

1972 wurde der Grundlagenvertrag zwischen der BRD und der DDR abgeschlossen, in dem die BRD die DDR als zweiten deutschen Staat anerkannte. Das Bundesverfassungsgericht entschied, dass dieser Vertrag dem Ziel der deutschen Wiedervereinigung nicht entgegenstand.

Als Folge dieses Vertrages wurden 1973 beide deutsche Staaten in die UNO aufgenommen. Die DDR war in der Folgezeit bemüht, die Bundesrepublik als Ausland anzusehen. Trotzdem kamen sich die Deutschen in den 70er Jahren durch eine Politik des „geregelten Nebeneinander" näher.

Die neue Ostpolitik leistete auf diese Weise einen wichtigen Beitrag zur Entschärfung des Ost-West-Konflikts und trug so zu einer gesamteuropäischen Entspannung bei. Willy Brandt erhielt für seine neue Ostpolitik im Jahr 1971 den Friedensnobelpreis verliehen.

Die Ära Schmidt/Genscher

Bundeskanzler Willy Brandt trat 1974 zurück, sein Nachfolger wurde Helmut Schmidt. Das Amt des Außenministers übernahm Hans-Dietrich Genscher. Auch sie verfolgten das politische Ziel, die Teilung Deutschlands für die Menschen in beiden Staaten erträglicher zu machen und zu verhindern, dass sich die Deutschen noch weiter auseinander lebten. Im Dezember 1981 trafen sich Bundeskanzler Helmut Schmidt und der DDR-Staatsratsvorsitzende Erich Honecker zu einem Meinungsaustausch in der DDR.

Bundeskanzler Schmidt und SED-Generalsekretär Honecker beim Treffen am Werbellinsee am 12. Dezember 1981

Zu dieser Zeit zeichnete sich das Ende der Regierungszeit von Helmut Schmidt bereits ab. Grund war der NATO-Doppelbeschluss. Die NATO-Staaten wollten ihre Waffensysteme modernisieren, um damit der von der Sowjetunion betriebenen Aufrüstung entgegenzuwirken. Dieser Beschluss wurde von den Friedensbewegungen, den Grünen und weiten Teilen der SPD trotz des klaren Eintretens von Bundeskanzler Helmut Schmidt für den Doppelbeschluss heftig angegriffen. CDU/CSU und auch die Mehrheit der FDP sahen in diesem NATO-Doppelbeschluss die einzige Möglichkeit, die UdSSR wieder an den Verhandlungstisch zu ernsthaften Abrüstungsverhandlungen zu bewegen.

An diesem Streit zerbrach die Regierung zwischen SPD und FDP. Helmut Schmidt, der sich mit seiner Meinung innerhalb der SPD nicht mehr durchsetzen konnte, musste zurücktreten.

Die Ära Kohl/Genscher

1982 kam es aus diesem Grund zu einem Machtwechsel in der Bundesrepublik. Nun bildeten die CDU/CSU und die FDP die Regierung, mit Helmut Kohl als Bundeskanzler. Auf der Grundlage der Verträge mit der Sowjetunion, Polen und der DDR setzte diese christlich-liberale Koalition die Ostpolitik fort.

Begegnungen mit Vertretern der DDR waren nun fast selbstverständlich geworden. So besuchte der DDR-Staatsratsvorsitzende Erich Honecker im September 1987 die Bundesrepublik. Während

Helmut Kohl und Erich Honecker 1987 in Bonn

Honecker die Existenz zweier deutscher Staaten als „Glück für die Menschheit" bezeichnete, erklärte Bundeskanzler Kohl, dass er am Ziel der Wiedervereinigung festhalte.

Die DDR in den 70er und 80er Jahren

Außenpolitisch herrschte das Bemühen um staatliche Anerkennung vor. Mit allen politischen Mitteln versuchten die DDR-Machthaber sich von der Bundesrepublik abzugrenzen. Innenpolitisch versuchte die DDR-Führung mit verstärktem Druck auf die Bevölkerung ihre Macht zu stabilisieren. Zu diesem Zweck richtete sie ein System der Bespitzelung und Überwachung der DDR-Bevölkerung ein. Verantwortlich für dieses Kontrollsystem war das Ministerium für Staatssicherheit („Stasi").

Arbeitsauftrag zur Gruppenarbeit:

BRD oder DDR? Zu welchem Staat gehören die Bilder, Namen, Begriffe? Schneide aus, erkläre und ordne die Ausschnitte in einer richtigen zeitlichen Reihenfolge an!

Erkläre nun anhand deiner Darstellung die Entwicklung der BRD/DDR!

Erich Honecker

Tag der deutschen Einheit

Mauerbau

Willy Brandt

VEB

Ziel: Wiedervereinigung auf demokratischer Grundlage

Massenflucht

Ostverträge

neue Ostpolitik

Die Grünen

Bundesrepublik Deutschland, Bundeswappen

Konrad Adenauer

Walter Ulbricht

Republikflucht

Walter Scheel

Arbeiteraufstand

Arbeitsnormen

Ministerium für Staatssicherheit

Wirtschaftswunder

UdSSR als Vorbild

Ludwig Erhard

Schießbefehl

Friedensnobelpreis

Streben nach staatlicher Anerkennung

Friedensbewegung

NATO

Helmut Schmidt

DDR-Wappen

Deutsch-französischer Vertrag

Sozialliberale Koalition

keine politische Opposition

Einheitspartei

Hans-Dietrich Genscher

LPG

Verstaatlichung der Wirtschaft

NATO-Doppelbeschluss

AMERIKA hilft DEUTSCHLAND mit Textilien — ERP MARSHALLPLAN-EUROPA

24 Unterrichtssequenzen Geschichte/Sozialkunde/Erdkunde, © Auer Verlag GmbH, Donauwörth

Die Entwicklung in der Bundesrepublik Deutschland

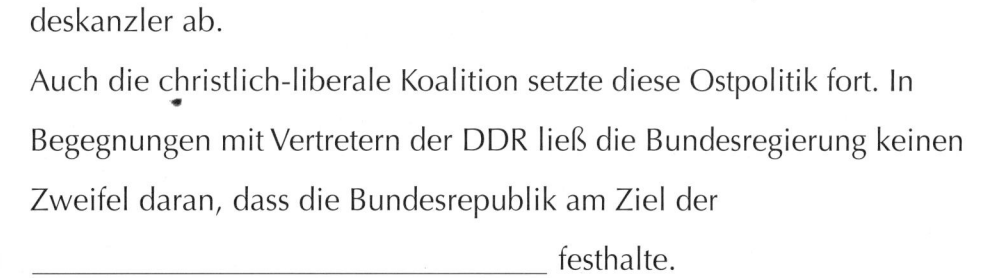

Die Ära Adenauer war geprägt von der Einbindung der BRD in die _____ Welt. Damit war auch der Beitritt der BRD zum westlichen Verteidigungsbündnis, der _____ verbunden. Ein besonderes Anliegen Konrad Adenauers war die Aussöhnung mit _____. Entscheidend für den wirtschaftlichen Aufstieg der BRD war die Einführung der _____ _____. Wirtschaftsminister _____ galt als der Vater des so genannten _____.

Die Annäherung der beiden Supermächte _____ und _____ war die Voraussetzung für beginnende deutsch-deutsche Kontakte im Laufe der 60er Jahre.

Bundeskanzler _____ (SPD) und Außenminister _____ (FDP) bemühten sich um eine neue _____. In den Verträgen mit der _____ und _____ wurde vereinbart, Streitigkeiten auf _____ zu lösen. Im Jahr 1972 wurde der _____ zwischen der BRD und der DDR abgeschlossen. Im Jahr 1974 wurde _____ Bundeskanzler.

Im Jahr 1983 kam es zu einem Machtwechsel in der BRD. _____ (CDU) löste Helmut Schmidt als Bundeskanzler ab.

Auch die christlich-liberale Koalition setzte diese Ostpolitik fort. In Begegnungen mit Vertretern der DDR ließ die Bundesregierung keinen Zweifel daran, dass die Bundesrepublik am Ziel der _____ festhalte.

Die Entwicklung in der Deutschen Demokratischen Republik

Im Gegensatz zur BRD bestimmte in der DDR eine Partei die politische Entwicklung: die _____ _____ (_____).

Die DDR strebte an, ein Staat nach dem Vorbild der _____ zu werden. Deshalb kam es frühzeitig zu einer _____ der Wirtschaft.

Die Fünfjahrespläne konnten jedoch _____ werden, die Produktion sank, die Versorgung der Bevölkerung war nicht ausreichend gewährleistet. Erhöhung der Arbeitsnormen sollten nun eine hohe Arbeitsleistung bringen. Gegen eine solche Erhöhung demonstrierten am _____ Tausende in _____.

Der Streik ging in einen _____ gegen die DDR-Regierung über. Nun griff die sowjetische Besatzungsmacht ein und beendete den Aufstand mit Gewalt. In der Folgezeit führten die Verhältnisse in der DDR zu einer _____ Richtung Westen. Aus diesem Grund begann die DDR am _____ durch Berlin eine _____ zu bauen. Damit war den DDR-Bürgern die letzte Möglichkeit genommen, in die BRD zu gelangen.

In den folgenden Jahren versuchte die DDR sich immer stärker von der BRD zu distanzieren. Außenpolitisch bemühte sich die DDR in den 70er und 80er Jahren verstärkt um _____. Innenpolitisch versuchte die DDR-Führung mit verstärktem _____ ihre Macht zu stabilisieren.

1.4 Leben im geteilten Deutschland

Die Jugendlichen in der BRD

Es ist schwierig, wenn man von „den Jugendlichen" in einer Gesellschaft sprechen will. „Den Jugendlichen" als statistisches Mittelmaß gibt es nicht. Verschiedene Untersuchungen über das Verhalten und die Einstellungen von Jugendlichen in der BRD (durchgeführt vom Jugendwerk der Deutschen Shell) zeichnen im Abstand der Untersuchungen von durchschnittlich ca. 5 bis 6 Jahren immer ein anderes Bild der Jugend. Untersucht man jedoch die Jugend allgemein im Westen mit den Jugendlichen in der DDR, ergeben sich Unterschiede, die im politischen System zu suchen sind.

Die Jugendlichen im Westen wuchsen in einer offenen Gesellschaft auf, in der sich jeder seine eigene Meinung bilden konnte, in einem Staat, der Freiheit ermöglichte und Selbstverantwortung forderte. Ein alles erfassender Protest gegen bestehende gesellschaftliche Verhältnisse war vor allem Ende der sechziger Jahre sehr stark zu verspüren (Studentenrevolte 1968) und wurde von der Demokratie nach und nach verarbeitet – ein Vorgang, den der Jugendliche im Osten überhaupt nicht kannte. Von Bedeutung war auch der Wohlstand, den der Jugendliche im Westen gewohnt war, der Jugendliche im Osten sich aber kaum vorstellen konnte.

Kreuze an, welche der folgenden Aussagen deiner Meinung nach auf die Jugendlichen in der BRD, die Jugendlichen in der DDR oder auf beide gemeinsam zutreffend war!

	BRD	DDR	BRD/DDR
Ich wohne zu Hause in einem eigenen Zimmer.	☐	☐	☐
Ich gehen gern mit meinen Freunden aus.	☐	☐	☐
Für meinen weiteren beruflichen Werdegang ist es völlig unwichtig, ob meine Eltern politisch engagiert sind oder nicht.	☐	☐	☐
Ich kann mir den Beruf auswählen, der mich interessiert.	☐	☐	☐
Im Urlaub fahre ich mit meinen Eltern nach Italien.	☐	☐	☐
Der Staat kümmert sich um meine Erziehung.	☐	☐	☐
Der Staat stellt mir wichtige Aufgaben.	☐	☐	☐
Ich fühle mich in meiner Clique wohl.	☐	☐	☐
Ich kann lesen, was ich will.	☐	☐	☐
Ich kann immer sagen, was ich denke.	☐	☐	☐
Die Bezahlung erfolgt nur nach Leistung.	☐	☐	☐
Die Kirche spielt für mich eine große Rolle.	☐	☐	☐
Ich interessiere mich für Pop-Musik.	☐	☐	☐
Ich möchte beruflich gern auf eigenen Füßen stehen und eine Firma gründen.	☐	☐	☐
Ich möchte mich politisch engagieren und einer Partei beitreten.	☐	☐	☐
Was in den Zeitungen steht, ist mir völlig egal.	☐	☐	☐
Ob ich eine gesellschaftlich nützlich Arbeit leiste, ist für meine Schulnoten ohne Bedeutung.	☐	☐	☐
Ich gehe mit meinen Freunden in eine Pizzeria.	☐	☐	☐

Die Jugendlichen in der DDR

Wie in jeder Diktatur legten die Machthaber sehr großen Wert auf die Erziehung der Jugend. Wohl einmalig in den gesetzlichen Vorgaben eines Staates ist das Jugendgesetz der DDR, das am 1. Februar 1974 in Kraft trat. Dieses Gesetz nennt in § 1 die Erziehungsziele der DDR:

> Vorrangige Aufgabe bei der Gestaltung der entwickelten sozialistischen Gesellschaft ist es, alle jungen Menschen zu Staatsbürgern zu erziehen, die den Ideen des Sozialismus treu ergeben sind, als Patrioten ... denken und handeln, den Sozialismus stärken und gegen alle Feinde zuverlässig schützen. Die Jugend trägt selbst hohe Verantwortung für ihre Entwicklung zu sozialistischen Persönlichkeiten.

Die Partei war immer dabei: im Kindergarten, in der Schule, am Arbeitsplatz, in der Freizeit. Und sie warb für die großen Ziele: den Hass auf die Bundesrepublik Deutschland, die Freundschaft mit der Sowjetunion und die Dankbarkeit gegenüber der Parteiführung im eigenen Land.

Damit niemand dem Einfluss der SED entgehen konnte, mussten die Kinder ab dem sechsten Lebensjahr den Jungen Pionieren beitreten, ab dem vierzehnten Lebensjahr der Freien Deutschen Jugend (FDJ). In den Klassen 9 und 10 war verbindlich ein Wehrunterricht vorgeschrieben. Diese staatlich verordneten Angebote konnten manchmal auch Spaß machen, doch von vielen wurden sie als Gängelung empfunden. Eines jedoch war jedem klar: Wer nicht mitmachte, verbaute sich alle beruflichen Chancen.

Da die kommunistische Partei den Einfluss der christlichen Kirchen auf die Jugendlichen unterbinden wollte, ersetzte sie die Kommunion und Konfirmation durch die Jugendweihe. Auszug:

> Liebe junge Freunde! Seid ihr bereit, als junge Bürger unserer Deutschen Demokratischen Republik mit uns gemeinsam getreu der Verfassung für die große und edle Sache des Sozialismus zu arbeiten und zu kämpfen und das revolutionäre Erbe des Volkes in Ehren zu halten, so antwortet:
>
> Ja, das geloben wir!

Viele Freiheiten, die der gleichaltrige Jugendliche im Westen als selbstverständlich betrachtete, gab es für den Jugendlichen in der DDR nicht.

DDR-Offiziere erklären diesem Jungen den Umgang mit Gewehren. Ein Bild vom Eröffnungstag des Nationalen Jugendfestivals der DDR am 8. Juni 1984 in Berlin, zu dem sich junge Pioniere und Mitglieder der Freien Deutschen Jugend (FDJ) in Ostberlin trafen.

Gesellschaftliche Zustände in der Bundesrepublik Deutschland

Die westdeutsche Gesellschaft gewann in den Jahren nach dem Krieg ihr Selbstvertrauen durch die phantastische Aufbauleistung wieder. Hier fand der Deutsche seine Bestätigung und diese Haltung setzte sich in der weiteren Entwicklung der BRD fort.

Das „deutsche Wirtschaftswunder" zeigte der restlichen Welt den Fleiß und die Tüchtigkeit der Deutschen. So entstand im Lauf der Zeit der Typ des fleißigen, erfolgsorientierten, ehrgeizigen, selbstbewussten Deutschen, der großen Wert auf materielle Güter legt. Diese Entwicklung förderte die Tendenz zur Individualisierung. Konsum wird groß geschrieben. Der Sozialstaat sorgt für die Schwachen und mindert die Risiken für den Einzelnen, z. B. bei Arbeitslosigkeit.

Einzelne Personengruppen werden ins Bewusstsein der Öffentlichkeit gerückt. Die Frauenbewegung setzt sich massiv für die Emanzipation der Frau ein. Die Frau soll bei gleicher Leistung im Beruf auch die gleiche Bezahlung wie ein Mann erhalten – eine berechtigte Forderung.

Höchstes Gut: Ihre persönliche Freiheit ist den Deutschen auch in Zukunft am wichtigsten.

Systemvergleich konkret: Was ist bei uns besser, was in der DDR?

in %	Bei uns besser	in der DDR besser	Kein Unterschied
Die Versorgung mit Waren	96	x	2
Meinungsfreiheit	94	1	2
Urlaub, Reisen	94	1	2
Autos	94	x	2
Modische Kleidung	92	x	5
Entscheidungsfreiheit des Einzelnen	88	1	4
Rockkonzerte	84	1	9
Menschenrechte	83	1	9
Weltoffenheit	77	1	10
Das Wohnen, die Wohnbedingungen	76	4	11
Freie Berufswahl	75	3	15
Selbstverwirklichung	74	1	9
Soziale Aufstiegsmöglichkeiten	68	3	14
Umweltschutz	68	2	22
Mitbestimmung in den Betrieben	61	14	12
Freizeitmöglichkeiten für Jugendliche	55	10	23
Altersversorgung, Renten usw.	54	8	24
Soziale Gerechtigkeit	51	14	19
Öffentliche Verkehrsmittel	46	15	25
Zufriedenheit	45	7	33
Krankenversorgung	44	9	35
Schule, Weiterbildung	43	15	34
Schutz von Minderheiten, sozialen Randgruppen (z. B. Behinderte)	41	6	33
Leistungsbereitschaft	36	20	34
Förderung der Wissenschaft	35	16	34
Förderung der Kunst	31	17	34
Gleichberechtigung von Mann und Frau	31	21	38
Politisches Interesse	26	22	39
Jugendgruppen, Jugendorganisationen	24	39	24
Kinderbetreuung, Kindergarten usw.	19	36	33
Mieten	16	52	16
Verbrechensbekämpfung	15	26	42
Solidarität, Gemeinschaftssinn	14	44	25
Sichere Arbeitsplätze	10	63	16
Familienzusammenhalt	9	35	45
Sportförderung	7	79	11

Basis: Bundesrepublik mit West-Berlin, Jugendliche von 14 bis 21 Jahren. Okt./Nov. 1987, Allensbacher Archiv, IfO-Umfrage 4187

Der Systemvergleich BRD/DDR aus der Sicht Jugendlicher im Jahr 1987:
a) Erkläre, was mit dem jeweiligen Punkt gemeint ist!
b) Beschreibe, wie die Jugendlichen 1987 die gesellschaftlichen Verhältnisse in der BRD beurteilen!
c) Versuche die Unterschiede im Vergleich zur DDR zu erklären!

Gesellschaftliche Zustände in der DDR

Die Planwirtschaft funktioniert nicht

Ein wesentlicher Faktor der Unzufriedenheit der DDR-Bevölkerung mit ihrem System war das Scheitern der Planwirtschaft. Die gesamte Wirtschaft wurde durch die politische Führung geplant. Diese Pläne wurden in den Betrieben aber häufig nicht erfüllt, weil sich Leistung nicht lohnte. Orden (z. B. „Banner der Arbeit") und Titel („Held der Arbeit") waren den Menschen zu wenig. Oft war auch die Ausstattung mit Maschinen nur unzureichend. Die Folge: Das Warenangebot blieb stets hinter den Bedürfnissen der Bevölkerung zurück. Es gab zu wenig Wohnungen, verfallene Häuser und lange Warteschlangen vor Geschäften prägten das Stadtbild. Ein Auto hatte eine Lieferzeit von 12 Jahren – nicht gerade das, was sich der DDR-Bürger von einer funktionierenden Wirtschaft erwartete.

Käuferschlange vor einem Gemüseladen in Ost-Berlin: „Die Mehrheit aber hat sich angepasst."

Rückzug der Bürger ins Private

Trotz dauernder Propaganda gelang es der SED zu keinem Zeitpunkt, die Mehrheit der Bevölkerung für sich zu gewinnen. Die Mehrheit machte bei den Feiern für Partei und Staat zwar mit und richtete sich auch nach den Anordnungen des Staates, um persönliche Nachteile zu vermeiden. In der Wirklichkeit dachte man jedoch anders als man in der Öffentlichkeit sprechen konnte. Die meisten Bürger zogen sich in ihre Privatsphäre, in ihren Freundeskreis und ihre Schrebergärten zurück.

Wachsende Unzufriedenheit

Während sich in der Sowjetunion unter Michail Gorbatschow und in weiteren Ostblockstaaten (Polen, Ungarn) seit Mitte der 80er Jahre Reformen andeuteten, blieb die DDR-Führung hart. Das hieß: keine Reformen. Die Unzufriedenheit in der Bevölkerung wuchs. Täglich sahen sie im Westfernsehen und hörten von Verwandten, wie man im anderen Teil Deutschlands lebte. Aber die Mauer schien unüberwindlich zu sein. Viele gaben die Hoffnung auf eine Verbesserung der Lage auf. Immer mehr DDR-Bürger stellten Ausreiseanträge, andere, vor allem jüngere Menschen, ließen sich nicht mehr einschüchtern und lehnten sich gegen die Staatsmacht auf.

Widerstand kommt auf

Passiven Widerstand gegen das Regime gab es immer schon. Aktiver Widerstand war jedoch gefährlich. Trotzdem bildeten sich in den achtziger Jahren in vielen Orten der DDR kleine Gruppen von Regimekritikern. Sie forderten Reise- und Meinungsfreiheit sowie den Verzicht auf die Verfolgung Andersdenkender.

Eine wichtige Rolle spielte dabei die Kirche in der DDR. Hier bildeten sich Friedens-, Umwelt- und Bürgerrechtsgruppen, die ihre Kritik an den bestehenden Verhältnissen in der DDR offen aussprachen. Ein Beispiel für die Bedeutung der Kirche: Am 4. September 1989 begannen nach einem Friedensgebet in der Nikolaikirche in Leipzig die „Montagsdemonstrationen".

Das Symbol der unabhängigen kirchlichen Friedensbewegung in der DDR in den achtziger Jahren.

Massives Vorgehen der DDR-Sicherheitsorgane gegen Demonstranten in Ost-Berlin (7./8. Oktober 1989).

Das Ministerium für Staatssicherheit

Die DDR wiederum baute ihren Überwachungs- und Unterdrückungsapparat immer weiter aus. „Inoffizielle Mitarbeiter" (IM) bespitzelten Familienmitglieder und enge Freunde und erstatteten dem Staatssicherheitsdienst Bericht. Ab der 7. Klasse wurden Schüler angeworben, um ihre Mitschüler auszuhorchen und der „Stasi" darüber zu berichten. Rund 174 200 IM arbeiteten zuletzt für die „Stasi". Etwa 10 000 davon waren Jugendliche unter 18 Jahren. Die Stasi bot den Jugendlichen einen Vertrag von 25 Jahren an. Inhalt: eine Garantie für eine Berufsausbildung oder einen Besuch der Oberschule mit anschließendem Studium und eine 25 Jahre lange Tätigkeit bei der Staatssicherheit. Der Preis für den Verrat von Freunden.

Verbindendes zwischen Ost und West

Obwohl die DDR-Führung alle politischen Möglichkeiten nutzte, um sich von dem ungeliebten anderen deutschen Staat, der Bundesrepublik, abzugrenzen, blieb der gemeinsame deutsche Gedanke in beiden deutschen Staaten bestehen.

Welche Gemeinsamkeiten zwischen Ost und West erkennst du in diesen vier Beispielen?

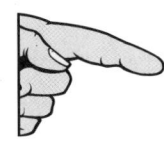

„Die Straßen waren leer wie zu Endspielzeiten der Fußballweltmeisterschaften von 1954 und 1974; Freibäder, Ausflugslokale, Kneipen und Kinos entvölkert – die Deutschen sitzen vor ihren Fernsehgeräten und sehen, was sie bisher stets ohne großes Interesse oder nur gelegentlich gesehen haben: Tennis in Wimbledon. Sie sehen, leiden und siegen mit Boris Becker. Der junge Mann aus Leimen wird zum Volkshelden.
Boris Becker hat den Amerikaner Kevin Curren besiegt – das ganze Land hat mitgewonnen. Und das vor rund einer Milliarde Fernsehzuschauern in mehr als 80 Ländern. Sogar die Sowjetunion war zugeschaltet. Nur die DDR nicht.

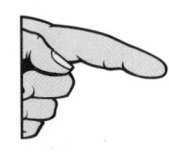

Besonders die Jugendlichen orientierten sich am Westen. Westliche Mode, westliche Musik, westliches Problembewusstsein waren gefragt, nicht aber die angeblichen Errungenschaften des Sozialismus. Als Peter Maffay in den 80er Jahren die Erlaubnis bekommt, vier Konzerte in der DDR zu geben, gibt es 600 000 Anfragen für ca. 5000 Plätze.

Peter Maffay gibt Autogramme nach seinem Konzert in Rostock.

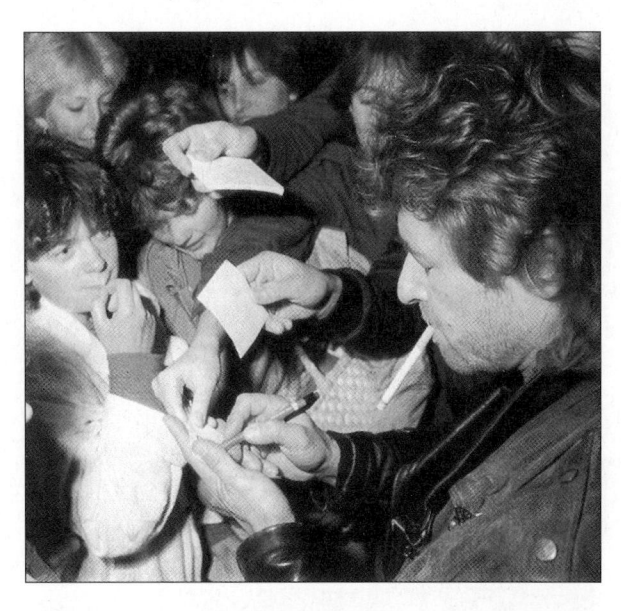

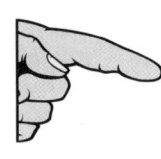

Jährlich kamen Millionen Besucher aus der Bundesrepublik in die DDR. Vor allem über Weihnachten, Ostern und Pfingsten besuchten viele Bundesbürger ihre Verwandten und Bekannten. Hinzu kamen die zahlreichen Tagesbesucher in Ost-Berlin oder im grenznahen Bereich.

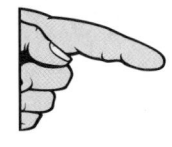

Die Menschen der DDR orientierten sich in der großen Mehrheit wirtschaftlich, politisch und kulturell an der Bundesrepublik. Wer konnte, schaltete am Abend „Westfernsehen" ein und hörte „Westradio". Die Nachrichtensendungen der DDR-Medien war unglaubwürdig, also sah man „Tagesschau", „heute" oder hörte den „Deutschlandfunk" – und machte sich ein eigenes Bild. Eine Sendung über die Volkskammer hatte kaum nennenswerte Einschaltquoten. Mehr interessierte die DDR-Bewohner, was im Bundestag zur Deutschlandpolitik gesagt wurde. Maßstab ihrer politischen Überzeugung waren für die meisten Menschen die ihnen bekannten Parteien des Bundestages.

2. Demokratie in Deutschland

→ 9.2 Demokratie in Deutschland (bayerischer Hauptschullehrplan)

Lerninhalte:

- Einsicht in die Bedeutung des Mehrparteiensystems gewinnen
- Erkennen, wie durch Wahlen und Abstimmungen die Volkssouveränität gewährleistet und realisiert wird
- Einblick in die Funktionsweise eines Bundesstaates erhalten
- Kenntnis der Besonderheiten bayerischer Gesetzgebung

Arbeitsmittel:

Folien, Informationsblätter, Arbeitsblätter

Folienvorlage:

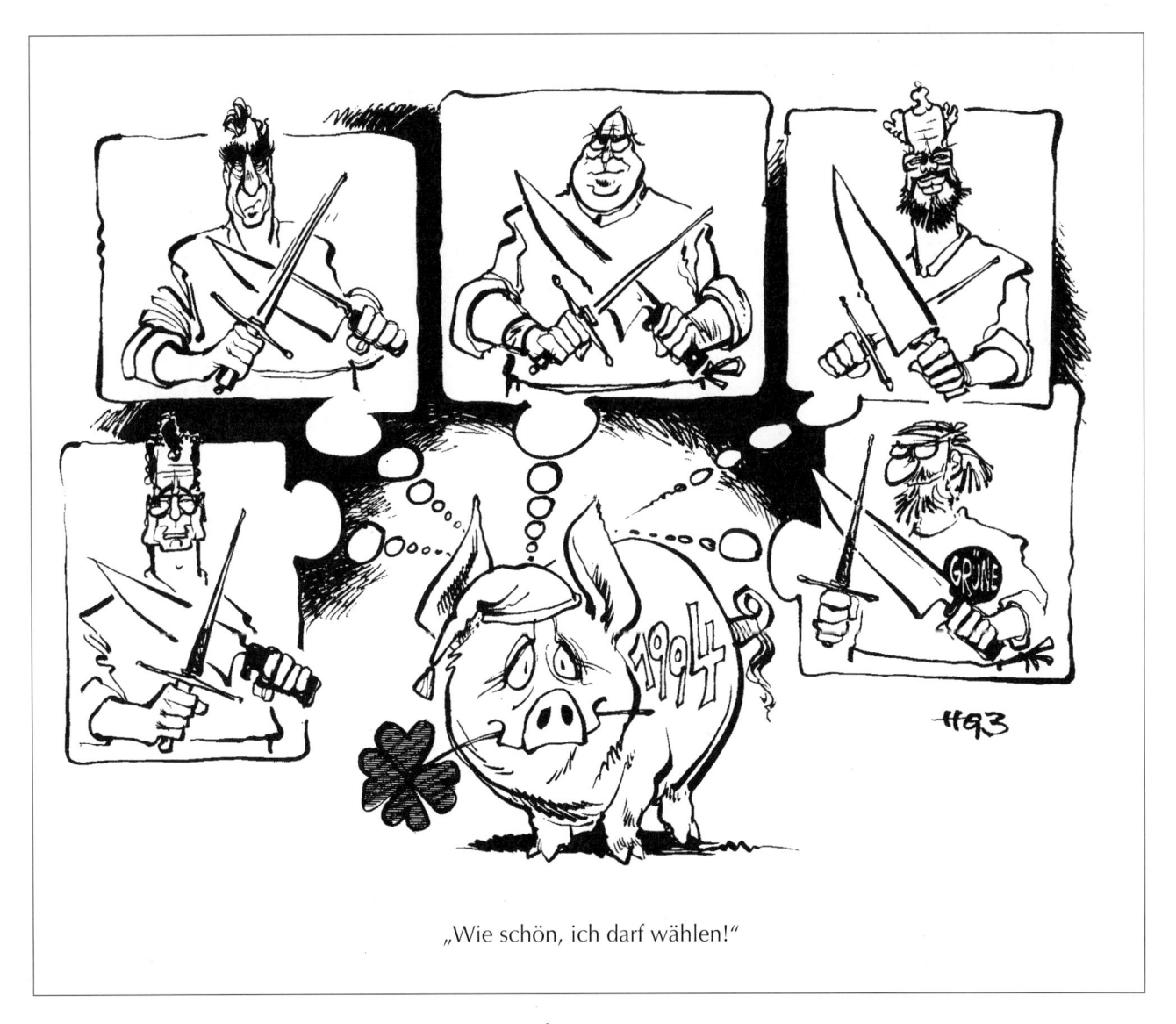

„Wie schön, ich darf wählen!"

Silvester 1993

2. Demokratie in Deutschland

Einstieg ins Thema: Folienvorlage (Silvester 1993; S. 33)

2.1 Politische Parteien in Deutschland (S. 35)

Parteien (S. 35)
Aufgaben der Parteien in der Demokratie (Folienvorlage S. 36; Lösung S. 260)
Aufgaben der Parteien (Arbeitsblatt S. 37; Lösungsblatt S. 261)
Spottvögel (Folienvorlage S. 38)
Parteien vertreten unterschiedliche Interessen (Folienvorlage S. 38)
Parteien und ihre Programme (S. 39; Arbeitsblatt S. 42; Lösungsblatt S. 261)
Einparteiensystem – Mehrparteiensystem (Folienvorlage S. 43)
Fragen zu Gegensätzen von Ein- und Mehrparteiensystem (Arbeitsblatt S. 44)
Die Bedeutung des Mehrparteiensystems (Arbeitsblätter S. 45/46; Lösungsblatt S. 261)

2.2 Wahlen auf Bundesebene (S. 47)

Wie eine Wahl vor sich geht (Folienvorlage S. 47) → EvR 9.3.3, Eth 9.3.2
Wahl am 19. August 1934 (Folienvorlage S. 48)
Grundsätze einer demokratischen Wahl (Arbeitsblatt S. 49; Lösungsblatt S. 261)
Das Wahlsystem der Bundesrepublik Deutschland (S. 50)
Zweigeteilter Stimmzettel (S. 51)
Mehrheits- und Verhältniswahlsystem (Listenwahl) – Vor- und Nachteile (S. 52)
Das gemischte Wahlsystem (Arbeitsblatt S. 53; Lösungsblatt S. 262)

2.3 Die föderative Ordnung (S. 54)

Formen einer Staatsorganisation (S. 54)
Beispiele für Staatsorganisationen (Folienvorlage S. 55)
Deutschland – ein Bundesstaat, Gliederung in Länder (Arbeitsblatt S. 56; Lösungsblatt S. 262)
Aufgabenteilung zwischen Bund und Ländern (S. 57)
Aufgabenteilung zwischen Bund und Ländern (Arbeitsblatt S. 58; Lösungsblatt S. 262)

2.4 Gesetzgebung in Bayern (S. 59) → D 9.2.3

Was sagt die bayerische Verfassung dazu? (S. 59)
Volksbegehren und Volksentscheid (Arbeitsblatt S. 60; Lösungsblatt (S. 262) → Eth 9.3.2

2.1 Politische Parteien in Deutschland

Parteien

Wichtige Parteien in der Bundesrepublik Deutschland im Überblick

CDU = Christlich Demokratische Union (alle Bundesländer außer Bayern)
CSU = Christlich Soziale Union (nur in Bayern)
SPD = Sozialdemokratische Partei Deutschlands
FDP = Freie Demokratische Partei
Bündnis 90/Die Grünen
PDS = Partei des Demokratischen Sozialismus
NPD = Nationaldemokratische Partei Deutschlands
DKP = Deutsche Kommunistische Partei
EAP = Europäische Arbeiterpartei
DVU = Deutsche Volksunion

Aufgaben der Parteien

Parteien sind Zusammenschlüsse von Menschen, die gemeinsame politische Interessen und Grundüberzeugungen besitzen und das Ziel haben, politisch Einfluss zu nehmen. Sie dienen darüber hinaus als Mittler zwischen den Bürgern und den staatlichen Organen auf allen politischen Ebenen (Bundestag, Regierung, Gemeinde, Landtag etc.). Sie greifen die Interessen der Bürger auf und bringen sie an die politischen Entscheidungsträger heran. Für den Erhalt einer Demokratie bedarf es mehrerer Parteien, da die unterschiedlichen Interessen der einzelnen Bürger repräsentiert werden sollen. Parteien liegen deshalb auch in ständigem politischen Wettstreit, der besonders zu Zeiten des Wahlkampfs deutlich wird. Um ihre unterschiedlichen Auffassungen zu politischen Streitfällen zum Ausdruck zu bringen und dem Bürger klarzumachen, geben sie sich Programme, die ihre Standpunkte und die Vorstellungen über die Lösung der Gegenwarts- und Zukunftsprobleme festlegen. Damit sie diesem Ziel näher kommen, müssen sie versuchen, im Staat Machtpositionen zu übernehmen. Sie stellen deshalb zu den Wahlen der Staatsorgane Kandidaten auf und unterstützen diese durch Wahlwerbung.

Das sagt das Grundgesetz:

Artikel 21 (Parteien)

1. Parteien wirken bei der politischen Willensbildung des Volkes mit. Ihre Gründung ist frei. Ihre innere Ordnung muss demokratischen Grundsätzen entsprechen. Sie müssen über die Herkunft ihrer Mittel öffentlich Rechenschaft geben.
2. Parteien, die nach ihren Zielen oder nach dem Verhalten ihrer Anhänger darauf ausgehen, die freiheitliche demokratische Grundordnung zu beeinträchtigen oder zu beseitigen oder den Bestand der Bundesrepublik Deutschland zu gefährden, sind verfassungswidrig. Über die Frage der Verfassungswidrigkeit entscheidet das Bundesverfassungsgericht.
3. Das Nähere regeln Bundesgesetze.

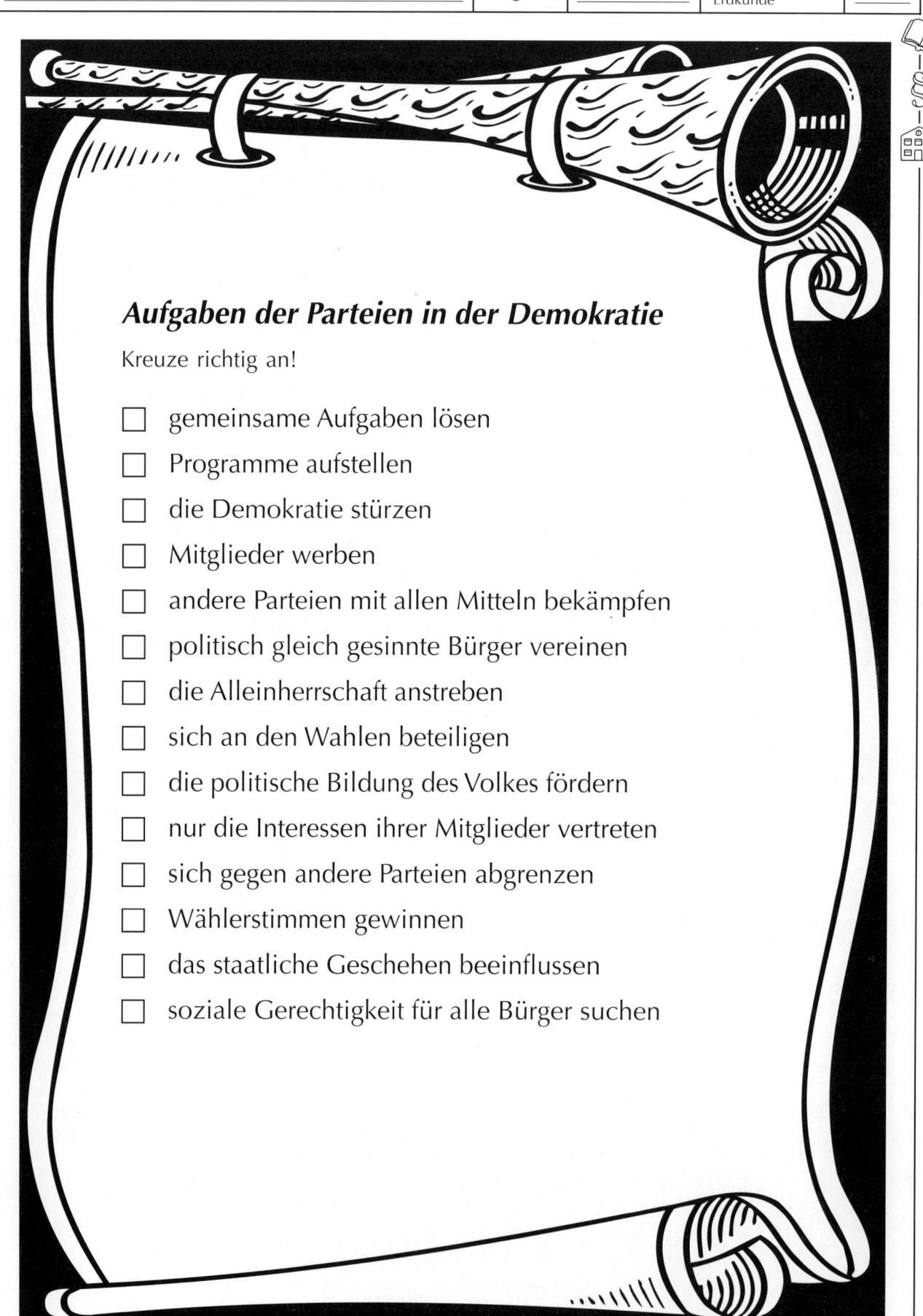

| Name: | Klasse: 9 | Datum: | Geschichte **Sozialkunde** Erdkunde | Nr.: |

Aufgaben der Parteien in der Demokratie

Kreuze richtig an!

- ☐ gemeinsame Aufgaben lösen
- ☐ Programme aufstellen
- ☐ die Demokratie stürzen
- ☐ Mitglieder werben
- ☐ andere Parteien mit allen Mitteln bekämpfen
- ☐ politisch gleich gesinnte Bürger vereinen
- ☐ die Alleinherrschaft anstreben
- ☐ sich an den Wahlen beteiligen
- ☐ die politische Bildung des Volkes fördern
- ☐ nur die Interessen ihrer Mitglieder vertreten
- ☐ sich gegen andere Parteien abgrenzen
- ☐ Wählerstimmen gewinnen
- ☐ das staatliche Geschehen beeinflussen
- ☐ soziale Gerechtigkeit für alle Bürger suchen

| Name: | Klasse: 9 | Datum: | Geschichte **Sozialkunde** Erdkunde | Nr.: |

Aufgaben der Parteien

Im Bundestag vertretene Parteien:

_____

_____

_____

_____

_____

_____

_____

Weitere Parteien:

_____

Parteien haben die Aufgabe, die unterschiedlichen Interessen einzelner Gruppen innerhalb der Bevölkerung politisch zu vertreten. Allen Parteien gemeinsam kommen darüber hinaus aber folgende Aufgaben zu:

_____

_____

_____

_____

_____

_____

_____

_____

_____

Im Grundgesetz Artikel 21, Absatz 1 heißt es zu den Parteien:

_____

_____

_____

_____

Spottvögel?

Was meinst du zu folgendem Beitrag, den unbekannte Täter während des Wahlkampfes an einen Bauzaun geklebt haben?

Friede Arbeit Ordnung **CDU**	Ordnung Arbeit Friede **SPD**	Arbeit Friede Ordnung **FDP**

Parteien vertreten unterschiedliche Interessen

Partei A:

Um den Mangel an Lehrstellen zu beheben schlagen wir folgende Lösung vor:
„Handwerk und Industrie werden gezwungen, mehr Lehrstellen bereitzustellen. Ansonsten müssen sie mit steuerlichen Belastungen rechnen."

Partei B:

Immer mehr Schulabgänger finden keine Lehrstelle. Unser Plan: „Wer zusätzlich Lehrstellen bereitstellt, erhält finanzielle Vorteile. Wir unterstützen diese Betriebe durch steuerliche Erleichterungen."

Partei C:

Der Lehrstellenmangel ist auf die Gewinnsucht der Betriebe und Unternehmer zurückzuführen.
„Der Staat richtet selbst Lehrwerkstätten ein und übernimmt einen Teil der Lehrlingsausbildung."

1. Welche der drei Parteien würdest du wählen? Begründe!
2. Welche Partei würde wohl am ehesten von einem Unternehmer bevorzugt?

Parteien und ihre Programme

Kläre Fremdwörter und Fachausdrücke mit Hilfe eines Lexikons!
Fasse die Aussagen der Parteien zu jedem Thema in zwei bis drei Stichpunkten zusammen!

Grundwerte

SPD

Die Sozialdemokratie hat sich in der Tradition der Aufklärung immer an Freiheit, Gerechtigkeit und Solidarität orientiert. Diese Grundwerte bilden beim Übergang in die Informationsgesellschaft die Grundlage für eine offensive, erneuerungsbereite Politik. Die demokratische, freie, soziale und gerechte Gesellschaft bleibt Ziel der SPD. Wir sind die politische Kraft, die die zukunftsweisenden Ideen hat und den erforderlichen Konsens zu stiften vermag.

CDU

Wir brauchen mehr Freiheit denn je, damit sich die notwendigen Innovationskräfte des Einzelnen und unserer Gesellschaft entfalten können. Wir Christliche Demokraten sind davon überzeugt, dass wir die Zukunft nur auf der Grundlage verantworteter Freiheit erfolgreich gestalten können. Die CDU steht für die ökologische und soziale Marktwirtschaft, die uns zu einem nachhaltigen Umgang mit den natürlichen Ressourcen verpflichtet. Eine Politik der ungezügelten Marktwirtschaft ohne soziale Gerechtigkeit und ökologische Verantwortung ist mit dem christlichen Verständnis vom Menschen unvereinbar.

CSU

Freiheit fordert immer auch Verantwortung. Nur eine Gesellschaft selbstverantwortlicher Bürger verhindert, dass der Staat durch umfassende Versorgung und Betreuung Menschen abhängig, passiv und egoistisch werden lässt. Die CSU will den Sozialstaat nicht als Vormund, sondern als Diener des Menschen. Sie fördert deshalb in der Sozialpolitik Selbstverantwortung und Eigeninitiative.

BÜNDNIS 90/DIE GRÜNEN

Unsere Leitbilder für eine neue Politik sind: Nachhaltigkeit, soziale Gerechtigkeit und Demokratie. Nur diese Leitbilder können die Rechte und Zukunftschancen von Jugendlichen und künftigen Generationen sichern. Nachhaltiges Wirtschaften bedeutet zukunftsfähige Produkte und ökologisch verträgliche Produktionsverfahren. Dafür muss Arbeit billiger und der Verbrauch natürlicher Ressourcen verteuert werden. Nur zukunftsfähige Produkte werden auf Dauer Exportchancen sichern. Ökologisches Umsteuern sichert nicht nur unsere Lebensgrundlagen, sondern auch die Grundlagen der Wirtschaft. Soziale Nachhaltigkeit ist humaner und produktiver als Ausgrenzung. Das erfordert, Arbeit zu teilen: Erwerbsarbeit, private Arbeit, gesellschaftliche Arbeit und frei gewählte Tätigkeiten.

F.D.P.

Das Prinzip „Freiheit durch Verantwortung" begründet eine Bürgergesellschaft, in der Selbstorganisation und Mitmenschlichkeit das republikanische Gemeinwesen prägen. Die liberale Bürgergesellschaft fordert und fördert die Übernahme von Verantwortung durch den Einzelnen. Freiheit durch Verantwortung ersetzt die starre Regelungsdichte staatlicher Bürokratien und Großorganisationen. [...] Nur dort, wo Eigenverantwortung und Mitverantwortung das Leistungsvermögen der Bürger übersteigen, übertragen die Bürger Verantwortung auf ihren Staat. Liberalismus will Freiheit zur Verantwortung anstatt Freiheit von Verantwortung.

PDS

Die PDS will weder eine neue noch eine „verträglichere" Variante bisheriger Bonner Politik. Sie setzt sich für eine Gesellschaft ein, in der der Schwache nicht länger schwach, der Einzelne nicht länger allein, der Fremde nicht länger fremd und der Abhängige nicht länger wehrlos bleibt. Im Mittelpunkt unseres Wirkens steht der Kampf gegen Massenarbeitslosigkeit, Sozialabbau und Raubbau an der Natur.

Wirtschaft

SPD

Die Antwort auf die Globalisierung erfordert aktive Pionierarbeit auf neuen Gütermärkten, in der Produkt- und Verfahrensinnovation und bei der Reform des Staates sowie des Bildungs- und Forschungssystems. Notwendig ist zudem eine bessere und intensivere europäische Zusammenarbeit in der Handels- und Währungs- sowie in der Forschungs- und Technologiepolitik. Sozialdemokratische Wirtschaftspolitik setzt auch auf eine solidarische internationale Zusammenarbeit. Wir plädieren dafür, die soziale und ökologische Marktwirtschaft zur Grundlage zu machen. Denn wo der Verlust nationaler Kompetenz nicht durch internationale Regeln ausgeglichen wird, gilt das Recht des Stärkeren. Deshalb brauchen wir internationale Vereinbarungen auf der Ebene der Europäischen Union, der OECD, auf der Ebene der Welthandelsorganisation und des internationalen Währungsfonds sowie der Internationalen Arbeitsorganisation (ILO).
Vor allem aber braucht eine erfolgversprechende Innovationsstrategie eine dialogorientierte Wirtschaftspolitik, die Rahmenbedingungen verbessert und die Teilhabe breiter Schichten der arbeitenden Bevölkerung am Haben und Sagen in der Gesellschaft ermöglicht.

CDU

Die beschäftigungspolitische Verantwortung des Staates liegt in der Schaffung von Rahmenbedingungen, damit Unternehmen in Deutschland die Chancen des internationalen Wettbewerbs nutzen und neue Beschäftigungsfelder erschließen können. Deshalb halten wir an den Zielen der großen Steuerreform fest, weil durch niedrigere Steuersätze, eine breitere Bemessungsgrundlage und eine Nettoentlastung der Steuerzahler eine beschäftigungsfördernde Neugestaltung des Steuersystems erreicht werden kann. Durch die Rückführung der Staatsquote bis zum Jahr 2000 auf 45 Prozent werden wir neue Handlungsspielräume für arbeitsplatzschaffende private Investitionen gewinnen. [...]
Weitere Schritte zur Flexibilität am Arbeitsmarkt, zu Marktöffnungen und Privatisierungen, zum Abbau von Überregulierungen, zum verbesserten Zugang zu Wagniskapital und zur Beschleunigung von Genehmigungsverfahren gehören zur Politik der Verbesserung staatlicher Rahmenbedingungen.

CSU

Die deutsche Marktwirtschaft ist vor der Jahrtausendwende immer stärker in weltweite, wirtschaftliche Strukturveränderungen eingebettet. Unternehmen und ganze Volkswirtschaften stehen in einem schärfer werdenden Wettbewerb um Arbeitsplätze. Die Globalisierung eröffnet aber auch tagtäglich wachsende Chancen, kundenorientiert neue Produkte und Verfahren zu entwickeln und auf den stark wachsenden Märkten der Welt abzusetzen. Diese Innovationen und Investitionen sind unser wichtigstes Zukunftskapital, um die Beschäftigung deutscher Unternehmen im Inland zu sichern und zu steigern. Globalisierung gilt es, offensiv anzunehmen, damit sich die neue wirtschaftliche Dynamik bei uns voll entfalten kann. So findet der Arbeitsmarkt in Deutschland wieder Anschluss an Konjunktur und Wachstum. Abschottung und protektionistische Maßnahmen sind keine wirkliche Alternative, wie alle Erfahrungen beim Niedergang der sozialistischen Systeme gezeigt haben.

BÜNDNIS 90/DIE GRÜNEN

BÜNDNIS 90/DIE GRÜNEN setzen auf ein Wirtschafts- und Technologiekonzept, das die Marktwirtschaft ökologisch und sozial erneuert. BÜNDNIS 90/DIE GRÜNEN setzen auf eine Kombination von Angebots-, Nachfrage- und neuer Verteilungspolitik, auf selektives Wachstum, einen ökologischen Strukturwandel, gerechte Verteilung der Arbeit, solidarische Finanzierung des Gemeinwesens und kooperative Rahmenbedingungen auch auf internationaler Ebene.

F.D.P.

Die Soziale Marktwirtschaft verbindet die Interessen der Einzelnen mit den Interessen aller. Die Soziale Marktwirtschaft ist die Wirtschaftsordnung, in der sich Leistungsbereitschaft am besten entfalten kann und die Grundlagen sozialer Gerechtigkeit erwirtschaftet werden. Die soziale Leistungsfähigkeit eines Landes folgt der ökonomischen Leistungsfähigkeit eines Landes. Der bürokratischen Staatswirtschaft setzen Liberale die Soziale Marktwirtschaft entgegen. Bürokratische Verkrustungen in Staat und Verbänden sowie die Globalisierung der Wirtschaft erfordern eine Erneuerung der Sozialen Marktwirtschaft. Nur mit mehr Wettbewerbsfähigkeit, mehr Innovation und mehr Flexibilität erreichen wir mehr Chancen für eine deutliche Steigerung der Wirtschaftsleistung und für mehr Arbeitsplätze.

PDS

Dagegen will die PDS durch wirklich alternative Politik zu einer Wende von der immer ausgedehnteren Herrschaft der Wirtschaft über Politik und Gesellschaft zur Gewinnung demokratischer Gestaltungsfähigkeit beitragen. Starke Gewerkschaften und betriebliche Interessenvertretungen sind dafür von besonderer Bedeutung. Die PDS setzt sich dafür ein – wie in Frankreich –, ein politisches Streikrecht zu konstituieren. Die schleichende Privatisierung und Kommerzialisierung immer weiterer gesellschaftlicher Bereiche muss gestoppt werden. Gesundheit, Alterssicherung, Bildung, Kultur, Information, Wohnen und Verkehr müssen von der Vorherrschaft des Marktes und der Vermarktung befreit werden. Ohne Illusionen über die gegenwärtige Realisierbarkeit werden wir uns dafür einsetzen, dass der Einfluss der Banken auf Unternehmen und öffentliche Einrichtungen verringert, der Einfluss demokratischer Institutionen auf die Banken wesentlich gestärkt wird.

Arbeitsplätze

SPD

Innovationen in Wirtschaft, Staat und Gesellschaft sind der Schlüssel für die Schaffung neuer Arbeitsplätze, für die Sicherung der sozialen Stabilität und für eine zukunftsfähige Entwicklung Deutschlands: Mit der Stärkung von Forschung und Wissenschaft wollen wir dafür sorgen, dass Deutschland mit neuen Zukunftstechnologien die Zukunftsmärkte erobert. […] Mit einer groß angelegten Bildungsoffensive wollen wir erreichen, dass die Deutschen wieder eine führende Bildungsnation werden. […] Mit einer Modernisierung des Arbeitsmarktes und einer beschäftigungsorientierten Tarifpolitik sind mehr Wachstum und mehr Beschäftigung zu schaffen. […] Mit einer gezielten Mittelstandspolitik wollen wir Innovation, Ausbildung und Beschäftigung stärken. […] Mit einer ökologischen Modernisierung der Wirtschaft schaffen wir zukunftssichere Arbeitsplätze und sichern die natürlichen Lebensgrundlagen für kommende Generationen. Eine marktwirtschaftliche Innovations- und Umweltpolitik gibt Anreize für neue Technologien und für neue Märkte. Mit einer Weiterentwicklung des Dienstleistungssektors wollen wir neue Beschäftigungsmöglichkeiten erschließen.

CDU

Um bestehende Arbeitsplätze zu sichern und neue Arbeitsplätze zu schaffen, ist es entscheidend, dass sich die deutsche Wirtschaft konsequent neue Absatzchancen erschließt. Dies setzt vor allem kontinuierliche Präsenz auf den internationalen Märkten, differenzierte Kenntnisse ausländischer Nachfragestrukturen und Kulturen, intelligente Vermarktungsstrategien, ein flexibles und innovationsfreudiges Management und eine hohe Reaktionsfähigkeit bei der Umsetzung neuer Ideen in marktfähige Produkte voraus. Deutschland muss im Ausland nicht nur als interessanter Absatzmarkt, sondern auch als wettbewerbsfähiger Produktionsstandort präsentiert werden. Offensive und arbeitsplatzschaffende Innovations- und Investitionsstrategien sind aber nur möglich, wenn die Unternehmen in Deutschland auch im Hinblick auf Arbeitskosten, Steuern und Abgabenbelastungen international wettbewerbsfähig sind. Die weitere Verbesserung der wirtschaftlichen Rahmenbedingungen am Standort Deutschland ist daher Voraussetzung für die Nutzung der Chancen, die sich uns durch die Globalisierung der Wirtschaft bieten.

CSU

Die größte Herausforderung für alle ist die rasche Verminderung der Arbeitslosigkeit und die Steigerung der Beschäftigung in Deutschland. Wenn sich ein reales Wirtschaftswachstum von 2,5 bis 3 Prozent nicht rasch genug in einem nachhaltigen Zuwachs an Arbeitsplätzen niederschlägt, zeigt dies, dass die Arbeitslosigkeit in Deutschland vornehmlich strukturelle Ursachen hat und nicht mit nachfragestimulierenden Maßnahmen und damit höherer Staatsverschuldung zu lösen ist. Die strukturellen Hemmnisse drücken sich vorwiegend in zu hohen Arbeitskosten aus. Die Schere zwischen Brutto- und Nettolöhnen öffnet sich immer mehr. Den Beschäftigten bleibt netto immer weniger vom Lohn. Dies widerspricht dem Leistungsgedanken. Leistung muss sich stärker lohnen. Eine beschäftigungsorientierte Ausrichtung der Löhne, Gehälter und Lohnzusatzkosten liegt daher im ureigensten Interesse von Arbeitgebern und Arbeitnehmern sowie der Arbeitsuchenden in Deutschland.

BÜNDNIS 90/DIE GRÜNEN

Ein wichtiger Hebel, um die Industriegesellschaft zukunftsfähig zu machen, ist die ökologisch-soziale Steuerreform. Umweltfreundliches Verhalten soll belohnt und Beschäftigung gefördert werden. Arbeit soll billiger, Energie teurer und Ressourcen eingespart werden. Damit wollen wir auch erreichen, dass der Rationalisierungszwang von der Arbeit auf die Energie übergeht. Nicht Menschen, sondern Kilowattstunden sollen arbeitslos werden. […]
BÜNDNIS 90/DIE GRÜNEN wollen Anreize für Arbeitszeitverkürzung schaffen und Arbeitszeitverkürzung in allen Formen unterstützen – nicht zuletzt durch soziale Absicherung und ordnungspolitische Flankierung. Zu den notwendigen Rahmenbedingungen gehört eine Neufassung des Arbeitszeitgesetzes. […] Die gesetzliche Obergrenze für die regelmäßige Wochenarbeitszeit muss auf 40 Stunden gesenkt, die Spielräume für Überstunden müssen deutlich zugunsten neuer Arbeitsplätze eingeschränkt werden.

F.D.P.

Nicht Umverteilung ist die Maxime liberaler Politik, sondern Einschluss derer, die ausgeschlossen sind. Arbeitsplätze zu schaffen, ist deshalb die wichtigste soziale Leistung. Arbeit ist unverzichtbare Grundlage für eigenverantwortliche Vorsorge und Kapitalbildung. Dauerarbeitslosigkeit gefährdet ähnlich wie unzureichende Umweltvorsorge die Lebenschancen künftiger Generationen und den sozialen Frieden heute.

PDS

Wir finden uns mit der Massenarbeitslosigkeit nicht ab. Wir sagen den Wählerinnen und Wählern, dass wir eine kurzfristige und konfliktfreie Lösung dieser Aufgabe nicht für möglich halten. Sie wird zudem die Zusammenarbeit breitester gesellschaftlicher und politischer Kräfte und Vorrang für Beschäftigungspolitik auch in der Europäischen Union verlangen. Wir sind dazu ohne Vorurteile bereit. Als Hauptwege zur Verringerung der Massenarbeitslosigkeit sehen wir an:
- die Konzentration der Wirtschafts- und Strukturpolitik auf Beschäftigungssicherung,
- die gerechtere Verteilung der Arbeit durch Arbeitszeitverkürzung,
- die Schaffung eines öffentlich geförderten Beschäftigungssektors.

Soziale Sicherheit

SPD

Ohne sozialen Ausgleich und einer Sicherung gegen die sozialen Risiken gewinnt Innovationspolitik nur begrenzte Akzeptanz. […] Aber es ist nicht alles finanzierbar, was wünschenswert ist. Wir brauchen deshalb ein richtiges Verhältnis von Eigenverantwortung und Solidarität und einen effektiveren und zielgenaueren Ressourceneinsatz. Bei der Leistungsgestaltung müssen die veränderten Lebenslagen in der Arbeitswelt und in der Familie berücksichtigt werden. Wir stehen vor der Aufgabe, einen neuen sozialen Konsens herzustellen. […]
Das deutsche Modell der Sozialversicherung mit seinen Elementen der am Lohn ausgerichteten Beitragsfinanzierung, Lebensstandardsicherung, Leistungsdynamik, sozialen Ausgleich, paritätischer Mittelaufbringung und Selbstverwaltung ist besser als alle anderen Modelle geeignet, die soziale Sicherheit zu schaffen und den Zusammenhalt der Generationen zu organisieren. Der Abbau der Arbeitslosigkeit und ein hohes Beschäftigungsniveau verbessert die Voraussetzungen für die Reform unserer sozialstaatlichen Strukturen und deren zukunftsfähige Weiterentwicklung. Die Grundstrukturen unseres Sozialstaates haben sich bewährt und müssen erhalten bleiben. Der Sozialstaat ist nicht allein ein Kostenfaktor, sondern eine unverzichtbare Produktivkraft in modernen Gesellschaften.

CDU

Wir wollen unsere sozialen Sicherungssysteme zukunftsfähig machen und beschäftigungsfördernd ausgestalten. Durch mehr Eigenverantwortung und Eigenvorsorge sowie die stärkere Steuerfinanzierung versicherungsfremder Leistungen gewinnen wir Spielräume zur Absenkung der Sozialversicherungsbeiträge und damit zur Verringerung der Arbeitskosten.

CSU

Die sozialen Verhältnisse in einem Staat sind Spiegelbild und Gradmesser für die Mitmenschlichkeit einer Gesellschaft. Deutschland hat eines der leistungsfähigsten Sozialsysteme der Welt. Für diese international vorbildliche, historisch unvergleichbar hohe soziale Sicherheit für alle hat die Christlich-Soziale Union in über vier Jahrzehnten Regierungsverantwortung die wesentlichen politischen Grundentscheidungen mit durchgesetzt. Die Einführung der dynamischen Rente, Einbeziehung der Familie mit Kindererziehungszeiten, Erziehungsgeld und -urlaub als weitere Säule unseres Sozialsystems waren Meilensteine der Sozialpolitik. Mit der solidarischen Pflegeversicherung hat die CSU die letzte große Lücke im sozialen Netz geschlossen und die Partnerschaft zwischen Jung und Alt gestärkt. […] Fundament unserer fortschrittlichen sozialen Ordnung ist die Soziale Marktwirtschaft. Sie verknüpft wirtschaftliche Stabilität mit sozialer Sicherheit. Eine leistungsfähige Wirtschaft ist die Grundlage aller Sozialleistungen; aber nur eine gute Sozialpolitik kann sozialen Frieden schaffen, der das Fundament wirtschaftlicher Stabilität ist.

BÜNDNIS 90/DIE GRÜNEN

Soziale Nachhaltigkeit erfordert, dass die sozialen Sicherungssysteme fit gemacht werden für das nächste Jahrhundert. Soziale Sicherheit kann nicht länger fast allein aus Erwerbseinkommen finanziert werden. Wir brauchen eine bedarfsdeckende, steuerfinanzierte soziale Grundsicherung. Die immer unstetiger werdenden Erwerbsverläufe und die Veränderungen in der Altersstruktur erfordern eine grundlegende Rentenreform.

F.D.P.

Für die Überwindung der hohen Arbeitslosigkeit im Niedriglohnbereich und für ein durchschaubares soziales Netz leistet das von den Liberalen geforderte Bürgergeldsystem einen entscheidenden Beitrag. Das Bürgergeldsystem führt Einkommensbesteuerung und steuerfinanzierte Sozialleistungen zu einer einfachen Gesamtordnung zusammen, wo heute nach unterschiedlichen Kriterien insgesamt 153 Sozialleistungen von 37 verschiedenen Sozialbürokratien gewährt werden, verrechnet im Bürgergeldsystem das Finanzamt die steuerfinanzierten Sozialleistungen auf nachvollziehbare Weise mit der Einkommensbesteuerung.

PDS

Die Bewahrung und Reform der Sozialversicherungssysteme muss und kann mit der grundlegenden Erneuerung sozialer Sicherheit durch die Einführung einer bedarfsorientierten Grundsicherung einhergehen. Sie würde einen wirklich geschichtlichen Fortschritt in dieser Gesellschaft darstellen. Wir haben für sie im Bundestag konkrete Realisierungs- und Finanzierungsvorstellungen unterbreitet. Eine soziale Grundsicherung soll allen Menschen, die keinen existenzsichernden Erwerbsarbeitsplatz haben, in jeweils konkret auszugestaltender Weise eine eigenständige, menschenwürdige Lebensführung ermöglichen. Insbesondere sollen Arbeitslose, Rentnerinnen und Rentner, Auszubildende und Studierende daher sozial gesichert und unabhängig werden.

Innere Sicherheit

SPD

Eine erfolgreiche Bekämpfung der Jugendkriminalität fängt damit an, jungen Menschen eine Perspektive in unserer Gesellschaft zu geben und nicht erst dann aktiv zu werden, wenn sie straffällig werden. [...] Politik der inneren Sicherheit heißt für die SPD so zuallererst: Verbesserung der Chancen durch Bildungs-, Sozial- und vernünftige Arbeitsmarktpolitik. [...]
Das zweite Prinzip: Bekämpfung der Kriminalität mit geeigneten und sachgerechten Mitteln. Dazu gehört, entschlossen, rechtsstaatlich und konsequent dort einzugreifen, wo gegen Gesetze verstoßen und so friedliches Zusammenleben gestört wird. Dabei darf der Schutz vor Verbrechen kein Privileg der Reichen sein. Bürgerwehren lehnen wir ab. Vielmehr brauchen wir eine moderne, gut ausgebildete und gut ausgestattete Polizei. Ihre Präsenz auf Straßen und Plätzen wird auch in Zukunft genauso entscheidend sein wie eine verbesserte Zusammenarbeit in der Europäischen Union bei der grenzüberschreitenden Strafverfolgung. Neue Formen zur effektiven und schärferen Bekämpfung der organisierten Kriminalität – Stichwort: illegale Geldwäsche – müssen diesen Maßnahmenkatalog ergänzen. Das dritte Prinzip: Opferschutz. Der Staat muss sich mehr als bisher auch um die Opfer von Straftaten kümmern. Die Gerichte sollten der Wiedergutmachung von Schäden und Verbrechensfolgen mehr Aufmerksamkeit schenken.

CDU

Die Bürger erwarten: Der Rechtsstaat muss Zähne zeigen, um das Grundrecht auf Sicherheit durchzusetzen. Sie wollen eine Polizei, die nach dem Prinzip handeln darf: Zugreifen statt zusehen. Sie fordern eine Justiz, die mit schnellen Verfahren die Strafe der Tat auf dem Fuß folgen lassen und beim Strafmaß den Forderungen des Opferschutzes, der Sühne und der Abschreckung Rechnung tragen kann. Und sie haben Anspruch auf einen Strafvollzug, der dem Strafzweck des Schutzes der Allgemeinheit in den Fällen Vorrang einräumt, in denen der Strafzweck der Resozialisierung nicht zu verwirklichen ist.

CSU

Angst vor Gewalt und Verbrechen zerrüttet das Vertrauen der Menschen in den demokratischen Rechtsstaat. Deshalb: Null Toleranz gegenüber Rechtsbrechern und Gewalttätern muss die Strategie sein. Entscheidend ist dabei neben einer engeren Zusammenarbeit von Polizei, Kommunalbehörden, Justiz und Bürgern vor allem ein weiter konsequentes Vorgehen auch gegen Störungen der öffentlichen Ordnung und „kleinere" Vergehen. [...] Einer „Entkriminalisierung" so genannter „Bagatelldelikte" tritt die CSU entschlossen entgegen. [...] Die gesetzlichen Kompetenzen von Jugendbehörden und Vormundschaftsgerichten für ein frühzeitiges und konsequentes Einschreiten im Umgang mit strafauffälligen und gefährdeten jungen Menschen müssen ausgeweitet werden. [...] Im Kampf gegen international organisierte Verbrechen, die Drogenmafia und den Terrorismus muss die europäische Zusammenarbeit weiter ausgebaut werden. Offene Grenzen dürfen nicht grenzenlose Kriminalität zur Folge haben.

BÜNDNIS 90/DIE GRÜNEN

Wir setzen auf einen ursachenorientierten Umgang mit der Kriminalität. Die Bekämpfung von Armut, Arbeitslosigkeit, Perspektivlosigkeit und Diskriminierung muss vorrangiges Ziel der Politik sein. [...] Wir sind gegen weitere Strafrechtsverschärfungen. Sie leisten keinen Beitrag zum Abbau der Kriminalität. Sie schaffen nicht mehr Sicherheit. Statt dessen müssen Opferhilfe und Resozialisierungsmaßnahmen ausgebaut werden. Öffentliche Sicherheit ist eine gemeinsame Aufgabe der Gesellschaft und keine alleinige Domäne der Polizei und Justiz. BÜNDNIS 90/DIE GRÜNEN setzen sich für ein zivilgesellschaftliches Sicherheitsmodell ein: Wir unterstützen die Einrichtung kommunaler Präventionsräte. Bürgerinnen, Verbände, Vereine, Kirchen und Behörden können mit Unterstützung der Polizei gemeinsam die Sicherheit verbessern.

F.D.P.

Die offene Bürgergesellschaft zeichnet sich durch Freiheit in Sicherheit und Freiheit durch Sicherheit aus. Die Grenze der Freiheitssicherung ist überschritten, wo die Ordnung zum Selbstzweck wird. Letzter Maßstab hierfür ist deswegen nicht Effizienz, sondern Rechtsstaatlichkeit. Eine Gefahr für den Rechtsstaat stellen die Vollzugsdefizite dar. Vollzugsdefizite höhlen den Respekt vor dem Recht ebenso aus, wie sie das Rechtsbewusstsein untergraben. Recht muss deshalb durchgesetzt werden und durchgesetzt werden können.

PDS

Die beste Politik zur Bekämpfung von Kriminalität ist eine gute Sozialpolitik. Gewalt erzeugende gesellschaftliche Strukturen müssen vor allem mit sozialen und politischen Mitteln und Methoden zurückgedrängt werden. Jedoch erkennen wir an, dass der Schutz vor Leben, Gesundheit, Privatsphäre und persönlichem Eigentum nicht nur durch positiv-gestaltende soziale, ökonomische und pädagogische Maßnahmen, sondern auch polizeilich und juristisch zu sichern ist. Wir wenden uns aber entschieden gegen eine Politik der „inneren Sicherheit", die einseitig auf polizeiliche und strafrechtliche Repression setzt, die die vorhandenen Ängste vor wachsender Kriminalität noch schürt, Grundrechte beschränkt und einzelne soziale Gruppen als Hauptgefahr stigmatisiert. Eine solche Politik bedroht die politischen Freiheiten und die Privatsphäre der Menschen.

Europa

SPD

Im Prozess der Verwirklichung der im Maastricht-Vertrag festgehaltenen Konvergenzkriterien ist viel für die Währungsstabilität in den Mitgliedstaaten der Europäischen Union erreicht worden. Der durch den Maastricht-Vertrag eingeleitete Konvergenzprozess hat zu einer stark verbesserten Preisstabilität in vielen Ländern der Europäischen Union geführt. Das Zinsniveau hat sich in ähnlich positiver Form entwickelt. Ebenso sind heute die Wechselkurse zwischen vielen EU-Mitgliedstaaten in einem hohen Maß stabil. Hinsichtlich dieser monetären Kriterien ist inzwischen eine so weitgehende Konvergenz zwischen einer ganzen Reihe von EU-Mitgliedstaaten erreicht, wie sie durch den Maastricht-Vertrag verwirklicht werden sollte. [...] Die SPD befürwortet die vertragsgerechte Verwirklichung der Dritten Stufe der Europäischen Wirtschafts- und Währungsunion einschließlich des Zeitplans.

CDU

Die Vollendung der Europäischen Währungsunion wird den Standort Europa im zunehmenden globalen Wettbewerb nachhaltig stärken. Die Wettbewerbsposition der Europäer gegenüber Konkurrenten aus anderen Währungsräumen wie zum Beispiel Dollar oder Yen wird durch den EURO deutlich gestützt. Gerade Deutschland als exportabhängiges Industrieland ist in besonderer Weise auf eine Währung angewiesen, die wirtschaftliche Turbulenzen und Wechselkursschwankungen erfolgreich widerstehen kann. Dies bedeutet Sicherheit für Millionen von Arbeitsplätzen bei uns. Wir wollen, dass die Europäische Währungsunion pünktlich am 1. Januar 1999 beginnt. Voraussetzung für die Teilnahme an der Währungsunion bleibt die Erfüllung der vertraglich vereinbarten Stabilitätskriterien; sie müssen ebenso wie der Zeitplan eingehalten werden.

CSU

Eine Währungsunion wird nur dann auf Dauer erfolgreich sein, wenn sie in eine politische Union eingebettet ist. Der Wunsch nach politischen Fortschritten reicht für den Start der Währungsunion nicht aus; entscheidend ist die strikte Erfüllung der Konvergenzkriterien. Deshalb ist der Teilnahme nur solcher Staaten zuzustimmen, die diese Voraussetzungen erfüllen. Eine gemeinsame Währung kann, wenn sie stabil wird, Europa eindeutig voranbringen. Umgekehrt kann eine instabile Währung eine schwere Hypothek für den weiteren Integrationsprozess werden.

BÜNDNIS 90/DIE GRÜNEN

Die Nationalstaaten müssen Kompetenzen an die supranationale Ebene übertragen, wenn Politik handlungsfähig bleiben soll. Ein wichtiger Schritt ist eine gemeinsame europäische Währung. BÜNDNIS 90/DIE GRÜNEN sind für die vertragsgemäße Einführung des Euro und gegen alle Versuche einer Verschiebung. BÜNDNIS 90/DIE GRÜNEN treten allerdings nachdrücklich für eine politische Korrektur der Rahmenbedingungen der Währungsunion ein: Wir werben für eine Euro-Teilnahme aller EU-Staaten, die dies können und wollen. Wir streiten für eine sozial-ökologische, beschäftigungswirksame Ausgestaltung der europäischen Wirtschaftspolitik, um Vorsorge gegen mögliche Verwerfungen zwischen ökonomisch starken und schwachen Regionen als Folge der Euro-Einführung zu treffen.

F.D.P.

Eine stabile gemeinsame europäische Währung ist erforderlich, damit die deutsche und europäische Wirtschaft international wettbewerbsfähiger wird. Die Währungsunion vollendet den Binnenmarkt und setzt Wachstumskräfte für neue Arbeitsplätze frei. Nach vier Jahrzehnten europäischen Zusammenwachsens ist die Zeit reif für eine sichere und von einer unabhängigen Zentralbank organisierte gemeinsame Währung.

PDS

Die PDS setzt sich dafür ein, den Vertragsgrundsatz „einer offenen Marktwirtschaft mit freiem Wettbewerb" zugunsten eines sozialen Gemeinschaftsauftrages der EU zu verändern. Eine neue Art der Vollbeschäftigung und die Bewahrung und Weiterentwicklung des europäischen Sozialstaatsmodells – das sind Hauptaufgaben bei der Weiterentwicklung des Europäischen Integrationsprozesses. Die Wirtschafts- und Währungsunion muss in diesem Sinne korrigiert und durch eine Beschäftigungs- und Sozialunion ergänzt werden.

Die Texte sind folgenden Quellen entnommen:
SPD: Parteitagsbeschlüsse, November 1977;
CDU: Beschlüsse des 9. Parteitages der CDU, Oktober 1997;
CSU: Grundsatzprogramm Dezember 1993, Beschlüsse des 60. Parteitages 1996 und des 61. Parteitages 1997;
BÜNDNIS 90/DIE GRÜNEN: 2. Entwurf für das Programm zur Bundestagswahl 1998, Dezember 1997;
F.D.P.: Wiesbadener Grundsätze für die liberale Bürgergesellschaft, Mai 1997;
PDS: Entwurf des Wahlprogramms der PDS 1998, Januar 1998.

| Name: | | Klasse: 9 | Datum: | Geschichte **Sozialkunde** Erdkunde | Nr.: |

Parteien und ihre Programme

	Grundwerte	Wirtschaft	Arbeitsplätze	Soziale Sicherheit	Innere Sicherheit	Europa
CDU CSU						
SPD						
F.D.P. Die Liberalen						
BÜNDNIS 90 DIE GRÜNEN						
PDS LINKE LISTE						

Einparteiensystem – Mehrparteiensystem

Stelle Text und Karikatur gegenüber!
Welche Schwierigkeit hat der Wähler im Mehrparteiensystem?
Was geschieht mit politisch Andersdenkenden im Einparteienstaat?
Stelle Vorzüge und Nachteile (Gefahren) gegenüber!

1. In Deutschland besteht als einzige politische Partei die Nationalsozialistische Deutsche Arbeiterpartei.
2. Wer es unternimmt, den organisatorischen Zusammenhalt einer anderen politischen Partei aufrechtzuerhalten oder eine neue politische Partei zu gründen, wird, sofern die Tat nicht nach anderen Vorschriften mit einer höheren Strafe bedroht ist, mit Zuchthaus bis zu drei Jahren oder mit Gefängnis von sechs Monaten bis zu drei Jahren bestraft.

unbekannter Zeichner

| Name: | Klasse: 9 | Datum: | Geschichte **Sozialkunde** Erdkunde | Nr.: |

Welcher Begriff ist richtig?
Passen beide Begriffe, suche den treffenderen aus!

Wenn nur eine Partei regiert, besteht die Gefahr des Machtmissbrauchs oder des Machtwechsels? _____

Der Bürger hat keine Interessen oder Auswahl? _____

Für den Bestand der Demokratie bedarf es daher hunderter oder mehrerer Parteien? _____

Nur so können die verschiedenen Meinungen oder Interessen der Bürger wirksam werden. _____

Mehrere oder manche Parteien üben eine wirksame Kontrolle oder Beschränkung der Macht aus. _____

Wenn einige oder mehrere Parteien an der Regierung beteiligt sind, ist ein Machtwechsel möglich. _____

CDU ○
SPD ○
FDP ○
Bündnis 90/Grüne ○
DVU ○
NPD ○
EAP ○
.
.
.

NSDAP ○

| Name: | Klasse: 9 | Datum: | Geschichte **Sozialkunde** Erdkunde | Nr.: |

Bringe die Sätze/Begriffe in die richtige Reihenfolge und ordne sie den jeweiligen Fragen des Arbeitsblatts (S. 46) zu!

Nr.: __ Politische Macht wird von den Parteien ausgeübt. Frage: __

Nr.: __ Der Diktator Frage: __

Nr.: __ Damit nicht eine einzige Partei zu mächtig wird. Frage: __

Nr.: __ Der Diktator bzw. sein Machtapparat hatte die gesamte Macht. Frage: __

Nr.: __ Durch die Wahl des Volkes. Frage: __

Nr.: __ Sie kamen in Konzentrationslager, wurden gequält und umgebracht. Frage: __

Nr.: __ Mehrheit: Regierung, Minderheit: Opposition Frage: __

Nr.: __ Sie durften sich zur politischen Situation nicht äußern. Frage: __

Nr.: __ Im Grundgesetz Frage: __

| Name: | Klasse: 9 | Datum: | Geschichte **Sozialkunde** Erdkunde | Nr.: |

Die Bedeutung des Mehrparteiensystems für die Demokratie

Es gibt zwei Möglichkeiten, politische Macht auszuüben:

In einem totalitären Staat (z. B. Diktatur der Nationalsozialisten)	In einem demokratischen Staat (z. B. Bundesrepublik Deutschland)
1. Wer hatte die gesamte Macht in der Hand?	5. Von wem wird die politische Macht ausgeübt?
2. Wer bestimmte die Gesetzgebung und hatte Verwaltung und Richteramt unter sich?	6. Wie gelangen Politiker in diese Position?
3. Was geschah mit Leuten, die sich nicht dem Willen des Staates beugten?	7. Was geschieht mit Parteien, die die Mehrheit im Parlament erlangen, was mit denen, die in der Minderheit sind?
4. Hatte die Bevölkerung Möglichkeiten, die Ausübung der politischen Macht zu kontrollieren oder zu beeinflussen?	8. Wozu sind mehrere Parteien notwendig?
	9. Wo ist die Verteilung von Macht des Staates und Rechten des Bürgers geregelt?

Ergänze die Sätze mit den vorgegebenen Begriffen: **Machtwechsel, Interessen, mehrere, Auswahl, Kontrolle, Machtmissbrauch!**

Wenn nur eine Partei regiert, besteht die Gefahr des _____. Der Bürger hat keine freie _____ mehr. Für den Fortbestand der Demokratie bedarf es daher _____ Parteien. Nur so können die unterschiedlichen _____ der Bürger wirksam vertreten werden. Mehrere Parteien üben eine wirksame _____ der Macht aus. Ein _____ ist möglich.

2.2 Wahlen auf Bundesebene

Wie eine Wahl vor sich geht

In der Klasse 9b wird ein Aufsatz mit dem Thema „Gespräch an einem Wahltag" geschrieben. Andreas, der während der letzten Sozialkundestunde krank war, macht sich unbekümmert an die Arbeit und schreibt:

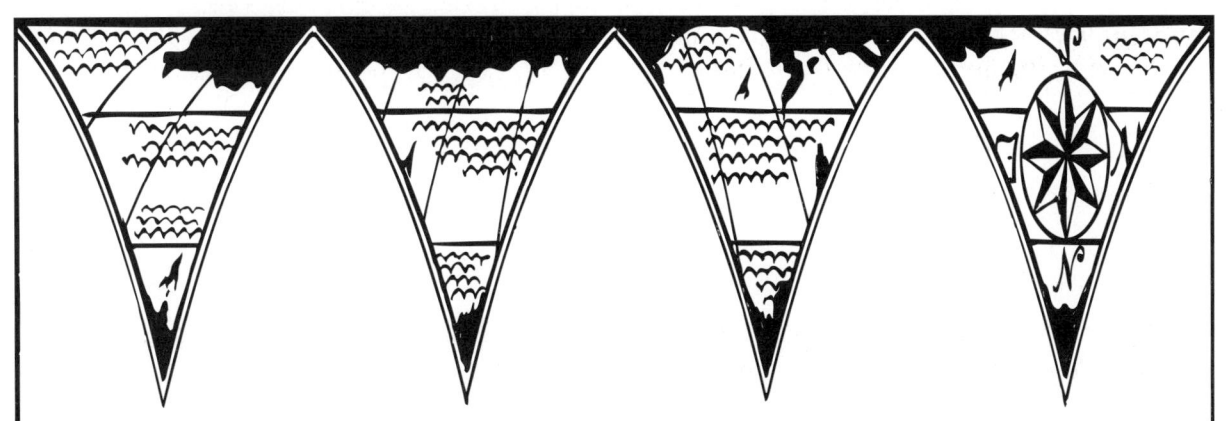

„Es ist Freitagnachmittag gegen 17 Uhr; aus den Fabriktoren strömen die Arbeiter und freuen sich auf das Wochenende. Martin und Wolfgang, beide 17 Jahre alt, treffen sich zufällig in dem Gewühl und beratschlagen sofort, ob sie für diesen Abend nicht etwas Gemeinsames unternehmen sollten. Martin schlägt vor, zuerst noch schnell zur Wahl zu gehen. ‚Ach ja, richtig, heute wird ja die Bundesregierung gewählt. Aber ohne mich', sagt Wolfgang. Martin weist ihn darauf hin, dass Wahlrecht Wahlpflicht sei und dass man bestraft werden könne, wenn man dieser Pflicht nicht nachkäme. ‚Na gut', sagt Wolfgang, ‚dann wähle ich eben; wenn ich nur wüsste, wen!' Martin verspricht, ihm bei der Entscheidung zu helfen und sie machen sich auf den Weg zum Wahllokal.

Dort erhalten sie zwei Stimmzettel, mit denen sie sich an einen langen Tisch setzen, an dem schon andere Wähler lebhaft diskutieren. Martin erklärt nun Wolfgang: ‚Wir haben zwei Zettel bekommen, weil jeder Wähler zwei Stimmen hat. Auf dem einen Zettel stehen nur Abgeordnete, auf dem anderen nur Parteien. – Von Parteien halte ich grundsätzlich nichts; wir sollten dafür lieber diese beiden Abgeordneten wählen, die machen einen prima Eindruck auf mich. Weißt du Näheres über sie?', fragt Wolfgang. ‚Nein', sagt Martin, ‚aber ich habe sie neulich im Fernsehen bei einer Ratesendung gesehen. Sie waren toll in Form.' Wolfgang ist einverstanden und setzt seine beiden Kreuze hinter die genannten Abgeordneten. Danach geben sie ihre Wahlzettel beim Wahlleiter ab, der sie sorgfältig kontrolliert. Nachdem er festgestellt hat, dass die Zettel ordnungsgemäß ausgefüllt sind, verlassen die beiden das Wahllokal.

Eine Stunde später erfahren sie durch den Rundfunk, dass der Abgeordnete X mit absoluter Mehrheit zum Bundespräsidenten gewählt worden sei. Martin ist damit unzufrieden, tröstet sich aber und meint: ‚Nächstes Jahr gewinnt mein Abgeordneter sicher!'"

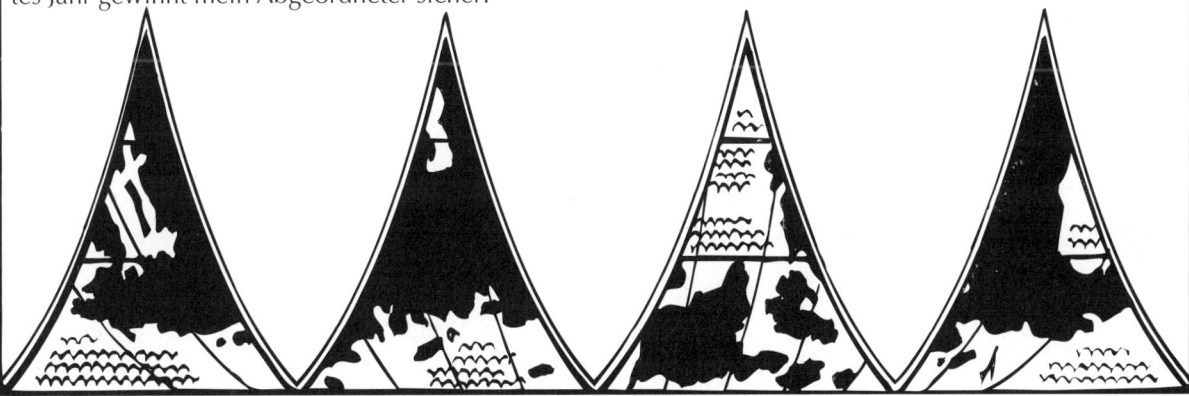

Was ist an dem Aufsatz falsch?
Stelle richtig!

Wahl am 19. August 1934

Beispiel aus Westsachsen:

In unserem Ort wurde allen, die bis 3 Uhr noch nicht zur Wahl gekommen waren, durch den Schlepperdienst der NSDAP folgendes Schreiben zugestellt:

> Herrn .... Straße Nr. ...
> Frau ....
> Frl. ....
> Zeit .... Uhr ......
>
> Nach unseren Ermittlungen haben Sie noch nicht Ihrer Wahlpflicht genügt. Sie wollen das sofort nachholen. Kriegsverletzten, Arbeitsinvaliden und Kranken stehen Kraftwagen zur Verfügung. Rufen Sie in diesem Falle 22 24 an.
> Wer nicht der Wahlpflicht genügt oder mit „nein" stimmt, verstößt gegen die Lebensinteressen des deutschen Volkes und übt Landesverrat. Die daraus für ihn entstehenden Folgen hat er selbst zu tragen und er wird voll und ganz dafür zur Verantwortung gezogen.
> Darum stimmt alle mit „Ja"!
>
> Der Ortsgruppenleiter der NSDAP

Die Fälschungstricks waren örtlich und in den einzelnen Wahllokalen nicht einheitlich. Aber Terror und Schwindel herrschten überall. Am einfachsten wurde die Sache in den Dörfern gemacht, in denen es bei der letzten Wahl viele Neinstimmen gegeben hatte. Dort erhielten die Wähler durchweg bereits mit „Ja" beschriebene Zettel, die sie abgeben mussten. So kamen die einstimmigen Resultate dieser Orte zusammen. In Vinningen, das bei der letzten Wahl mit 101 Neinstimmen auffiel, wurde diesmal ein 12-jähriger Junge damit beschäftigt, in sämtliche Stimmzettel das Ja-Kreuz zu machen. Andere Zettel waren bei der Wahl nicht mehr vorhanden.

Gegen welche Grundsätze einer demokratischen Wahl wird in den in den Texten genannten Beispielen und in den Bildern verstoßen?

| Wahlrecht nur für Männer | Wahlmänner werden aufgestellt | Jeder muss zur Wahl | Stimmrecht der Reichen höher | öffentliche Wahl |

| Name: | Klasse: 9 | Datum: | Geschichte **Sozialkunde** Erdkunde | Nr.: |

Grundsätze einer demokratischen Wahl

1. allgemeine Grundsätze:
Das Grundgesetz, Art. 38,1, stellt folgende Rechtsgrundsätze für eine demokratische Wahl auf:

> Die Abgeordneten des deutschen Bundestages werden in allgemeiner, unmittelbarer, freier, gleicher und geheimer Wahl gewählt.

allgemein _____

unmittelbar _____

frei _____

gleich _____

geheim _____

2. aktives und passives Wahlrecht:
Wer bei uns wählen darf und gewählt werden kann, sagt uns das Grundgesetz in Art. 38,2:

> Wahlberechtigt ist, wer das achtzehnte Lebensjahr vollendet hat. Wählbar ist, wer das Alter erreicht hat, in dem die Volljährigkeit eintritt.

a) Wer darf wählen? _____

b) Wer kann gewählt werden? _____

3. weitere Voraussetzungen:

a) _____

b) _____
_____
_____

c) _____
_____

In der Bundesrepublik kennen wir drei Wahlen, in denen die stimmberechtigten Bürger Abgeordnete wählen:

_____
_____
_____

Das Wahlsystem der Bundesrepublik Deutschland

Pro Person zwei Stimmen – das ist das ganze Geheimnis der Bundestagswahlen (und Landtagswahlen) in Deutschland. Die zweite Stimme jedoch ist dabei eigentlich die entscheidende. Mit der **Erststimme** wird der so genannte Direktkandidat in jedem der 328 Wahlkreise gewählt. In den Bundestag zieht derjenige Bewerber ein, der in seinem Wahlkreis die meisten Erststimmen auf sich vereinigt.

Die direkt gewählten Parlamentarier stellen die eine Hälfte der Mitglieder des Bundestages. Die andere Hälfte der 656 Parlamentssitze wird durch die **Zweitstimme** vergeben. Der Anteil der Partei an der Gesamtzahl aller Zweitstimmen legt fest, wie viele Sitze die Partei insgesamt im Parlament haben wird. Insofern ist die Zweitstimme die wichtigere Stimme. Erhält eine Partei aufgrund der Zweitstimmen zum Beispiel 200 Sitze im Bundestag und hat 150 Sitze durch Direktmandate gewonnen, dann können weitere 50 Abgeordnete dieser Partei über die vorher aufgestellten Landeslisten ins Parlament einziehen.

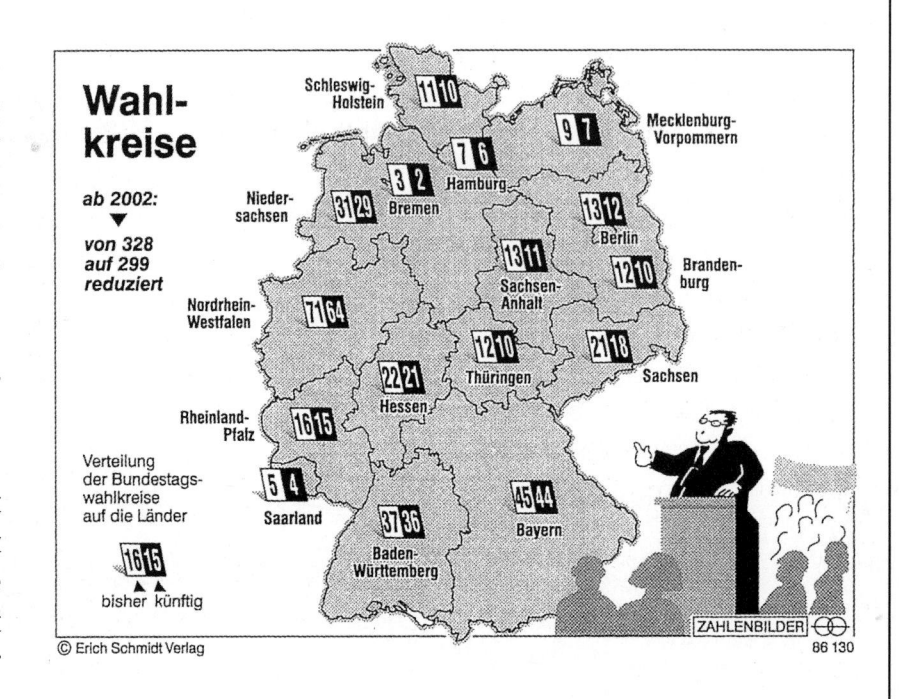

Wenn von einer Partei mehr Direktkandidaten gewählt werden als ihr aufgrund der Zweitstimmen Sitze zustehen, entstehen so genannte **Überhangmandate**. Erhält eine Partei zum Beispiel 50 Direktmandate, darf aber aufgrund der Zweitstimmen nur 48 Plätze im neuen Parlament besetzen, stehen ihr zwei Überhangmandate zu. So saßen im 1994 gewählten Bundestag 672 Abgeordnete statt der 656, die sich rein rechnerisch aus der Zahl der Wahlkreise ergeben, da es bei dieser Wahl 16 Überhangmandate gegeben hat.

Die genaue Sitzverteilung im Bundestag wird nach dem **Hare-Niemeyer-Verfahren** ermittelt. Dabei werden alle Zweitstimmen einer Partei aus dem Bundesgebiet mit der Zahl der insgesamt zu vergebenden Bundestagssitze multipliziert und dann durch die Gesamtzahl der Zweitstimmen aller an der Sitzverteilung teilnehmenden Parteien (das sind die, die die Fünf-Prozent-Hürde geschafft haben) geteilt. Die im Ergebnis vor dem Komma stehende Zahl bezeichnet die Sitze für die Parteien. Sind danach noch Mandate übrig, werden diese nach der Höhe der Ziffern hinter dem Komma verteilt.

Nach den Erfahrungen der Weimarer Republik mit ihrer Zersplitterung des Parteienwesens wurde die **Fünf-Prozent-Hürde** für die Zweitstimme festgelegt. Eine Partei kann nur dann in den Bundestag einziehen, wenn ihr Zweitstimmenanteil über dieser Marke liegt. Durchbrochen wird diese Bestimmung von der Grundmandatsklausel. Parteien, die mindestens **drei Direktmandate** gewinnen, kommen in den Bundestag und erhalten so viele Sitze, wie ihnen nach dem Zweitstimmenanteil zustehen.

Zweigeteilte Stimmzettel

Der Stimmzettel, den jeder Wahlberechtigte erhält, ist farblich in zwei Hälften geteilt: Auf der linken, schwarz gedruckten Hälfte des Stimmzettels, wird die Erststimme für den Wahlkreisabgeordneten abgegeben. Auf der rechten Hälfte des Stimmzettels sind die Namen der antretenden Parteien aufgelistet. Dort wird die Zweitstimme abgegeben.

Auf jeder Hälfte des Stimmzettels darf nur ein Kreuz gemacht werden. Mehrere Kreuze auf einer der beiden Hälften führen zur Ungültigkeit der Stimme, weil für die Wahlhelfer, welche die Stimmen auszählen, der Wählerwille nicht mehr erkennbar ist. Durchaus erlaubt ist dagegen das Stimmensplitting. Das heißt, dass man seine Erststimme dem Bewerber der Partei A, und die Zweitstimme der Partei B geben darf. Gültig ist die Wahl auch, wenn nur eine Stimme, sei es Erst- oder Zweitstimme, abgegeben wird.

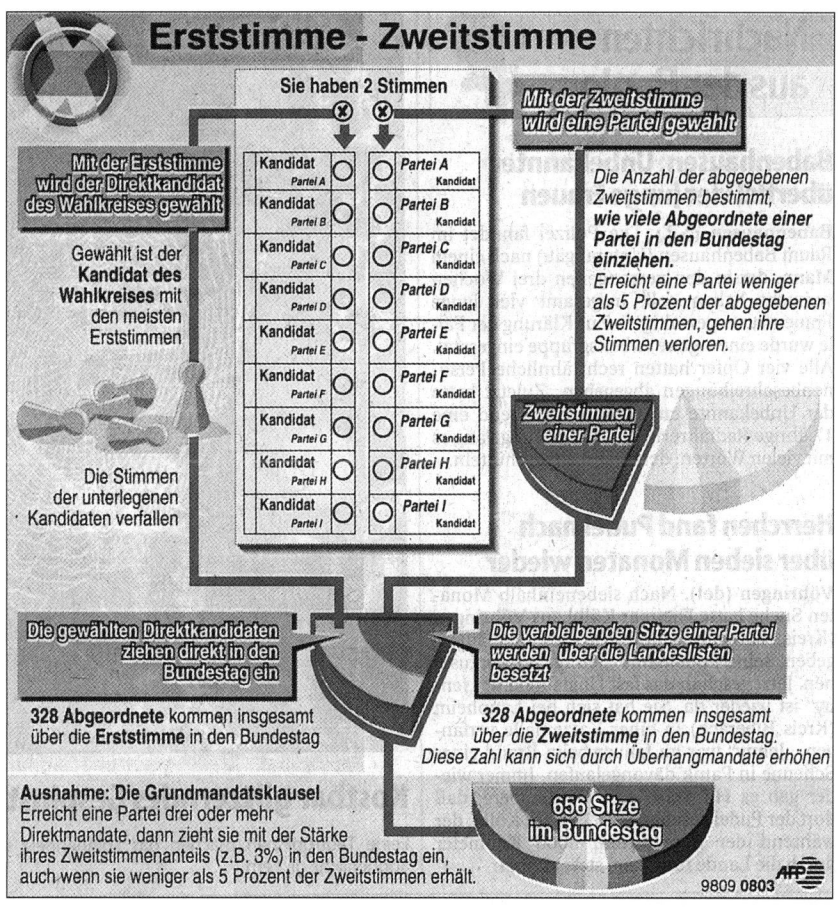

Mehrheits- (Persönlichkeitswahl) und Verhältniswahlsystem (Listenwahl) – Vor- und Nachteile

	Mehrheitswahlsystem	Verhältniswahlsystem
Vorteile	Der Kandidat ist in seinem Wahlkreis persönlich bekannt. Das Auszählungsverfahren ist einfach.	Jede abgegebene Stimme kommt beim Wahlergebnis zum Zug. Das gewählte Parlament entspricht in seiner Zusammensetzung der Stärke der verschiedenen Wählergruppen.
Nachteile	Die Stimmen der unterlegenen Kandidaten sind für die Zusammensetzung des neuen Parlaments wertlos („Papierkorbstimmen").	Der Wähler kennt den Kandidaten nicht. Viele Parteien (Splitterparteien) können ins Parlament kommen. Das Auszählverfahren ist kompliziert.

Das gemischte Wahlsystem

Das Mischwahlsystem der Bundesrepublik versucht durch Kombination die Vorteile der beiden Wahlsysteme (Verhältniswahl und Persönlichkeitswahl) zu vereinigen. Es wird deshalb auch als personalisierte Verhältniswahl bezeichnet. Mit der Einführung einer 5%-Klausel soll in diesem Wahlverfahren verhindert werden, dass zu viele Parteien einen Sitz im Parlament bekommen.

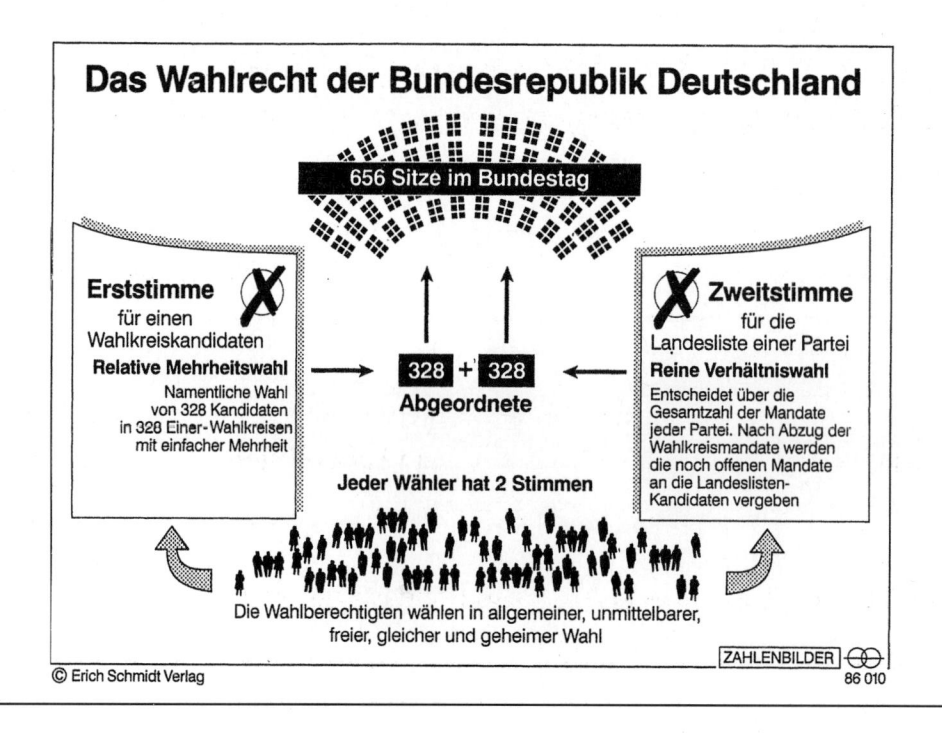

Das Wahlrecht der Bundesrepublik Deutschland

656 Sitze im Bundestag

Erststimme für einen Wahlkreiskandidaten
Relative Mehrheitswahl
Namentliche Wahl von 328 Kandidaten in 328 Einer-Wahlkreisen mit einfacher Mehrheit

328 + 328 Abgeordnete

Zweitstimme für die Landesliste einer Partei
Reine Verhältniswahl
Entscheidet über die Gesamtzahl der Mandate jeder Partei. Nach Abzug der Wahlkreismandate werden die noch offenen Mandate an die Landeslisten-Kandidaten vergeben

Jeder Wähler hat 2 Stimmen

Die Wahlberechtigten wählen in allgemeiner, unmittelbarer, freier, gleicher und geheimer Wahl

© Erich Schmidt Verlag — ZAHLENBILDER 86 010

| Name: | Klasse: 9 | Datum: | Geschichte **Sozialkunde** Erdkunde | Nr.: |

Das gemischte Wahlsystem (Personalisiertes Verhältniswahlsystem)

Jeder Wähler hat _____ Stimmen

_____

für Kandidaten des Wahlkreises
- entscheidet im Wahlkreis über den direkt zu wählenden Abgeordneten für den Bundestag
- gewählt ist, wer die meisten Stimmen erhält _____
= _____

Vorteil: _____

Nachteil: _____

_____

für eine Partei
- entscheidet je nach Prozentanteil der Stimmen über die Sitzverteilung im Bundestag _____
- in den Bundesländern erstellen die Parteien jeweils eine Liste mit ihren Kandidaten = _____

Vorteil: _____

Nachteil: _____

Das gemischte Wahlsystem versucht durch Kombination die Vorteile der _____ _____ zu vereinigen. Es wird deshalb auch als _____ _____ bezeichnet. Mit der Einführung der _____ soll in diesem Wahlverfahren verhindert werden, dass zu viele Parteien einen Sitz im Parlament bekommen.

Personenwahl

Mit der _____ werden _____ des Wahlkreises gewählt = _____

Verhältniswahl

Mit der _____ wird eine _____ gewählt, die auf Landeslisten ihre Kandidaten benannt hat = _____

Entscheidend für die Zusammensetzung des Bundestages ist die _____

2.3 Die föderative Ordnung

Formen einer Staatsorganisation

Grundsätzlich gibt es dabei drei Möglichkeiten:

a) Der Staatenbund

Einzelne Gliedstaaten bilden eine Vereinigung, in der sie in gewissem Umfang ihre Eigenständigkeit behalten. Beim Staatenbund steht dabei der **Gedanke der Eigenständigkeit** im Vordergrund. Hierbei handelt es sich um ein Bündnis mehrerer Staaten, die im Großen und Ganzen selbstständig bleiben und nur in manchen Teilbereichen zusammenarbeiten (Bsp.: Der Deutsche Bund von 1815–1866, die Europäische Gemeinschaft).

b) Der Bundesstaat

Ebenso wie beim Staatenbund bilden die einzelnen Gliedstaaten eine Vereinigung, die aber wesentlich fester zusammenhält. Hierbei steht nicht der **Gedanke** der Eigenständigkeit, sondern der **der Gemeinschaft** im Vordergrund. Die Eigenständigkeit der einzelnen Länder innerhalb dieses Staates bleibt soweit erhalten, wie es das spezielle Interesse der Gliedstaaten erfordert, ohne dabei aber dem Gesamtinteresse des Bundesstaates entgegenzustehen (Bsp.: Bundesrepublik Deutschland, Österreich, USA).
Diese beiden Möglichkeiten der Staatsorganisation bezeichnet man auch als **Föderalismus** (Streben nach Errichtung oder Erhaltung eines Bundesstaates mit weitgehender Eigenständigkeit der Einzelstaaten).

c) Der Zentralstaat

Hierbei wird der Staat als eine Einheit gesehen, dem gewöhnlich Einzelinteressen untergeordnet sind. **Die Ausübung der Staatsgewalt erfolgt zentral.** Bei dieser Staatsorganisation gibt es keine Gliedstaaten mehr, eine kulturelle oder anderweitig geartete Selbstständigkeit der verschiedenen Bevölkerungsgruppen innerhalb eines größeren Staatengebildes entfällt gewöhnlich. Eine Unterteilung gibt es nur noch aus verwaltungstechnischen Gründen (Verwaltungsbezirke → Frankreich).
Diese Staatsorganisation bezeichnet man auch als **Zentralismus.**
Negativbeispiel eines zentral organisierten Staats ist der NS-Staat (1933 bis 1945), in dem ausnahmslos alles zentral gesteuert wurde. Dies hatte hier den Zweck, die Vorgänge und Entscheidungen im Staat, die streng den Vorgaben der Machthaber unterlagen, immer unter Kontrolle zu haben und Abweichungen unverzüglich ahnden zu können. Ein Staat, in dem nur eine einzige Staatsgewalt über das einheitliche Staatsgebiet und das einheitliche Staatsvolk herrscht, es nur eine einheitliche Gesetzgebung, Rechtspflege und Verwaltung, die von einer Stelle aus geleitet werden, gibt, nennt man Einheitsstaat.

Vorzüge des Föderalismus

Im Föderalismus werden die Interessen einzelner Volksgruppen stärker berücksichtigt als im Zentralstaat, da der Abstand zwischen Regierung und Regierten geringer ist. Kostspielige zentrale Fehlplanungen sollten weniger häufig vorkommen. Politische Entscheidungen trifft der Bürger auf mehreren Ebenen (BRD: Gemeinden, Länder, Bund). Seine Beteiligung an der politischen Willensbildung ist daher stärker. Da innerhalb der Länder unterschiedliche politische Entscheidungen fallen, gibt es Vergleichsmöglichkeiten, welche zu einer bestmöglichen Zukunftsgestaltung beitragen. Durch die Gewaltenteilung zwischen Bund und Ländern wird die Volkssouveränität noch mehr betont.

Beispiele für Staatsorganisationen

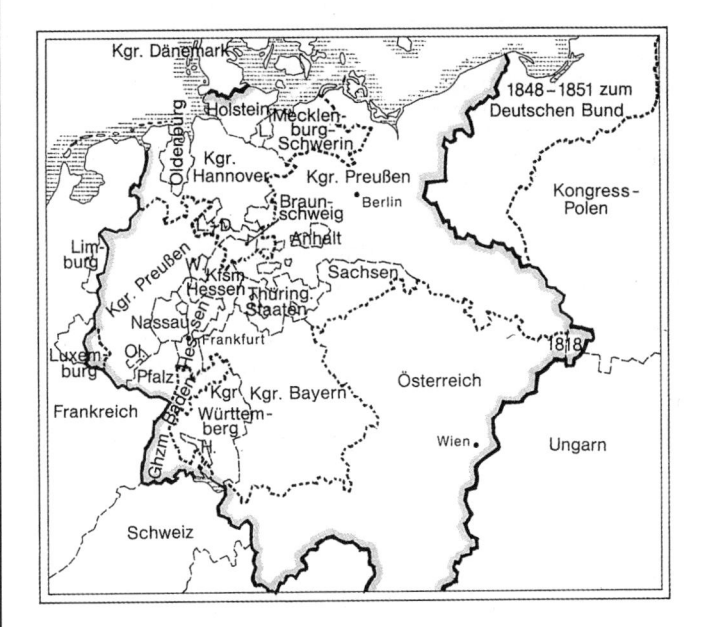

Der Staatenbund (Deutscher Bund: 1815–1866)

Deutscher Bund
═══ Grenze des Deutschen Bundes
L. = Lauenburg
L.D. = Lippe – Detmold
W. = Waldeck
Ol. = Oldenburg
H. = Hohenzollern

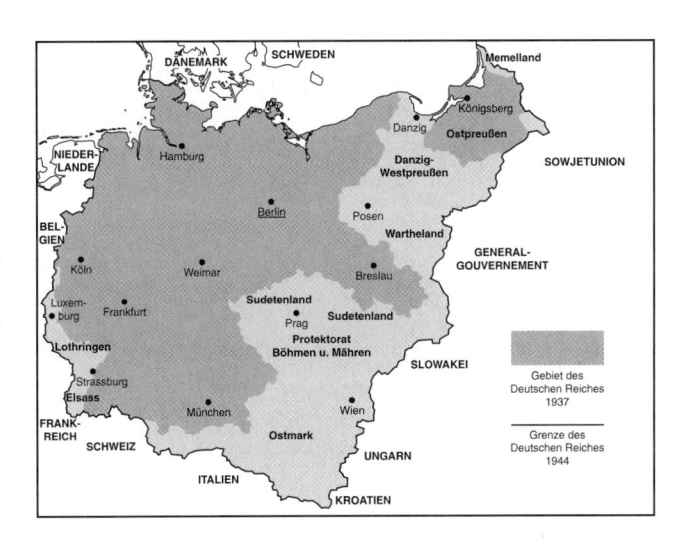

Der Einheitsstaat (Deutschland 1933–1945)

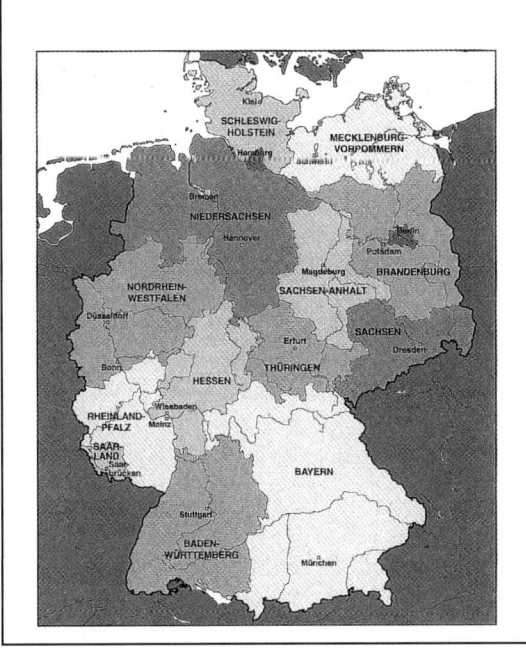

Gebiet des Deutschen Reiches 1937
Grenze des Deutschen Reiches 1944

Der Bundesstaat (Bundesrepublik Deutschland seit 1990)

Länderwappen

Baden-Württemberg, Bayern, Berlin, Brandenburg, Bremen, Hamburg, Hessen, Mecklenburg-Vorpommern

Niedersachsen, Nordrhein-Westfalen, Rheinland-Pfalz, Saarland, Sachsen, Sachsen-Anhalt, Schleswig-Holstein, Thüringen

| Name: | Klasse: 9 | Datum: | Geschichte **Sozialkunde** Erdkunde | Nr.: |

Deutschland – ein Bundesstaat, Gliederung in Länder

Nach dem Zweiten Weltkrieg wurde Deutschland in _____
_____ aufgeteilt. Die westlichen Zonen wurden 1948 zur Bundesrepublik (10 Länder und Westberlin mit der Hauptstadt Bonn) zusammengeschlossen, während aus der sowjetischen Besatzungszone die DDR (Deutsche Demokratische Republik mit der Hauptstadt Ostberlin) wurde. Seit der Wiedervereinigung am _____ (Tag der deutschen Einheit) besteht die BRD aus _____ mit der Hauptstadt _____.

Die Staatsform ist im Grundgesetz Art. 20 (1) festgeschrieben:
_____
_____

Die Bundesländer und ihre Hauptstädte:

1. _____
2. _____
3. _____
4. _____
5. _____
6. _____
7. _____
8. _____
9. _____
10. _____
11. _____
12. _____
13. _____
14. _____
15. _____
16. _____

Der Bundesstaat zeichnet sich durch folgende Merkmale aus:
_____
_____
_____
_____

Aufgabenteilung zwischen Bund und Ländern

Die Aufgabenteilung zwischen Bund und Ländern ist im Grundgesetz in den folgenden Artikeln geregelt: **Art. 30, 70 bis 82, 105 und 106.** In diesen Artikeln wird unterschieden:

a) die ausschließliche Gesetzgebung des Bundes

Sie bedeutet, dass in bestimmten öffentlichen Aufgabenbereichen **ausschließlich** der Bund berechtigt ist, Gesetze zu beschließen (Gesetzgebungskompetenz). Dies sind Gebiete, bei denen eine einheitliche Regelung für das Staatsganze sinnvoll erscheint. Das trifft zum Beispiel zu für die Landesverteidigung (Bundeswehr), Fragen der Währung (DM oder Euro), Fragen der Außenpolitik, Luft- und Raumfahrt, Schutz der Landesgrenzen (Bundesgrenzschutz), etc.

b) die ausschließliche Gesetzgebung der Länder

Auf einer ganzen Reihe von Gebieten haben aber auch nur die einzelnen Bundesländer das Recht, Gesetze zu erlassen. Dies trifft auf Bereiche zu, bei denen regionale Interessen vorrangig sind. So fallen beispielsweise das Schulwesen, die Polizeigewalt und der Bau von Landstraßen in die Gesetzgebungskompetenz der Länder. Um größere Unterschiede zu vermeiden, versuchen aber die Länder sich auf diesen Gebieten abzusprechen.

c) die Rahmengesetzgebung des Bundes

Davon sind Bereiche betroffen, in welchen die Interessen der Länder eine wichtige Rolle spielen, aber eine gewisse Einheitlichkeit notwendig ist. Der Bundestag als der Gesetzgeber hat hier das Recht einen bestimmten gesetzlichen Rahmen vorzugeben innerhalb dessen die Einzelheiten von den Gesetzgebungsorganen der Länder geregelt werden. Beispiele dazu sind der Bereich der Hochschulen und Universitäten, der Naturschutz und das Presserecht.

d) die konkurrierende Gesetzgebung

Darunter fallen die Bereiche, bei denen sowohl der Bund als auch die Länder Gesetzgebungsgewalt haben. Damit es hierbei nicht zu Streitigkeiten kommt, hat das Grundgesetz in Artikel 31 eine Regelung geschaffen, die besagt, dass in solchen Fällen die Gesetzgebungskompetenz des Bundes vor der der Länder geht („Bundesrecht bricht Landesrecht"). Dies bedeutet, dass anderslautende Vorschriften innerhalb der Länder ihre Gültigkeit verlieren, sobald dazu ein Bundesgesetz beschlossen wurde. Hierunter fallen Gesetze, die z. B. den Strafvollzug, das Strafrecht oder das Arbeitsrecht betreffen.

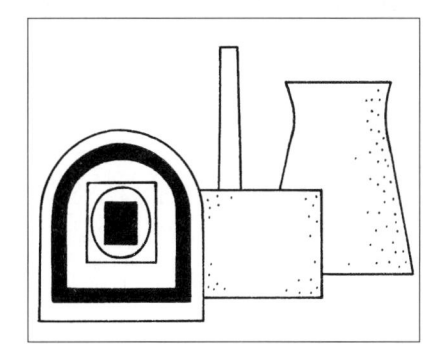

| Name: | Klasse: 9 | Datum: | Geschichte
Sozialkunde
Erdkunde | Nr.: |

Aufgabenteilung zwischen Bund und Ländern

Die Teilung der Aufgaben zwischen Bund und Ländern ist im Grundgesetz
_____ geregelt.

GG Art. 30 (Kurzform): _____
_____

GG Art. 31 (Kurzform): _____
_____

Das Grundgesetz unterscheidet dabei:

1. _____

2. _____

3. _____

4. _____

2.4 Gesetzgebung in Bayern

Was sagt die bayerische Verfassung dazu?

BV, Art. 5, 1: Die gesetzgebende Gewalt steht ausschließlich dem Volk und der Volksvertretung zu.

BV, Art. 71: Die Gesetzesvorlagen werden vom Ministerpräsidenten namens der Staatsregierung, aus der Mitte des Landtags, vom Senat oder **vom Volk (Volksbegehren)** eingebracht.

BV, Art. 72, 1: Die Gesetze werden vom Landtag oder **vom Volk** beschlossen **(Volksentscheid)**.

Volksbegehren und Volksentscheid

Während die Bundesgesetze ausschließlich von den Parlamentariern des Bundestages in mehrheitlicher Abstimmung verabschiedet werden, gibt es in Bayern bei der Gesetzgebung einige Besonderheiten. So kann zum Beispiel ein Gesetz auch vom Senat, der zweiten Kammer im Freistaat, eingebracht werden und muss dann vom Parlament genauso beraten und behandelt werden wie eines, das von Mitgliedern des Landtags eingebracht wird. Daneben sieht die bayerische Verfassung Volksbegehren und Volksentscheid als Möglichkeit eines direkten Eingreifens der Wahlberechtigten in die Gesetzgebung vor.

Um ein **Volksbegehren** auf den Weg zu bringen, sind die Initiatoren zunächst gehalten, **25 000 Unterschriften** für ein solches Begehren zu sammeln. Dieser Antrag wird dann dem Innenministerium zugeleitet und dort geprüft.

Nun müssen sich für das Volksbegehren innerhalb einer Frist von vierzehn Tagen **zehn Prozent** der bayerischen Wahlberechtigten (1998: ca. 870 000) in öffentlich zugängliche Listen eintragen. In dieser Frist müssen die Kommunen während ihrer Dienstzeiten sowie drei Stunden an einem Abend und zwei Stunden an einem Wochenende die Listen auslegen. Eine „Briefwahl" gibt es nicht.

Kommen genügend Stimmen zusammen, muss der Landtag innerhalb von drei Monaten den Gesetzentwurf behandeln. Findet das Vorhaben im Parlament keine Mehrheit, ist binnen weiterer drei Monate ein **Volksentscheid** fällig, bei welchem dann über den Gesetzesvorschlag des Volksbegehrens und den Vorschlag des Parlaments abgestimmt wird. Eine Mindestbeteiligung ist dabei nicht notwendig, die einfache Mehrheit reicht aus.

Ist der Volksentscheid positiv, so muss der Ministerpräsident das neue Gesetz öffentlich bekannt geben. Einen Tag danach tritt die neue Bestimmung in Kraft.

Beispiel für ein Volksbegehren: mehr Demokratie

So soll der Bürgerentscheid funktionieren

München (lb/AZ). Der Gesetzentwurf der Bürgeraktion „Mehr Demokratie" will das Recht auf Bürgerbegehren und Bürgerentscheid auch für die kommunale Ebene in der bayerischen Verfassung festschreiben. Und dieser Vorschlag sieht wie folgt aus:

Einleitung des Bürgerentscheids:
- Entweder durch die Zweidrittelmehrheit im Gemeinderat oder Kreistag oder
- durch ein Bürgerbegehren.

Je nach Größe der Kommune müssen drei bis zehn Prozent der Wahlberechtigten das Bürgerbegehren mit ihrer Unterschrift unterstützen. In Gemeinden mit bis zu 10 000 Einwohnern gilt die Zehnprozentmarke. Diese Grenze sinkt kontinuierlich ab bis zu den Städten mit über 500 000 Einwohnern. Dort reichen drei Prozent.

Sind die erforderlichen Unterschriften gesammelt und eingereicht, darf der Gemeinderat für zwei Monate keine Entscheidungen treffen, die der Sache entgegenstehen. Dabei darf es sich jedoch nur um „Angelegenheiten des eigenen Wirkungskreises" handeln, also um wichtige Themen auf Gemeinde- und Kreisebene. Beispielsweise den Bau einer Stadthalle oder eines Straßenprojektes.

Nach Ende der Unterschriftensammlung bleiben den kommunalen Gremien weitere zwei Monate, um sich zu beraten und die Zulässigkeit des Anliegens zu prüfen.

Der Bürgerentscheid:

Wird der Initiative dann nicht durch eigene Beschlüsse entsprochen, kommt es zum Bürgerentscheid. Dabei reicht – ohne erforderliche Mindestbeteiligung – die einfache Stimmenmehrheit. Innerhalb von drei Jahren darf das Ergebnis dann nur durch ein neues Bürgervotum geändert werden.

AZ, unbekannte Ausgabe

Volksbegehren und Volksentscheid

Der Gesetzentwurf

Art. 1
(Kommunale Bürgerbegehren und Bürgerentscheid in der Landesverfassung)

Die Verfassung des Freistaates Bayern vom 2. Dezember 1946 (BayRS 100-1-S) zuletzt geändert durch Gesetz vom 20. Juni 1984 (GVBl. S. 223) wird wie folgt geändert:

1. Artikel 7 Absatz 2 erhält durch die Einfügung der Worte „Bürgerbegehren und Bürgerentscheiden" folgenden Wortlaut:
„(2) Der Staatsbürger übt seine Rechte aus durch Teilnahme an Wahlen, Bürgerbegehren und Bürgerentscheiden sowie Volksbegehren und Volksentscheiden."

2. An Art. 12 wird angefügt:
„(3) Die Staatsbürger haben das Recht, Angelegenheiten des eigenen Wirkungskreises der Gemeinden und Landkreise durch Bürgerbegehren und Bürgerentscheide zu regeln. Das Nähere regelt ein Gesetz."

Art. 2
(Bürgerbegehren und Bürgerentscheid in der Gemeindeordnung)

Die Gemeindeordnung für den Freistaat Bayern in der Fassung der Bekanntmachung vom 6. Januar 1993 (GVBl. S. 65), zuletzt geändert durch Gesetz vom 10. August 1994 (GVBl. S. 761), wird wie folgt geändert:

Art. 3
(Bürgerbegehren und Bürgerentscheid in der Landkreisordnung)

Die Landkreisordnung für den Freistaat Bayern in der Fassung der Bekanntmachung vom 6. Januar 1993 (GVBl. S. 93), zuletzt geändert durch Gesetz vom 10. August 1994 (GVBl. S. 761), wird wie folgt geändert:

Art. 2 (Gemeindeordnung)

1. Nach Art. 18 wird folgender Art. 18a eingefügt:
„Art. 18a
(Bürgerbegehren und Bürgerentscheid)
(1) Die Gemeindebürger können über Angelegenheiten des eigenen Wirkungskreises der Gemeinde einen Bürgerentscheid beantragen (Bürgerbegehren).
(2) Der Gemeinderat kann mit der Mehrheit von zwei Dritteln seiner stimmberechtigten Mitglieder beschließen, dass über eine Angelegenheit des eigenen Wirkungskreises der Gemeinde ein Bürgerentscheid stattfindet.
(3) Ein Bürgerentscheid findet nicht statt über Angelegenheiten, die kraft Gesetz dem Bürgermeister obliegen, über Fragen der inneren Organisation der Gemeindeverwaltung, über die Rechtsverhältnisse der Gemeinderäte, des Bürgermeisters und der Gemeindebediensteten und über die Haushaltssatzung."

Art. 3 (Landkreisordnung)

Nach Art. 25 wird folgender Art. 25a eingefügt:
„Art. 25a
(Bürgerbegehren und Bürgerentscheid)
(1) Die Landkreisbürger können über Angelegenheiten des eigenen Wirkungskreises des Landkreises einen Bürgerentscheid beantragen (Bürgerbegehren).
(2) Der Kreistag kann mit der Mehrheit von zwei Dritteln seiner stimmberechtigten Mitglieder beschließen, dass über eine Angelegenheit des eigenen Wirkungskreises des Landkreises ein Bürgerentscheid stattfindet.
(3) Ein Bürgerentscheid findet nicht statt über Angelegenheiten, die kraft Gesetz dem Landrat obliegen, über Fragen der inneren Organisation der Landkreisverwaltung, über die Rechtsverhältnisse der Kreisräte, des Landrates und der Landkreisbediensteten und über die Haushaltssatzung."

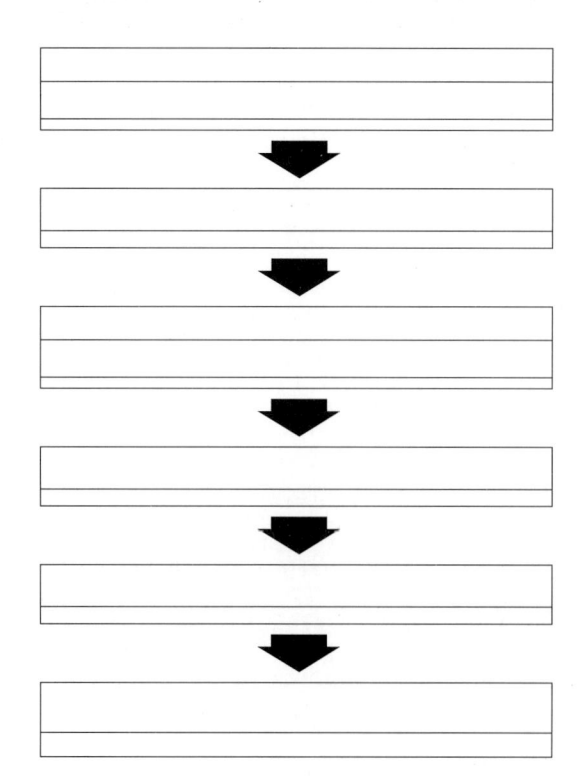

3. Auf dem Weg zur Einigung Europas

> → 9.3 Auf dem Weg zur Einigung Europas
> (bayerischer Hauptschullehrplan)

Lerninhalte:

- Erkennen, dass Europa schon früher als Einheit erfahrbar war
- Stationen der wirtschaftlichen und polititschen Einigung kennen lernen
- Organe und Aufgaben der EU kennen lernen
- Entwicklung in Osteuropa und Auflösung der Blockbildung kennen lernen

Arbeitsmittel:

Folienvorlage, Arbeitsblätter, Informationsblätter

3. Auf dem Weg zur Einigung Europas

3.1 Europa in früheren Jahrhunderten (S. 63)

Gemeinsame Wurzeln und Entwicklungen (S. 63) → KR 9.3.1, Mu 9.4
Europa – gemeinsame Wurzeln (Arbeitsblatt S. 65; Lösungsblatt S. 263)

3.2 Vorstellungen von Europa im 20. Jahrhundert (S. 66)

Europaideal nach den Weltkriegen (S. 66)
Das Ideal von Europa nach dem Zweiten Weltkrieg (Arbeitsblatt S. 67; Lösungsblatt S. 263)

3.3 Stufen der wirtschaftlichen und politischen Einigung Europas (S. 68)

Vom Europarat zur EU (S. 68)
Vom Europarat zur EU (Arbeitsblatt S. 70; Lösungsblatt S. 263)
Aufgaben und Organe der EU (S. 71)
Aufgaben und Organe der EU (Arbeitsblatt S. 77; Lösungsblatt S. 263)

3.4 Entwicklung in Osteuropa (S. 78)

Allmähliche Auflösung des Ostblocks (S. 78)
Allmähliche Auflösung des Ostblocks (Arbeitsblatt S. 81; Lösungsblatt S. 264)
Auflösung des Ostblocks (Arbeitsblatt S. 82; Lösungsblatt S. 264)

3.1 Europa in früheren Jahrhunderten

Gemeinsame Wurzeln und Entwicklungen

Trotz aller nationalen Unterschiede besitzen die europäischen Völker eine weit verzweigte **gemeinsame Vergangenheit.** Seit vorgeschichtlicher Zeit lebten die europäischen Völker auf engem Raum zusammen. Die landschaftliche Gliederung des Kontinents hat sie ihre Eigenarten in Sprache, Kultur, Brauchtum und der Art zu leben ausbilden lassen. Bei aller Vielfalt hat sich aber in den Jahrtausenden der gemeinsamen Geschichte eine abendländische Kultur entwickelt, durch die sich die Europäer von anderen Völkern unterscheiden.

Die Griechen haben die Grundlagen der europäischen Zivilisation gelegt und über das Mittelmeer verbreitet. Ihre Kunst, Wissenschaft und politische Ideen, prägen Europa bis heute.

Platon, 427 bis 347 v. Chr.

Das römische Weltreich trug diese neuen Impulse auch in das Innere Europas. Die überlegene römische Technik, die perfekte Organisation und die lateinische Sprache beherrschten Jahrhunderte den europäischen Kontinent. Bis in die Neuzeit hinein sprachen und schrieben die Gelehrten in lateinischer Sprache.

Gajus Julius Cäsar, 100 bis 44 v. Chr.

Auch **die christliche Religion** verbindet die Völker Europas. Als Staatsreligion überdauerte der christliche Glaube die Teilung des römischen Weltreiches, den Zerfall des Weströmischen Reiches und sogar die Völkerwanderung. Auch in den germanischen Reichen auf römischem Boden setzte sich das Christentum durch. Seit der Taufe des Merowingerkönigs Chlodwig (496) verband sich die Kirche mit dem fränkischen Großreich als Staatsreligion. Unter Kaiser Karl dem Großen (Krönung 800) vereinigten sich viele Völker zum Heiligen Römischen Reich Deutscher Nation unter dem christlichen Glauben. Unter seinen Nachfolgern zerfiel das Reich. Trotzdem blieben viele Gemeinsamkeiten erhalten. Nach der Eroberung Konstantinopels 1453 drangen türkische Armeen und der muslimische Glaube in Europa vor. 1683 schließlich belagerten türkische Truppen Wien und wurden von einem deutsch-polnischen Heer geschlagen. Das christliche Europa verbündete sich. Papst Innozenz XI. begründete daraufhin eine „Heilige Allianz" der christlichen europäischen Staaten gegen die Türken.

Das politische Handeln der europäischen Staaten war schon immer vorrangig von Eigeninteressen geprägt. Ihre Interessen versuchten die Staaten gegenseitig durchzusetzen. Um die Eigeninteressen zu wahren, bot es sich manchmal an, sich mit anderen Staaten gegen einen übermächtigen Feind zusammenzuschließen.

Seit dem 16. Jahrhundert war die erklärte Politik der europäischen Staaten die „Balance of power" (Gleichgewicht der Mächte auf dem Kontinent). Damit sollte die Vorherrschaft einer Großmacht oder Mächtegruppe in Europa verhindert werden. Ausgeglichene politische und militärische Bündnisse sollten die Folge sein. Besonders England vertrat diese Politik und wurde zum „Schiedsrichter Europas". Auch mit überstaatlichen Organisationen versuchte man den Frieden zu sichern oder die Schrecken des Krieges für die Betroffenen zu mildern.

Das Kolosseum in Rom

Schlacht am Kahlenberg 1683 – links vor dem Bildstock Max Emanuel mit den bayerischen Truppen.

Moderne Auffassungen von **Staats- und Gesellschaftsordnungen,** besonders diejenige der Demokratie, fanden als Folge der geistesgeschichtlichen Strömung der Aufklärung und der Französischen Revolution viele Vertreter.

Viele Maler haben den Sturm auf die Bastille festgehalten.

Blick auf das Borsigwerk in Berlin. Im Vordergrund die schlossartige Villa der Gründerfamilie.

Trotzdem gab es immer wieder Versuche Europa unter einer Herrschaft gewaltsam zu vereinen. **Napoleon** eroberte Anfang des 19. Jahrhunderts fast den ganzen Kontinent und wurde erst vor Moskau von den gegnerischen Truppen geschlagen. Seine staatliche Neuordnung Europas wirkte aber weiter. Die neue Rechtsordnung im „Code civil" wurde zum Vorläufer des Bürgerlichen Gesetzbuchs in Deutschland. Eine gesamteuropäische Erscheinung war auch die **Industrialisierung** im 19. Jahrhundert mit ihren politischen und sozialen Folgen.

Napoleon Bonaparte 1769 bis 1821.

Ein Beispiel **sozialer europäischer Einheit** ist die Gründung des Internationalen Roten Kreuzes 1884 in Genf. 16 Staaten beschlossen, dass alle kranken und verwundeten Soldaten ohne Rücksicht auf die Staatsangehörigkeit im Fall eines Kriegs versorgt werden müssten. Im Lauf der Zeit schlossen sich alle europäischen Staaten dieser „Genfer Konvention" an.

Rotes Kreuz.

Auch in der **Kunst** weist Europa gemeinsame Entwicklungen auf. Die Baustile des Mittelalters finden ihre Wurzeln in der antiken Architektur. Romanik, Gotik und Barock sind nahezu in ganz Europa vertreten. Selbst berühmte Dichter (z. B. Goethe, Shakespeare, Molière) und Komponisten (z. B. Beethoven, Puccini, Ravel) werden nicht nur in ihren Heimatländern gelesen und aufgeführt, sondern europaweit.

Die Grundlage aller kulturellen, sozialen und politischen Entwicklungen in Europa bildete der schon sehr früh einsetzende **Handel**. Bereits in der Steinzeit wurden Waren und Erfahrungen über relativ große Distanzen ausgetauscht. So sind im 5. und 6. Jahrtausend v. Chr. bereits in ganz Europa Gemeinsamkeiten in der Herstellung keramischer Waren, Waffen, Werkzeugen, Tier- und Pflanzenzucht und der Kultur nachweisbar. Später entstanden um den wachsenden Bedarf an Metallen zu decken ausgedehnte Handelswege, über die auch andere Waren wie z. B. Bernstein bewegt wurden. In der keltischen Siedlung Manching bei Ingolstadt wurden Münzen aus ganz Europa gefunden. Die Römer bauten gut befahrbare Straßen, die den Handel zusätzlich förderten. Im Mittelalter war Europa mit einem weit verzweigten Netz von Handelswegen der Hanse durchzogen. Sie reichten von der portugiesischen Atlantikküste bis zum Ural und von Norwegen bis Süditalien. Besondere Bedeutung erlangten Hafenstädte (z. B. Marseille, Genua, Venedig, London, Lübeck, Danzig) oder Städte, die an Kreuzungspunkten der Handelsstraßen lagen (z. B. Frankfurt, Augsburg, Mailand, Prag …). Auch wurde bereits Handel mit Indien, China und Nordafrika betrieben. Nach der Entdeckung Amerikas und der Weiterentwicklung der Seefahrt kannte der Handel der Europäer keine Grenzen mehr und sorgte für einen ungeheuren Reichtum in Europa.

Der Kölner Dom

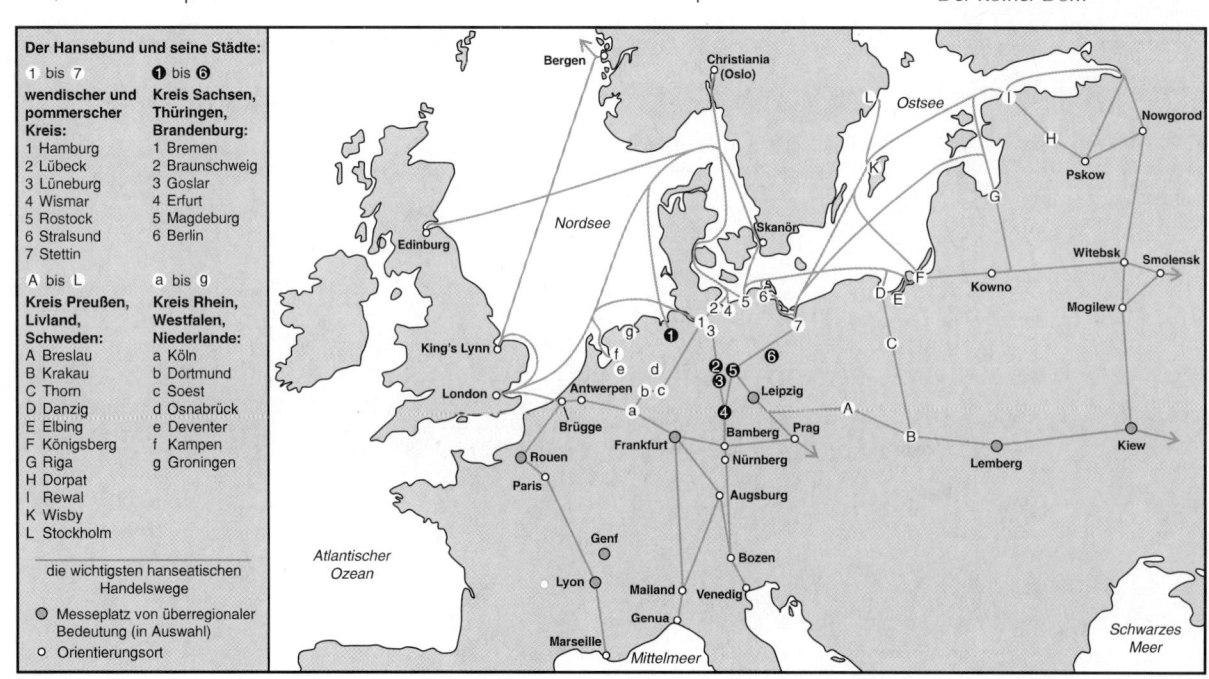

Der Hansebund und seine Städte:

1 bis 7	❶ bis ❻
wendischer und pommerscher Kreis:	**Kreis Sachsen, Thüringen, Brandenburg:**
1 Hamburg	1 Bremen
2 Lübeck	2 Braunschweig
3 Lüneburg	3 Goslar
4 Wismar	4 Erfurt
5 Rostock	5 Magdeburg
6 Stralsund	6 Berlin
7 Stettin	

A bis L	a bis g
Kreis Preußen, Livland, Schweden:	**Kreis Rhein, Westfalen, Niederlande:**
A Breslau	a Köln
B Krakau	b Dortmund
C Thorn	c Soest
D Danzig	d Osnabrück
E Elbing	e Deventer
F Königsberg	f Kampen
G Riga	g Groningen
H Dorpat	
I Rewal	
K Wisby	
L Stockholm	

— die wichtigsten hanseatischen Handelswege
⊙ Messeplatz von überregionaler Bedeutung (in Auswahl)
○ Orientierungsort

| Name: | Klasse: 9 | Datum: | **Geschichte** Sozialkunde Erdkunde | Nr.: |

Europa

3.2 Vorstellungen von Europa im 20. Jahrhundert
Europaideal nach den Weltkriegen

Nach dem Zweiten Weltkrieg waren große Teile Europas ein Trümmerhaufen. Die Europäer hatten ihre ehemalige Vormachtstellung in der Welt verloren. Unter dem Eindruck der Schreckensherrschaft des Faschismus und der Kriegsfolgen waren die Menschen bereit alte Vorurteile zu vergessen und an eine Einigung Europas zu denken. Sie wollten Frieden, Demokratie und Freiheit.

Führende Politiker waren davon überzeugt, dass mit übernationalen Zusammenschlüssen die Probleme des Kontinents zu lösen wären.

Winston Churchill sagte 1946 dazu: „Wir müssen so etwas wie die Vereinigten Staaten von Europa" schaffen.

Die beiden Großmächte USA und die Sowjetunion entzweiten sich aber immer mehr, so dass eine gesamteuropäische Lösung bald nicht mehr in Frage kam.

So wie in der Augsburger Innenstadt um den Perlachturm herum sieht es im Mai 1945 in fast allen deutschen Großstädten aus. Wohnungen und Arbeitsstätten sind zerstört, Menschen suchen nach etwas Essbarem und einem Dach über dem Kopf und die Armeefahrzeuge der Besatzungsmacht fahren durch die Ruinen.

Winston Churchill 1874 bis 1965

Deshalb förderte Amerika die Einigung in Westeuropa mit finanzieller und wirtschaftlicher Hilfe – dem Marshallplan (ERP = European Recovery Program, deutsch: Europäisches Wiederaufbauprogramm). Die Unterstützung wurde nur unter der Bedingung gewährt, dass die europäischen Länder ihren wirtschaftlichen Aufbau gemeinsam planen. Sie sollten einen europäischen Markt ohne Handelshemmnisse aufbauen. Dies war nicht ganz uneigennützig, denn nur ein wirtschaftlich starkes Europa konnte ein guter Handelspartner für die amerikanische Wirtschaft sein und sich gleichzeitig gegen den sowjetischen Kommunismus erwehren. Die Franzosen sahen darin auch einen Weg eine erneute deutsche Vormachtstellung zu verhindern und die Feindschaft der Vergangenheit zu begraben.

Werbeplakat

Dazu Konrad Adenauer: „Das Verhältnis zwischen Frankreich und Deutschland ist eines der wichtigsten, wenn nicht das wichtigste Problem für Frankreich, für Deutschland, vielleicht auch für Europa."

Schließlich hofften auch viele Europäer, dass sich Europa als dritte Kraft zwischen den beiden Weltmächten entwickeln könne.

In Verbindung mit der Durchführung des Marshallplans wurde im Frühjahr 1948 die erste überstaatliche Vereinigung gegründet – die Organisation für Europäische Wirtschaftliche Zusammenarbeit (OEEC später OECD). Ein Jahr später erfolgte der Zusammenschluss in der NATO (Nordatlantikpakt). Das Ziel war die wirtschaftliche und militärische Stärkung des „freien" Europas.

Zusammengeführt wurde die ganze europäische Einigungsbewegung im Europa-Kongress in Den Haag im Mai 1948. Unter den 750 Teilnehmern aus allen westeuropäischen Staaten waren prominente Politiker wie der deutsche Bundeskanzler Konrad Adenauer, der französische Außenminister Robert Schuman und der britische Premierminister Winston Churchill.

Konrad Adenauer 1876 bis 1967

Die Ziele waren sehr hoch gesteckt. Es sollte auf der Grundlage einer europäischen Verfassung ein Bundesstaat mit eigener Regierung und eigenem Gerichtshof entstehen. Solche Vorstellungen der europäischen Föderalisten stießen jedoch auf Widerstand bei den so genannten Unionisten, die zwar für eine enge politische und wirtschaftliche Zusammenarbeit der europäischen Staaten eintraten, den Zentralismus und den Verlust von Souveränitätsrechten der einzelnen Staaten jedoch ablehnten (Staatenbund).

Der Haager Kongress verabschiedete daraufhin eine Erklärung, die einen politischen und wirtschaftlichen Zusammenschluss der Staaten forderte.

Am 5. Mai 1949 wird daraufhin der Europarat gegründet. Er ist damit die älteste politische Organisation westeuropäischer Staaten.

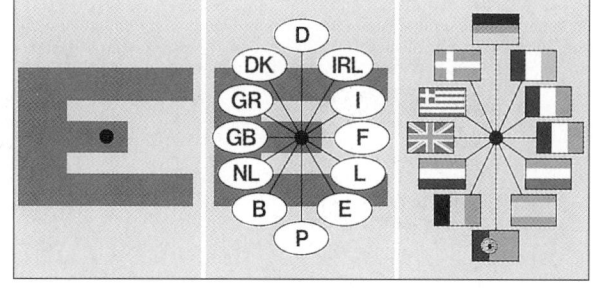

Zentralstaat   Bundesstaat   Staatenbund

| Name: | Klasse: 9 | Datum: | **Geschichte** Sozialkunde Erdkunde | Nr.: |

Das Ideal von Europa nach dem Zweiten Weltkrieg

Zweiter Weltkrieg

drei Wege

3.3 Stufen der wirtschaftlichen und politischen Einigung Westeuropas

Vom Europarat zur EU

Europarat

Nach langwierigen Verhandlungen wurde am 5. Mai 1949 der Europarat gegründet. Viele Europäer dachten dies sei der erste Schritt für die „Vereinigten Staaten von Europa". Die europäischen Staaten waren aber gewohnt, alle Probleme aus nationaler Sicht zu lösen. Es stellte sich heraus, dass die in langer Geschichte erkämpften Souveränitätsrechte eben nicht so leicht aufzugeben waren. Den Staaten musste Zeit gegeben werden sich darauf einzustellen. Die europäische Einigung konnte sich also nur in Schritten vollziehen. Der Europarat kann keine Gesetze beschließen, er hat nur beratende Funktion. Er kann aber wichtige Vereinbarungen verabschieden wie z. B. die „Konvention zum Schutz der Menschenrechte und Grundfreiheiten". Der 1950 gegründete Europäische Gerichtshof überwacht die Einhaltung solcher Konventionen. Vor allem aber förderte der Europarat die Begegnung der Europäer untereinander und unterstützte Städtepartnerschaften, Familien- und Jugendaustausch. Einen politischen Zusammenschluss brachte der Europarat aber nicht zustande. Zu den zehn ursprünglichen Mitgliedstaaten sind im Lauf der Zeit 30 weitere hinzugekommen. Der Europarat hat seinen Sitz in Straßburg.

Montanunion

Auf wirtschaftlichem Gebiet gab es erste Erfolge. 1951 schlossen sich sechs Staaten (Frankreich, Bundesrepublik Deutschland, Italien, Belgien, Niederlande, Luxemburg) zur Montanunion zusammen. Aufgabe dieser Vereinigung war die gemeinsame Wirtschaftspolitik für Kohle und Stahl. Die Industrien der Mitgliedsländer spürten bald die Vorteile dieser Gemeinschaft. Für den Absatz von Kohle und Stahl gab es keine nationalen Grenzen, Zölle und Handelsschranken mehr. Es entstand auf der Basis des freien Wettbewerbs ein riesiger Markt. In kurzer Zeit übertrafen die Wachstumsraten der Montanunion sogar die der USA. Auch Regelungen über Arbeitsbedingungen, Mitbestimmung und Arbeitslosigkeit waren Gegenstand dieser Union. Der große Erfolg macht die EGKS (= Europäische Gemeinschaft für Kohle und Stahl), wie die Montanunion offiziell hieß, zur Keimzelle des vereinigten Europas.

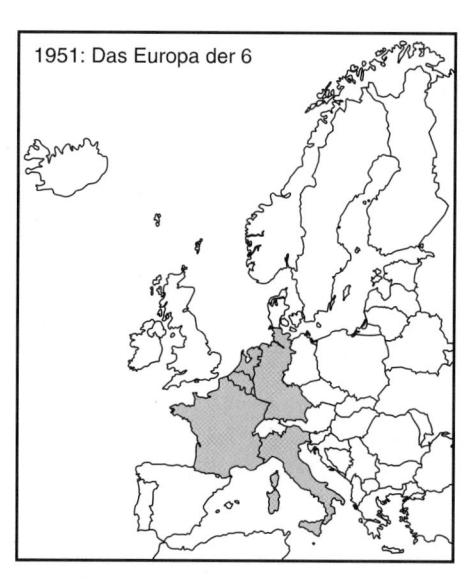

Gründerstaaten der Montanunion und der EWG

EWG und Euratom

Die Erfolge der Montanunion weckten in Europa den Wunsch nach einem gemeinsamen Markt für alle Wirtschaftsgüter. 1957 schlossen sich die sechs Staaten in Rom zur EWG (= Europäische Wirtschafts-Gemeinschaft) zusammen. Die Staaten verpflichteten sich zu einer gemeinsamen Wirtschaftspolitik nicht nur bei Kohle und Stahl, sondern in weiteren Bereichen der Wirtschaft und der Landwirtschaft. In den Römischen Verträgen beschlossen die Partnerstaaten den schrittweisen Abbau von Zöllen innerhalb der Gemeinschaft und eine gemeinsame Handelspolitik, besonders was den Einkauf von Rohstoffen und den Verkauf von Waren betrifft.

Gleichzeitig wurde auch die Euratom (= Europäische Atomgemeinschaft) gegründet. Die Europäischen Länder wollten den Rückstand in der Atomforschung und -nutzung aufholen. Die wichtigsten Aufgaben der Euratom sind z. B. die friedliche Nutzung der Atomenergie, Reaktorsicherheit, Gesundheitsschutz und die Erforschung radioaktiver Belastungen der Umwelt.

EG

Die EWG blieb erfolgreich. Rascher als geplant wurden viele Ziele erreicht. So wurden 1967 Montanunion, EWG und Euratom zur EG (= Europäische Gemeinschaft) vereinigt. Noch immer war diese Gemeinschaft keine politische, sondern eine wirtschaftliche Vereinigung. Sie hatte aber nun eine gemeinsame Führung:
der EG Ministerrat. Hier treffen sich abgesandte Minister der einzelnen Staaten und fassen Beschlüsse. Unterstützt, kontrolliert und beraten wird er von der EG-Kommission in Brüssel, dem Europäischen Parlament in Straßburg und dem Europäischen Gerichtshof in Luxemburg.

Auf dem Weg zu einer politischen Gemeinschaft mussten aber noch sehr viele Hürden genommen werden. Neue Mitglieder wurden integriert und ein eigenes Währungssystem geschaffen. In den 80er Jahren musste eine Wirtschaftskrise überwunden werden, in Deutschland fiel die Mauer und der Ostblock löste sich auf. Schwere Prüfsteine für eine politische europäische Gemeinschaft.

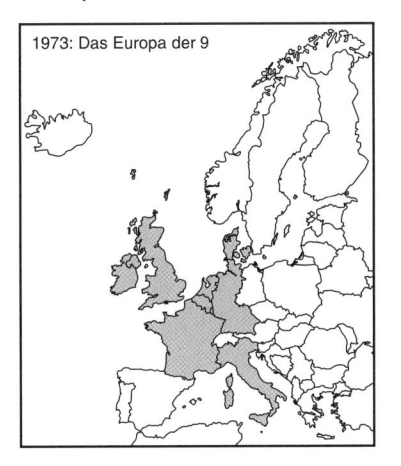

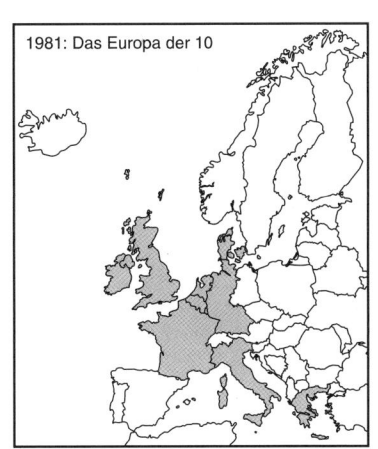

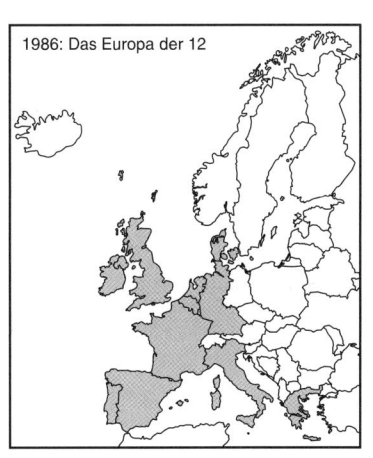

1973: Das Europa der 9

1981: Das Europa der 10

1986: Das Europa der 12

EU

Besonders der entschlossen vorangetriebene Prozess zur Schaffung eines gemeinsamen Marktes (Binnenmarkt) ermöglichte den Schritt zur politischen Union. Im Februar 1992 wurde der Vertrag von Maastricht unterzeichnet (Vertrag über die Europäische Union), der am 1. November 1993 in Kraft trat. Er schaffte die Voraussetzung für die Gründung der EU und die Einführung einer einheitlichen Währung (EURO). Noch sind nicht alle Hindernisse aus dem Weg geräumt und nicht alle Mitgliedstaaten machen mit beim EURO, aber es wurde ein entscheidender Schritt für die politische Einigung Europas getan. 1998 begannen Gespräche zur Osterweiterung der EU mit ehemaligen Staaten des Ostblocks und Nachfolgestaaten der ehemaligen Sowjetunion. 1999 war der Start für die Währungsunion in 11 Staaten der EU.

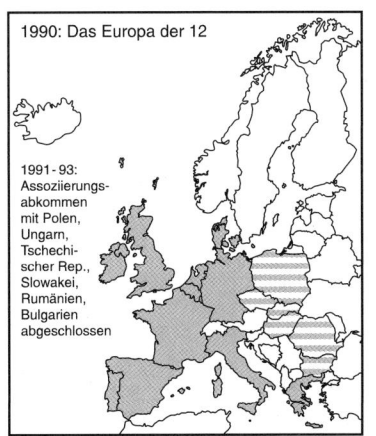

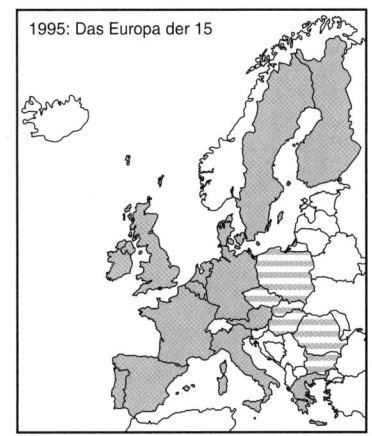

1990: Das Europa der 12
1991-93: Assoziierungsabkommen mit Polen, Ungarn, Tschechischer Rep., Slowakei, Rumänien, Bulgarien abgeschlossen

1995: Das Europa der 15

| Name: | Klasse: 9 | Datum: | **Geschichte** Sozialkunde Erdkunde | Nr.: |

Vom Europarat zur EU

- _____
- _____
- _____
- _____

Montanunion	EWG	Euratom
– _____	– _____	– _____
– _____	– _____	– _____
– _____	– _____	– _____
	– _____	– _____
		– _____

EU (= _____)

- _____
- _____
- _____
- _____

Aufgaben und Organe der EU

EU – Was ist das überhaupt?

Die Europäische Union ist ein Verbund von 15 selbstständigen Staaten, die Verträge miteinander vereinbart haben.

- Unsere Regierungen handeln in vielen Bereichen nur noch gemeinschaftlich und fassen gemeinsam Beschlüsse, die für alle Mitgliedstaaten bindend sind.
- In anderen Bereichen der Politik arbeiten die Regierungen eng zusammen und stimmen ihr Handeln möglichst weitgehend aufeinander ab.
- In allen übrigen Bereichen der Politik entscheiden sie allein, nehmen jedoch aufeinander Rücksicht.

Die Europäische Union ist also kein selbstständiger Staat. Sie existiert seitdem der Vertrag von Maastricht in Kraft ist, also seit dem 1. November 1993. Ihre endgültige politische Gestalt hat die Union noch nicht gefunden. Es ist also offen, ob die Union einmal ein Staat mit eigener Regierung sein wird, oder ob sie ein Verbund von Staaten bleiben wird.

Schon seit den fünfziger Jahren gibt es drei Europäische Gemeinschaften, nämlich die EG, die EGKS und die Euratom. Diese drei Gemeinschaften existieren nach wie vor und sind Teile der Europäischen Union.

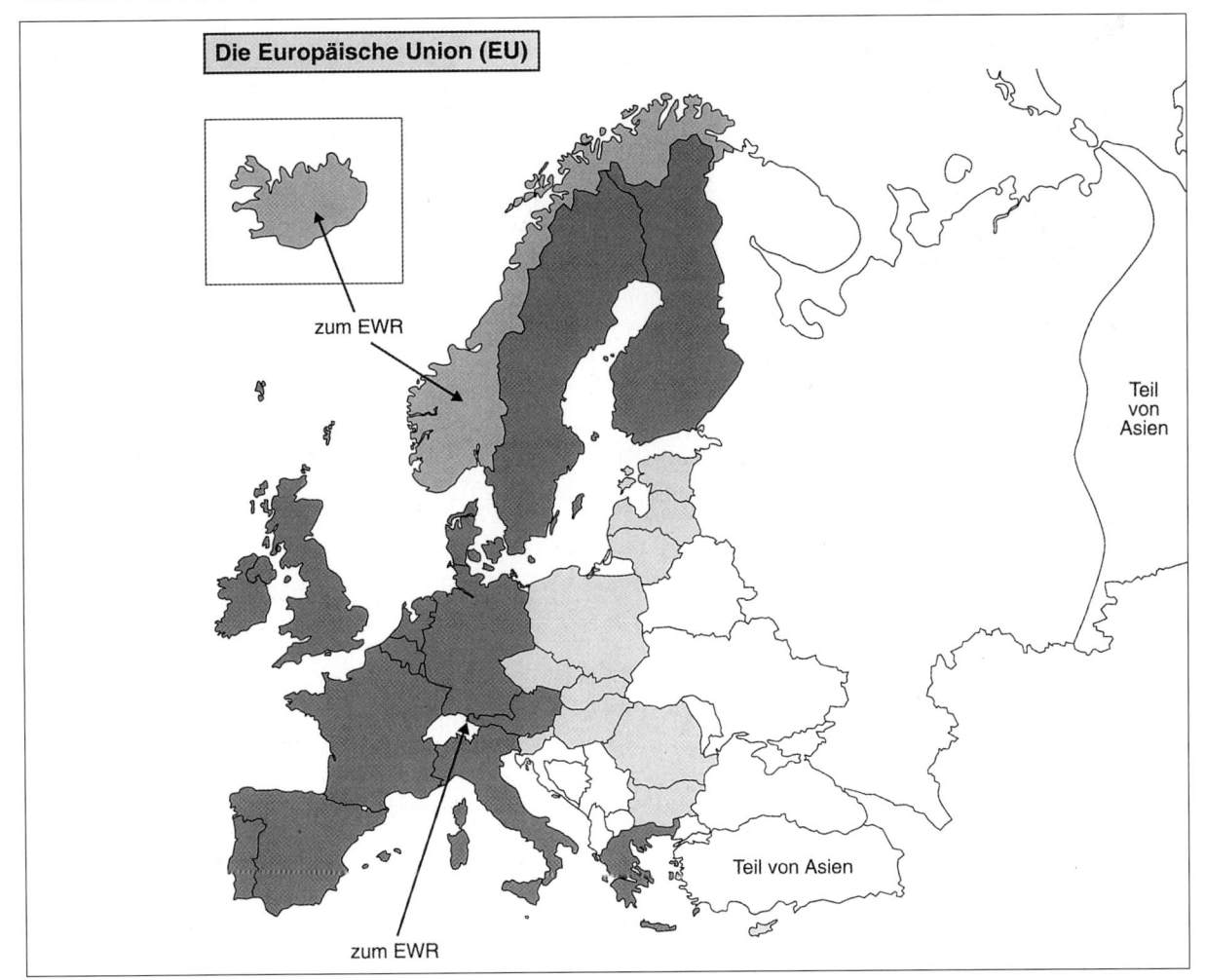

Die Europäische Union (EU)

15 Mitgliedstaaten der Europäischen Union (EU):

BRD – Luxemburg – Frankreich – Italien – Belgien – Niederlande – Dänemark – Großbritannien – Irland – Portugal – Spanien – Griechenland – Schweden – Finnland – Österreich

Staaten, die mit der EU den Europäischen Wirtschaftsraum (EWR) bilden:

Island – Norwegen – Liechtenstein

Verhandlungen zur Osterweiterung der EU mit:

1. Estland – Polen – Slowenien – Tschechische Republik – Ungarn – Zypern
2. Bulgarien – Lettland – Litauen – Rumänien – Slowakische Republik

Die Aufgaben der EU

Die wirtschaftliche und politische Vereinigung Europas ist noch lange nicht vollzogen. Diesen Prozess in Gang zu halten ist die Aufgabe der EU.
Es stellen sich ihr drei Aufgabenbereiche, die auch als Säulen bezeichnet werden.

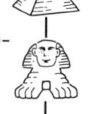

Aufbau der Europäischen Union

Die EU besteht aus drei Elementen („Säulen"):

1. Säule — Die drei Europäischen Gemeinschaften EG, EGKS und EURATOM

2. Säule — Die Gemeinsame Außen- und Sicherheitspolitik

3. Säule — Die Zusammenarbeit in den Bereichen Justiz und Inneres

Die politisch wichtigste Instanz der EU
Europäischer Rat
Staats- und Regierungschefs aller Mitgliedstaaten und der Präsident der Kommission

Die Europäische Union und die drei Europäischen Gemeinschaften haben gemeinsame Organe:

Europäisches Parlament	Rat der Europäischen Union	Europäische Kommission	Europäischer Gerichtshof	Europäischer Rechnungshof
626 Abgeordnete	Minister aller Mitgliedstaaten	20 Mitglieder	15 Richter 9 Generalanwälte	15 Mitglieder

Die Organe werden beraten von Ausschüssen, in denen Vertreter aller Mitgliedstaaten sitzen:

Wirtschafts- und Sozialausschuss	Ausschuss der Regionen	Beratender Währungsausschuss	Beratender Ausschuss (EGKS)

Die erste Säule:

Im Mittelpunkt der EU steht nach wie vor die EG, die um eine Wirtschafts- und Währungsunion erweitert wird. Diese ursprüngliche Wirtschaftsgemeinschaft soll zu einer politischen Union zusammenwachsen. Wichtige Arbeitsfelder der EG sind natürlich alle wirtschaftlichen Dinge, aber auch z. B. Sozialpolitik, Umwelt, Jugendprogramme, Ausbildung, Forschung …

Die zweite Säule:

Ist die Zusammenarbeit der Regierungen der EU-Staaten in der Außen- und Sicherheitspolitik. Da die EU noch kein fertiges Staatsgebilde ist, kann die Verwirklichung dieser Ziele nur schrittweise erfolgen. Gerade die Sicherheitspolitik gehört zu den Bereichen, in denen die Mitgliedstaaten auf die Bewahrung ihrer Staatshoheit besonders achten. Z. B. verfügen nicht alle Mitgliedstaaten über Atomwaffen und nicht alle gehören der NATO an.

Die dritte Säule:

Die Zusammenarbeit der Mitgliedstaaten im Bereich der Innen- und Justizpolitik.
Einwanderungs- und Asylprobleme, Drogenhandel und internationales Verbrechen beunruhigen die Bürger Europas, deshalb wird daraufhin gearbeitet, dass alle Justiz- und Innenminister aller EU-Länder an einem Strang ziehen.
Schließlich ist die Bildung einer europäischen Zentralstelle für die Kriminalpolizei (Europol) vorgesehen, die noch 1999 ihre Tätigkeit aufnehmen soll.
Auch für die EU gilt der übergeordnete Grundsatz, dass sich jede politische Ordnung den Grundbedürfnissen der in ihr lebenden Menschen annehmen muss. Alle Maßnahmen zur wirtschaftlichen Einigung sind zugleich auch auf das Ziel eines gesellschaftlichen und sozialen Fortschrittes ausgerichtet. So sollen den Bürgern Grundfreiheiten und individuelle Freiheitsrechte über nationale Grenzen hinaus garantiert werden. Dazu dient auch die vorgesehene Einführung einer Unionsbürgerschaft.

Organe der EU

In demokratischen Staaten schreibt die Verfassung vor, welche Organe an der Gesetzgebung beteiligt sind (Legislative) und welche Organe die Gesetze ausführen müssen (Exekutive). Daneben gibt es noch ein unabhängiges Organ der Rechtsprechung (Judikative).
Die EU ist kein Staat und hat keine Verfassung, hier schreiben Verträge vor, welche Organe das Recht haben, Gesetze, die in der EU rechtskräftig werden, zu erlassen.

Die Organe der EU sind:

– das Europäische Parlament
– der Rat der Europäischen Union (Ministerrat)
– die Europäische Kommission
– der Europäische Gerichtshof
– der Europäische Rechnungshof
– der Europäische Rat (Rat der Staats- und Regierungschefs)

Der Rat der Europäischen Union und das Europäische Parlament sind die Gesetzgeber der EU (Legislative).

Das Europäische Parlament (EP)

Das Europäische Parlament wird von den wahlberechtigten Bürgerinnen und Bürgern der EU alle fünf Jahre gewählt. Es hat 626 Abgeordnete, 99 davon aus Deutschland. Die Abgeordneten schließen sich in Fraktionen zusammen, die übernational sind. Das Parlament wählt aus seiner Mitte einen Präsidenten und 14 Vizepräsidenten für die Dauer von $2^1/_2$ Jahren. Der Sitz des Parlamentes ist Straßburg.

Das EP setzt sich heute vor allem ein für einen sozialen Ausgleich, für Abbau der Arbeitslosigkeit, für gleichgewichtiges Wachstum in der ganzen Gemeinschaft, für den Schutz der Umwelt, für Gleichberechtigung von Mann und Frau, für die Rechte der Frau, für die Förderung der Jugend in Schule, Ausbildung und Freizeit.

Es hat in allen wichtigen Bereichen ein Mitentscheidungsrecht bei der Gesetzgebung. Im Mitentscheidungsverfahren kann gegen das EP nicht rechtlich vorgegangen werden. Eigene Gesetzesentwürfe kann das EP allerdings nicht vorlegen.

Das EP hat die Befugnis den Haushalt (Summe der Gelder, die eingenommen und ausgegeben werden sollen) durch ein Gesetz zu bewilligen. Es hat das „letzte Wort bei Ausgaben, die nicht direkt vorgeschrieben sind (ca. 50% der Ausgaben).

Das EP hat weiterhin Kontrollrechte gegenüber der Europäischen Kommission, dem Europäischen Rat und der Europäischen Zentralbank, dazu kann es Untersuchungsausschüsse einsetzen.

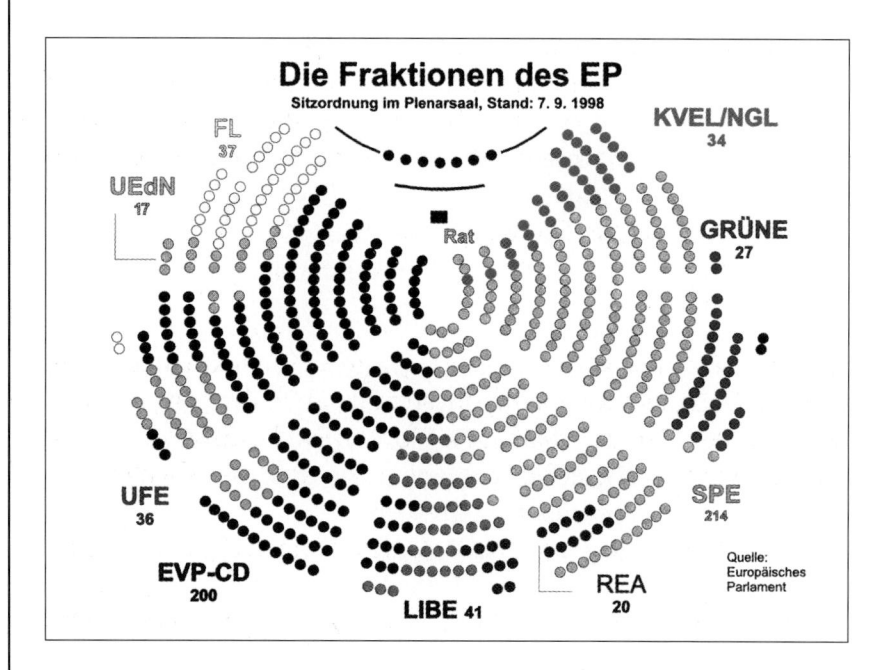

Die Fraktionen des EP
Sitzordnung im Plenarsaal, Stand: 7. 9. 1998

FL 37, UEdN 17, KVEL/NGL 34, GRÜNE 27, SPE 214, REA 20, LIBE 41, EVP-CD 200, UFE 36

Quelle: Europäisches Parlament

SPE	= Fraktion der Sozialdemokratischen Partei Europas
EVP-CD	= Fraktion der Europäischen Volkspartei (Christlich-demokratische Fraktion)
UFE	= Fraktion Union für Europa
LIBE	= Fraktion der Liberalen und Demokratischen Fraktion Europas
KVEL/NGL	= Konföderale Fraktion der Vereinigten Europäischen Linken/Nordische Grüne Linke
GRÜ	= Fraktion DIE GRÜNEN im Europäischen Parlament
REA	= Fraktion der Radikalen Europäischen Allianz
UEdN	= Fraktion der Unabhängigen für das Europa der Nationen
FL	= Fraktionslos

Das EP hat einen Bürgerbeauftragten, an den sich jeder Bürger wenden kann. Überdies hat jeder Bürger das Recht sich mit Bitten oder Beschwerden an das Parlament zu wenden (Petitionsrecht).
Das EP hat auch ein Mitwirkungsrecht bei Vertragsabschlüssen, die Außenbeziehungen betreffen: z. B. Beitritt neuer Staaten zur EU, völkerrechtliche Verträge o. Ä.

Der Rat der Europäischen Union

Er setzt sich zusammen aus je einem Minister der Mitgliedstaaten. Je nach Fachbereich, in dem eine Entscheidung ansteht, können es unterschiedliche Minister sein. Der Rat hat seinen Sitz in Brüssel. Hier werden also die nationalen Interessen der jeweiligen Länder vertreten. Es muss ein Kompromiss zwischen europäischen Zielen und den unterschiedlichen Wünschen und Pflichten der 15 Länder gefunden werden.

Der Rat kann in vielen Bereichen nicht gegen die absolute Mehrheit des Parlaments entscheiden. Er kann nur Beschlüsse fassen, wenn ihm ein Gesetzentwurf der Kommission vorliegt.

Beschlüsse können mit einfacher Mehrheit, einstimmig oder mit qualifizierter Mehrheit gefasst werden. Bei der qualifizierten Mehrheit besitzen die einzelnen Länder ein unterschiedliches Stimmengewicht. Deutschland hat wie Frankreich, Großbritannien und Italien das höchste Stimmengewicht von 10. Alle Stimmen ergeben zusammen 87. Für eine qualifizierte Mehrheit werden 62 Stimmen benötigt.

Versuch, im Ministerrat einen Kompromiss zu finden.

Mester, Cartoon-Caricature-Contor München c5.net

Der Europäische Rat

Das sind die Chefs aller Regierungen: Kanzler oder Premierminister oder Präsidenten – sozusagen ein Gipfeltreffen. Er tritt mindestens einmal im halben Jahr zusammen und zwar immer in dem Land, das gerade die Präsidentschaft im Rat innehat. Der Europäische Rat legt die allgemeinen Leitlinien der europäischen Politik fest, an die sich der Ministerrat bei seinen Entscheidungen zu halten hat.
Nach jedem Treffen erstattet der Rat dem Parlament in Straßburg Bericht.

Die Europäische Kommission

Sie hat 20 Mitglieder (Kommissare). Diese müssen Staatsangehörige eines Mitgliedslandes sein. Jedes Land entsendet mindestens einen, höchstens zwei Kommissare. Die üben ihr Amt „in voller Unabhängigkeit zum allgemeinen Wohl der Gemeinschaft" aus. Sie sind weder dem Ministerrat noch ihren heimatlichen Regierungen verantwortlich. Sie sind allein „Europa" verpflichtet. Die Amtszeit dauert fünf Jahre. Sitz der Europäischen Kommission ist Brüssel.
Die Europäische Kommission schlägt alle Gesetze vor. Rat und Parlament können die Kommission auffordern Gesetzesvorschläge zu machen.
Sie führt auch Gesetze aus, kann die notwendigen Durchführungsbestimmungen erlassen und gegen Einzelne (z. B. Unternehmen) Bußgelder erlassen.
Die Kommission verwaltet ebenso alle Finanzmittel der EU (1998 war es ein Wert von ca. 161 Mrd. DM).
Die Kommission hat auch darüber zu wachen, dass EU-Verträge und EU-Recht eingehalten werden. Notfalls muss sie den Europäischen Gerichtshof einschalten.

Der Europäische Gerichtshof (EuGH)

Die je 15 Richter des EuGH und des Gerichts erster Instanz werden von den Regierungen der Mitgliedstaaten auf 6 Jahre ernannt, ebenso die neun Generalanwälte.
Der Gerichtshof ist das oberste Gericht der Gemeinschaft. Er sichert die Wahrung des Rechts bei der Auslegung und Anwendung der Verträge. Der Gerichtshof hat seinen Sitz in Luxemburg.
Er garantiert jedem Bürger, jeder Bürgerin umfassenden Rechtsschutz gegen Missbrauch der öffentlichen Gewalt.

Eine bekannte und vieldiskutierte Entscheidung war das so genannte Bier-Urteil, das nichts anderes besagte, als dass Waren die in einem Mitgliedsland nach gültigem Recht verkauft werden dürfen, auch in allen anderen Mitgliedsländern verkauft werden dürfen. Also darf auch Bier, das nicht nach dem Reinheitsgebot gebraut wurde in Deutschland verkauft werden, ebenso wie Wurst mit Sojaanteil und Liköre mit weniger als 32% Alkohol.

Das Bosman-Urteil besagt, dass für Sportler aus EU-Ländern nicht mehr die Ausländerregelung gilt.

Der Europäische Rechnungshof

Der Europäische Rechnungshof hat seinen Sitz in Luxemburg. Er besteht aus 15 Mitgliedern aller Staaten der Union. Die Mitglieder des Hofs müssen jede Gewähr für Unabhängigkeit bieten und dürfen während ihrer Amtszeit keine andere Berufstätigkeit ausüben.

Er prüft ob alle Einnahmen und Ausgaben der EU rechtmäßig sind und ob die Haushaltsführung der EU wirtschaftlich ist (z. B. Verschwendung von Geldern).

Er unterstützt den Rat der Europäischen Union und das Parlament bei deren Kontrolltätigkeit und veröffentlicht jährlich einen Rechnungsprüfungsbericht.

Das wichtigste Gesetzgebungsverfahren* in der EU
„Verfahren der Mitentscheidung
(Art. 189 b des EG-Vertrages, neu 251)

Die **Europäische Kommission** formuliert einen „Vorschlag" und übermittelt ihn an EP und Rat

1. Lesung

Das **EP** nimmt in erster Lesung zu dem „Vorschlag" Stellung.

Nach Stellungnahme des EP wird der „Vorschlag" im **Rat der Europäischen Union** in erster Lesung behandelt. Hat das EP keine Änderungen beschlossen oder billigt der Rat alle Änderungen des EP, ist das **Gesetz** erlassen.
Wenn nicht, beschließt der Rat einen „gemeinsamen Standpunkt".

2. Lesung — Frist: 3 Monate

Das **EP** kann in zweiter Lesung den „gemeinsamen Standpunkt"
a) billigen, dann ist das **Gesetz erlassen,**
b) mit absoluter Mehrheit seiner Mitglieder ablehnen, dann ist das Gesetz gescheitert,
c) mit absoluter Mehrheit ändern, dann folgt die 2. Lesung des Rates.

Frist: 3 Monate

Der **Rat** verfährt in zweiter Lesung so:
a) er billigt alle Änderungen des EP, das **Gesetz ist erlassen;**
b) er billigt nicht alle Änderungen des EP; dann muss der Vermittlungsausschuss einberufen werden.

Frist: 6 Wochen

Vermittlungsausschuss
(paritätisch zusammengesetzt aus Rat und EP) findet
a) gemeinsamen Entwurf; Weiterleitung an Rat und EP
b) keinen gemeinsamen Entwurf, dann ist das Gesetz gescheitert.

Frist: 6 Wochen

Billigen **Rat *und* EP** den „gemeinsamen Entwurf", ist das **Gesetz erlassen;**
lehnt Rat *oder* EP den „gemeinsamen Entwurf" ab, ist das Gesetz gescheitert.

* vereinfachte Darstellung nach dem im Vertrag von Amsterdam vorgesehenen Verfahren. © OMNIA

| Name: | Klasse: 9 | Datum: | **Geschichte** Sozialkunde Erdkunde | Nr.: |

Aufgaben und Organe der EU

EU
_____
_____
_____
_____

1995: Das Europa der 15

Aufgaben

1. Säule: _____

2. Säule: _____

3. Säule: _____

Organe

Europ. Parlament: _____

Rat der Europ. Union: _____

Europäischer Rat: _____
Europ. Kommission: _____

Europ. Gerichtshof: _____

Europ. Rechnungshof: _____

3.4 Die Entwicklung in Osteuropa

Allmähliche Auflösung des Ostblocks

Seit den 60er Jahren wurde der Mangel an Wirtschaftskraft und die Unfähigkeit der kommunistischen Systeme sich neuen Gegebenheiten anzupassen immer deutlicher. Osteuropa erlebte eine stetige Abwärtsentwicklung. Nur noch Rüstungs- und Raumfahrttechnik waren auf dem neuesten Stand und konnten mit Produkten aus dem Westen konkurrieren. Besonders betroffen waren die Arbeiter. Missernten in der Landwirtschaft, Mangel an Konsumgütern und Wohnungsnot ließen die Bevölkerung immer unzufriedener werden. Den Anfang machte Polen. Werftarbeiter begannen 1980 für bessere Arbeitsbedingungen und mehr Demokratie in den Betrieben zu streiken. Sie gründeten die Gewerkschaft Solidarność (Solidarität). Ein bisher undenkbarer Vorgang in einem kommunistischen Land. Ein Eingreifen der Truppen des Warschauer Paktes in Polen schien bevorzustehen. Der daraufhin verhängte „Kriegerische Ausnahmezustand", der bis 1983 dauerte, ließ die Kluft zwischen Staat und Gesellschaft immer größer werden. Auch in der Sowjetunion wurden die wirtschaftlichen und gesellschaftlichen Probleme immer größer. Deshalb leitete der sowjetische Staats- und Parteichef Michail Gorbatschow 1985 einen für sowjetische Verhältnisse revolutionären Reformkurs ein.

Michail Gorbatschow

Die Schlagworte Glasnost (Offenheit) und Perestroika (Umbau) bestimmten ab sofort die Richtlinien der sowjetischen Politik.

Glasnost	Perestroika
Glasnost bedeutete in der Praxis, dass politische Probleme in der Öffentlichkeit diskutiert wurden; Kritik und Lösungsvorschläge zu Themen der Politik und Gesellschaft waren dabei erwünscht. Die Medien bekamen größere Freiheiten Meinungen zum Ausdruck zu bringen, früher waren sie zensiert oder zumindest verurteilt worden. Fehler der Regierung, wie z. B. das lange Geheimhalten des Reaktorunfalls von Tschernobyl 1986, durften aufgedeckt werden. Gorbatschow genehmigte auch die Entlassung von politischen Gefangenen und die Auswanderung einiger Gegner des Regimes. Ziel war es, unter der Bevölkerung eine positive Haltung gegenüber den Reformen zu erzeugen.	Mit Perestroika war der Umbau der Wirtschaft gemeint, der entscheidend für die Rettung des Staates vor dem wirtschaftlichen Zusammenbruch war. Der Umbau erstreckte sich auch auf Finanzbereiche, Wissenschaft und Technologie. Ziel war die Einführung einer örtlichen Selbstverwaltung, die nicht von einer Zentrale gesteuert werden sollte. Unternehmen sollte auch gestattet werden, Entscheidungen zu treffen ohne zuvor politische Instanzen befragen zu müssen. Private Unternehmungen und Jointventures (gemeinsame Unternehmen mit ausgewählten ausländischen Gesellschaften) sollten ermöglicht werden.

Außerdem betonte Gorbatschow das Recht eines jeden Staates seinen eigenen politischen Weg zu gehen. Die Sicherheit, keine militärischen Aktionen mehr befürchten zu müssen, führte in vielen Ländern innerhalb kürzester Zeit zur Abschaffung der alten Regime und zu Versuchen mit demokratischen und marktwirtschaftlichen Systemen. Polen und Ungarn waren die ersten Staaten, die dies in die Tat umsetzten. 1989 öffnete Ungarn den so genannten „Eisernen Vorhang" zu Österreich. Bürgerrechtsbewegungen bewirkten in der Deutschen Demokratischen Republik und in der Tschechoslowakei einen Kurswechsel der Regierung. 1989 gab es auch die ersten demokratischen Wahlen in der Sowjetunion. Der Fall der Berliner Mauer im November 1989 markierte einen weltpolitischen Umbruch. 1990 schied die Deutsche Demokratische Republik aus dem Warschauer Pakt (Militärbündnis des Ostblocks) und aus dem RGW (Wirtschaftsbündnis des Ostblocks) im Zug der Deutschen Vereinigung aus.

Auch in der Sowjetunion selbst brodelte es. In und zwischen einzelnen Unionsrepubliken begannen bisher unterdrückte Nationalitätenkonflikte auszubrechen. Gleichzeitig nahmen die Spannungen zwischen den einzelnen Republiken und der Regierung in Moskau zu. 1990 erklärten sich die baltischen Staaten Estland, Litauen und Lettland für unabhängig. Zunächst wurde versucht die Unabhängigkeitsbestrebungen dieser Staaten mit militärischen Mitteln zu verhindern. Im August 1991 setzte sich Boris Jelzin mit einem Staatsstreich an die Spitze der Sowjetischen Regierung. Der Prozess der Auflösung der Sowjetunion war aber nicht mehr aufzuhalten. Die Unabhängigkeit der baltischen Staaten musste anerkannt werden. Am 8. Dezember schlossen sich die Republiken Russland, Weißrussland und Ukraine zur Gemeinschaft unabhängiger Staaten (GUS) zusammen. Mit dem Beitritt weiterer acht ehemaliger Sowjetrepubliken am 21. Dezember hörte die Sowjetunion auf zu existieren. Am 25. Dezember trat Michail Gorbatschow zurück und am 26. Dezember beschloss das sowjetische Parlament offiziell die Auflösung der UdSSR.

Bereits am 28. Juni 1991 hatte sich der RGW aufgelöst, am 1. Juli hörte auch der Warschauer Pakt auf zu existieren. Dies bedeutete gleichzeitig das Ende des Ostblocks. Gegenwärtig streben mehrere ehemalige Ostblockstaaten die Aufnahme in die EU und in die NATO an. In die NATO sind bereits die Staaten Polen, Tschechien und Ungarn aufgenommen worden.

Feiern auf der Mauer

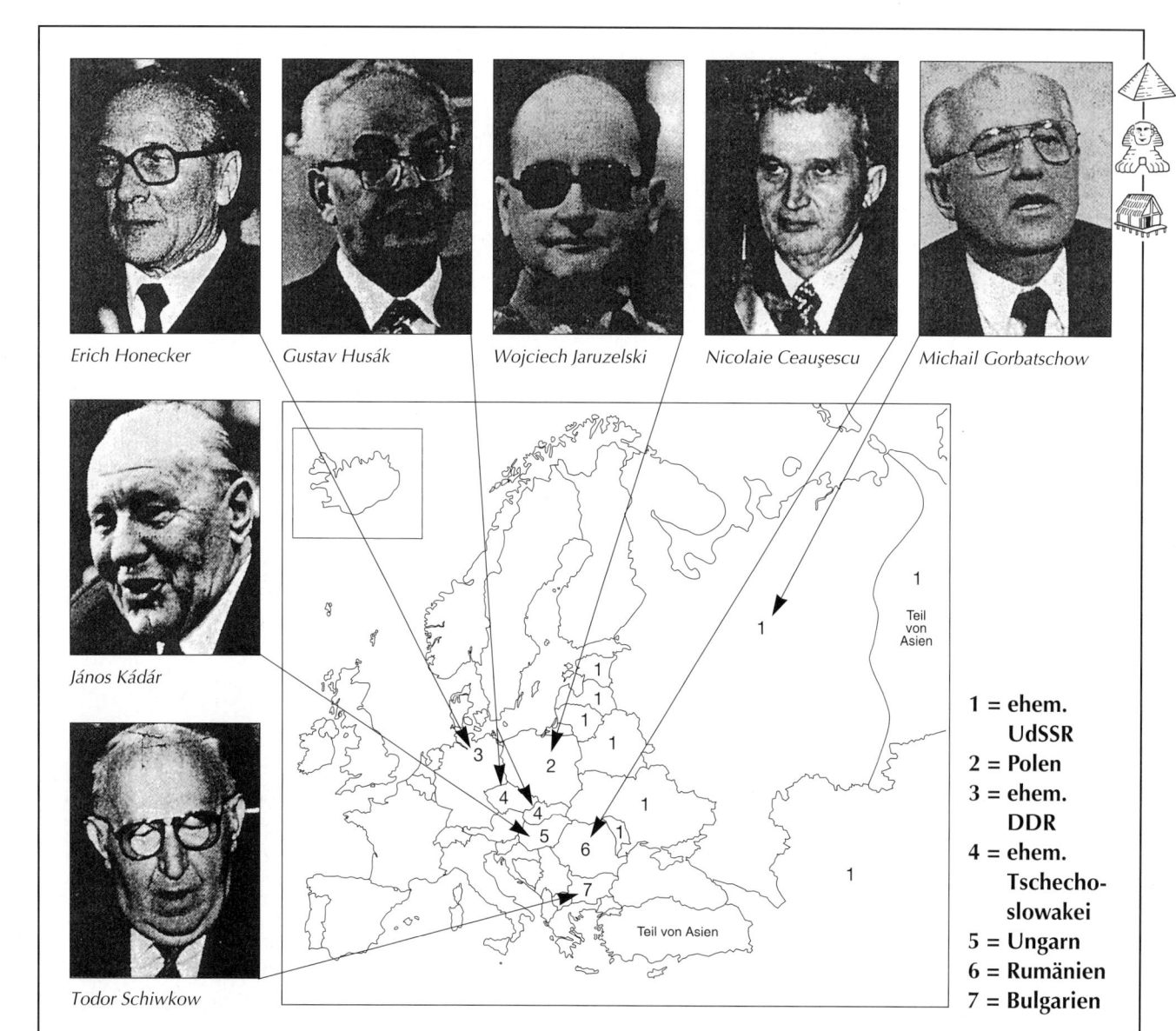

Erich Honecker   *Gustav Husák*   *Wojciech Jaruzelski*   *Nicolaie Ceauşescu*   *Michail Gorbatschow*

János Kádár

Todor Schiwkow

1 = ehem. UdSSR
2 = Polen
3 = ehem. DDR
4 = ehem. Tschechoslowakei
5 = Ungarn
6 = Rumänien
7 = Bulgarien

Vier der mächtigsten Sieben blieben ohne Prozess
Nur die Ostblock-Diktatoren Honecker, Schiwkow und Ceauşescu wurden angeklagt

Vor wenigen Jahren waren sie alle noch in Amt und Würden: sieben Parteichefs des einst straff von Moskau geführten Blocks kommunistischer Staaten. Heute sind drei von ihnen tot, zwei genießen ihren Ruhestand als Verfasser von Memoiren oder Leitartikeln, und nur zwei von ihnen müssen sich juristisch für ihre Taten im Amt verantworten.

● Erich Honecker (geb. 1912), 1971 Parteichef, 1976 Staatschef, gestürzt im Oktober 1989. Angeklagt wegen der Todesschüsse an der Mauer.

● Todor Schiwkow (geb. 1911), 1954 Parteichef in Bulgarien, 1971 Staatschef, gestürzt im November 1989, verhaftet im Januar 1990, der Überschreitung von Amtsbefugnissen sowie der Korruption und Bereicherung angeklagt, nach über einjährigem Prozess zehnjährige Haftstrafe beantragt, Urteil in der nächsten Woche erwartet.

● Michail Gorbatschow (geb. 1931), 1985 Parteichef in der UdSSR, 1988 Staatschef, maßgeblicher Reformer mit Einfluss auf den gesamten Ostblock, im August 1991 Opfer eines kommunistischen Putschversuchs, dessen Anführer auf ihren Prozess warten: seit dem Verbot der KPdSU und der Auflösung der Sowjetunion Ende Dezember 1991 als Weltreisender, Autor und Leiter einer wissenschaftlichen Stiftung tätig.

● Wojciech Jaruzelski (geb. 1923), 1981 Parteichef in Polen, 1985 Staatschef, verantwortlich für das Kriegsrecht zur Niederschlagung der Solidarność im Dezember 1981, 1986 Reformen angekündigt, als Parteichef 1989 abgewählt, im Dezember 1990 Übergabe des Präsidentenamts an Lech Wałęsa, kürzlich Memoiren veröffentlicht.

● János Kádár (1912–1989), 1956 Parteichef in Ungarn, bat die UdSSR um Intervention gegen Reformer, 1961–1965 Staats- und Regierungschef, im Mai 1988 von seiner zunehmend reformorientierten Partei zum Rücktritt gedrängt.

● Gustav Husák (1913–1991), 1981 Parteichef in der Tschechoslowakei, 1975 Staatschef, im November 1989 gestürzt, zwei Jahre danach an Krebs gestorben.

● Nicolaie Ceauşescu (1918 bis 1989), 1965 Parteichef in Rumänien, 1967 Staatschef, im November 1989 als „Conducator" bestätigt, im Dezember 1989 gestürzt und nach Todesurteil durch ein Militärtribunal zusammen mit seiner Frau erschossen.

ap

Aus: Augsburger Allgemeine Zeitung, 20. 1. 1993

| Name: | Klasse: 9 | Datum: | **Geschichte** Sozialkunde Erdkunde | Nr.: |

Allmähliche Auflösung des Ostblocks

Ausgangssituation: _____

_____

_____

_____

Erste Risse: _____

_____

_____

Reform:

| Glasnost | Perestroika |

_____

_____

_____

_____

_____

außerdem: _____

_____

_____

Ergebnis: _____

_____

_____

| Name: | Klasse: 9 | Datum: | **Geschichte** Sozialkunde Erdkunde | Nr.: |

Auflösung des Ostblocks

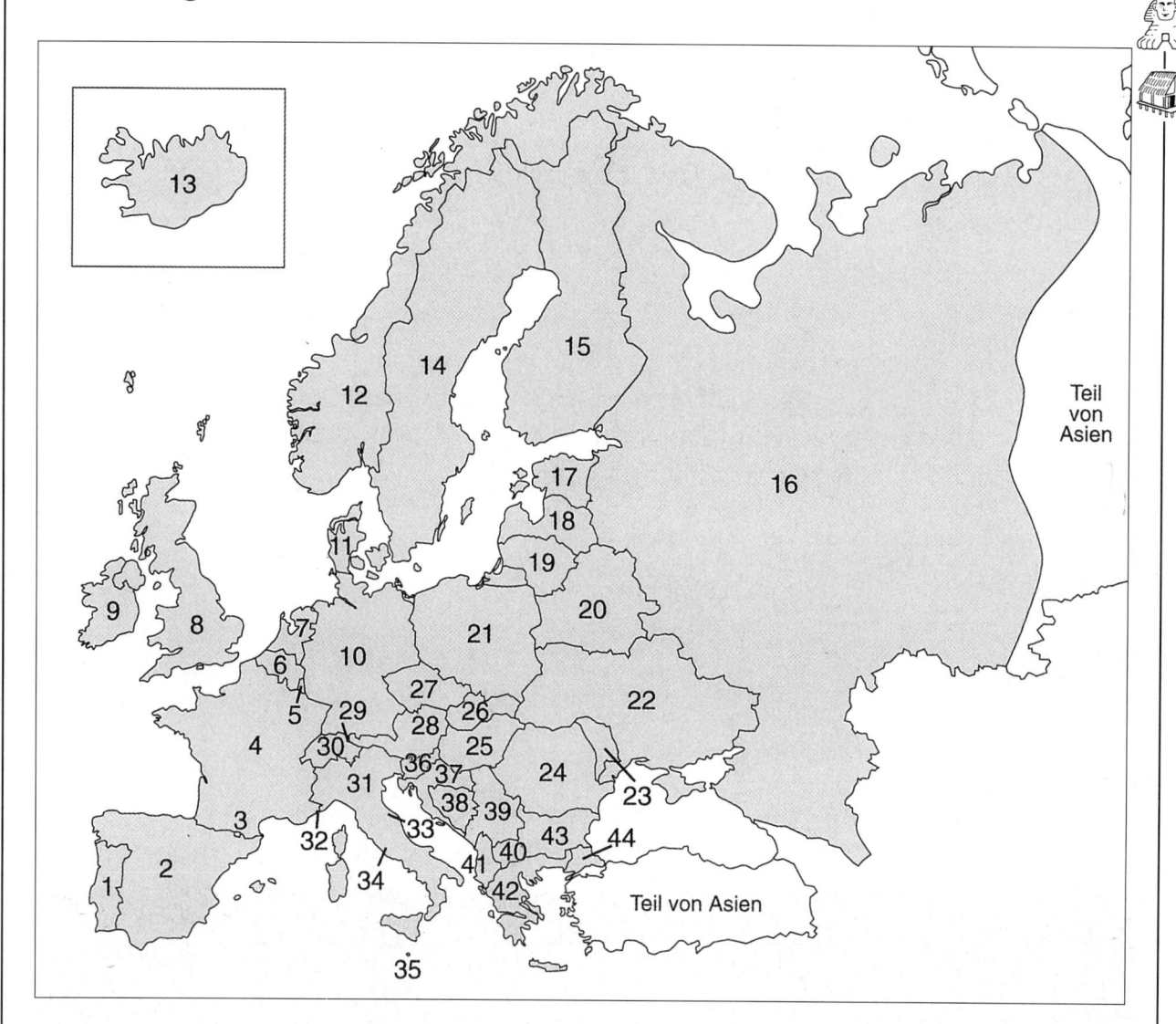

Welche Nachfolgestaaten der Sowjetunion gibt es heute? Trage alle Staaten Europas ein! Verwende den Atlas!

1 _____	10 _____	19 _____	28 _____	37 _____
2 _____	11 _____	20 _____	29 _____	38 _____
3 _____	12 _____	21 _____	30 _____	39 _____
4 _____	13 _____	22 _____	31 _____	40 _____
5 _____	14 _____	23 _____	32 _____	41 _____
6 _____	15 _____	24 _____	33 _____	42 _____
7 _____	16 _____	25 _____	34 _____	43 _____
8 _____	17 _____	26 _____	35 _____	44 _____
9 _____	18 _____	27 _____	36 _____	

4. Die Wiedervereinigung Deutschlands im Zusammenhang der europäischen Einigungsbewegung

> → 9.4 Die Wiedervereinigung Deutschlands im Zusammenhang der europäischen Einigungsbewegung (bayerischer Hauptschullehrplan)

Lerninhalte:

- Die Ursachen des Zusammenbruchs der DDR kennen lernen
- Die Rolle der Großmächte beim Zusammenbruch der DDR kennen lernen und werten
- Die Phasen der Wiedervereinigung vom Fall der Mauer (9. Nov. 1989) bis zur Wiedervereinigung (3. Okt. 1990) kennen lernen
- Erkennen, dass der Prozess der Wiedervereinigung Deutschlands vor dem Hintergrund der europäischen Einigungsbewegung gesehen werden muss
- Den Fortgang der Einigung Europas kennen lernen und werten

Arbeitsmittel:

Folienvorlage (Die DDR bricht die Mauer auf), Informationsblätter, Arbeitsblätter

Folienvorlage:

„In dieser Nacht war das deutsche Volk das glücklichste der Welt"

DIE MAUER TRENNT NICHT MEHR: Berliner aus beiden Teilen der Stadt feierten bis zum frühen Freitagmorgen vor dem Brandenburger Tor.
Photo: dpa

Die DDR bricht die Mauer auf

4. Die Wiedervereinigung Deutschlands im Zusammenhang der europäischen Einigungsbewegung

Einstieg ins Thema: Folienvorlage (Die DDR bricht die Mauer auf; S. 83)

4.1 Der Prozess der Wiedervereinigung (S. 85)

Ursachen des Zusammenbruchs der DDR – Erklärung der Fluchtursachen aus der Sicht der Stasi (S. 85)
Ursachen des Zusammenbruchs der DDR – Massenflucht (S. 86)
Ursachen des Zusammenbruchs der DDR – Bürgerrechtsbewegung (S. 87)
9. November 1989: die Mauer in Berlin wird nach 28 Jahren durchbrochen (S. 88)
Ursachen des Zusammenbruchs der DDR (Arbeitsblatt S. 89; Lösungsblatt S. 264)
Die Großmächte und der Zusammenbruch der DDR (S. 90)
Weichenstellungen auf dem Weg zur Einheit Deutschlands (S. 92)

4.2 Der Fortgang der Einigung Europas (S. 94)

Ausbau der politischen und wirtschaftlichen Union – Zeittafel (S. 94)
Europa-Kreuzworträtsel (Arbeitsblatt S. 96; Lösungsblatt S. 264)
Die Europäische Union heute – Zahlen, Fakten, Beitrittsbedingungen (S. 97)
Chancen und Probleme der Osterweiterung (S. 98)
Chancen und Probleme der Osterweiterung (Arbeitsblatt S. 99; Lösungsblatt S. 265)

4.1 Der Prozess der Wiedervereinigung

Ursachen des Zusammenbruchs der DDR – Erklärung der Fluchtursachen aus Sicht der Stasi

In einem Bericht des Ministeriums für Staatssicherheit vom 9. September 1989 werden die Gründe für die Ausreiseabsicht vieler DDR-Bürger genannt:

Stasi-Bericht vom 9. September 1989 über Motive der Ausreise

Die überwiegende Anzahl dieser Personen wertet Probleme und Mängel an der gesellschaftlichen Entwicklung, vor allem im persönlichen Umfeld, in den persönlichen Lebensbedingungen und bezogen auf die so genannten täglichen Unzulänglichkeiten, im Wesentlichen negativ und kommt, davon ausgehend, insbesondere durch Vergleiche mit den Verhältnissen in der BRD und in Westberlin, zu einer negativen Bewertung der Entwicklung in der DDR.
Die Vorzüge des Sozialismus, wie zum Beispiel soziale Sicherheit und Geborgenheit, werden zwar anerkannt, im Vergleich mit aufgetretenen Problemen und Mängeln jedoch als nicht mehr entscheidende Faktoren angesehen. […] Das geht einher mit der Auffassung, dass die Entwicklung keine spürbaren Verbesserungen für Bürger bringt, sondern es auf den verschiedensten Gebieten in der DDR schon einmal besser gewesen sei. Derartige Auffassungen zeigen sich besonders auch bei solchen Personen, die bisher gesellschaftlich aktiv waren, aus vorgenannten Gründen jedoch „müde" geworden seien, resigniert und schließlich kapituliert hätten. […]
Diese Personen gelangen in einem längeren Prozess zu der Auffassung, dass eine spürbare, schnelle und dauerhafte Veränderung ihrer Lebensbedingungen, vor allem bezogen auf die Befriedigung ihrer persönlichen Bedürfnisse, nur in der BRD oder Westberlin realisierbar sei.
Obwohl in jedem Einzelfall ganz konkrete, individuelle Fakten, Erscheinungen, Ereignisse usw. im Komplex auf die Motivbildung zum Verlassen der DDR einwirken, wird im Folgenden eine Zusammenfassung wesentlicher diesbezüglicher zur Motivation führender Faktoren vorgenommen.
Als wesentliche Gründe/Anlässe für Bestrebungen zur ständigen Ausreise bzw. das ungesetzliche Verlassen der DDR – die auch in Übereinstimmung mit einer Vielzahl von Eingaben an zentrale und örtliche Organe/Einrichtungen stehen – werden angeführt:
- Unzufriedenheit über die Versorgungslage;
- Verärgerung über unzureichende Dienstleistungen;
- Unverständnis für Mängel in der medizinischen Betreuung und Versorgung;
- eingeschränkte Reisemöglichkeiten innerhalb der DDR und nach dem Ausland;
- unbefriedigende Arbeitsbedingungen und Diskontinuität im Produktionsablauf;
- Unzulänglichkeiten/Inkonsequenz bei der Anwendung/Durchsetzung des Leistungsprinzips sowie Unzufriedenheit über die Entwicklung der Löhne und Gehälter;
- Verärgerung über bürokratisches Verhalten von Leitern und Mitarbeitern staatlicher Organe, Betriebe und Einrichtungen sowie über Herzlosigkeit im Umgang mit den Bürgern;
- Unverständnis über die Medienpolitik der DDR.

[…]

Den größten Umfang im Motivationsgefüge nimmt die Kritik an der Versorgung der Bevölkerung ein. Auf Unverständnis stoßen vor allem anhaltende Mängel bei der kontinuierlichen Versorgung mit hochwertigen Konsumgütern […] sowie Ersatzteilen, mit Baustoffen und Baumaterialien sowie mit bestimmten Waren des täglichen Bedarfs (zum Beispiel hochwertige Lebensmittel, Frischobst, Gemüse, häufig wechselnde Artikel der „1000 kleinen Dinge"). […]
Diese Argumentation erfährt ihre Zuspitzung durch den Verweis darauf, dass die Besitzer von Devisen […] im Wesentlichen alles erwerben könnten. Es wird Kritik am so genannten doppelten Währungssystem, an Intershops, Valutahotels und an „Privilegien" für Devisenbesitzer geübt. […]
Im engen Zusammenhang mit den insgesamt vertretenen Auffassungen zur Versorgungslage stehen die vielfältigen Probleme im Dienstleistungsbereich. […]
Im untrennbaren Zusammenhang damit wirken aktuelle Entwicklungstendenzen in anderen sozialistischen Staaten, insbesondere in der Ungarischen Volksrepublik, Volksrepublik Polen und der Sowjetunion, durch die in beachtlichem Umfang Zweifel an der Einheit, Geschlossenheit und damit der Stärke der sozialistischen Staatengemeinschaft entstanden sind, die zunehmend auch zu Zweifeln an der Perspektive und Sieghaftigkeit des Sozialismus überhaupt führen.

Arnim Mitter, Stefan Wolle (Hg.), Ich liebe euch doch alle. Befehle und Lageberichte des MfS, Berlin 1990, S. 141 ff.

„Wer zu spät kommt, den bestraft das Leben." (Gorbatschow)

Ursachen des Zusammenbruchs der DDR – Massenflucht

Die Öffnung der Westgrenze nach 28 Jahren stellte den bisherigen Höhepunkt der Veränderungen in der DDR dar. Die Ausreise- und Fluchtbewegung aus dem Land hatte im Mai 1989 fast unmerklich begonnen und in den folgenden Wochen und Monaten ein gewaltiges Ausmaß angenommen. Die Übersicht über die Ereignisse

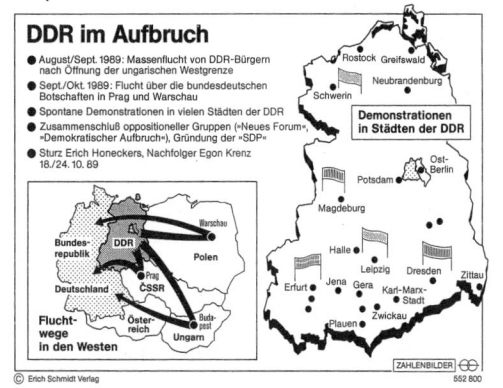

DDR im Aufbruch
- August/Sept. 1989: Massenflucht von DDR-Bürgern nach Öffnung der ungarischen Westgrenze
- Sept./Okt. 1989: Flucht über die bundesdeutschen Botschaften in Prag und Warschau
- Spontane Demonstrationen in vielen Städten der DDR
- Zusammenschluß oppositioneller Gruppen („Neues Forum", „Demokratischer Aufbruch"), Gründung der „SDP"
- Sturz Erich Honeckers, Nachfolger Egon Krenz 18./24.10.89

Chronik der Fluchtwelle aus der DDR

2. Mai: Ungarische Grenzsoldaten beginnen mit dem Abbau des Zaunes an der Grenze zu Österreich.

22. Juli: Die Bundesregierung legt den DDR-Bürgern nahe, die Flucht über Ungarn nicht als Spaziergang zu betrachten. Etwa 100 Flüchtlinge erreichten schon den Westen.

4. August: In Bonn wird inoffiziell mitgeteilt, 150 DDR-Bürger seien in die Budapester Botschaft gekommen, um ihre Ausreise zu erzwingen.

8. August: Die Bonner Vertretung in Ostberlin wird geschlossen. 130 DDR-Bürger halten sich dort auf.

13. August: Auch die Bonner Botschaft in Budapest wird geschlossen. Von dort wollen 181 DDR-Bürger ausreisen.

19. August: Mehrere hundert DDR-Bürger drücken in Ungarn ein Grenztor zu Österreich auf.

22. August: Die Bonner Botschaft in Prag wird wegen Überfüllung geschlossen. 140 DDR-Bürger wollen von dort ausreisen.

24. August: Die DDR-Bürger aus der Budapester Botschaft dürfen ausreisen.

8. September: Die DDR-Bürger in der Ostberliner Vertretung verlassen das Gebäude ohne die ausdrückliche Zusicherung einer Ausreise, aber Anwaltshilfe wird ihnen in Aussicht gestellt.

11. September: Ungarn öffnet die Grenzen. Die mittlerweile 7000 ausreisewilligen DDR-Bürger dürfen das Land verlassen. Weitere kommen über die Tschechoslowakei nach Ungarn. Innerhalb von drei Tagen gelangen 15 000 DDR-Bürger in die Bundesrepublik.

12. September: Die meisten der inzwischen 400 DDR-Bürger verlassen die Prager Botschaft, nachdem ihnen Straffreiheit und eine Anwaltshilfe zur Ausreise zugesagt worden war.

18. September: Die Zahl der Ausreisewilligen in der Prager Botschaft steigt wieder auf 400. In Warschau sind es bereits 100.

20. September: Auch die Bonner Botschaft in Warschau wird wegen Überfüllung geschlossen.

24. September: In der Prager Botschaft befinden sich nach inoffiziellen Angaben jetzt rund 700 und in der Warschauer rund 200 DDR-Bürger.

26. September: Nur ein kleiner Teil der 1200 DDR-Bürger auf dem Gelände der Prager Botschaft nehmen das Angebot zur Ausreise nach einer Rückkehr in die DDR an.

30. September: Außenminister Hans-Dietrich Genscher reist nach Prag und verkündet die Ausreiseerlaubnis für die mehr als 3000 Botschaftsflüchtinge. Die etwa 600 Flüchtlinge in Warschau dürfen ebenfalls mit Zügen über die DDR ausreisen.

1. Oktober: Nach der als „einmalig" deklarierten Regelung treffen aus Prag rund 6000 DDR-Bürger in der Bundesrepublik ein, aus Warschau etwa 800.

3. Oktober: Die Prager Botschaft wird mit rund 4500 DDR-Bürgern erneut geschlossen, doch Hunderte weitere stürmen das Gelände am Nachmittag. Ihre Ausreiseerlaubnis kommt am Abend. Die DDR setzt den visafreien Reiseverkehr mit der ČSSR aus.

4. Oktober: Die DDR-Polizei riegelt den Dresdner Bahnhof ab, an dem DDR-Bürger auf die Züge mit den Flüchtlingen aus der ČSSR in die Bundesrepublik warten. 18 Zufluchtsuchende, die am Vortag in die US-Botschaft in Ostberlin gegangen waren, verlassen sie wieder.

5. Oktober: Rund 7000 Menschen können Prag, etwa 600 Warschau in Richtung Bundesrepublik verlassen.

11. Oktober: In Warschau warten 600 DDR-Bürger bei der Botschaft auf ihre Ausreise. Polen will die Flüchtlinge nicht mehr ausweisen.

13. Oktober: Auch die inzwischen rund 1000 Flüchtlinge in Warschau dürfen ausreisen.

17. Oktober: Die ersten 120 Flüchtlinge aus Warschau landen mit einer Sondermaschine in Düsseldorf.

20. Oktober: Die zweite Sondermaschine aus Warschau trifft ein. Die Zahl der Wartenden steigt auf mehr als 1700. In der Prager Botschaft sind es wieder 70.

27. Oktober: Die jetzt rund 175 Prager Flüchtlinge treffen in der Bundesrepublik ein.

30. Oktober: Der Bundesgrenzschutz schätzt die Zahl der DDR-Bürger, die sich seit Anfang August via Ungarn in die Bundesrepublik absetzten, auf 54 000.

1. November: Die Visumpflicht der DDR-Bürger für die ČSSR wird wieder aufgehoben. Erneut wollen Tausende über die bundesdeutsche Botschaft ausreisen.

3. November: Die DDR gestattet die direkte Ausreise der etwa 4500 DDR-Bürger in Prag, die bei der bundesdeutschen Botschaft Zuflucht suchten. Nach DDR-Angaben kehren etwa 25 DDR-Bürger am Tag in ihre Heimat zurück.

5. November: Rund 15 000 DDR-Bürger kamen innerhalb von zwei Tagen über die ČSSR in die Bundesrepublik.

9. November: Die Gesamtzahl der DDR-Bürger, die seit der Öffnung der Grenze aus der ČSSR kamen, steigt auf mehr als 50 000. Am Abend öffnet die DDR ihre Grenze zur Bundesrepublik. Innerhalb weniger Stunden kommen mehrere tausend DDR-Bürger über die Sektorenübergänge nach Westberlin. Auf beiden Seiten der Mauer kommt es zu volksfestartigen Verbrüderungsszenen zwischen Menschen aus Ost und West.

(AP)

5. Oktober: Massenausreise per Sonderzug. Die DDR-Bürger aus der Deutschen Botschaft in Prag fahren über Hof in den Westen.

Ursachen des Zusammenbruchs der DDR – Bürgerrechtsbewegung

Zur späteren Öffnung der Mauer trug ganz entscheidend die Arbeit der Bürgerrechtsbewegung bei, die zu zahlreichen Protestbewegungen in der DDR führte.

Vom Republiksjubiläum bis zur Öffnung des Brandenburger Tors
Eine Übersicht über die Ereignisse in der DDR

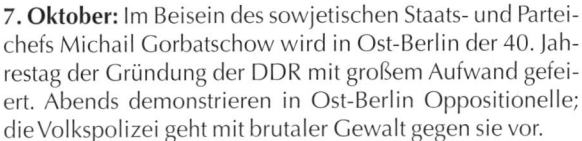

7. Oktober: Im Beisein des sowjetischen Staats- und Parteichefs Michail Gorbatschow wird in Ost-Berlin der 40. Jahrestag der Gründung der DDR mit großem Aufwand gefeiert. Abends demonstrieren in Ost-Berlin Oppositionelle; die Volkspolizei geht mit brutaler Gewalt gegen sie vor.

18. Oktober: Nach weiteren Kundgebungen und Demonstrationen Oppositioneller, vor allem in Leipzig, tritt nach 18-jähriger Herrschaft Parteichef und Staatsratsvorsitzender Erich Honecker zurück. Auch die Politbüromitglieder Günter Mittag und Joachim Herrmann geben auf. An die Spitze der SED kommt Egon Krenz, der sofort Missgriffe der Partei zugibt und eine Wende, einen Reformkurs der Kommunisten ankündigt.

20. Oktober: Margot Honecker bietet ihren Rücktritt als Volksbildungsministerin an. 50 000 nehmen an Schweigemarsch in Dresden teil.

23. Oktober: In Leipzig demonstrieren mehr als 300 000 Menschen, in anderen Städten Zehntausende.

In Leipzig gingen immer mehr Menschen jeden Montag Abend auf die Straße. Am 23. Oktober 1989 waren es schon 150 000.

24. Oktober: Krenz wird auch zum Staatsratsvorsitzenden gewählt und kündigt eine stärkere Einbeziehung von Volkskammer und Ministerrat bei politischen Entscheidungen an.

25. Oktober: In Dresden nehmen mehr als 100 000 Menschen an einem Diskussionsforum teil.

27. Oktober: Amnestie für Republik-Flüchtlinge.

30. Oktober: Die Propagandasendung Schwarzer Kanal des DDR-Fernsehens wird letztmalig gesendet, die neue tägliche Magazinsendung „AK Zwo" wird erstmals ausgestrahlt. In Leipzig wieder mehr als 300 000 Demonstranten, in Schwerin 80 000, in Halle 10 000, Demonstrationen auch in weiteren Städten.

31. Oktober: Krenz reist nach Moskau.

1. November: IG-Metall-Chef Nennstiel tritt nach Korruptionsvorwürfen zurück. Der Chef der Liberal-Demokratischen Partei Deutschlands (LDPD), Gerlach, fordert Rücktritt der Regierung.

2. November: Der Chef des Freien Demokratischen Gewerkschaftsbunds (FDGB), Harry Tisch, tritt zurück, Nachfolgerin wird Annelise Kimmel. Heinrich Homan tritt als Chef der National-Demokratischen Partei Deutschlands (NDPD) zurück, Gerald Götting als Chef der DDR-CDU. In Suhl wird Peter Pechauf neuer Parteichef, in Gera Erich Postler.

3. November: Nach einer Sondersitzung des Politbüros kündigt Krenz ein Aktionsprogramm der SED an und kündigt den Rücktritt von Kurt Hager, Erich Mielke, Hermann Axen, Alfred Neumann und Erich Mückenberger an. Leipzigs Oberbürgermeister Bernd Seidel tritt zurück. In Schwerin wird Hans-Jürgen Audem neuer Bezirks-Parteichef.

4. November: Bis zu einer Million Menschen demonstrieren in Ostberlin, Zehntausende in anderen Städten. DDR öffnet Grenzen zur ČSSR vollständig, Zehntausende verlassen das Land.

In Ost-Berlin demonstrierten am 4. November 1989 mehrere Hunderttausend Menschen für Meinungs- und Pressefreiheit.

5. November: Kulturminister Hoffmann fordert Rücktritt von Politbüro und Regierung. Neuer Leipziger Bezirks-Parteichef wird Roland Wötzel. Die Greifswalder Synode entzieht Bischof Gienke das Vertrauen.

6. November: Bislang größte Demonstration in Leipzig. Vorlage eines Reisegesetzes wird veröffentlicht.

7. November: Regierung unter Ministerpräsident Stoph tritt zurück. Günter Hartmann wird neuer NDPD-Chef. Rechtsausschuss der Volkskammer lehnt neues Reisegesetz ab.

8. November: Das Politbüro tritt zu Beginn einer Sitzung des Zentralkomitees der SED geschlossen zurück; es wird verkleinert, einige Posten in ihm werden neu besetzt. Magdeburgs Bürgermeister Werner Herzig tritt zurück. Der Dresdner SED-Bezirkschef Hans Modrow soll nach einem Beschluss des SED-Zentralkomitees neuer Ministerpräsident werden.

9. November: Politbüromitglied Günter Schabowski gibt am Abend die Öffnung der Grenze zur Bundesrepublik bekannt. Innerhalb Berlins und an der Grenze zwischen den ehemaligen Besatzungszonen benutzen Tausende diese Möglichkeit.

10. November: Trotz der dramatischen Entwicklung ebbt die Welle der Übersiedler in die Bundesrepublik kaum ab.

9. November 1989: Die Mauer in Berlin wird nach 28 Jahren durchbrochen

Die DDR öffnet ihre Grenze nach Westen. Mauer und Stacheldraht trennen nicht mehr. Für die Menschen in beiden Teilen Deutschlands beginnt eine neue Ära. Stationen eines historischen Tages:

18.57 Uhr
Schabowski informiert Presse
Gelangweilt einen Zettel hervorkramend, beantwortet SED-Politbüromitglied Günter Schabowski in einer vom DDR-Fernsehen live übertragenen Pressekonferenz die Frage nach Maßnahmen der Regierung gegen die Ausreisewelle: „Etwas haben wir ja schon getan. Ich denke, Sie kennen das. Nein? Oh, Entschuldigung. Dann sage ich es Ihnen." Darauf verliest Schabowski stockend jenen Beschluss des DDR-Ministerrats, der wenige Minuten später von der Nachrichtenagentur ADN verbreitet wird und in aller Welt wie eine Bombe einschlägt:
„Privatreisen nach dem Ausland können ohne Voraussetzungen (Reiseanlässe und Verwandtschaftsverhältnisse) beantragt werden ... Die zuständigen Abteilungen Pass- und Meldewesen der Volkspolizeikreisämter in der DDR sind angewiesen, Visa zur ständigen Ausreise unverzüglich zu erteilen ... Ständige Ausreisen können über alle Grenzübergangsstellen der DDR zur BRD beziehungsweise zu Berlin (West) erfolgen." (Beschluss des DDR-Ministerrats vom 9. 11. 1989)

20.00 Uhr
Gerüchte kursieren in Ost-Berlin
In Ost-Berlin scheint niemand so recht zu begreifen, was diese Mitteilung tatsächlich bedeutet. Die Grenzübergänge nach West-Berlin sind zu dieser Stunde fast so menschenleer wie sonst auch. Allmählich breiten sich jedoch Gerüchte aus, der Übergang an der Bornholmer Straße sei offen.

21.00 Uhr
Andrang an den Kontrollstellen
Das Bild hat sich völlig gewandelt. Eine unüberschaubare Menschenmenge wartet vor den Kontrollstellen in der Invalidenstraße, der Sonnenallee und der Bornholmer Straße darauf, nach Westen durchgelassen zu werden. Einige von ihnen werden abgefertigt, sofern sie Reisepapiere besitzen.

22.00 Uhr
Sternfahrt zur Grenze
Wie bei einer Sternfahrt steuern Tausende von DDR-Bürgern in ihren Trabis und Wartburgs auf die Grenzübergänge zu. Der Druck wächst. Viele Ost-Berliner strecken ihre Personalausweise durch die Eisengitter den Wachtposten entgegen und verlangen den Ausreisestempel. Nur schleppend vollzieht sich die Abfertigung.

23.14 Uhr
Die Schlagbäume öffnen sich
Die Grenztruppen sind dem Ansturm nicht mehr gewachsen. Ein Hauptmann gibt den Befehl, die Schlagbäume zu öffnen. Tausende stürmen auf West-Berliner Gebiet.
An den Sektorenübergängen spielen sich bewegende Szenen ab. Fremde Menschen fallen einander in die Arme und weinen. DDR-Autos fahren durch ein Spalier von jubelnden West-Berlinern. Die meisten können noch gar nicht begreifen, was sie erleben: Immer wieder sind die Rufe „Es ist unfassbar", „Dass ich das noch erleben darf" oder schlicht berlinerisch „Ick gloob, ick spinne" zu hören.

DDR-Auto, das noch in der Nacht zum 10. November unter dem Jubel der Berliner die Grenze passiert.

Auf beiden Seiten des Brandenburger Tores versammeln sich Tausende von Menschen. Unbehelligt von den Grenzpolizisten überwinden sie die Absperrungen und klettern auf die Mauerkrone. Viele haken sich unter und singen „So ein Tag, so wunderschön wie heute".
Die meisten spontanen Besucher aus dem Ostteil der Stadt zieht es jedoch woanders hin: „Wo geht's denn hier zum Ku'damm?", lautet die am häufigsten gestellte Frage. Innerhalb kürzester Zeit sind die Straßen der City hoffnungslos verstopft.

3.30 Uhr
Brandenburger Tor wieder zu
West-Berliner Bereitschaftspolizei und Ost-Berliner Grenzposten riegeln den Zugang zum Brandenburger Tor ab, durch das die Berliner für einige Stunden ungehindert gehen konnten. Die letzten der rund 50 000 Besucher strömen nach Ost-Berlin zurück. Erstmals stauen sich Trabis kilometerlang auf West-Berliner Gebiet.

Ursachen des Zusammenbruchs der DDR

Tausende von DDR-Bürgern suchten Zuflucht in der Bonner Botschaft in Prag, der Garten wurde zum Zeltlager. Wenige Tage später sollte Außenminister Genscher vom Balkon des Palais Lobkowitz verkünden, dass die tschechoslowakische Regierung die Ausreise genehmigt hat.

Bei der größten nicht-staatlichen Massendemonstration in der DDR am 4. November 1989 gingen etwa 400 000 Menschen für mehr Freiheit und Demokratie auf die Straße.

Ein Auslöser für die Fluchtwelle aus der DDR war die Öffnung der Grenze zwischen _____ und _____.
Fluchtgründe: _____
_____
_____
_____
_____

Schon bei den Feierlichkeiten zum 40. Jahrestag der Gründung der DDR demonstrieren in Ost-Berlin Anhänger der _____ _____. Die Zahl der Demonstrationen nimmt zu, ebenso die Zahl der _____. Vor allem die Stadt _____ wird zum Zentrum der Protestbewegung. Hier versammeln sich zeitweise über _____ Demonstranten gegen das DDR-System.

Viele stiegen auf die Mauer, um die Öffnung der Grenzen in luftiger Höhe mit Sekt zu feiern.

Die Großmächte und der Zusammenbruch der DDR

Die „Wende" vom Herbst 1989 traf Ost und West unvorbereitet. Obwohl es zahlreiche Hinweise und Vorboten für den Wandel im kommunistischen Lager gegeben hatte (Massenflucht, Protestbewegungen), wurde man von der Öffnung der Mauer am 9. November 1989 im Westen ebenso überrascht wie in der Sowjetunion.

Der sowjetische Staatschef Michail Gorbatschow nahm unmittelbar nach der Maueröffnung am 10. November 1989 mit der amerikanischen Regierung, mit der Bundesregierung und mit der SED-Führung Kontakt auf, um eine unkontrollierte Entwicklung – etwa eine spontane Wiedervereinigung durch die Bevölkerung in Ost- und Westdeutschland – zu verhindern und einen friedlichen Wandel in der DDR zu ermöglichen. Andere Kräfte in Moskau forderten die Anwendung von Gewalt, um die Grenzen wieder zu schließen.

Auf westlicher Seite war die Reaktion ebenfalls uneinheitlich. Während man sich in London und Paris besorgt zeigte, dass eine Wiedervereinigung Deutschlands, die jetzt nicht mehr auszuschließen war, neue Risiken für die europäische Ordnung heraufbeschwören könnte, betrachtete man die Entwicklung in Washington mit Gelassenheit.

Der **französische Präsident** Mitterand teilte am 28. November mit, er halte eine deutsche Wiedervereinigung für eine „rechtliche und politische Unmöglichkeit". Die **britische Premierministerin** Margaret Thatcher hielt ein geeintes, starkes Deutschland für eine ernsthafte Herausforderung der seit dem Zweiten Weltkrieg erreichten Stabilität in Europa – nicht, wie früher im militärischen Sinn, sondern aufgrund der Stärke der deutschen Wirtschaft. **In den USA** betrachtete man die Vorgänge in Deutschland durchaus positiv. Die Wiedervereinigung, die man seit 1945 stets gefordert hatte, wurde als Erfüllung eines langfristigen Ziels westlicher Politik nachdrücklich begrüßt.

Bestimmend für die **französische Haltung** war die Forderung, dass Deutschland im Fall einer Wiedervereinigung fest in die europäische Ordnung eingebunden werden sollte. Bundeskanzler Kohl stimmte dieser Forderung zu und war schließlich auch einverstanden, als Paris auf eine „Europäische Union" und eine gemeinsame Währung drang. Beides wurde am 7. Februar 1992 im Vertrag von Masstricht vereinbart. Frankreichs Zustimmung zur Wiedervereinigung wurde dadurch maßgeblich erleichtert. **Großbritannien** blieb dagegen bei einer eher ablehnenden Haltung.

Die **Sowjetunion** befand sich seit der Maueröffnung in einer schwierigen Situation. Ohne militärisches Eingreifen war das SED-Regime nicht mehr zu retten und die Wiedervereinigung nicht zu verhindern. Wenn aber die DDR verloren ging, drohte auch der Verlust Polens, Ungarns und der Tschechoslowakei. Außenminister Schewardnadse meinte, dass ein wiedervereintes Deutschland „eine Gefahr für die Stabilität der Nachkriegsordnung" sei. Bundeskanzler Kohl bemühte sich in der Folgezeit, die Stimmung in der Sowjetunion positiv zu beeinflussen.

Bei den Westmächten und in der Sowjetunion wuchs im Dezember 1989 und Januar 1990 die Erkenntnis, dass die Wiedervereinigung kaum noch zu vermeiden sei. Ab dieser Zeit begann sich das **„Zwei-plus-Vier-Konzept"** durchzusetzen: Zunächst sollten die beiden deutschen Staaten die wirtschaftlichen, politischen und rechtlichen Fragen der Einigung behandeln. Danach würden die USA, Großbritannien, Frankreich und die Sowjetunion zusammen mit der Bundesrepublik und der DDR die außenpolitischen Aspekte des Einigungsprozesses klären, darunter die Garantie der Grenzen, den Umfang der deutschen Armee, der Mitgliedschaft des wiedervereinten Deutschlands in NATO und Europäischer Gemeinschaft (EG) und die Sicherheitsvorkehrungen für die Nachbarn.

Deutsch-deutsche Lektion

In Moskau wurde am 14. Juli 1990 der **Durchbruch** erreicht. Bereits hier gab der sowjetische Staatschef Michail Gorbatschow bekannt, dass die Sowjetunion der deutschen Wiedervereinigung zustimmen würde. Deutschland könnte auch weiterhin Mitglied der NATO bleiben. Bedingung war lediglich der Verzicht auf ABC-Waffen und die Nichtausdehnung der militärischen Strukturen auf das Gebiet der bisherigen DDR, solange dort noch sowjetische Truppen stehen würden.

Die formalen Verhandlungen begannen am 16. Juli 1990 im Kaukasus und bestätigten dieses Ergebnis. Die Bilder gingen um die Welt: Gorbatschow kletterte eine steile Böschung zum kristallklaren Wasser des Flusses hinunter, streckte Kohl seine Hand entgegen, um ihn aufzufordern, ihm zu folgen – Deutsche und Russen versöhnlich vereint.

Durchbruch im Kaukasus. Die Bundesregierung erreicht die sowjetische Zustimmung zur Vereinigung und NATO-Mitgliedschaft Deutschlands. Während einer Gesprächspause im Garten von Präsident Michail Gorbatschows (M.) Gästehaus (v. l.) die deutschen Minister Hans-Dietrich Genscher, Hans Klein, Theo Waigel, Raissa Gorbatschowa, die UdSSR-Minister Pawlow, Eduard Schewardnadse und Bundeskanzler Helmut Kohl.

Der Abschluss der Zwei-plus-Vier-Verhandlungen war nach der Einigung im Kaukasus nur noch Formsache. Am 12. September endeten diese Verhandlungen mit einem Treffen der Außenminister in Moskau und der Unterzeichnung des Vertrags. Das Ergebnis war die Wiederherstellung der deutschen Einheit und Wiedererlangung der „vollen Souveränität Deutschlands über die inneren und äußeren Angelegenheiten".

Nach der Wiedervereinigung der beiden deutschen Staaten am 3. Oktober 1990 wurde Deutschland Teil einer neuen europäischen Ordnung.

Kannst du die Fragen beantworten?

Wie reagierten die Großmächte auf die Öffnung der Mauer?
Welche Haltung nahm Frankreich, Großbritannien, die UdSSR und die USA ein?
Was versteht man unter dem „Zwei-plus-Vier-Konzept"?
Wie verliefen diese Verhandlungen?

Weichenstellungen auf dem Weg zur Einheit Deutschlands

Am 9. November 1989 öffnet die DDR ihre Grenzen nach Westberlin und zur Bundesrepublik. In der Folgezeit kommt es zu tief greifenden Veränderungen in der DDR.

Berliner in der Nacht des 9. November: „Die jehn alle nach'm Westen..."

Volkskammerwahl am 18. März 1990

Bei den ersten freien Wahlen in der DDR wird die konservative **„Allianz für Deutschland"** überraschend Sieger und verfehlt nur knapp die absolute Mehrheit. Am 12. April wählt erstmals in ihrer Geschichte die DDR-Volkskammer eine demokratische Regierung. Lothar **de Maizière** (CDU) wird Ministerpräsident einer Koalitionsregierung, die aus der „Allianz für Deutschland", der SPD und den Liberalen (BFD) besteht.

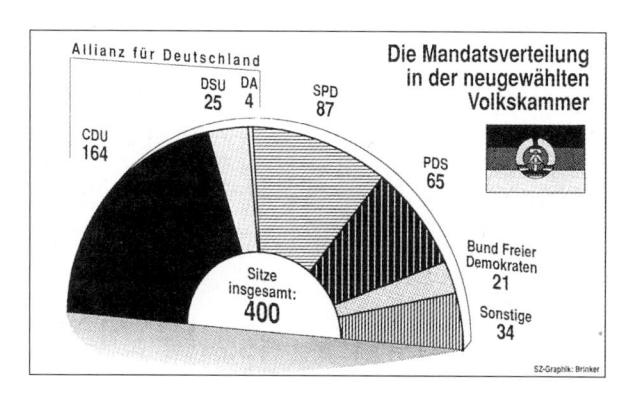

Unterzeichnung des Staatsvertrags zur Wirtschafts-, Währungs- und Sozialunion am 18. Mai 1990

Mit der Unterzeichnung dieses Staatsvertrags in Bonn durch die Finanzminister Waigel und Romberg wird der **erste** entscheidende **Schritt zur staatlichen Einheit** vollzogen. Mit dem Vertrag gibt die DDR die Hoheit über die Finanz- und Geldpolitik ab. Zum 1. Juli tritt die Währungsunion in Kraft. Die DDR-Währung ist ungültig, die DDR stellt auf D-Mark um. Die Bundesrepublik Deutschland gewährt für die Anschubfinanzierung der Sozialsysteme Mittel aus dem Bundeshaushalt und für den Haushaltsausgleich der DDR Finanzzuweisungen aus dem **„Sonderfonds Deutsche Einheit"** in Höhe von 115 Mrd. DM.

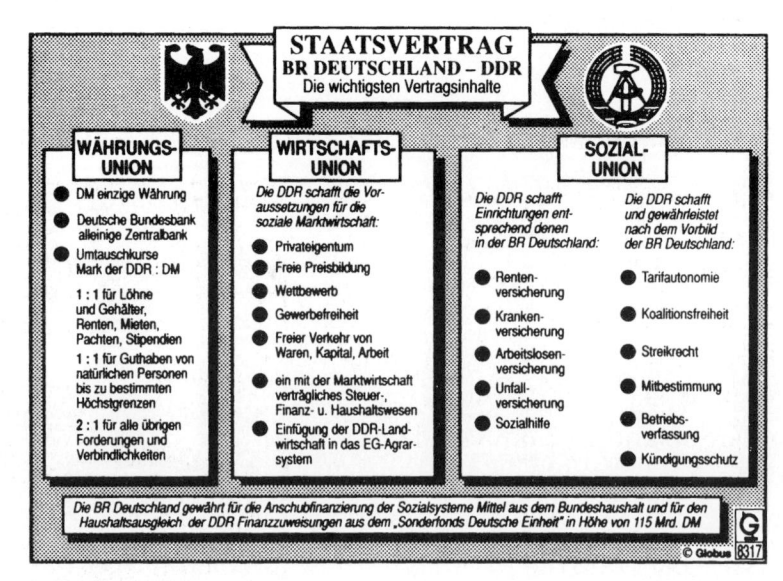

Der Vertrag zwischen der Bundesrepublik Deutschland und der Deutschen Demokratischen Republik über die Herstellung der Einheit Deutschlands – Einigungsvertrag vom 31. August 1990

In Ost-Berlin wird der deutsch-deutsche Einigungsvertrag unterschrieben. Der Vertrag regelt Einzelheiten des **DDR-Beitritts zur Bundesrepublik**.
Er bestimmt u. a., dass gemäß Artikel 23 des Grundgesetzes am 3. Oktober 1990 die Länder Brandenburg, Mecklenburg-Vorpommern, Sachsen, Sachsen-Anhalt und Thüringen Länder der Bundesrepublik Deutschland werden, Hauptstadt Deutschlands ist Berlin. Der 3. Oktober ist als „Tag der Deutschen Einheit" gesetzlicher Feiertag.

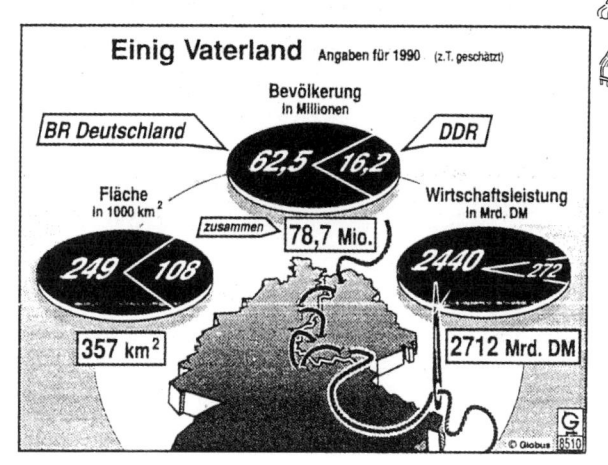

Der Vertrag über die abschließende Regelung in Bezug auf Deutschland. Der Zwei-plus-Vier-Vertrag vom 12. September 1990

Dieser Vertrag machte den Weg zur staatlichen Einheit Deutschlands frei. Die Außenminister der beiden deutschen Staaten und der vier Siegermächte des Zweiten Weltkriegs unterzeichneten in Moskau das Abschlussdokument der Zwei-plus-Vier-Verhandlungen über die deutsche Souveränität. Mit dem einen Friedensvertrag gleichkommenden Vertragswerk wird unter 45 Jahren deutscher Nachkriegsgeschichte **ein endgültiger Schlussstrich** gezogen.

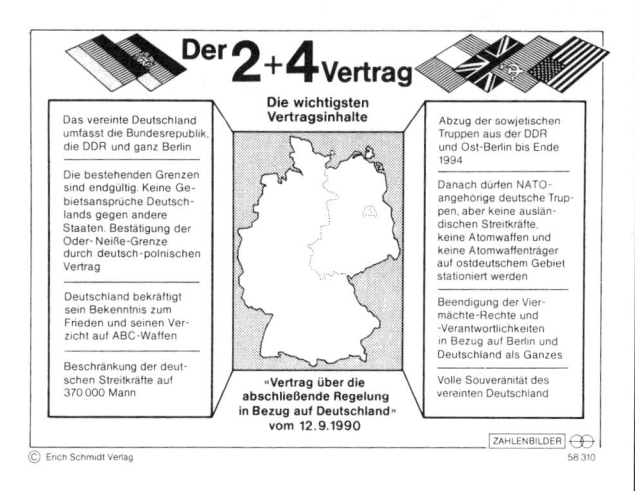

Vereinigung der beiden deutschen Staaten am 3. Oktober 1990

Mit der Wiedervereinigung der beiden deutschen Staaten geht die 45 Jahre währende Teilung Deutschlands zu Ende. Deutschland wird souverän, die DDR besteht nicht mehr. Das gesamte Deutschland ist nun Mitglied der NATO.

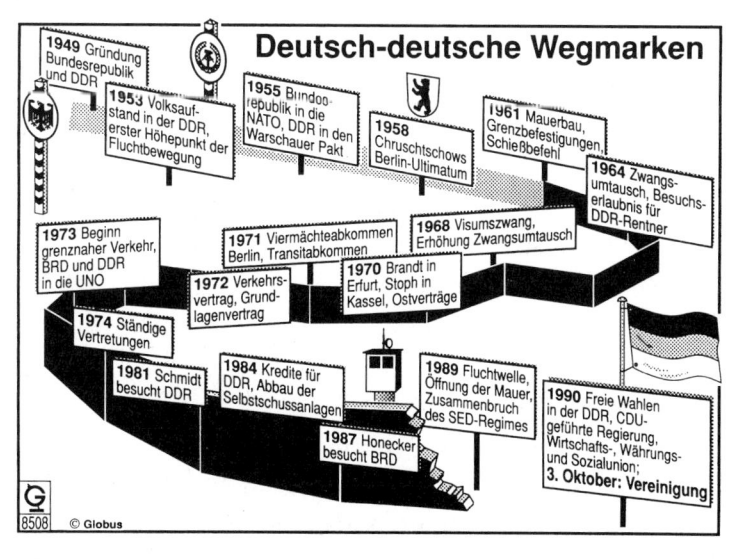

4.2 Der Fortgang der europäischen Einigung

Ausbau der politischen und wirtschaftlichen Union – Zeittafel

1990: Gemeinsame Erklärung von NATO und Warschauer Pakt – Ende des Kalten Krieges

1991: Auflösung des Warschauer Paktes

1992: Die Regierungen der zwölf Staaten der Europäischen Gemeinschaft unterzeichnen in der niederländischen Stadt Maastricht den „Vertrag über die Europäische Union" („Maastrichter Vertrag").

Was ist in Maastricht überhaupt beschlossen worden? Hier die wichtigsten Punkte:

- Gründung der **Europäischen Union** mit föderalem Aufbau, in der Entscheidungen so bürgernah wie möglich getroffen werden (Grundsatz der **Subsidiarität**).
- Beginn einer **Gemeinsamen Außen- und Sicherheitspolitik** (GASP) mit dem Ziel gemeinsamer Verteidigung.
- Enge **Zusammenarbeit** der Union in der **Justiz und der Innenpolitik**, vor allem im Asylrecht, bei der Einwanderungspolitik, in der Bekämpfung der internationalen Kriminalität, des Terrorismus, des Drogenhandels.
- Gründung einer **Wirtschafts- und Währungsunion** (WWU) mit dem Ziel gemeinsamer Währung (und der dafür nötigen Errichtung einer **Europäischen Zentralbank**).
- Neue Verfahren der **Gesetzgebung** in der EG mit erweiterten Rechten und Zuständigkeiten des **Europäischen Parlaments**.
- Bildung eines **„Ausschusses der Regionen"** mit beratender Funktion in der Gesetzgebung der EG.
- Einführung einer **Unionsbürgerschaft** neben der jeweiligen Staatsangehörigkeit.
- **Wahlrecht** jedes EG-Bürgers bei Kommunal- und Europawahlen an seinem Wohnsitz innerhalb der EG, unabhängig von seiner Staatsangehörigkeit.
- Ernennung eines **Bürgerbeauftragten** („Ombudsman") durch das Europäische Parlament.

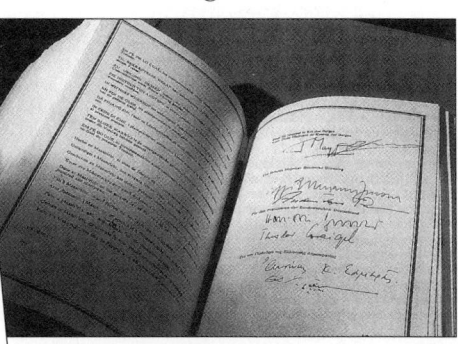

Das Original des Vertrages, der in den neun Amtssprachen der EG abgefasst ist. Aufgeschlagen sind die Seiten mit den belgischen, dänischen, deutschen und griechischen Unterschriften.

1993: Zum Jahresbeginn tritt der europäischen Binnenmarkt in Kraft. Damit entsteht in der EG ein Wirtschaftsraum ohne Binnengrenzen, in dem der freie Verkehr von Personen, Waren, Dienstleistungen und Kapital gewährleistet ist.
Am 1. November tritt der Vertrag über die Europäische Union in Kraft.
Damit ist die EU gegründet.

1994: Zum Jahresanfang beginnt die zweite Stufe der Europäischen Wirtschafts- und Währungsunion. Das Europäische Währungsinstitut mit Sitz in Frankfurt am Main wird errichtet.

1995: Zum 1. Januar treten Österreich, Schweden und Finnland der EU bei. Die EU umfasst jetzt 15 Staaten.
Im Dezember entscheiden sich die Staats- und Regierungschefs der EU für „Euro" als den Namen der europäischen Währung und legen den Zeitplan für die Einführung fest.

1996: Am 29. März wird in Turin eine Konferenz einberufen, die Änderungen und Ergänzungen des Maastrichter Vertrages zum Inhalt hat.
Zu den bisherigen Aufgaben der Europäischen Union kommen weitere hinzu und viele davon reichen über die Grenzen ihrer Mitgliedstaaten hinaus.
Dazu zählen vor allem:
- Friedenssicherung in Europa und in der Welt
- Schaffung einer dauerhaften Friedensordnung für Europa
- Bekämpfung von Rassismus und Fremdenfeindlichkeit
- Bewältigung der Probleme von Überbevölkerung, Armut, Hunger und Konflikten in der Welt.

Die Teilnehmerstaaten sind sich einig, dass nur ein wirtschaftlich und politisch geeintes Europa zur Lösung dieser Probleme beitragen kann.

1998: Entscheidung über die Länder, die an der Wirtschafts- und Währungsunion teilnehmen dürfen.
Errichtung der Europäischen Zentralbank (EZB) in Frankfurt/Main.

1999: Unwiderrufliche Umrechnungskurse der teilnehmenden Währungen untereinander und zum Euro

2002: Spätestens am 1. Januar Beginn des Umtausches der nationalen Banknoten und Münzen gegen Euro-Banknoten und Euro-Münzen
Spätestens am 1. Juli Abschluss der Währungsumstellung in sämtlichen Bereichen; der Euro wird alleiniges Zahlungsmittel (1 Euro = 100 Cent)

Die Mark und viele andere Währungen werden von Euro und Cent abgelöst. Die Euro-Scheine sind bunter und kleiner als die früheren DM-Scheine. Bei einem Urlaub in einem der Mitgliedsländer der Währungsunion entfällt der bisher gewohnte Umtausch, weil auch in diesem Land nicht mehr die bisherige Landeswährung gilt (z. B. Lire), sondern der Euro.

Ein Euro ist ungefähr so viel wert wie bisher zwei Mark.
Wenn das Taschengeld bisher 20 DM betragen hat, so sind es jetzt 10 Euro. An der Kaufkraft ändert sich jedoch nichts, weil alles, was gekauft wird, ebenfalls nur die Hälfte in Euro kostet.
Die neuen Geldscheine zeigen als Symbol der Offenheit auf der Vorderseite Fenster und Portale. Auf den Rückseiten sind Brücken als Symbol der Verbindung sowie die geographischen Umrisse Europas abgebildet. Der Schriftzug EURO erscheint in lateinischer und griechischer Schrift.

Europa-Kreuzworträtsel

1. Hauptstadt von Großbritannien
2. Durch eine gemeinsame Erklärung von ? und Warschauer Pakt wurde das Ende des Kalten Krieges zwischen Ost und West besiegelt.
3. Hauptstadt von Griechenland
4. Zuerst im Fußball, inzwischen in mehr als 30 weiteren Sportarten ausgetragener europäischer Wettbewerb
5. Der Vertrag über die Europäische Union wurde 1992 in ? unterzeichnet
6. Mit einer Länge von 800 m und bis zu fast 200 m hohen Pfeilern umspannt sie das Tal südlich von Innsbruck (Österreich)
7. Nachbarland von Deutschland, das der Europäischen Union 1995 beigetreten ist
8. Die Europäische Zentralbank hat hier ihren Sitz
9. Die neue Währung in Europa
10. Hier steht der „Schiefe Turm"
11. engl.: „Wie geht es dir?"
12. In diesem Land fanden die ersten Olympischen Spiele statt
13. Abkürzung für „Europäische Union"
14. Eine wichtige Aufgabe der Europäischen Union ist der ? in Europa und in der Welt
15. Erfinder der Dampfmaschine
16. span.: „Auf Wiedersehen"
17. Der längste Fluss durch einige Mitgliedstaaten der Europäischen Union
18. engl.: „Herr"

Die Europäische Union heute – Zahlen, Fakten, Beitrittsbedingungen

Nach Artikel 0 des EU-Vertrags kann jeder europäische Staat beantragen, Mitglied der Europäischen Union zu werden.
Der europäische Rat hat mit Blick auf die Beitrittswünsche von mittel- und osteuropäischen Ländern Voraussetzungen für eine Mitgliedschaft formuliert:

> „Als Voraussetzung für die Mitgliedschaft muss der Beitrittskandidat eine institutionelle Stabilität als Garantie für demokratische und rechtsstaatliche Ordnung, für die Wahrung der Menschenrechte sowie die Achtung und den Schutz von Minderheiten verwirklicht haben; sie erfordert ferner eine funktionsfähige Marktwirtschaft sowie die Fähigkeit, dem Wettbewerbsdruck und den Marktkräften innerhalb der Union standzuhalten. Die Mitgliedschaft setzt ferner voraus, dass die einzelnen Beitrittskandidaten, die aus einer Mitgliedschaft erwachsenen Verpflichtungen übernehmen und sich auch die Ziele der politischen Union sowie der Wirtschafts- und Währungsunion zu eigen machen können."

Welche fünf Bedingungen muss ein Land erfüllen, wenn es Mitglied der Europäischen Union werden möchte?

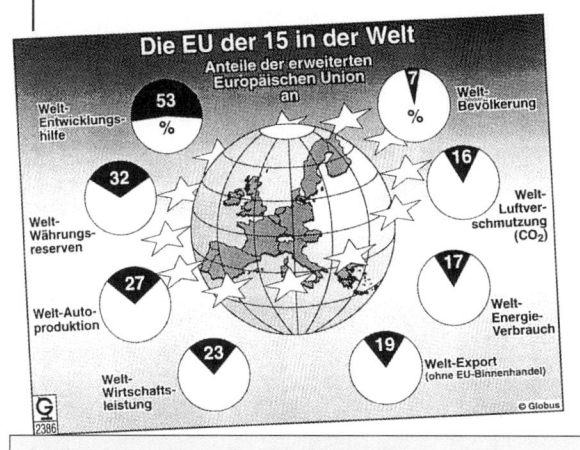

Ein besonderes Anliegen der Sozialpolitik der EU:

Gleichberechtigung von Mann und Frau

Mehr als die Hälfte der Menschen in der EU, nämlich 52 Prozent, sind weiblichen Geschlechts. Doch obwohl schon der Gründungsvertrag der EWG 1957 in Artikel 119 forderte, dass die Mitgliedstaaten in ihrer Gesetzgebung den Grundsatz des gleichen Entgelts für Männer und Frauen bei gleicher Arbeit anwenden müssen, sind Frauen bis heute in vielen Ländern noch immer benachteiligt. Der Grundsatz der Lohngleichheit ist noch nicht verwirklicht; im Verhältnis sind mehr Frauen arbeitslos als Männer; in Ländern, wo Frauenpolitik traditionell keinen hohen Stellenwert hatte, haben es Frauen unter 25 Jahren auch heute noch schwer, eine Arbeit zu finden, die als „männlich" gilt.

Es ist seit langem ein besonderes Anliegen der „europäischen" Organe, also der Kommission, des Europäischen Parlaments und des Gerichtshofs, Frauen zu ihrem Recht zu verhelfen und die Mitgliedstaaten zu verpflichten, jede Diskriminierung (Benachteiligung) aufgrund des Geschlechts zu unterbinden.

Im Europäischen Parlament wurde ein Ausschuss für die Rechte der Frau eingerichtet, der sich darum bemüht, die Gesetzgebung in der EU so zu beeinflussen, dass die Gleichberechtigung der Geschlechter mehr und mehr Wirklichkeit wird.

Der Europäische Gerichtshof hat in mehreren Urteilen, von denen einige Aufsehen in den Medien erregt haben, das Recht der Frau auf Gleichbehandlung präzisiert. Auslöser der juristischen Behandlung waren in vielen Fällen Frauen, in einigen auch Männer, die gegen diskriminierende Behandlung durch Arbeitgeber unter Hinweis auf Artikel 119 des EG-Vertrags oder auf eine Richtlinie der EU geklagt hatten.

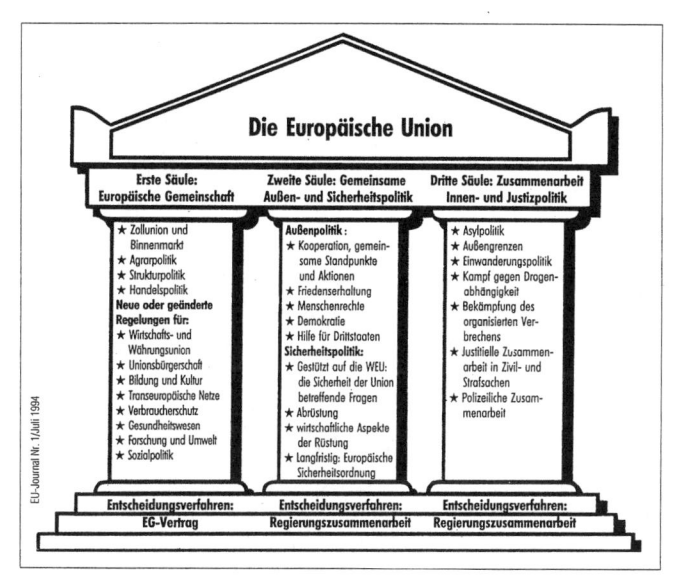

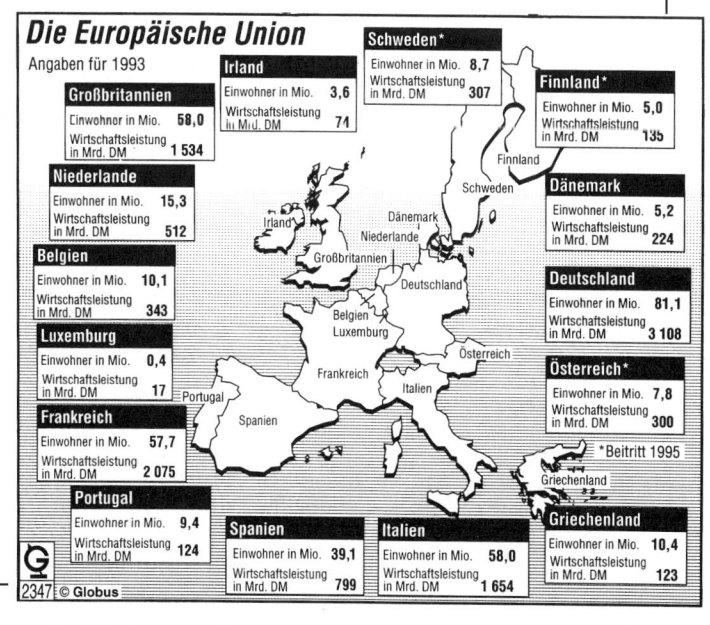

Chancen und Probleme der Osterweiterung

Immer mehr Staaten wollen sich dem europäischen Einigungsprozess anschließen. Die EU hat bisher mit zehn Staaten Mittel- und Osteuropas Abkommen geschlossen, die ihnen den Beitritt zur EU in Aussicht stellen. Die Beitrittswünsche im Rahmen der Osterweiterung der EU reichen von den drei baltischen Staaten Estland, Lettland und Litauen an der Ostsee über Polen, Tschechien, die Slowakei und Ungarn bis zu den Schwarzmeerstaaten Rumänien und Bulgarien. Darüber hinaus haben noch die Türkei, Zypern, Malta und die Schweiz (Antrag ruht z. Zt.) den Beitritt zur EU beantragt.

Die jungen Demokratien in Mittel- und Osteuropa können langfristig Handelspartner werden und mit zu einem stabilen Europa beitragen. Ob dem Beitrittswunsch eines Landes entsprochen wird, hängt letztlich von der wirtschaftlichen und politischen Entwicklung des jeweiligen Staates ab.

Die Frage ist allerdings wie viele Staaten die Union aufnehmen kann, ohne mit den gegenwärtigen Strukturen die Grenzen der Handlungsfähigkeit zu erreichen.

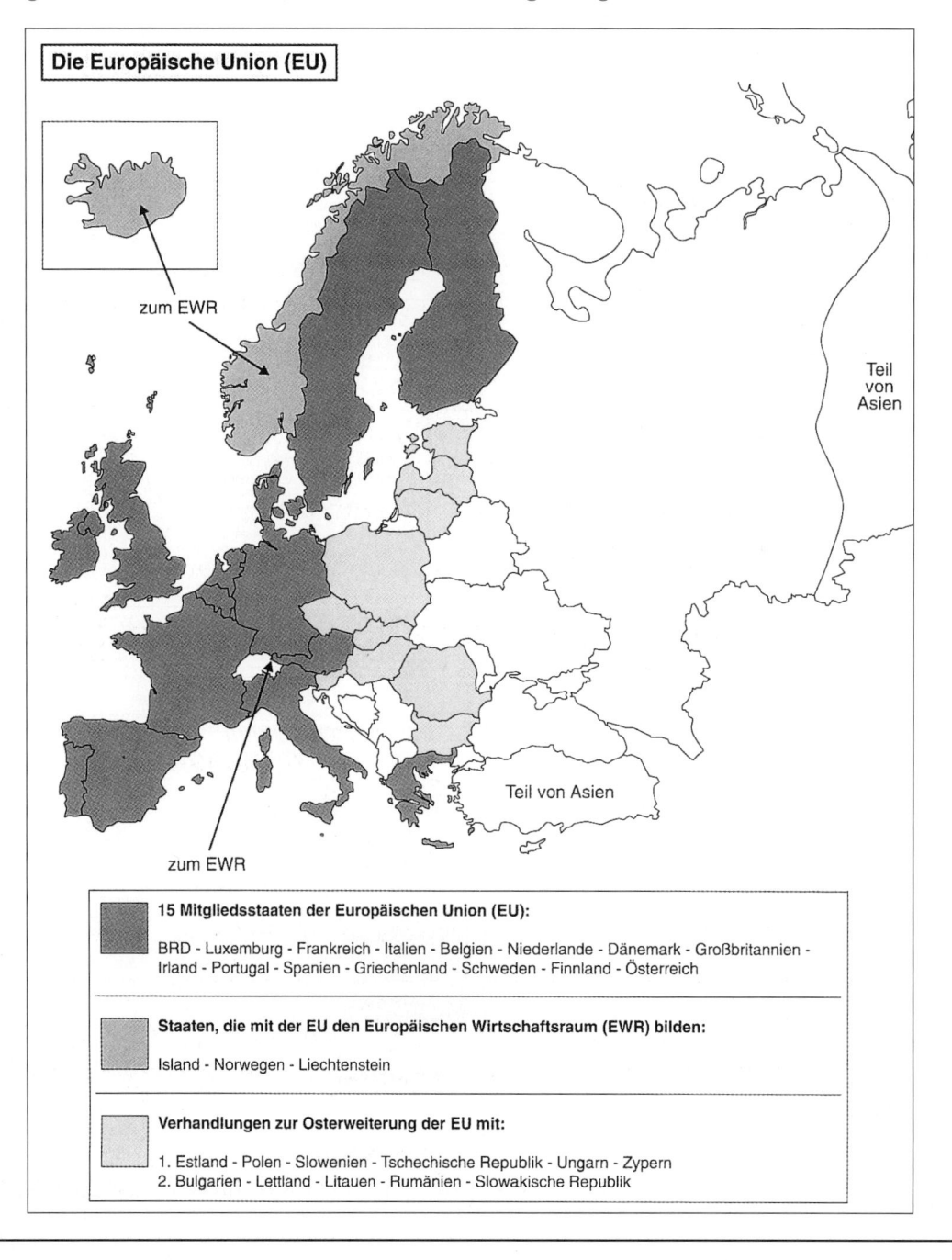

Die Europäische Union (EU)

zum EWR

Teil von Asien

Teil von Asien

zum EWR

15 Mitgliedsstaaten der Europäischen Union (EU):

BRD - Luxemburg - Frankreich - Italien - Belgien - Niederlande - Dänemark - Großbritannien - Irland - Portugal - Spanien - Griechenland - Schweden - Finnland - Österreich

Staaten, die mit der EU den Europäischen Wirtschaftsraum (EWR) bilden:

Island - Norwegen - Liechtenstein

Verhandlungen zur Osterweiterung der EU mit:

1. Estland - Polen - Slowenien - Tschechische Republik - Ungarn - Zypern
2. Bulgarien - Lettland - Litauen - Rumänien - Slowakische Republik

| Name: | Klasse: 9 | Datum: | **Geschichte** Sozialkunde Erdkunde | Nr.: |

Chancen und Probleme der Osterweiterung

Die Europäische Union (EU)

Teil von Asien

Teil von Asien

Male die Länder mit unterschiedlichen Farben aus!

☐ **15 Mitgliedsstaaten der Europäischen Union (EU):**

BRD - Luxemburg - Frankreich - Italien - Belgien - Niederlande - Dänemark - Großbritannien - Irland - Portugal - Spanien - Griechenland - Schweden - Finnland - Österreich

☐ **Staaten, die mit der EU den Europäischen Wirtschaftsraum (EWR) bilden:**

Island - Norwegen - Liechtenstein

☐ **Verhandlungen zur Osterweiterung der EU mit:**

1. Estland - Polen - Slowenien - Tschechische Republik - Ungarn - Zypern
2. Bulgarien - Lettland - Litauen - Rumänien - Slowakische Republik

Chancen   *Probleme*

_____   _____
_____   _____
_____   _____
_____   _____
_____   _____

↓

Zwei Grundvoraussetzungen müssen für eine Mitgliedschaft in der Europäischen Union erfüllt sein:

_____

5. Eine Welt

→ 9.5 Eine Welt (bayerischer Hauptschullehrplan)

Lerninhalte:

- Einblick gewinnen in die Lage der Entwicklungsländer
- Wesentliche Merkmale und Probleme von Entwicklungsländern kennen lernen
- Auseinandersetzen mit den USA als besondere Industrienation
- Wesentliche Kennzeichen eines Industrielandes kennen lernen
- Überblick gewinnen über die wichtigsten Industrienationen
- Erfassen der gegenseitigen Abhängigkeit von Entwicklungs- und Industrieländern
- Bewusst machen der notwendigen Förderung von Entwicklungsländern als Hilfe zur Eigenentwicklung

Arbeitsmittel:

Folienvorlagen, Informationsblätter, Arbeitsblätter

Folienvorlage:

Interessengegensätze

5. Eine Welt → KR 9.3.2, EvR 9.5, Eth 9.3.3

Einstieg ins Thema: Folienvorlage (Interessengegensätze; S. 100)

5.1 Entwicklungsländer (S. 102)

Die Lage der Entwicklungsländer (Arbeitsblatt S. 102; Lösungsblatt S. 265)
Entwicklungsländer und Entwicklungsgebiete (S. 103)
Entwicklungsländer – naturgeographische und ökologische Probleme (Arbeitsblatt S. 104; Lösungsblatt S. 265)
Kennzeichen von Entwicklungsländern (1; S. 105)
Kennzeichen von Entwicklungsländern (2; Arbeitsblatt S. 106; Lösungsblatt S. 265)
Kennzeichen von Entwicklungsländern (Folienvorlage S. 107)
Raumbeispiel: Bangladesch (S. 108)
Entwicklungshilfe, Beispiel: Bangladesch (Arbeitsblatt S. 109; Lösungsblatt S. 266)
Wirtschaftliche Möglichkeiten der Entwicklungsländer (S. 110)

5.2 Industrieländer (S. 112)

Die wichtigsten Industrienationen der Erde (S. 112)
Kennzeichen eines Industrielandes (Arbeitsblatt S. 113; Lösungsblatt S. 266)
Die USA – eine führende politische Macht der Erde (S. 114)
Die USA – eine führende Wirtschaftsmacht der Erde (Arbeitsblatt S. 115; Lösungsblatt S. 266)
Die USA – eine führende technologische Macht der Erde (Arbeitsblatt S. 116; Lösungsblatt S. 266)

5.3 Beziehungen zwischen Entwicklungs- und Industrieländern (S. 117)

Entwicklungs- und Industrieländer – untrennbar verbunden (S. 117)
Wir vergleichen: Energieverbrauch/Rohstoffverbrauch (Arbeitsblatt S. 118; Lösungsblatt S. 267) → Ph/Ch/B 9.5.1, 9.6.2
Energieverbrauch – eine Aufgabe für alle Länder (Arbeitsblatt S. 113; Lösungsblatt S. 267)
Entwicklungshilfe in Form von Handel (1; Arbeitsblatt S. 120) → KR 9.1.2
Entwicklungshilfe in Form von Handel (2; Arbeitsblatt S. 121; Lösungsblatt S. 267)
Entwicklungshilfe als Förderung zur Selbsthilfe (Arbeitsblatt S. 122)
Wie können die Industriestaaten den Entwicklungsländern helfen? (S. 123)
Wirtschaftswachstum um jeden Preis? (S. 124)
Ferntourismus – eine Hilfe für Entwicklungsländer? (Arbeitsblatt S. 125; Lösungsblatt S. 267)

5.1 Entwicklungsländer

Die Lage der Entwicklungsländer

In 12 Staaten der Erde erwirtschaftete 1993 jeder Einwohner mehr als 20 000 Dollar an Sozialprodukt, in acht Staaten weniger als 200. Das durchschnittliche Bruttoinlandsprodukt pro Kopf lag 1993 in Ländern mit niedrigem Einkommen bei 380 Dollar, in Ländern mit mittlerem Einkommen in der unteren Gruppe bei 1590 Dollar, in der oberen Gruppe bei 4370 Dollar, in Ländern mit hohem Einkommen bei 23 090 Dollar.

Für die Staaten Schwarzafrikas lauten die Durchschnittszahlen 520 Dollar, für Lateinamerika 2950 Dollar.

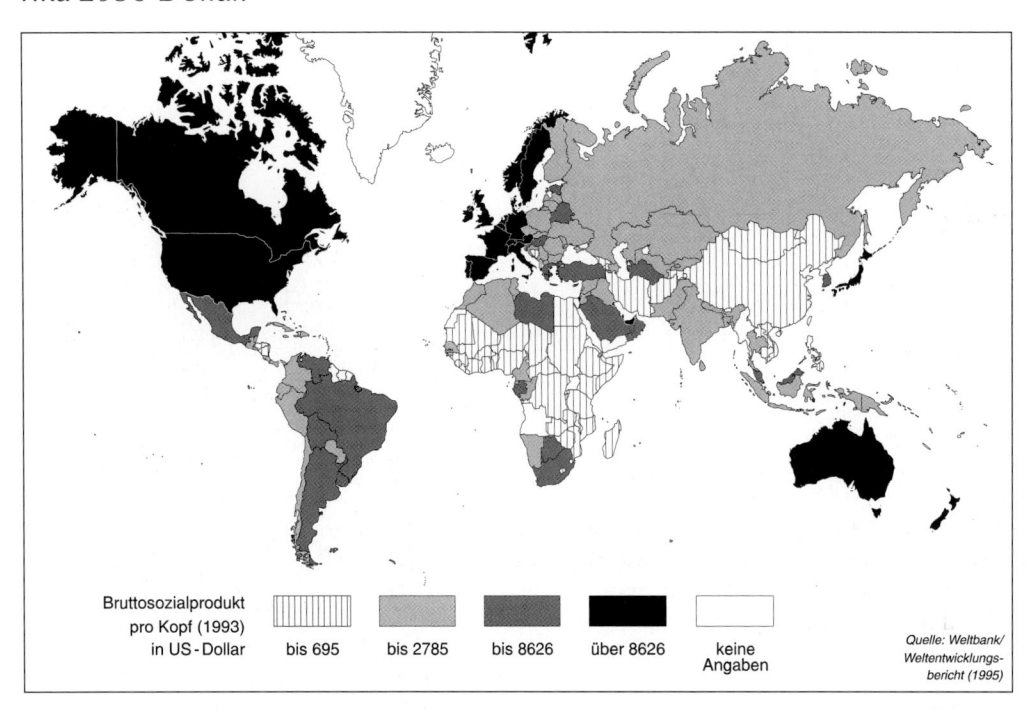

Bruttosozialprodukt pro Kopf (1993) in US-Dollar: bis 695 | bis 2785 | bis 8626 | über 8626 | keine Angaben

Quelle: Weltbank/Weltentwicklungsbericht (1995)

Der Kampf gegen Armut und Unterentwicklung hat in den letzten dreißig Jahren in einigen Regionen der Welt große Erfolge gebracht. Eine Reihe von Entwicklungsländern steht heute an der Schwelle zum Industriestaat, andere haben überdurchschnittliche Zuwachsraten des Bruttosozialprodukts und werden in zehn Jahren manche europäischen Staaten überholt haben. In einigen Regionen dagegen, vor allem in Schwarzafrika, haben Armut und Rückstände in der wirtschaftlichen Entwicklung eher noch zugenommen.

Die Weltkarte zeigt dir im Überblick die Lage der Länder mit dem geringsten Pro-Kopf-Einkommen.
Wo sind diese Staaten auf der Weltkarte vor allem zu finden?

_____

_____

Staaten mit einem Pro-Kopf-Einkommen bis 2785 $ werden häufig auch Schwellenländer genannt. Wir finden sie vor allem in _____

_____

Entwicklungsländer und Entwicklungsgebiete

Entwicklungsländer und -gebiete

EUROPA
Albanien
Bosnien-Herzegowina
Gibraltar
Jugoslawien
Kroatien
Malta
Mazedonien
Slowenien
Türkei

AFRIKA

nördlich der Sahara
Ägypten
Algerien
Libyen
Marokko
Tunesien

südlich der Sahara
Angola (94)
Äquatorialguinea (82)
Äthiopien (71)
Benin (71)
Botsuana
Burkina Faso (71)
Burundi (71)
Côte d'Ivoire
Dschibuti (82)
Eritrea (94)
Gabun
Gambia (75)
Ghana
Guinea (71)
Guinea-Bissau (81)
Kamerun
Kap Verde (77)
Kenia
Komoren (77)
Kongo
Kongo, Dem. Rep. (91)
Lesotho (71)
Liberia (90)
Madagaskar (91)
Malawi (71)
Mali (71)
Mauretanien (86)
Mauritius
Mayotte
Mosambik (88)
Namibia
Niger (71)
Nigeria
Ruanda (71)
Sambia (91)
São Tomé und Principe (82)
Senegal
Seychellen
Sierra Leone (82)
Simbabwe
Somalia (71)
St. Helena
Sudan (71)
Südafrika
Swasiland
Tansania (71)
Togo (82)
Tschad (71)
Uganda (71)
Zentralafrikanische Republik (75)

AMERIKA

Nord-/Mittelamerika
Anguilla
Antigua und Barbuda
Aruba
Barbados
Belize
Brit. Jungferninseln
Costa Rica
Dominica
Dominikan. Republik
El Salvador
Grenada
Guatemala
Haiti (71)
Honduras
Jamaika
Kuba
Mexiko
Montserrat
Nicaragua
Niederländ. Antillen
Panama
St. Kitts und Nevis
St. Lucia
St. Vincent und die Grenadinen
Trinidad und Tobago
Turks- und Caicosinseln

Südamerika
Argentinien
Bolivien
Brasilien
Chile
Ecuador
Guyana
Kolumbien
Paraguay
Peru
Suriname
Uruguay
Venezuela

ASIEN

Naher/Mittlerer Osten
Bahrain
Irak
Iran
Jemen (71/75)
Jordanien
Libanon
Oman
Palästinens. Gebiete[1]
Saudi-Arabien
Syrien

Süd- u. Zentralasien
Afghanistan (71)
Armenien
Aserbaidschan
Bangladesch (75)
Bhutan (71)
Georgien
Indien
Kasachstan
Kirgisistan
Malediven (71)
Moldau, Rep.
Myanmar (87)
Nepal (71)
Pakistan
Sri Lanka
Tadschikistan
Turkmenistan
Usbekistan

Ostasien
China
Indonesien
Kambodscha (91)
Korea, DVR
Korea, Rep.
Laos (71)
Macau
Malaysia
Mongolei
Osttimor
Philippinen
Thailand
Vietnam

OZEANIEN
Cookinseln
Fidschi
Franz.-Polynesien
Kiribati (86)
Marianen
Marshallinseln
Mikronesien
Nauru
Neukaledonien
Niue
Palau
Papua-Neuguinea
Salomonen (91)
Samoa (71)
Tokelau
Tonga
Tuvalu (86)
Vanuatu (85)
Wallis und Futuna

Quelle: BMZ

(..) = die am wenigsten entwickelten Länder (LDC), mit Jahr der Anerkennung in Klammern.
1) Die für diese Gebiete zu berücksichtigenden Leistungen umfassen auch Leistungen an Palästinenser im Westjordanland und Ost-Jerusalem.

Wichtigstes Ziel von Entwicklung:

Überwindung von Armut

Es scheint alles so einfach zu sein: Es gibt in dieser Welt so unendlich viel zu tun – und es gibt so unendlich viele Menschen, die eine bezahlte Arbeit suchen; man müsste nur beides miteinander in Einklang bringen. Aber dafür gibt es kein Patentrezept.

Armutsbekämpfung

Die Bekämpfung der Armut und ihrer strukturellen Ursachen ist oberstes und durchgängiges Ziel aller Entwicklungsanstrengungen. Wichtige Grundvorstellungen der deutschen Strategie zur Armutsbekämpfung sind:
- die Reduzierung und möglichst Beseitigung der absoluten Armut..., um ein menschenwürdiges Leben zu ermöglichen,
- strukturelle Reformen, um die Ursache der Armut zu beseitigen,
- Partizipation und Selbsthilfe,
- Förderung der produktiven und schöpferischen Fähigkeiten der Armen. [...]

Ein Konzept zur Armutsbekämpfung muss auch bildungspolitische Maßnahmen enthalten. Bildung ist die entscheidende Investition in die Zukunft, denn sie ist Voraussetzung für Entwicklung aus eigener Kraft...

Problem: → Armut

Aufgabe: → Armutsbekämpfung

Unterschiede

Die rund 150 selbstständigen Staaten der Erde, die zu den Entwicklungsländern gerechnet werden, unterscheiden sich in vielerlei Hinsicht sehr stark voneinander:
- Fast die Hälfte ihrer Gesamtbevölkerung lebt in nur zwei Staaten: China und Indien (2,2 Milliarden). Dagegen haben rund 50 Staaten jeweils weniger als eine Million Einwohner.
- Einige Länder haben in den letzten Jahren eine rasche Entwicklung erlebt; sie brauchen bereits heute oder in naher Zukunft keine Entwicklungshilfe mehr, sondern geben selbst schon Hilfe; sie stehen an der Schwelle zum Industriestaat. Es sind vor allem Staaten in Ost- und Südostasien.
- Einige Länder haben hoch entwickelte Regionen neben Armutsgebieten (z. B. Indien, Brasilien).
- Viele Länder, vor allem in Afrika, haben dagegen kaum Fortschritte gemacht, sind ärmer als früher.

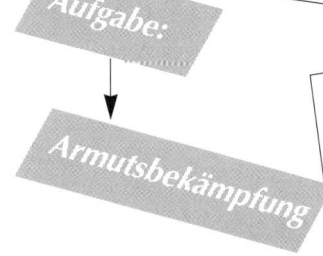

„Keine Aufgabe sollte für die politischen Entscheidungsträger der Welt eine größere Priorität haben als die der Verringerung der weltweiten Armut."
Weltbank. Weltentwicklungsbericht 1990

„Armut ist eine Gefahr für die Demokratie, die aus hungrigen Menschen zornige Menschen machen kann."
Bakili Muluzi, Präsident von Malawi seit 21. Mai 1994, nach den ersten freien Wahlen im Land.

Quelle: BMZ, Journalisten-Handbuch Entwicklungspolitik 1995, Bonn 1995

Geschichte
Sozialkunde
Erdkunde

9

Entwicklungsländer – naturgeographische und ökologische Probleme

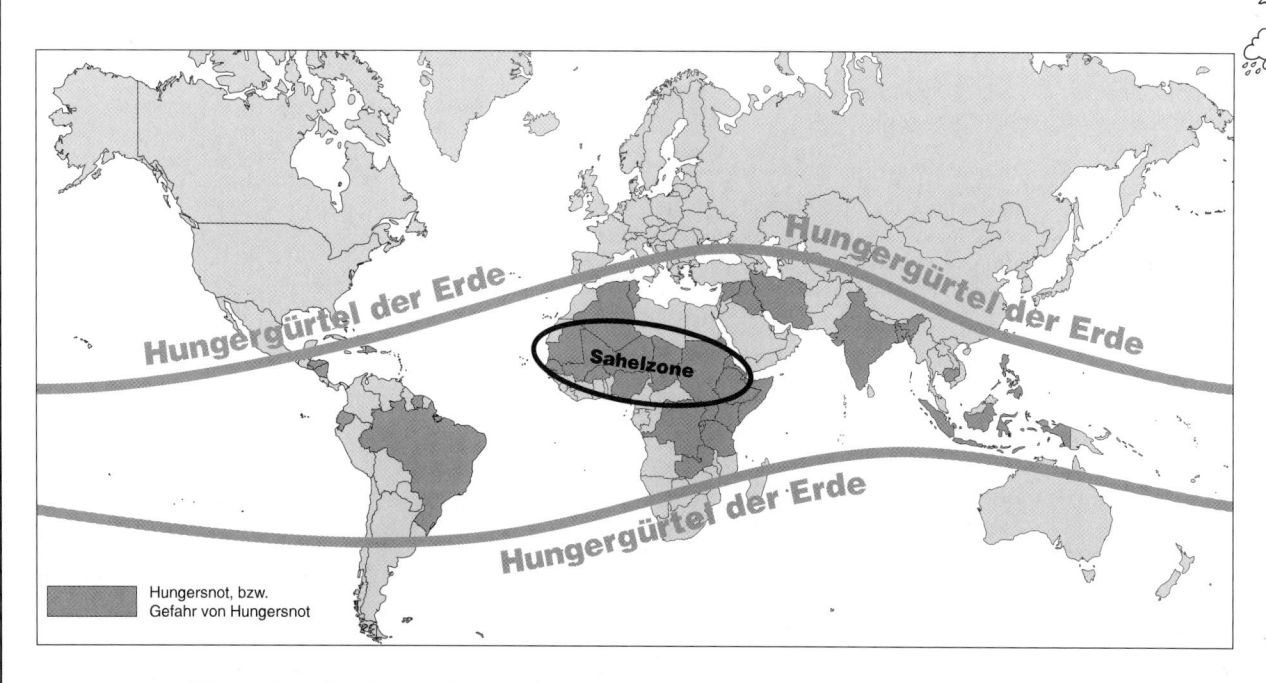

Karte: Hungergürtel der Erde, Sahelzone – Hungersnot bzw. Gefahr von Hungersnot

Die Entwicklungsländer befinden sich zu beiden Seiten des _____ in den _____ und _____ Klimazonen. Häufig ist das Klima ungünstig für den Anbau von Nahrungsmitteln und das Betreiben von Ackerbau und _____. Es kommt zu Naturkatastrophen: _____

_____

Entwicklungsländer haben häufig auch mit ökologischen Problemen zu kämpfen:

Vielfach hat die Dritte Welt mit ähnlichen Umweltproblemen zu kämpfen, wie sie aus den Industrieländern bekannt sind, insbesondere mit den Folgeproblemen von Industrialisierung, Verstädterung und chemiegestützter Landwirtschaft. Das Tempo dieser Veränderungsprozesse und der teilweise armutsbedingte weit gehende Verzicht auf ökologische Auflagen und Schutzmaßnahmen führen aber zu einer enormen Verschärfung der Umweltprobleme. Hinzu kommt, dass es sich in der Dritten Welt teilweise um besonders empfindliche, störanfällige Ökosysteme handelt. Jährlich gehen in den Entwicklungsländern etwa 20 Millionen Hektar landwirtschaftlich nutzbarer Fläche durch die Abtragung fruchtbarer Erde (Bodenerosion) verloren, und die Wüste erobert circa sechs Millionen Hektar (Desertifikation).

Die tropischen Regenwälder, die auf nur noch etwa sechs Prozent der Erdoberfläche circa 40 Prozent der biologischen Artenvielfalt beherbergen, gehen aufgrund von Edelholzeinschlag und Brandrodung dramatisch zurück. Die Tropenwälder binden als „globale Lungen" unter anderem Kohlendioxid (CO_2), und die Abholzung des Waldes („Kahlschlag") trägt nach Meinung vieler Fachleute zur langsamen Klimaerwärmung bei. Dadurch werden wiederum niedrig gelegene Länder mit Überflutungskatastrophen ganz neuen Ausmaßes bedroht. Die starke Zunahme künstlich bewässerter landwirtschaftlicher Nutzflächen und die wachsende Verunreinigung und Vergiftung von Wasser führen zu einer gefährlichen Verknappung nutzbaren Wassers. Die Neubewertung des kostbaren Rohstoffes Wasser, der durch grenzüberschreitende Flüsse verteilt wird, droht bei Eingriffen in den Naturkreislauf (zum Beispiel Stauwerke) zu gewaltsamen Konflikten zwischen Staaten zu führen. Den Hintergrund dafür bilden unter anderem Armut und Bevölkerungsdruck in der Dritten Welt, die damit verbundene Überlastung des Bodens, etwa durch Überweidung, forcierte Erschließung neuer landwirtschaftlich nutzbarer Flächen zum Beispiel durch Abholzung der Wälder und die verstärkte Nutzung von Holz als Brennstoff. An den wachsenden Umweltproblemen der Dritten Welt sind aber häufig auch die Industrieländer direkt oder indirekt beteiligt. Ein besonders abstoßendes neues Beispiel ist der „Mülltourismus", bei dem unter Ausnutzung der Notlage und vielfach mit Hilfe von Korruption häufig gefährliche Abfallstoffe aus Industrieländern in Entwicklungsländer exportiert und dort gelagert werden. Zu berücksichtigen ist auch, dass Umweltbelastungen, zum Beispiel durch Energie- und Rohstoffverbrauch, pro Kopf gerechnet in den Industrieländern um ein Vielfaches höher liegen als in den Entwicklungsländern und die Industrieländer damit ein miserables Vorbild abgeben. Wenn bestimmten Entwicklungsländern nicht nur aus Eigeninteresse, sondern auch aus globalen Umweltüberlegungen ökonomische Nutzungsverzichte, zum Beispiel Schutz der tropischen Regenwälder, zugemutet werden, ergibt sich zwingend die Frage nach einem ökonomischen Nutzenausgleich.

Quelle: Bundeszentrale für polit. Bildung, Bonn: Informationen zur polit. Bildung, Nr. 252, S. 11

Kennzeichen von Entwicklungsländern (1)

„Nairobi bietet den Besuchern Restaurants mit verlockenden indischen, chinesischen, afrikanischen und europäischen Spezialitäten, Auto-Kinos, Theater, zahlreiche Bars, Nachtklubs und Spielkasinos, farbenprächtige, mit Waren und Souvenirs überhäufte Basar- und Marktstraßen, vierspurige Autostraßen, gepflegte, immerblühende Parkanlagen ..." So beschreibt ein deutscher Reiseprospekt die Hauptstadt Kenias. *Kenia ist ein Entwicklungsland.*

„Staatliche Universität (gegründet 1920), katholische Universität (gegründet 1940), Universität des Bundesstaates (gegründet 1950), Ingenieurhochschule (gegründet 1874), Militärakademie, Akademien der Schönen Künste (gegründet 1848), Akademie der Wissenschaften, Akademien für Medizin und Pharmazie, agrarwissenschaftliche Forschungsinstitute, Kommission für Atomenergie mit Kernforschungsinstitut ..." So beschreibt ein deutsches Lexikon die Hochschulen von Rio de Janeiro in Brasilien. *Brasilien ist ein Entwicklungsland.*

Wer also die Vorstellung hat, Entwicklungsländer seien allesamt von Urwald oder Wüste bedeckt und von Steinzeitmenschen bewohnt, der lebt hinterm Mond. Natürlich gibt es dort Urwälder und Wüsten, auch nackte Eingeborene, die mit Pfeil und Bogen auf Jagd schleichen; es gibt Leute dort, die noch nie ein Auto oder einen Fernseher erblickt haben. Aber das sind Minderheiten. In denselben Ländern findet man auch Hochschulen und modern ausgerüstete Armeen und zwanzigstöckige Hotels und Leute, die sich Privatflugzeuge leisten können. Es ist geradezu typisch für ein Entwicklungsland, dass Gebiete rund um die Großstädte so hoch entwickelt sind wie europäische Metropolen, während im gleichen Land in weiten Teilen die Menschen noch in ihrer überlieferten Kultur leben wie vor Hunderten von Jahren, ohne Straßen, ohne Strom, ohne Streik. Und mitunter leben in riesigen Gebieten Hunderttausende Armer, die nichts zu essen finden, und einige wenige Reiche, die keinen Schlaf finden, aus Furcht vor der Wut der Armen.

Aus: „Partner Dritte Welt"

Woran aber erkennt man nun, dass ein Land Entwicklungsland ist? Um es gleich zu sagen: Einen allseits anerkannten Maßstab dafür gibt es nicht. Mehr noch: Nachdenkliche Menschen fragen sich in jüngster Zeit, ob wir, die wir in hoch technisierten Ländern leben, einfach unseren Lebensstandard, unsere Normen und Gewohnheiten als Vergleich heranziehen dürfen, um zu sagen, andere Länder seien zurückgeblieben in ihrer Entwicklung. Man darf also nicht vergessen: Die Bezeichnung „Entwicklungsland" besagt nur, dass ein Land in seiner *wirtschaftlichen* Entwicklung noch nicht so weit ist wie die Industriestaaten.

Daraus und aus anderen Bedingungen ergeben sich einige Merkmale, die kennzeichnend sind für ein Entwicklungsland. Auf einige Länder treffen alle diese Merkmale zu, auf andere nur einige. Die Merkmale allein sagen aber noch nichts über die Ursachen von Unterentwicklung aus.

Merkmal 1:
Die Menschen verdienen sehr wenig. Das durchschnittliche Einkommen pro Kopf der Bevölkerung ist erheblich niedriger als bei uns.

Merkmal 2:
Die Einkommen sind außerordentlich ungleich verteilt, ebenso die Möglichkeiten, die natürlichen Reichtümer des Landes auszubeuten. Wenige Leute besitzen Unternehmen und riesige Ländereien, die andern fast überhaupt nichts.

Merkmal 3:
Die Menschen leben überwiegend von der Landwirtschaft. Viele von ihnen haben nur so viel Land, dass sie gerade für ihren Eigenbedarf anbauen, aber nichts davon verkaufen können (man nennt das Selbstversorgungs- und Subsistenzwirtschaft).

Merkmal 4:
Unzähligen Menschen, die arbeiten möchten, stehen nur wenige Arbeitsplätze gegenüber. Da kaum Industrie im Land ist, fehlen Ausbildungsplätze.

Merkmal 5:
Das Verhältnis von Einfuhren zu Ausfuhren ist außerordentlich ungleich. Im Land selbst gibt es außer Rohstoffen nicht viel, was in andere Länder ausgeführt werden kann. Dagegen müssen fast alle Fertigwaren (Maschinen, Konsumgüter) im Ausland gekauft und eingeführt werden. Es fehlt aber an Geld (Devisen), womit Einfuhren bezahlt werden könnten.

Merkmal 6:
Die Einwohnerzahl wächst sehr schnell, erheblich schneller als bei uns.

Merkmal 7:
Ein großer Teil der Bevölkerung ist dauernd unterernährt. Die Hungernden haben kein Land, um etwas anzubauen, und kein Geld (da keine Arbeit), um sich etwas zu kaufen. Sie können sich im Augenblick nicht mit eigener Kraft aus dieser Lage befreien.

Merkmal 8:
Das Klima ist unausgeglichen. Weite Gebiete leiden unter Dürren, Überschwemmungen und Wassermangel. Andererseits finden sich vielerorts reiche Bodenschätze.

Merkmal 9:
Hoch entwickelten Gebieten (Hauptstädte, Plantagen, Exportkulturen, Bergbau) stehen weite unerschlossene, in Armut versunkene Landesteile gegenüber. Es führen weder Straßen noch Schienenwege dorthin.

In vielen Ländern treten alle diese Merkmale gemeinsam auf. Es sind die allerärmsten. Vor allem diese Länder brauchen Hilfe von außen.

Daneben stehen Entwicklungsländer, die sich weitgehend aus eigener Kraft entwickeln können zu Staaten, wo Hunger und Armut langsam abnehmen, wo fast jeder lesen und schreiben und einen Beruf lernen kann. Man nennt sie Schwellenländer, weil sie auf der Schwelle zum Industriestaat stehen.

Was also ist ein Entwicklungsland? Ein Land, wo es den Leuten schlechter geht als uns? Das stimmt, aber nur zu einem Teil. Den hundert reichsten Familien in Nairobi geht es allemal besser als den hundert ärmsten in Niedersachsen, diesen aber hundertmal besser als den Millionen Armen in der Dritten Welt. Aber auch dies wäre zu bedenken: Einem Mann in Kamerun, der keinen Pfennig hat, aber genug anbaut, um seine Familie zu ernähren, diesem Mann geht es doch wohl nicht schlechter als einem Stadtstreicher am Berliner Bahnhof Zoo, der sich von 600 Mark Sozialhilfe langsam zu Tode säuft, oder?

| Name: | Klasse: 9 | Datum: | Geschichte Sozialkunde **Erdkunde** | Nr.: |

Kennzeichnen von Entwicklungsländern (2)

Wenn du den Informationstext (Kennzeichen von …; S. 105) aufmerksam gelesen hast, kannst du folgende Übersicht sicher ergänzen:

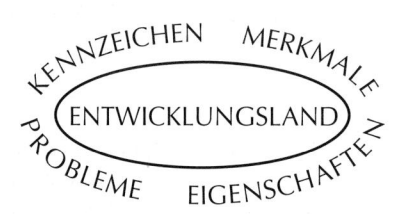

KENNZEICHEN   MERKMALE
PROBLEME   EIGENSCHAFTEN
ENTWICKLUNGSLAND

Weitere Merkmale eines Entwicklungslandes: _____

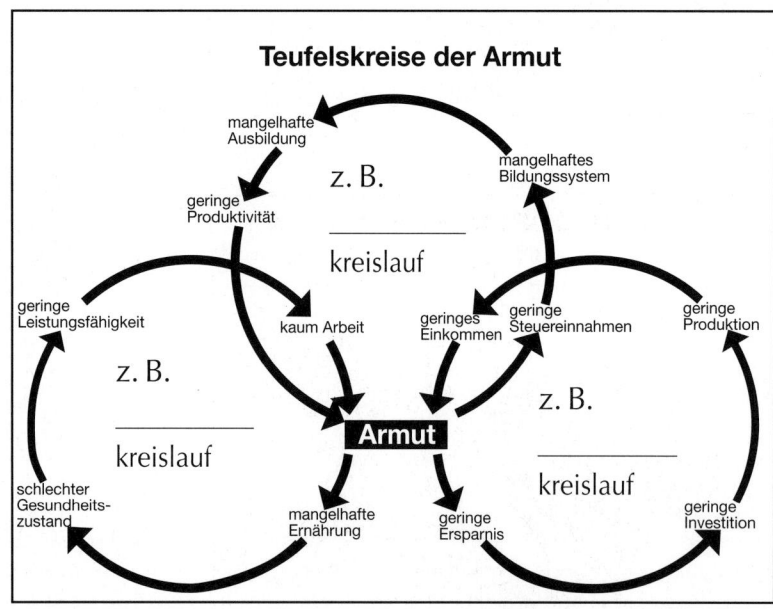

Teufelskreise der Armut

- mangelhafte Ausbildung
- geringe Produktivität
- mangelhaftes Bildungssystem
- z. B. _____ kreislauf
- geringe Leistungsfähigkeit
- kaum Arbeit
- geringes Einkommen
- geringe Steuereinnahmen
- geringe Produktion
- z. B. _____ kreislauf
- Armut
- z. B. _____ kreislauf
- schlechter Gesundheitszustand
- mangelhafte Ernährung
- geringe Ersparnis
- geringe Investition

Quelle: Bundeszentrale f. polit. Bildung, Bonn: Informationen zur polit. Bildung, Nr. 252, S. 17

„Teufelskreis der Armut"
Viele der genannten Merkmale beeinflussen sich gegenseitig so, dass sie sich ringförmig verstärken. Es sind daher unterschiedliche Kausalketten konstruiert worden, die als circulus vitiosus oder Teufelskreis bezeichnet werden. Der Begriff Teufelskreis soll verdeutlichen, dass es sich um negative Verstärkerkreise handelt, aus denen nur schwer auszubrechen ist. Das heißt selbstverständlich nicht, wie auch bisherige Erfahrungen belegen, dass es unmöglich ist. Schließlich lassen sich Teufelskreise logisch auch umdrehen und als positive Verstärkerkreise deuten, wenn es gelingt, einen der im Teufelskreis angenommenen Wirkungsfaktoren positiv zu verändern. Teufelskreise beantworten zudem auch nicht die Frage nach den grundlegenden Ursachen von Unterentwicklung.

Finde für jeden der drei Kreisläufe eine passende Bezeichnung!
Warum werden sie als „Teufelskreis" bezeichnet?

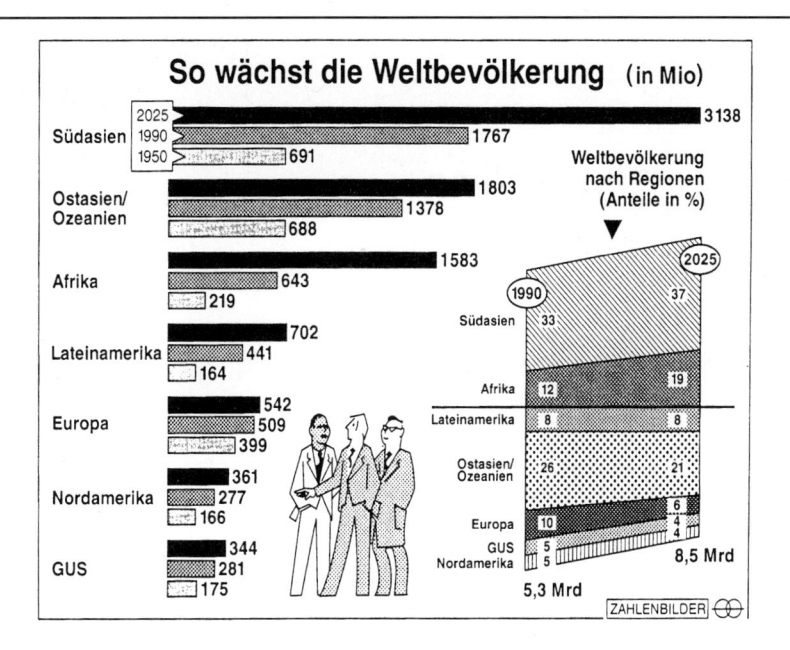

So wächst die Weltbevölkerung (in Mio)

Region	1950	1990	2025
Südasien	691	1767	3138
Ostasien/Ozeanien	688	1378	1803
Afrika	219	643	1583
Lateinamerika	164	441	702
Europa	399	509	542
Nordamerika	166	277	361
GUS	175	281	344

Weltbevölkerung nach Regionen (Anteile in %)

Region	1990	2025
Südasien	33	37
Afrika	12	19
Lateinamerika	8	8
Ostasien/Ozeanien	26	21
Europa	10	6
GUS	5	4
Nordamerika	5	4

Gesamt: 5,3 Mrd (1990) → 8,5 Mrd (2025)

ZAHLENBILDER

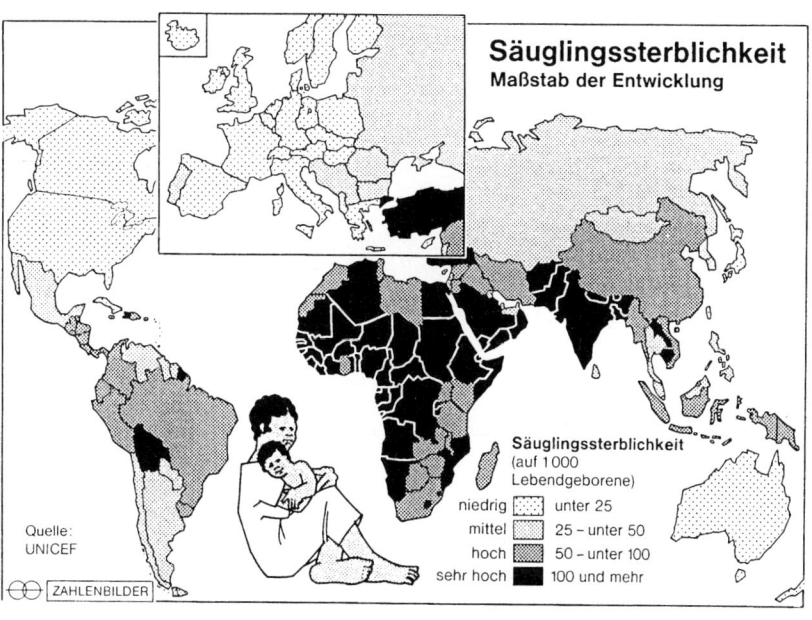

Säuglingssterblichkeit
Maßstab der Entwicklung

Säuglingssterblichkeit (auf 1000 Lebendgeborene)
- niedrig: unter 25
- mittel: 25 – unter 50
- hoch: 50 – unter 100
- sehr hoch: 100 und mehr

Quelle: UNICEF

ZAHLENBILDER

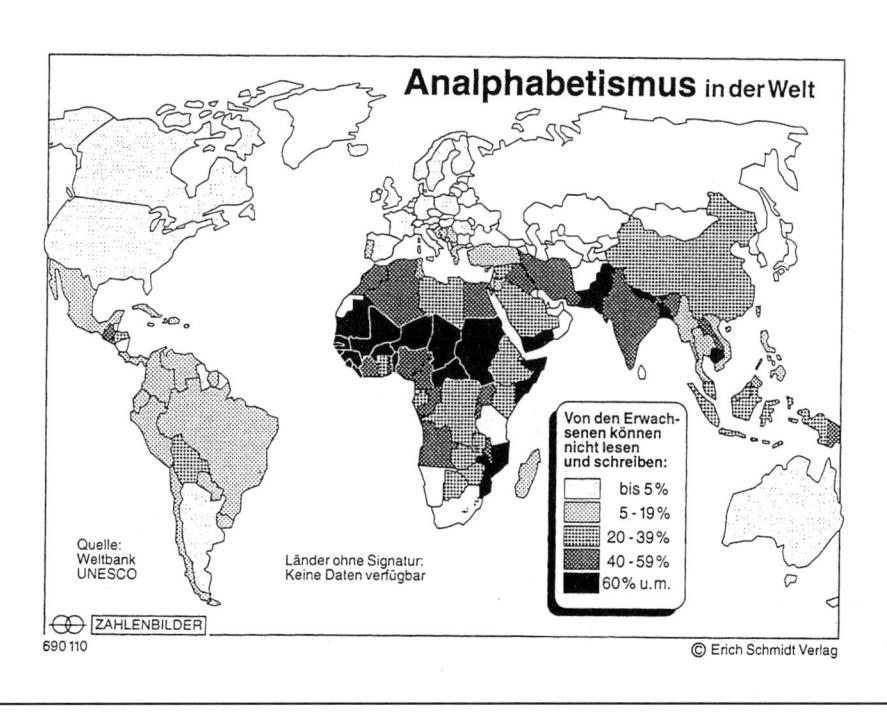

Analphabetismus in der Welt

Von den Erwachsenen können nicht lesen und schreiben:
- bis 5 %
- 5 – 19 %
- 20 – 39 %
- 40 – 59 %
- 60 % u.m.

Länder ohne Signatur: Keine Daten verfügbar

Quelle: Weltbank, UNESCO

ZAHLENBILDER

690 110

© Erich Schmidt Verlag

Raumbeispiel: Bangladesch

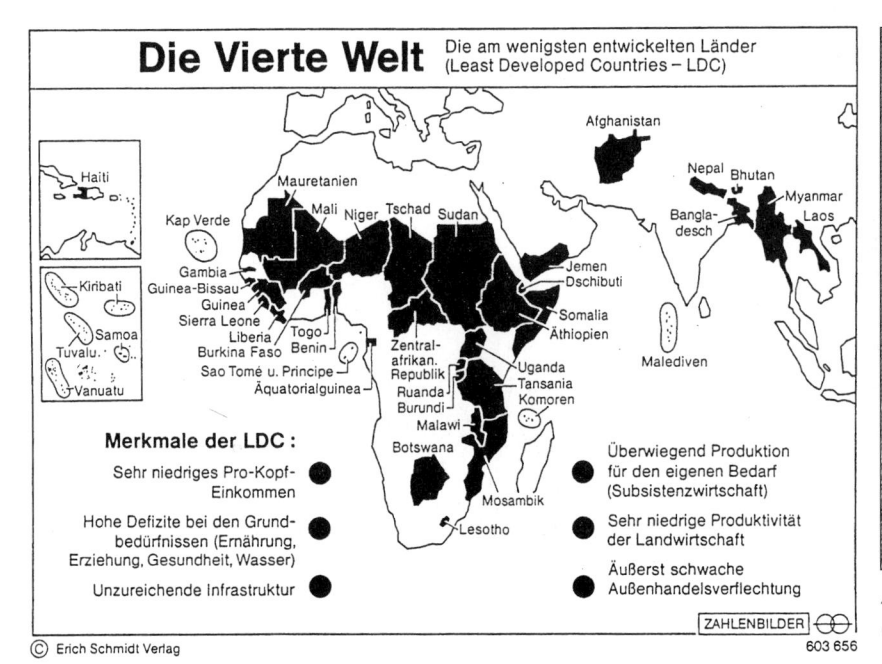

Die Vierte Welt
Die am wenigsten entwickelten Länder (Least Developed Countries – LDC)

Merkmale der LDC:
- Sehr niedriges Pro-Kopf-Einkommen
- Hohe Defizite bei den Grundbedürfnissen (Ernährung, Erziehung, Gesundheit, Wasser)
- Unzureichende Infrastruktur
- Überwiegend Produktion für den eigenen Bedarf (Subsistenzwirtschaft)
- Sehr niedrige Produktivität der Landwirtschaft
- Äußerst schwache Außenhandelsverflechtung

© Erich Schmidt Verlag · ZAHLENBILDER 603 656

Am wenigsten entwickelte Länder, z. B. Bangladesch

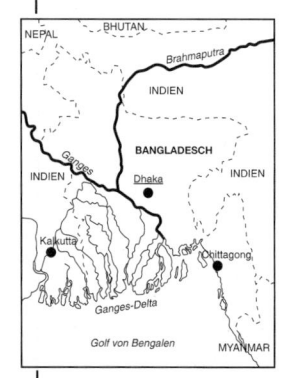

Bangladesch Volksrepublik Bangladesch

Lage Asien
Fläche 143 998 km² (WR 92)
Einwohner 125,89 Mio. (WR 8)
Einwohner/km² 874
Bev.-Wachstum/Jahr 2,9%
Hauptstadt Dhaka (6,4 Mio. Einwohner)
Sprache Bengali, Englisch
Religion Muslime (86,8%); Hindus (11,9%); Buddhisten (0,6%), Christen (0,3%); Sonstige (0,4%)
Ethnische Gruppen Bengalen (97,7%); Bihari (1,3%); Sonstige (1%)
Währung 1 Taka (Tk) = 100 Poisha

Dienstleistung 42% **Landwirtschaft** 38% **Industrie** 20%
BSP/Kopf 260 $ (1996)   **Urbanisierung** 18%
Inflation 5% (1996)   **Alphabetisierung** 37,3%
Arbeitslos 30% (1995)   **Einw. pro Arzt** 12 500
Reg.-Chef Sheikh Hasina Wajed (seit 1996)
Staatsob. Justice Sahhabuddin Ahmed (1996)
Staatsform Parlamentarische Republik (seit 1991)
Parlament Nationalversammlung mit 300 für fünf Jahre gewählten Abgeordneten; 146 für Awami-Liga, 116 Sitze für Bengalische National-Partei, 32 für Jatiya-Partei, 6 für Andere (Wahl vom Juni 1996)

Quelle: Harenberg Lexikon der Gegenwart: Aktuell '99. Dortmund 1998, S. 408

Ein armes Entwicklungsland

Die wirtschaftliche Situation des jungen Staates ist schwierig. Bangladesch, das bis heute an den Folgen des Sezessionskrieges zu tragen hat, gehört zu den ärmsten Ländern Asiens und der Welt; kennzeichnend sind Übervölkerung, schlechte Infrastruktur, rückständige Agrarmethoden, Mangel an mineralischen Rohstoffen und eine noch kaum entwickelte Industrie. Das Hauptproblem ist somit unverändert die fast totale Abhängigkeit von der Landwirtschaft, in der über 80% der erwerbstätigen Bevölkerung arbeiten. Insgesamt werden zwei Drittel des Staatsgebietes agrarisch genutzt, ganz überwiegend für den Ackerbau. In der Monsunzeit stehen oft weite Landstriche unter Wasser. Die wichtigste Nahrungspflanze ist Reis. Obwohl dieser den größten Teil der Anbaufläche einnimmt und verschiedentlich zwei Ernten im Jahr erzielt werden, reichen die Erträge für den inländischen Bedarf nicht aus. Nur eine Modernisierung der Anbauweise und ein effektiver Gebrauch der Bewässerung könnten hier Abhilfe schaffen. Weizen, Zuckerrohr, Ölsaten, Gemüse und Obst, Tabak sowie Baumwolle sind weitere Agrarprodukte. Als Haupthandelspflanze wird Jute kultiviert; etwa ein Drittel der Welterzeugung von Jute kommt aus Bangladesch. Im Nordosten finden sich ausgedehnte Teegärten, die aber keine den indischen vergleichbaren Qualitäten hervorbringen. Die Viehzucht ist wenig produktiv, die Versorgung der Bevölkerung mit tierischen Erzeugnissen völlig unzureichend. Allerdings wird in den verzweigten Binnengewässern reger Fischfang betrieben, und die Seefischerei trägt sogar zum Export bei. Die noch längst nicht systematisch durchgeführte Forstwirtschaft liefert (neben Bau- und Brennholz) das für die Papierherstellung benötigte Faserholz, aus den tropischen Wäldern östlich Tschittagong kommen Edelhölzer.

An Bodenschätzen ist allein Erdgas (im NO) in nennenswerter Menge vorhanden; es wird als chemischer Grundstoff und zur Gewinnung von Energie genutzt. Bekannt sind auch Kohle- und Torfvorkommen, Kalkstein und mineralhaltige Sande. Im Golf von Bengalen wird Erdöl vermutet. Industrie beschränkt sich noch überwiegend auf die Verwertung agrarischer Rohstoffe. An erster Stelle steht die Juteverarbeitung (Sackzeug, Teppichböden), die den Großteil der Juteernte aufnimmt. Daneben gibt es eine Reihe Betriebe, die andere Textilfasern (vor allem Baumwolle) verarbeiten, ferner Getreide- und Ölmühlen, Zuckerfabriken, Teeaufbereitungsanlagen, Gerbereien. Im weiteren sind Zement-, Glas-, Düngemittelherstellung, Bootsbau, eine Erdölraffinerie, ein kleineres Stahlwerk sowie (in Ansätzen) Metall- und Maschinenindustrie zu nennen. Schwerpunkte der Industrieansiedlung stellen Dakka/Narajangandsch und Tschittagong dar. Hauptausfuhrgüter sind Rohjute und Juteerzeugnisse, Tee, Leder, Zeitungspapier, Fisch; Haupteinfuhrgüter: Maschinen, Stahlwaren, Erdöl und andere Brennstoffe, Nahrungsgetreide, Rohbaumwolle, Arzneimittel, Kunstdünger.

Quelle: Länderlexikon, Bd 1, S. 350. München: Lexikograph. Institut 1985

| Name: | Klasse: 9 | Datum: | Geschichte Sozialkunde **Erdkunde** | Nr.: |

Entwicklungshilfe – Beispiel: Bangladesch

Der Auftrag lautet knapp und klar: „Ausbau der Farm Savar zur zentralen staatlichen Rinderzucht- und Besamungsstation für die Rinderzuchtplanung in Bangladesch." Wenig Worte für viel Arbeit, die sich zwölf deutsche Fachleute mit ihren einheimischen Partnern vorgenommen haben.

Bangladesch gehört zu den ärmsten Ländern der Erde. Rund 130 Millionen Menschen, wesentlich mehr als in der Bundesrepublik Deutschland, leben auf einem Gebiet kaum größer als Bayern und Baden-Württemberg zusammen. Der junge Staat im Nordosten des indischen Subkontinents wird einmal durch Dürre, dann wieder durch Überschwemmungen und durch die schier unaufhaltsame Bevölkerungsexplosion ständig in seiner wirtschaftlichen Entwicklung bedroht. Die Produktion von Nahrungsmitteln und die Familienplanung sind daher die wichtigsten Aufgaben der nächsten Jahre.

Schon früh begann die Planung für ein Vorhaben, das für zwei lebenswichtige, aber bis dahin fast unbekannte Produkte sorgen sollte: Für Milch und Rindfleisch. Als die ersten deutschen Tierzucht- und Molkereifachleute in Savar eintrafen – einer Farm 30 Kilometer nördlich der Hauptstadt Dhaka – gab es im ganzen Land zwar 18 Millionen Rinder. Aber die dienten fast ausschließlich als Zugtiere. Wo überhaupt Milchkühe gehalten wurden, gaben diese kaum mehr als eineinhalb Liter am Tag. Futteranbau und Futterkonservierung waren ebenso wenig bekannt wie geregelte Jungviehaufzucht und tierärztliche Betreuung.

Zunächst machte man sich in Savar daran, eine geeignete Milchviehrasse zu züchten. Aus Ostfriesland wurden schwarzbunte Bullen eingeflogen. „Blaugraf" und „Artur" sorgten mit den heimischen „Pabna"- und „Chittagong"-Kühen für Nachkommen, die für die Kleinbauern bestens geeignet sind: Sie arbeiten als Zugtiere, geben vier Liter Milch – und bleiben dennoch widerstandsfähig im tropischen Monsunklima und bei geringen Futtermengen. Zudem geben sie als Schlachtvieh reichlich Fleisch.

Außerordentlich wichtig ist eine intensive Beratung der 140 000 Kleinbauern im Einzugsgebiet der Savar-Farm. Geeignete Futterpflanzen werden jetzt abwechselnd mit Reis, Sojabohnen und Mais angebaut, um das Land besser zu nutzen. Für die Tierzucht wurden saubere Ställe gebaut, die Milch von über 7000 Sammelstellen in die neue Molkerei gebracht. Inzwischen wird die Farm allein von Einheimischen geführt.

40 Millionen DM hat die Bundesregierung in das Projekt gesteckt, die Regierung von Bangladesch nochmals den gleichen Betrag. Wo sich früher ausgemergelte Rinder mühsam von Reisstroh, Gras und Abfall am Straßenrand ernährten, liefern die Kühe der von einheimischen Beratern geschulten Farmer und Genossenschaften jetzt ausreichend Milch für den Eigenbedarf und dazu noch täglich 7000 Liter für die Molkerei: Trinkmilch für die Millionenstadt Dhaka. Die Versorgung ist noch nicht gesichert. Aber ein vielversprechender Anfang ist gemacht.

Das oberste Ziel der Entwicklungshilfe: _____

Eine solche Hilfe ist nur durch den Einsatz von _____ möglich.

Dabei sind verschiedene Berufe immer wieder gesucht, z. B.:

_____ . Reich kann man dabei nicht werden, aber reicher an Erfahrungen, an Wissen, an Lebensweisheit.

Wirtschaftliche Möglichkeiten der Entwicklungsländer

Einseitige Abhängigkeit vom Weltmarkt

Ausfuhr von Rohstoffen (z.B. Erze oder landwirtschaftliche Rohstoffe wie Baumwolle oder Kaffee) ist für viele der armen Entwicklungsländer die wichtigste, für einige sogar die einzige Möglichkeit, sich Devisen (also Dollar oder D-Mark) zu beschaffen. Devisen benötigt ein Staat aber, um die lebenswichtigen Einfuhren (Nahrungsmittel, Erdöl, Gebrauchsgüter) bezahlen zu können. Die Weltmarktpreise für Rohstoffe werden jedoch – vom Erdöl abgesehen – nicht von den Entwicklungsländern bestimmt; sie verändern sich zudem häufig und kurzfristig.

Viele Entwicklungsländer können nichts als Rohstoffe exportieren. Schwankungen der Rohstoffpreise auf dem Weltmarkt oder ein Rückgang des Rohstoffverbrauchs in Industrieländern (z. B. auch durch vermehrtes Recycling) sind für sie ein Risiko: Sinken die Preise, sinken auch die Einnahmen aus dem Export. Wenn gleichzeitig die Preise für wichtige Importgüter (Nahrungsmittel, Erdöl, Maschinen, Fahrzeuge) steigen, fehlen den Ländern Devisen, um die notwendigen Einfuhren zu bezahlen.
Im Bild: Bauxitabbau in Jamaika. Bauxit ist der Rohstoff für die Aluminiumgewinnung.

Das bedeutet: Die Einnahmen der Länder aus ihrem Export von Rohstoffen schwanken und sind nicht im Voraus kalkulierbar. Wenn die Preise für Rohstoffexporte sinken und zugleich die Preise für die wichtigsten Importgüter steigen, können die armen Länder mit gleicher Ausfuhrmenge weniger Einfuhren finanzieren als in Vorjahren (Verschlechterung der „Terms of Trade").

Um überhaupt das Nötigste an Einfuhren und Investitionen finanzieren zu können, müssen viele Länder sich verschulden, indem sie Kredite bei ausländischen Regierungen oder Banken aufnehmen.

Mangelnde Bildung und Ausbildung

In einer Welt, in der man Geld verdienen muss, um leben zu können, braucht der Mensch eine Berufsausbildung. Sie ist aber ohne Grundbildung, die bei einem Schulbesuch erworben wird, kaum denkbar. Der Anteil der Analphabeten an der Weltbevölkerung ist in den letzten Jahrzehnten stark zurückgegangen, aber immer noch können einige hundert Millionen Menschen nicht schreiben und nicht lesen – auch sie sind überwiegend die Armen dieser Erde.

Armut auf dem Land: Ein spärliches Einkommen finden diese Holzverkäufer auf einem Markt der Massai in Tansania.

Mängel in der Infrastruktur

Steueraufkommen und inländisches Sparaufkommen sind in allen armen Ländern äußerst gering, so dass aus Eigenmitteln nahezu keine Investitionen finanziert werden können. Arme Staaten sind also aus Geldmangel nicht in der Lage, ihrer Bevölkerung jene materielle Infrastruktur zu bieten, die für eine Verbesserung der Lebensumstände des einzelnen Voraussetzung sind, so zum Beispiel: ein ausreichendes Straßennetz, das eine Vermarktung von Produkten im Inland ermöglicht; Schulen und Ausbildungsstätten, die für eine Berufsbildung nötig sind; eine medizinische Grundversorgung; eine ausreichende Versorgung mit einwandfreiem Trinkwasser und eine Entsorgung der Abwässer. Es mangelt also an allen öffentlichen Einrichtungen, die für eine wirtschaftliche und soziale Entwicklung Voraussetzung sind. Eines bedingt hier das andere: Die Armut des Staates erlaubt ihm nicht, die dringend nötigen Investitionen zu finanzieren, die unabdingbar wären zur Entwicklung und zur Überwindung der Armut.

Kinderspeisung in einer Armensiedlung in Kalkutta (Indien). Unter Armut leiden vor allem die Kinder; sie sind durch Mangelernährung in ihrer körperlichen Entwicklung und durch Mangel an Bildungs- und Ausbildungsmöglichkeiten in ihrer geistigen Entwicklung beeinträchtigt. Sie müssen die Chance erhalten, ihr späteres Leben aus eigener Kraft zu meistern.

Wenn in Entwicklungsländern Jahr für Jahr 80 Millionen Menschen mehr leben, bedeutet das als Aufgabe für die Zukunft: 80 Millionen Schulplätze mehr als im Jahr zuvor, zusätzliche Nahrung für 80 Millionen Menschen, Wohnungen, für sie, Arbeitsplätze, Energieversorgung, Trinkwasser für sie. Und das, obwohl in den armen Ländern schon heute nicht genügend Schulen, genügend Arbeit, genügend Wohnraum vorhanden sind.

Viele wirtschaftlichen oder sozialen Probleme dieser Welt, vor allem aber in den armen Staaten, wurden durch dieses Bevölkerungswachstum verschärft: der Hunger, der Mangel an Ausbildungs- und Arbeitsplätzen, die Mängel im Schul- und im Gesundheitswesen, die Abwanderung vom Land in die Städte, das Abholzen der Wälder, die Ausbreitung der Wüsten. Das soll nicht heißen, die wachsende Bevölkerungszahl sei alleinige Ursache für den Mangel an Entwicklung in einigen Ländern. Aber unter anderen Ursachen hat sie schon ein besonderes Gewicht.

Nahrungsmangel

Heute müssen doppelt so viele Menschen in Entwicklungsländern ernährt werden wie vor 30 Jahren. In vielen Entwicklungsländern hat die Produktion von Nahrungsmitteln in den letzten beiden Jahrzehnten erstaunlich zugenommen und lag prozentual höher als das Bevölkerungswachstum.

Aber: Mehr Getreide als vor 20 Jahren wächst heute vor allem in Asien und Lateinamerika. In den meisten afrikanischen Ländern dagegen hat die Nahrungsmittelproduktion nicht mit dem Bevölkerungswachstum Schritt gehalten.

Etwa 30 Entwicklungsländer müssen ständig mehr als die Hälfte ihres Nahrungsmittelbedarfs einführen. Einige sind dazu durchaus in der Lage, weil sie dank eigener Ausfuhren (z. B. Erdöl, Baumwolle, Industrieerzeugnisse) über genügend Devisen (Dollar, DM) verfügen. Die meisten Länder mit Ernährungsproblemen aber sind arm, ihnen fehlen die Devisen, um nötige Einfuhren von Getreide zu bezahlen. Sie sind auf kostenlose Nahrungsmittelhilfe aus dem Ausland angewiesen (EU-Nahrungsmittelhilfe '92: 1,4 Mio. t Getreide).

Die Ursachen: Es gibt Staaten, die wegen bestimmter natürlicher Gegebenheiten (Klima, Boden) oder hoher Bevölkerungsdichte noch nie in der Lage waren und es auch nie sein werden, alle Einwohner mit einheimischen Agrarprodukten zu versorgen. Es gibt aber auch Staaten, die dazu durchaus imstande wären, jedoch unter vorübergehenden Schwierigkeiten (z. B. Dürre, Bürgerkrieg) oder politischen Fehlentscheidungen (z. B. ausbleibende Bodenreform, verfehlte Preispolitik, Agrarproduktion für den Export) leiden, so dass die Bevölkerung nicht ausreichend oder nicht dauerhaft und zu erschwinglichen Preisen mit Lebensmitteln versorgt ist.

„Hunger", so heißt es in einem Bericht der Vereinten Nationen, „geht auf einen komplexen Zusammenhang von sozialen, politischen, wirtschaftlichen, ökologischen und kulturellen Faktoren zurück".

Dori-Frau in Burkina Faso beim Säen von Hirse.

Zusammenfassung: Arme Staaten haben:

– Hohes Bevölkerungswachstum (viele, aber nicht alle armen Staaten)
– Unzureichende Versorgung mit Nahrungsmitteln (für Teile der Bevölkerung, in manchen Ländern für die Mehrzahl der Einwohner)
– Geringes durchschnittliches Pro-Kopf-Einkommen bei extrem ungleicher Verteilung der Einkommen
– Hohe „versteckte" Arbeitslosigkeit, geringe Produktivität
– Geringes Steuer- und Sparaufkommen und entsprechend geringe Investitionen aus inländischen Mitteln, folglich: Unzureichende Infrastruktur (z. B. Verkehrs- und Versorgungsnetze, besonders auf dem Land)
– Mängel im Bildungs- und Ausbildungswesen (vor allem auf dem Land)
– Mängel im Gesundheitswesen (in den Elendsvierteln der Städte, auf dem Land)
– Relativ hohe Auslandsverschuldung
– Abhängigkeit von wenigen Exportgütern, in der Regel nur Export von wenigen Rohstoffen
– Entwicklungshemmende Politik (in einigen, nicht in allen Staaten).

Quelle für Texte: BMZ

5.2 Industrieländer

Die wichtigsten Industrienationen der Erde

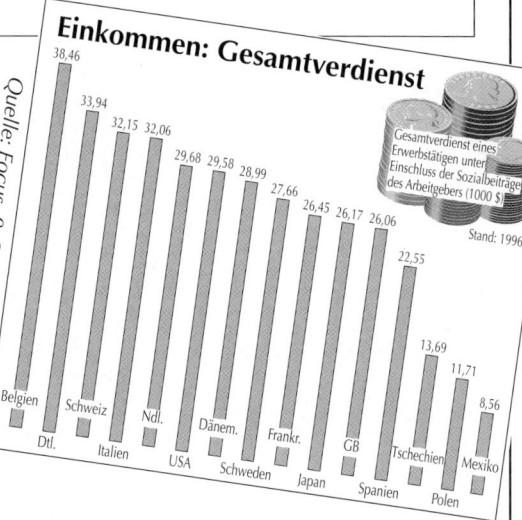

Einkommen: Gesamtverdienst

Gesamtverdienst eines Erwerbstätigen unter Einschluss der Sozialbeiträge des Arbeitgebers (1000 $)
Stand: 1996

Dtl.	38,46
Belgien	33,94
Schweiz	32,15
Italien	32,06
Ndl.	29,68
USA	29,58
Dänem.	28,99
Schweden	27,66
Frankr.	26,45
Japan	26,17
GB	26,06
Spanien	22,55
Tschechien	13,69
Polen	11,71
Mexiko	8,56

Quelle: Focus 9.3.1998

Arbeitskosten im Verarbeitenden Sektor der westlichen Industriestaaten
Arbeiter-Stundenlöhne im Jahresdurchschnitt 1995 in der Industrie in DM
(nach Institut der deutschen Wirtschaft)

	Arbeitskosten insgesamt	davon: Direktentgelte	Personal-Zusatzkosten	Zusatzkosten in % des Direktentgelts 1970	1995
Deutschland, alte BL	45,52	25,08	20,44	48	82
Schweiz	42,69	28,03	14,66	39	52
Belgien	38,32	20,01	18,31	59	92
Norwegen	36,93	24,84	12,10	36	49
Österreich	36,84	18,51	18,33	73	99
Dänemark	36,48	29,21	7,27	21	25
Finnland	36,20	19,63	16,57	30	84
Niederlande	35,54	19,80	15,74	62	80
Japan	35,48	20,92	14,56	62	70
Luxemburg	33,88	23,36	10,51	44	45
Schweden	31,13	18,31	12,82	28	70
Deutschland, neue BL	29,85	16,97	12,88		76
Frankreich	29,04	15,06	13,98	65	93
USA	25,18	17,76	7,42	25	42
Italien	24,67	12,27	12,39	88	101
Kanada	23,42	16,91	6,51	20	39
Spanien	22,33	12,17	10,16	–	84
Australien	22,04	15,97	6,07	29	38
Großbritannien	20,96	14,96	6,00	22	40
Irland	20,62	14,73	5,89	25	40
Griechenland	12,90	7,77	5,13	38	66
Portugal	9,28	5,20	4,08	–	78

Die zehn Staaten mit dem höchsten Bruttosozialprodukt (zu Marktpreisen) 1995 (1994) in Mrd. US-$ (nach Weltbank)

USA	7 100,007	(6 737,367)
Japan	4 963,587	(4 321,136)
Deutschland	2 252,343	(2 075,452)
Frankreich	1 451,051	(1 355,039)
Großbritannien	1 094,734	(1 069,457)
Italien	1 088,085	(1 101,258)
VR China	744,890	(630,202)
Brasilien	579,787	(536,309)
Kanada	573,695	(569,949)
Spanien	532,347	(525,334)

Die zehn reichsten Staaten
Bruttosozialprodukt je Einwohner in US-$ 1995 ((1994)) und durchschnittl. jährlicher Zuwachs 1985–95 (nach Weltbank, ohne Kleinstaaten)

Luxemburg	41 210	(39 850)	1,0%
Schweiz	40 630	(37 180)	0,2%
Japan	39 640	(34 630)	2,9%
Norwegen	31 250	(26 480)	1,6%
Dänemark	29 890	(28 110)	1,5%
Deutschland	27 510	(25 580)	1,8%
USA	26 980	(25 860)	1,4%
Österreich	26 730	(24 950)	1,9%
Singapur	24 990	(23 360)	6,2%
Frankreich		(23 470)	1,5%

Markiere mit einem Farbstift auf der Weltkarte die Lage der Industriestaaten! Die Tabellen helfen dir dabei.

Quelle der Tabellen: Der Fischer Weltalmanach '98. Frankfurt a. Main 1997

Kennzeichen eines Industrielandes

Eine Arbeitsgruppe der Vereinten Nationen unternahm den Versuch, die Länder der Erde nicht nur nach dem Einkommen zu klassifizieren. Drei Teilbereiche wurden in diesen „Index der menschlichen Entwicklung" mit einbezogen. Es zeigte sich, dass die Industrieländer durchwegs die vorderen Plätze einnahmen, während Entwicklungsländer in der Rangliste weit hinten anzutreffen sind.

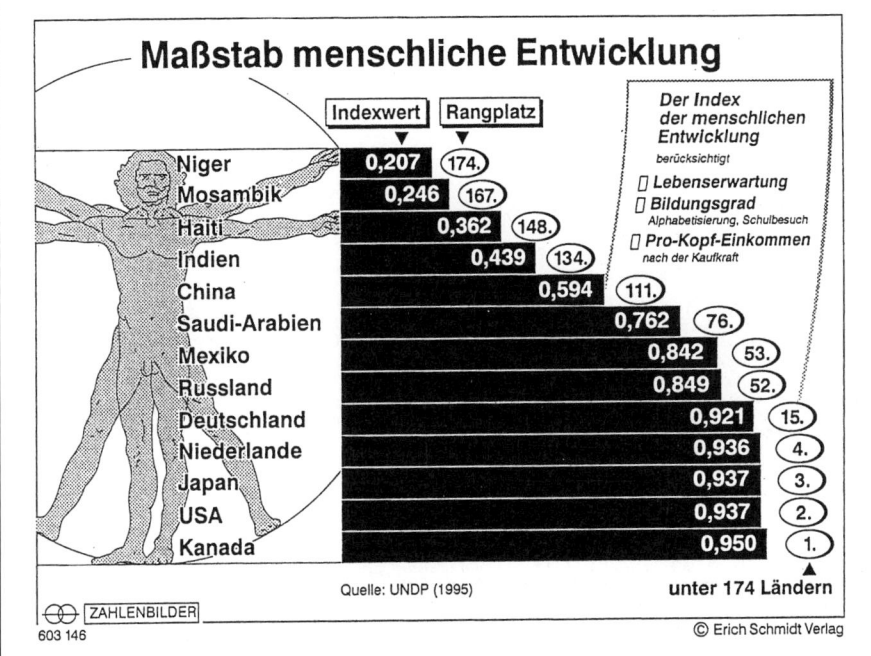

Maßstab menschliche Entwicklung

Land	Indexwert	Rangplatz
Niger	0,207	174.
Mosambik	0,246	167.
Haiti	0,362	148.
Indien	0,439	134.
China	0,594	111.
Saudi-Arabien	0,762	76.
Mexiko	0,842	53.
Russland	0,849	52.
Deutschland	0,921	15.
Niederlande	0,936	4.
Japan	0,937	3.
USA	0,937	2.
Kanada	0,950	1.

Der Index der menschlichen Entwicklung berücksichtigt:
- Lebenserwartung
- Bildungsgrad (Alphabetisierung, Schulbesuch)
- Pro-Kopf-Einkommen nach der Kaufkraft

Quelle: UNDP (1995) — unter 174 Ländern

Als Teilbereiche für diesen Maßstab wurden angesehen:
1. die Lebensdauer – gemessen als Lebenserwartung bei der Geburt
2. das Bildungsniveau – gemessen als eine Kombination aus Analphabetisierungsrate von Erwachsenen (zwei Drittel) sowie der Gesamteinschulungsrate auf Primar-, Sekundar- und tertiärer Bildungsstufe (ein Drittel) – und
3. den Lebensstandard – gemessen als Pro-Kopf-Einkommen in realer Kaufkraft, wobei das Einkommen oberhalb eines als angemessen betrachteten Grenzwertes in abnehmendem Maße berücksichtigt wird.

Vergleichen wir die Situation der Entwicklungsländer mit der der Industrieländer, so finden wir eine große Anzahl weiterer Merkmale, die für hoch entwickelte Industrienationen typisch sind.
Trage diese Kennzeichen von Industrieländern in unten stehende Grafik ein!

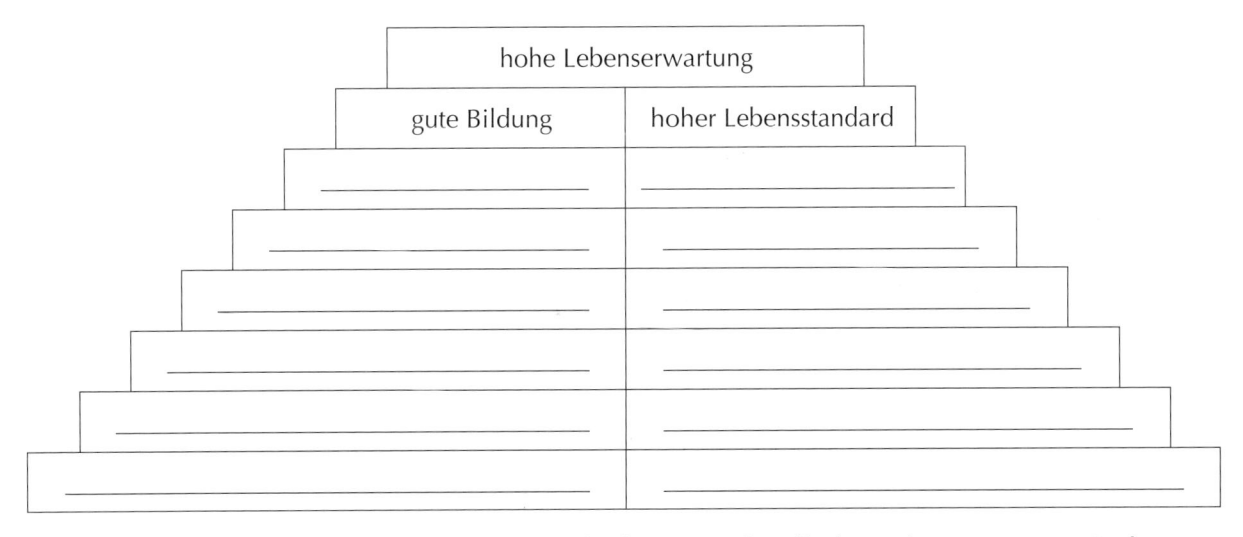

```
            ┌─────────────────────────────┐
            │   hohe Lebenserwartung      │
       ┌────┴──────────────┬──────────────┴────┐
       │   gute Bildung    │ hoher Lebensstandard │
   ┌───┴───────────────────┼───────────────────┴───┐
   │          _____  │  _____          │
   ├───────────────────────┼───────────────────────┤
   │          _____  │  _____          │
   ├───────────────────────┼───────────────────────┤
   │          _____  │  _____          │
   ├───────────────────────┼───────────────────────┤
   │          _____  │  _____          │
   ├───────────────────────┼───────────────────────┤
   │          _____  │  _____          │
   └───────────────────────┴───────────────────────┘
```

Merkmale, die in den Industrieländern jedoch unterschiedlich stark ausgeprägt sind.

| Name: | Klasse: 9 | Datum: | Geschichte Sozialkunde **Erdkunde** | Nr.: |

Die USA – eine führende politische Macht der Erde

Die USA sind eine führende politische Macht dieser Erde. Zu den Weltmächten zählen noch folgende Staaten, die auch ständige Mitglieder des UNO-Sicherheitsrates sind: _____

Die USA sind nicht nur der größte Beitragszahler der Vereinten Nationen (UNO), sondern als führende politische Macht immer wieder gefordert, in Krisengebieten einzugreifen.
Die Karte zeigt einen Überblick über Kriege und Krisenherde 1998.
Markiere die USA farbig!
Verdeutliche durch Pfeile, ausgehend von Washington, die aktuelle politische Einflussnahme der USA!

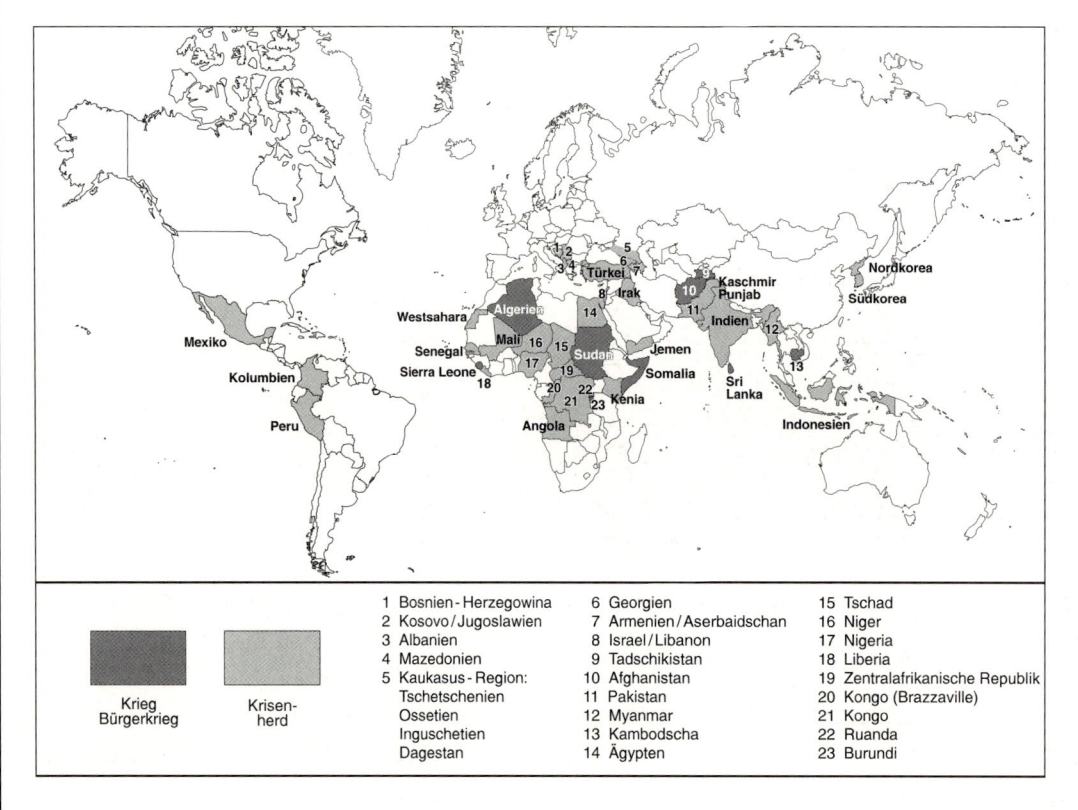

Legende:
- Krieg / Bürgerkrieg
- Krisenherd

1 Bosnien-Herzegowina
2 Kosovo/Jugoslawien
3 Albanien
4 Mazedonien
5 Kaukasus-Region: Tschetschenien, Ossetien, Inguschetien, Dagestan
6 Georgien
7 Armenien/Aserbaidschan
8 Israel/Libanon
9 Tadschikistan
10 Afghanistan
11 Pakistan
12 Myanmar
13 Kambodscha
14 Ägypten
15 Tschad
16 Niger
17 Nigeria
18 Liberia
19 Zentralafrikanische Republik
20 Kongo (Brazzaville)
21 Kongo
22 Ruanda
23 Burundi

Ihrer Rolle als Weltmacht mit besonderer Verantwortung für das politische Gleichgewicht versuchten die USA insbesondere im Nahen Osten und auf dem Balkan nachzukommen.

Aktuelle Beispiele:

IRAK:
Der Nahe Osten bildete 1997/98 wiederum einen Schwerpunkt der US-Außenpolitik. Im Streit mit dem Irak um die nach dem 2. Golfkrieg 1991 von der UNO verfügte Inspektion von Waffenlagern und -fabriken konnten die USA im Februar 1998 u. a. durch die Drohung mit Luftangriffen den irakischen Diktator Saddam Hussein nur kurzzeitig zum Einlenken bewegen. Unterstützung bei den arabischen Staaten für eine US-Militäraktion gegen den Irak fanden die USA nicht. Mit Luftangriffen versuchten die USA im Dezember '98 den vermuteten Bau von Waffen zu verhindern.

KOSOVO:
In der Krise um die jugoslawische, überwiegend von Albanern bewohnte Provinz Kosovo plädierten die USA weiterhin für eine Verhandlungslösung zwischen den Konfliktparteien, der serbischen Regierung und albanischen Vertretern. Militärische Drohungen der NATO konnten Jugoslawien bis Mitte 1998 nicht zu Zugeständnissen in der Autonomiefrage bringen. Der weitere Gang der Ereignisse war 1999 das Bombardement von Jugoslawien durch die NATO als die Vertreibungspolitik und Massaker durch die Serben an der albanischen Bevölkerung bekannt wurden.

ISRAEL:
Erfolglos blieben die Bemühungen der USA, Israel zu Schritten zu bewegen, den fest gefahrenen Friedensprozess in der Region wieder in Gang zu bringen. Der israelische Regierungschef Benjamin Netanjahu war in der Frage der jüdischen Siedlungen im Westjordanland und des weiteren Rückzugs aus den besetzten Gebieten nicht zu Kompromissen bereit. Abzuwarten bleibt, ob die neue Regierung unter Regierungschef Barak zu Kompromissen bereit sein wird.

Quelle der Texte: Harenberg Lexikon der Gegenwart, Aktuell '99. Dortmund 1998

| Name: | Klasse: 9 | Datum: | Geschichte Sozialkunde **Erdkunde** | Nr.: |

Die USA – eine führende Wirtschaftsmacht der Erde

Im Vergleich mit anderen Industrieländern sind die USA nach wie vor die führende Wirtschaftsmacht der Erde.

Außenwirtschaft: Größte Exportländer 1997

Rang	Land	Exporte (Mrd Dollar)
1	USA	689
2	Deutschland	512
3	Japan	421
4	China[1]	371
5	Frankreich	288
6	Großbritannien	280
7	Italien	239
8	Kanada	214
9	Niederlande	194
10	Belgien	168

1) Inkl. Hongkong; Quelle: Welthandelsorganisation (WTO)

Größte Wirtschaftsmacht

Rang	Land	BSP (Mio $)	BSP/Kopf ($)
1	USA	7 433 517	28 020
2	Japan	5 149 185	40 940
3	Deutschland	2 364 632	28 870
4	Frankreich	1 533 619	26 270
5	Großbritannien	1 152 136	19 600
6	Italien	1 140 484	19 880
7	China	906 079	750
8	Brasilien	709 591	4 400
9	Kanada	569 899	19 020
10	Spanien	563 249	14 350

Stand: 1996; Quelle: Weltbankatlas 1998

USA/Hochkonjunktur: Die wirtschaftlichen Eckdaten dokumentierten Mitte 1998 einen stabilen Aufschwung. Die Inflation fiel 1997 von 3,3% im Vorjahr auf 1,7%, die Arbeitslosenrate sank im Februar 1998 auf 4,7%, den niedrigsten Wert seit 24 Jahren. Im Dienstleistungssektor entstanden auch infolge von Firmengründungen die meisten neuen Arbeitsplätze. Kehrseite des so genannten Job-Wunders war jedoch, dass ein großer Teil der neuen Arbeitsplätze Teilzeit-Jobs mit geringer sozialer Absicherung und Entlohnungen im Bereich des Mindestlohns waren. Auch wuchs die Kluft zwischen den Beziehern hoher Einkommen und den Mittel- und Kleinverdienern.

USA:

Wirtschaftsentwicklung: Robuste Konjunktur

Kenndaten	1996	1997
BIP-Wachstum (%)	2,0	3,7
Ausl. Direktinvest. (Mrd $)	78,8	109,8
Inflationsrate (%)	3,3	1,7
Arbeitslosenquote (%)	5,4	4,9
Handelsbilanz (Mrd $)	–191	–199
Leistungsbilanz (Mrd $)	–148,2	–166,4

Quelle: Bundesstelle für Außenhandelsinformation (BfAI)

BRD:

Wirtschaft: Anhaltend hohe Arbeitslosigkeit

Kenndaten	1996	1997
BIP-Wachstum (%)	1,4	2,2
Bruttosozialprodukt (Mrd DM)	2674	2746
Inflationsrate (%)	1,5	1,9
Arbeitslosenquote (%)	10,4	11,4
Handelsbilanz (Mrd DM)	+98,5	122,1
Produktivität (Veränderung %)	+2,7	+3,7

Quelle: Bundesstelle für Außenhandelsinformation (BfAI)

Vergleiche die Wirtschaftsentwicklung der USA im Jahre 1997 mit der BRD!

	USA	BRD
Wachstum	+3,7%	+2,2%
Inflationsrate	+1,7%	+1,9%
Arbeitslosenquote (%)	4,9%	11,4%

Feststellung: _____

Anteile am Weltsozialprodukt und am Welthandel 1994
in Prozent nach PPP*-Dollar

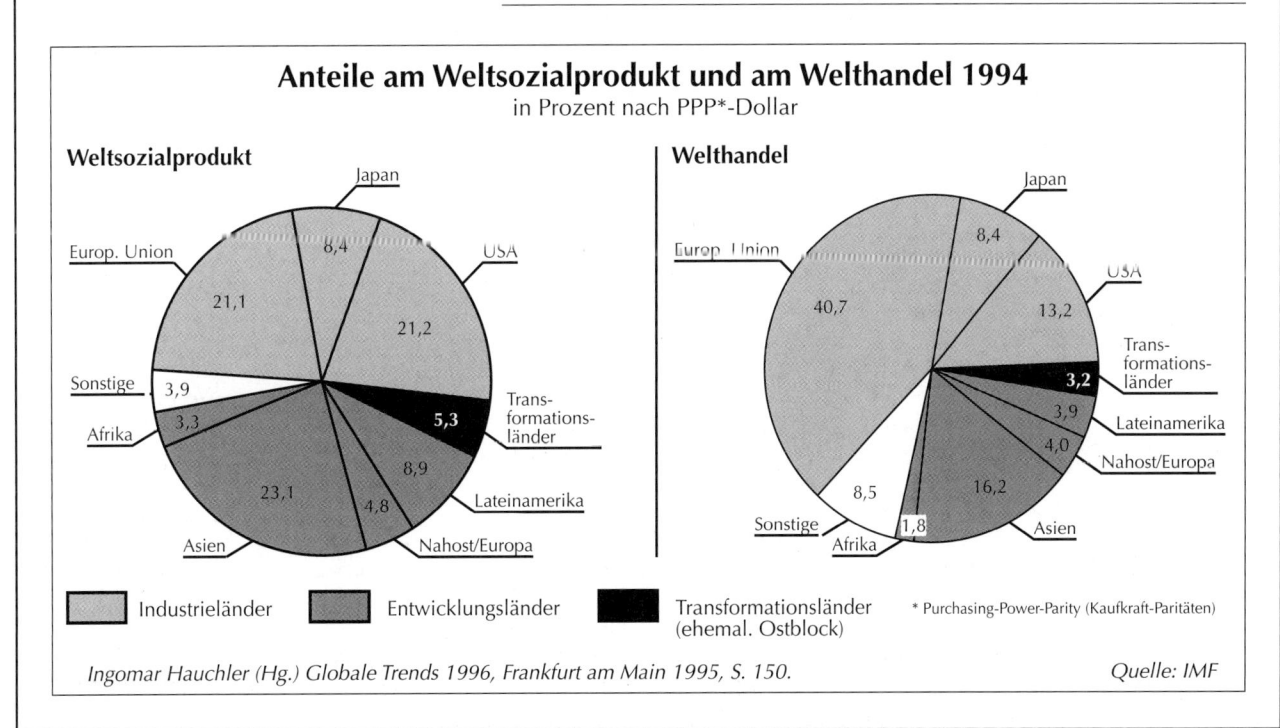

Weltsozialprodukt
- Japan: 8,4
- USA: 21,2
- Europ. Union: 21,1
- Sonstige: 3,9
- Afrika: 3,3
- Asien: 23,1
- Nahost/Europa: 4,8
- Lateinamerika: 8,9
- Transformationsländer: 5,3

Welthandel
- Japan: 8,4
- USA: 13,2
- Europ. Union: 40,7
- Sonstige: 8,5
- Afrika: 1,8
- Asien: 16,2
- Nahost/Europa: 4,0
- Lateinamerika: 3,9
- Transformationsländer: 3,2

Legende: Industrieländer — Entwicklungsländer — Transformationsländer (ehemal. Ostblock)

* Purchasing-Power-Parity (Kaufkraft-Paritäten)

Ingomar Hauchler (Hg.) Globale Trends 1996, Frankfurt am Main 1995, S. 150.   Quelle: IMF

| Name: | Klasse: 9 | Datum: | Geschichte Sozialkunde **Erdkunde** | Nr.: |

Die USA – eine führende technologische Macht der Erde

Die größten Industrieunternehmen der Welt
nach ihrem Umsatz 1996 (nach „SZ"; Umrechnung in DM nach dem mittleren Kurs 1996: 1 US-$ 1,5037 DM)

1996 (1995)	Umsatz 1996 in Mrd. DM
1. (1.) General Motors/USA (Kfz.)	253,2
2. (2.) Ford/USA (Kfz.)	221,0
3. (5.) Royal Dutch/Shell/Großbrit./Niederl. (Mineralöl)	192,8
4. (4.) Exxon/USA (Mineralöl)	179,5
5. (3.) Toyota/Japan (Kfz.)	163,5
6. (10.) General Electric/USA (Elektro)	119,1
7. (8.) IBM/USA (Elektronik)	114,1
8. (6.) Hitachi/Japan (Elektronik)	113,8
9. (11.) Mobil Oil/USA (Mineralöl)	108,7
10. (7.) Daimler-Benz/Deutschland (Kfz.)	106,3
11. (15.) BP/Großbrit. (Mineralöl)	105,1
12. (9.) Matsushita/Japan (Elektro)	102,4
13. (14.) VW/Deutschland (Kfz.)	100,1
14. (31.) Daewoo/Rep. Korea (Kfz.)	98,0
15. (13.) Siemens/Deutschland (Elektronik)	94,2
16. (16.) Chrysler/USA (Kfz.)	92,3
17. (12.) Nissan Motor/Japan (Kfz.)	88,9
18. (17.) Philip Morris/USA (Nahrungsmittel)	82,1
19. (19.) Unilever/Großbrit./Niederl. (Lebensmittel)	80,6
20. (22.) Fiat/Italien (Kfz.)	75,8

Quelle: Der Fischer Weltalmanach '98

Unter den 20 größten Industrieunternehmen der Welt befanden sich 1996 acht amerikanische Firmengruppen.
Woran lag diese Vormachtstellung der USA auf technologischem und industriellem Gebiet?

Geographische Voraussetzungen:

[____]   +   [____]

[____]   +   [____]

Besonderheiten der USA:

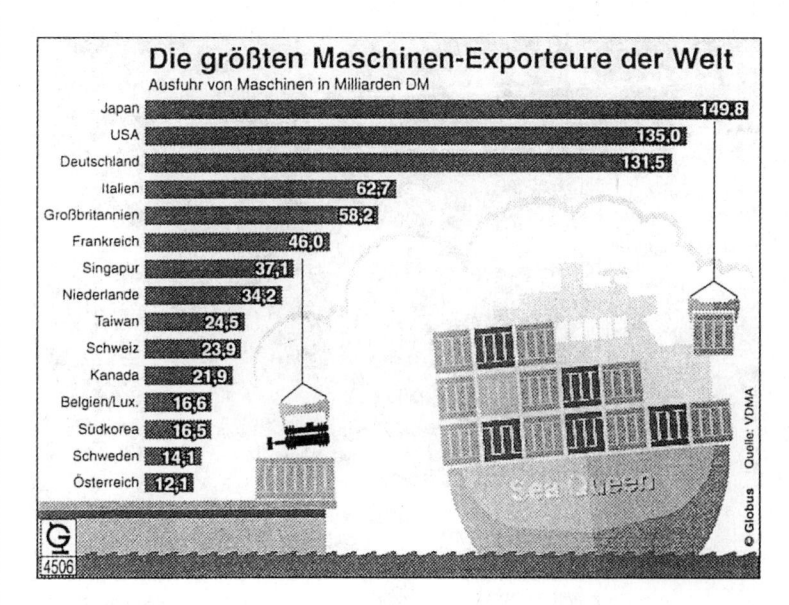

[____]   [____]   [____]

[____]   [____]   [____]

Die größten Maschinen-Exporteure der Welt
Ausfuhr von Maschinen in Milliarden DM

- Japan 149,8
- USA 135,0
- Deutschland 131,5
- Italien 62,7
- Großbritannien 58,2
- Frankreich 46,0
- Singapur 37,1
- Niederlande 34,2
- Taiwan 24,5
- Schweiz 23,9
- Kanada 21,9
- Belgien/Lux. 16,6
- Südkorea 16,5
- Schweden 14,1
- Österreich 12,1

Quelle: VDMA

Autoindustrie: Die größten Autobauer der Welt

Rang	Land/Region	Kraftfahrzeuge 1996	Kraftfahrzeuge 1997	Veränderung (%)
1	USA	11 829 000	12 081 000	+2,1
2	Japan	10 346 000	11 033 000	+6,6
3	Deutschland	4 843 000	5 023 000	+3,7
4	Frankreich	3 590 000	3 830 000	+6,7
5	Südkorea	2 813 000	2 847 000	+1,2
6	Kanada	2 397 000	2 570 000	+7,2
7	Spanien	2 413 000	2 546 000	+5,5
8	Osteuropa	1 937 000	2 282 000	+17,8
9	Brasilien	1 813 000	2 068 000	+14,1
10	Großbritannien	1 924 000	1 936 000	+0,6

Quelle: Verband der Automobilindustrie (Frankfurt/M.)

Computer: Größte Hersteller

Rang	Firma (Land)	Umsatz 1997 (Mrd. Dollar)
1	IBM (USA)	78,5
2	Compaq DEC (USA)	37,5
3	H.-Packard (USA)	37,0
4	NEC (Japan)	35,0
5	Fujitsu (Japan)	30,0
6	Hitachi (Japan)	23,5

Quelle: International Data Corporation nach Firmenangaben, Handelsblatt, 10. 2. 1998

5.3 Beziehungen zwischen Entwicklungs- und Industrieländern

Entwicklungs- und Industrieländer – untrennbar verbunden

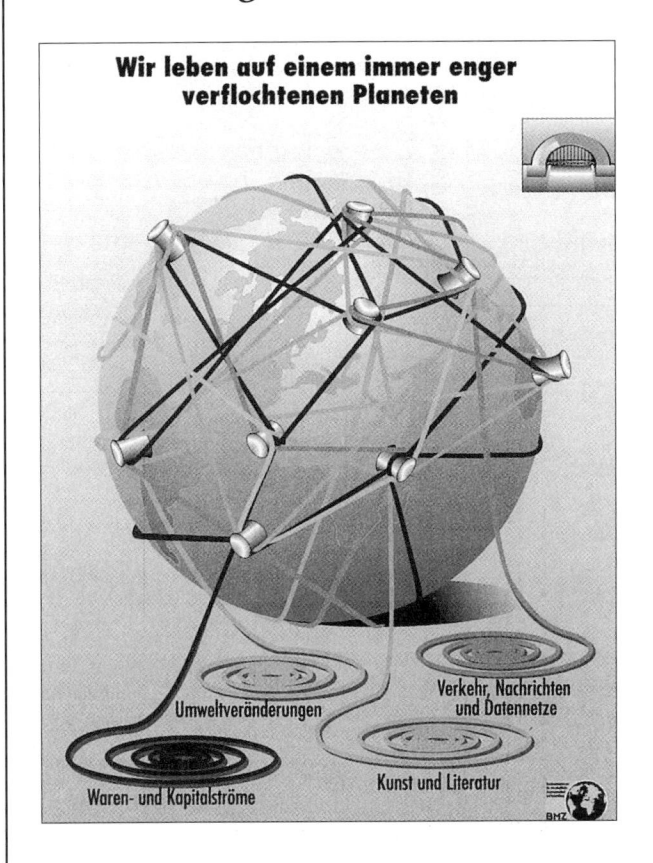

Wir leben auf einem immer enger verflochtenen Planeten

Die technologische Führungsrolle der Industrieländer und ihr großer wirtschaftlicher Produktivitätsvorsprung verstellen unseren Blick dafür, wie sehr die Entwicklungsländer (EL) unser Leben prägen. Ihre Rohstoffe, Halb- und Fertigwaren sind aus unserem täglichen Leben nicht mehr wegzudenken. Ganze Produktgruppen und Industriebereiche (z. B. die zinnverarbeitende Industrie) hängen von ihren Lieferungen ab. Erhebliche Teile unserer täglichen Nahrung, unserer Kleidung und Gebrauchsgüter stammen aus den EL (Kaffee beispielsweise ist nach Erdöl das zweitwichtigste Rohprodukt auf dem Weltmarkt). Aber auch immer mehr Investitionsgüter und Dienstleistungen werden in den EL eingekauft: So lassen sich deutsche Firmen z. B. Computerprogramme in Indien und inzwischen auch in Bangladesch schreiben. Insgesamt ist zu beobachten: Das Gewicht der EL in der **Weltwirtschaft wächst ständig**.

Der Welthandelsanteil der EL an ausgewählten Rohstoffen/Produkten (1993/94):

Produkt	EL-Anteil an den Weltexporten in %
Rohkaffee	100
Erdöl	78,72
Textilien	54,58

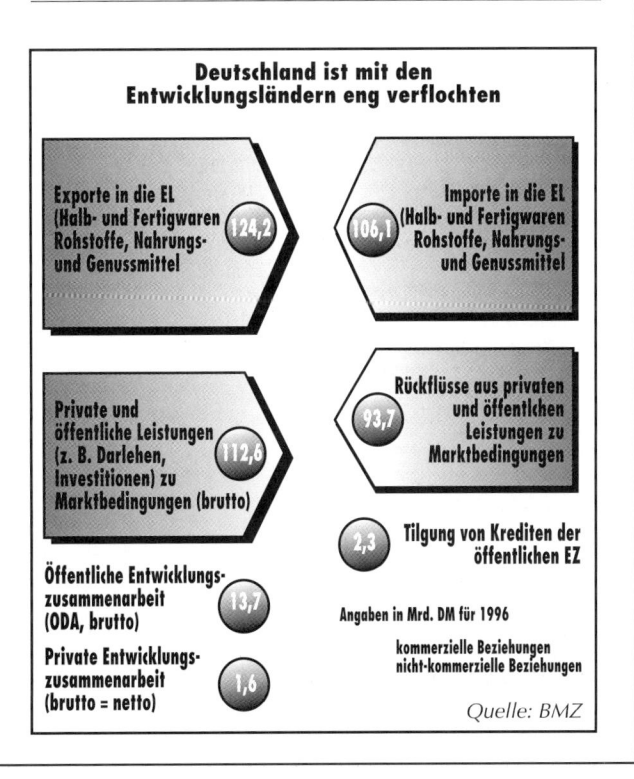

Deutschland ist mit den Entwicklungsländern eng verflochten

Deutschlands Verflechtungen mit den Entwicklungsländern sind besonders ausgeprägt, weil unsere Wirtschaft stark außenhandelsorientiert ist. Der Export hat bei uns einen zwei- bis dreimal höheren Anteil am Bruttosozialprodukt als in Japan und den USA, unseren beiden Dauerkonkurrenten um Platz 1 der Exportweltmeisterschaft.

- **Täglich** exportierte Deutschland 1996 Güter und Dienstleistungen im Wert von 346,85 Mio. DM in Entwicklungsländer (EL).
- **Täglich** importierte Deutschland 1996 Güter und Dienstleistungen aus EL im Wert von 295,89 Mio. DM.
- **Täglich** reisen 16 438 Personen aus Deutschland in Entwicklungsländer (ohne Geschäftsreisende).

Wer über unser Verhältnis zu den Entwicklungsländern oder über den Sinn der Entwicklungszusammenarbeit nachdenkt, kann also nicht umhin, unsere internationalen Verflechtungen in die politische Meinungsbildung einzubeziehen. Im Übrigen zeigen internationale Vergleiche, dass diejenigen Gesellschaften offener und reformfreudiger sind, denen es gelingt, über den nationalen Tellerrand zu schauen.

Quelle: BMZ

Deutschland ist mit den Entwicklungsländern eng verflochten

- Exporte in die EL (Halb- und Fertigwaren Rohstoffe, Nahrungs- und Genussmittel): 124,2
- Importe in die EL (Halb- und Fertigwaren Rohstoffe, Nahrungs- und Genussmittel): 106,1
- Private und öffentliche Leistungen (z. B. Darlehen, Investitionen) zu Marktbedingungen (brutto): 112,6
- Rückflüsse aus privaten und öffentlichen Leistungen zu Marktbedingungen: 93,7
- Tilgung von Krediten der öffentlichen EZ: 2,3
- Öffentliche Entwicklungszusammenarbeit (ODA, brutto): 13,7
- Private Entwicklungszusammenarbeit (brutto = netto): 1,6

Angaben in Mrd. DM für 1996

kommerzielle Beziehungen
nicht-kommerzielle Beziehungen

Quelle: BMZ

| Name: | Klasse: 9 | Datum: | Geschichte Sozialkunde **Erdkunde** | Nr.: |

Wir vergleichen: Energieverbrauch/Rohstoffverbrauch

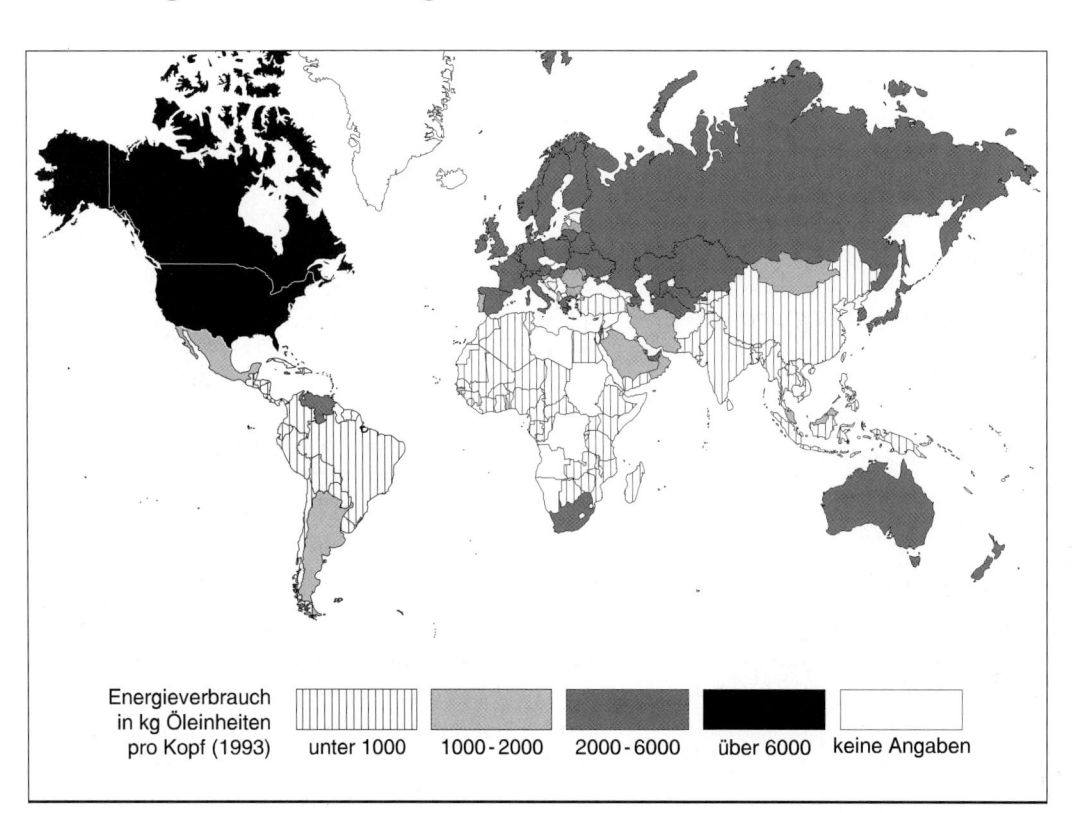

Energieverbrauch in kg Öleinheiten pro Kopf (1993): unter 1000 | 1000–2000 | 2000–6000 | über 6000 | keine Angaben

Energieverbrauch in Industrie- und Entwicklungsländern

	Energieverbrauch pro Kopf (in kg Öleinheiten)	Jährliches Wachstum des Energieverbrauchs (in %)
	1993	1980–93
Entwicklungsländer insgesamt	760	...
Entwicklungsländer mit niedrigerem Einkommen	353	5,4
Äthiopien	23	6,0
Ghana	96	2,7
Indien	242	6,7
Simbabwe	471	5,5
VR China	623	5,1
Entwicklungsländer mit mittlerem Einkommen	1563	...
Papua-Neuguinea	238	2,4
Jamaica	1096	1,9
Venezuela	2369	2,3
Algerien	955	5,0
Indonesien	321	7,5
Marktwirtschaftliche Industrieländer	**5245**	**1,6**
Deutschland*	4170	0,0
USA	7918	1,4
Japan	3642	2,7
Frankreich	4031	2,0
Großbritannien	3718	1,0

* früheres Bundesgebiet
Quelle: Weltbank, Weltentwicklungsbericht 1995

Beim Vergleich des Verbrauchs von Energie in Industrie- und Entwicklungsländern sowie des Rohstoffs Wasser stellen wir fest:

_____
_____
_____
_____
_____
_____

Wir fordern:

_____
_____
_____
_____
_____
_____
_____

Das Wasser wird knapp

In den Entwicklungsländern hatten zusammengenommen im Zeitraum 1985 bis 1993 etwa 69% aller Menschen Zugang zu einwandfreiem Trinkwasser, in ländlichen Gebieten 60%, in den Städten 88%. Das bedeutet, dass weltweit etwa 1,3 Milliarden Menschen mit unsauberem Wasser leben müssen, rund 370 Millionen in China, 185 Millionen in Indien, 270 Millionen in den afrikanischen Ländern südlich der Sahara.
Aber Wasser ist nicht nur unsauber geworden, es wird zusehends auch knapp.
Gewaltig ist die Verschwendung des kostbaren Rohstoffs. Ein Deutscher verbraucht 145 Liter am Tag, ein Amerikaner sogar 630 Liter. In Libyen wie in Texas plündern Bewässerungsanlagen fossiles Grundwasser. In Usbekistan verschlingen Baumwollfelder ganze Flüsse, so dass der Aralsee, der viertgrößte Binnensee der Welt, langsam austrocknet. Der Durst der Landwirtschaft ist so groß geworden, dass einer Studie des World Watch Institutes in Washington zufolge bereits Ende der Neunziger in den amerikanischen Weststaaten, in Mexiko, Nordafrika und in Teilen Indiens akute Wasserknappheit herrschen wird. Schon drohen Kriege um das Nass. Mit ihrem Atatürk-Staudamm grub die Türkei während der letzten Jahre Syrien und dem Irak das Wasser ab. Israel zapft Quellen und Flüsse aus dem Westjordanland an. Der Sudan und Ägypten streiten sich um den Nil, Pakistan und Indien um den Indus, Brasilien und Argentinien um den Rio de la Plata.

Quelle: Bernhard Borgeest, Wasser. In: ZEIT-Schriften Nr. 1/1992. Hamburg.

Energieverbrauch – eine Aufgabe für alle Länder

Energie ist Lebensgrundlage

Seit Beginn des Industriezeitalters ist der Energieverbrauch kontinuierlich gestiegen. „1992 wurde in den Industrieländern in nur anderthalb Tagen so viel Kohlenstoff verbrannt, wie in rund 2000 Jahren der Erdgeschichte eingelagert worden war ...
Von 1950 bis 1990 hat sich der Energiebedarf mehr als vervierfacht" *(Stiftung Entwicklung und Frieden 1993, S. 314)*. Voraussichtlich wird der Welt-Energieverbrauch bis zum Jahre 2010 weiter um mehr als 50% ansteigen. Gleichzeitig besteht ein beträchtliches Nord-Süd-Gefälle: Mit über 10 Mio. t. Steinkohleneinheiten jährlich verbrauchen die Industrieländer 75% des globalen Energieangebots; alle Entwicklungsländer zusammen teilen sich die restlichen 25%. Noch drastischer fällt der Vergleich aus, wenn man den Pro-Kopf-Verbrauch/Jahr zugrunde legt. Der Verbrauch je Einwohner in den Industrieländern und den ehemaligen Ostblockstaaten ist rund siebenmal so hoch wie in den Entwicklungsländern.

Im Gegensatz zur direkten Nutzung der Sonnenenergie setzt ihre indirekte Nutzung, d.h. die Verbrennung von Kohle, Erdöl, Erdgas und anderen organischen Substanzen (z.B. Holz) Stoffe frei, die als Emissionen die Umwelt belasten. Waren bis zu Beginn der industriellen Revolution die Menschen in der Lage, ihren Energiebedarf mit erneuerbaren Energien zu bestreiten, hat seitdem eine grenzenlose Ausbeutung nichterneuerbarer Energie eingesetzt.

Hauptverursacher von Emissionen:

_____

_____

_____

_____

_____

„Ich jedenfalls verleihe nie wieder etwas!"

Entwaldung und ihre Folgen

Entwaldung ist einer der folgenreichsten Eingriffe in das Ökosystem. Sie schreitet vor allem in den Entwicklungsländern in beunruhigendem Tempo voran. Betroffen sind nicht nur die lichten, offenen Baumbestände der trockenen und wechselfeuchten Tropen, in großem Maße werden auch die geschlossenen feuchttropischen Regen- und Bergwälder erfasst.

Bis 1980 hatte sich die Fläche der tropischen Wälder auf rund die Hälfte ihres ursprünglichen Bestandes reduziert. Nach Schätzungen der FAO belief sich 1980 die Vernichtung geschlossener tropischer Wälder auf 75 000 km² und offener Tropenwälder auf 39 000 km². Nach neuen Schätzungen stieg die Vernichtungsrate bis 1989/90 um 90%, so dass derzeit allein im Bereich geschlossener tropischer Wälder jährlich vermutlich rund 140 000 km² Wald zerstört werden. Gab es 1980 noch ca. 19,4 Mio. km² tropischen Wald, der 13% der Landoberfläche bedeckte, so hat sich der heutige Bestand auf rund 18 Mio. km² reduziert. Bis zum Jahre 2050 wird mit einem Rückgang auf 5 bis 8 Mio. km² gerechnet.

Quelle: BMZ

Vergeudung von Energie und übermäßige Tropenwaldvernichtung führt zu schwerwiegenden Folgen:

↙   ↙   ↘   ↘

_____   _____   _____   _____

_____   _____   _____   _____

_____   _____   _____   _____

Entwicklungshilfe in Form von Handel (1)

"Spranger: Freier Handel beste Entwicklungshilfe."

Industriestaaten und Entwicklungsländer betreiben miteinander Handel.
Nebenstehende Karikatur zeigt dir, inwiefern Industriestaaten von Entwicklungsländern abhängig sind.
Formuliere deine Meinung mit eigenen Worten!

„Ist dir klar, dass ich dich in der Hand habe?"

Wenn wir am Morgen eine Tasse Kaffee trinken, konsumieren wir ein Lebensmittel, das in Entwicklungsländern angebaut wird. Wenn wir abends die Nachttischlampe einschalten, benützen wir ein Produkt, das zum großen Teil aus Rohstoffen besteht, die in Entwicklungsländern abgebaut werden. Viele der Rohstoffe, die in unseren Industriebetrieben zu Fertigwaren verarbeitet werden, stammen aus dem Ausland, ein großer Teil davon aus Entwicklungsländern.

Die Bundesrepublik Deutschland steht im Verbrauch von Rohstoffen an 3. Stelle in der Weltrangliste, bei den Rohstofflieferanten gehört sie jedoch in die hinteren Ränge. Das ganze Ausmaß, in dem die Industrieländer und speziell die Bundesrepublik Deutschland von den Rohstoffeinfuhren aus der Dritten Welt abhängig sind, kann man besonders gut an drei Punkten erkennen:
– an den Anteilen, die die Entwicklungsländer an den Weltreserven an Rohstoffen besitzen.
– an den Anteilen, den die Entwicklungsländer an den Lieferungen von Rohstoffen auf der ganzen Welt haben.
– an dem Anteil, den die Entwicklungsländer an den gesamten Rohstoffeinfuhren der Bundesrepublik haben.

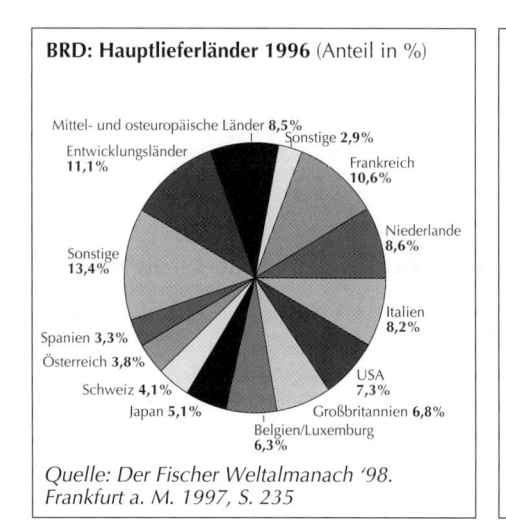

BRD: Hauptlieferländer 1996 (Anteil in %)

- Mittel- und osteuropäische Länder 8,5%
- Sonstige 2,9%
- Entwicklungsländer 11,1%
- Frankreich 10,6%
- Niederlande 8,6%
- Sonstige 13,4%
- Italien 8,2%
- Spanien 3,3%
- Österreich 3,8%
- Schweiz 4,1%
- Japan 5,1%
- Belgien/Luxemburg 6,3%
- Großbritannien 6,8%
- USA 7,3%

Quelle: Der Fischer Weltalmanach '98. Frankfurt a. M. 1997, S. 235

Rohstoffimporte der BRD

Südfrüchte
Spanien, USA, Panama, Ecuador, Iran, Costa Rica, Kolumbien

Kakao
Côte d'Ivoire, Malaysia, Nigeria

Gewürze
Indonesien, Brasilien, Madagaskar, Malaysia

Kaffee
Kolumbien, Brasilien, El Salvador, Kenia

Tee
Indien, Sri Lanka, England, China

Roheisen
Kanada, Brasilien

Erdöl, roh
England, Libyen, Algerien, Norwegen, Nigeria

Eisenerze
Brasilien, Liberia, Australien, Kanada, Schweden

Kupfererze
Papua-Neuguinea, USA, Mexiko, Polen, Chile, Kanada, Peru

Manganerze
Rep. Südafrika, Australien, Brasilien, Niederlande

Bleierze
Kanada, Schweden, Marokko, Irland, Grönland

Chromerze
Rep. Südafrika, Türkei, Albanien, Philippinen

Bauxit
Guinea, Australien, Sierra Leone, China, Guyana

Quelle: Bayer. Landeszentrale f. polit. Bildungsarbeit, E 9, S. 105

Entwicklungshilfe in Form von Handel (2)

Handel zwischen Industriestaaten und Entwicklungsländern hilft beiden. Inwiefern sind Entwicklungsländer von Industriestaaten abhängig?

_____

_____

_____

_____

Da es in den Entwicklungsländern kaum Industrie gibt, können sie auch keine Fertigwaren exportieren. Rund 90 Prozent aller Industrieanlagen der Erde stehen auf der Nordhalbkugel. Die Länder der Dritten Welt sind deshalb fast vollständig auf den Verkauf ihrer Rohstoffe angewiesen und werden von Schwankungen der Rohstoffpreise besonders hart getroffen. Außerdem gibt es für die wenigen in der Dritten Welt produzierten Güter auch noch jede Menge Handelsschranken. Dieser Abhängigkeit der Rohstoffexporteure steht aber auf der anderen Seite die Abhängigkeit der Industrieländer von diesen Rohstoffen gegenüber.

Den Rohstofflieferanten gelang es aber nicht, Einfluss auf die Weltmärkte zu erhalten. Während die Preise für Fertigprodukte aus den Industrieländern anstiegen, mussten sie in den letzten Jahren bei fast allen Rohstoffen Preiseinbußen hinnehmen. Mit protektionistischen Maßnahmen wird den Entwicklungsländern von den Industrieländern immer noch die Teilnahme am Welthandel mit ihren Fertigprodukten erschwert.

Diese Staaten sind aber dringend auf den Außenhandel angewiesen. Ohne Deviseneinnahmen können sie weder die notwendigen Einfuhren noch ihre Schulden bezahlen. Die bestehende Weltarbeitsteilung, die Benachteiligung der Entwicklungsländer auf dem Weltmarkt, führt immer wieder zu heftigen Diskussionen um eine neue Weltwirtschaftsordnung (NWWO).

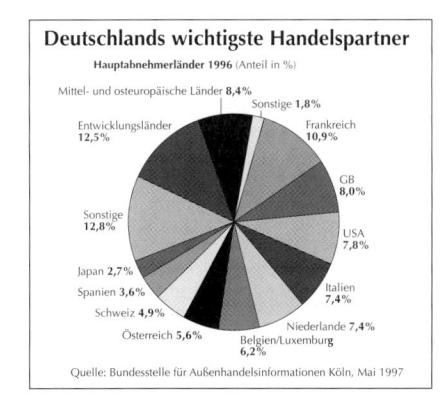

Quelle: BLZ, E 9, S. 105

Deutschlands wichtigste Handelspartner
Hauptabnehmerländer 1996 (Anteil in %)

- Mittel- und osteuropäische Länder 8,4%
- Sonstige 1,8%
- Entwicklungsländer 12,5%
- Frankreich 10,9%
- GB 8,0%
- Sonstige 12,8%
- USA 7,8%
- Japan 2,7%
- Italien 7,4%
- Spanien 3,6%
- Niederlande 7,4%
- Schweiz 4,9%
- Belgien/Luxemburg 6,2%
- Österreich 5,6%

Quelle: Bundesstelle für Außenhandelsinformationen Köln, Mai 1997

Deutscher Außenhandel – eine Bestandsaufnahme

Eine grobe regionale Gliederung der **Handelsströme** aus und nach Deutschland zeigt, dass die Bedeutung der EU-Partner und der überseeischen Industriestaaten (USA, Japan) für den deutschen Außenhandel auch 1996 überragend groß ist. Allerdings nahm nur der Handel mit den USA überproportional zu; der Handelsaustausch mit den EU-Partnern und mit Japan wuchs schwächer als der Außenhandel insgesamt, wohl infolge des geringeren Wirtschaftswachstums in diesen Ländern. Dagegen nahm der Handelsaustausch mit den ostasiatischen Entwicklungs- und Schwellenländern überdurchschnittlich zu, ebenso wie derjenige mit den östlichen Nachbarländern, die im Transformationsprozess zur Marktwirtschaft stehen. Die Anteile dieser beiden Staatsgruppen am deutschen Außenhandel steigen daher an. Symptomatisch hierfür sind Steigerungsraten des deutschen Exports von mehr als 10%, wie z. B. nach Polen (29%), Ungarn und Slowakei (je 19%) oder in die Tschechische Rep. (17%). Demgegenüber verringerte sich auch 1996 der anteilige Handelsaustausch mit den rohstoffexportierenden Entwicklungsländern; auch in absoluten Zahlen (Menge und Wert) nahm er ab. Beispielhaft hierfür ist der Handel mit Afrika: Die deutschen Exporte dorthin zeigten mit –1,8% eine deutliche Abnahme der ohnehin geringen Ausfuhrmenge.

Entwicklungshilfe als Förderung zur Selbsthilfe

Das Ziel von Entwicklung muss sein: Kein Mensch auf Erden soll mehr Hunger leiden, jeder Mensch muss ein Dach über dem Kopf haben, eine Schule besuchen können, ärztliche Betreuung finden, wenn er krank ist, muss die Möglichkeit haben, einen Beruf zu erlernen und auszuüben, seine Regierung frei zu wählen und ohne Unterdrückung zu leben.

Für jedes Land, für jedes Problem muss ein eigener Weg gefunden werden. Armut in Indien hat andere Ursachen als Armut in Äthiopien – also kann man Armut nicht überall mit den gleichen Mitteln überwinden. Die wirtschaftlichen Probleme in Kenia sind von anderer Art als in Mexiko – also helfen nur unterschiedliche Ansätze bei der Lösung. Umweltschäden werden in Argentinien von anderen Faktoren ausgelöst als im Sudan – sie verlangen jeweils eine andere Behandlung.

Das erste Ziel von Entwicklung muss es sein, Armut und damit Hunger und Not rasch zu lindern und bald zu beseitigen. Aber dies kann nur ein Teilziel sein, denn menschenwürdiges Leben braucht mehr als Essen und Behausung. Jeder Mensch muss die Sicherheit haben, dass er nach Überwindung der größten Not nicht wieder in Armut zurückfällt. Und jeder Mensch muss die berechtigte Hoffnung haben können, dass seine Kinder in einer friedlichen, sicheren, gesunden Welt leben werden.

Was heißt Selbsthilfe?
Menschen ist nur dann dauerhaft geholfen, wenn sie in der Lage sind und die Möglichkeit haben, sich selbst zu helfen. Selbsthilfe heißt: Der einzelne Mensch kann das Lebensnotwendige für sich und seine Familie aus eigener Kraft erwirtschaften. Gesellschaft und Staat müssen dafür geeignete Bedingungen schaffen und das zur Verfügung stellen, was der Einzelne nicht selbst schaffen kann: Straßen, Schulen, Krankenhäuser, Märkte, Spar- und Kreditmöglichkeiten, eine unabhängige Rechtsprechung, freie Beteiligung an demokratischen Wahlen, aktive Teilnahme an gesellschaftlichen Entscheidungen.

Quelle: BMZ

Wie kann Hilfe zur Selbsthilfe aussehen? Prüfe die drei Vorschläge!

Vorschlag 1:
Selbsthilfekräfte und demokratische Strukturen in Entwicklungsländern sollen gefördert werden. Letztendlich kann nur jedes Entwicklungsland für sich selbst die Ziele bestimmen, „passend" zu den eigenen Traditionen und dem sozialen und kulturellen Umfeld.

Vorschlag 2: Eine Welt-Mathematik: Die 20/20-Initiative
Zur wirksamen Armutsbekämpfung (vor allem durch Ausgaben für Bildung, Ausbildung und Gesundheitswesen) ist 1995 in Kopenhagen auf dem „Weltgipfel für soziale Entwicklung" diese Formel vorgeschlagen worden:
20 Prozent der Mittel für Entwicklungszusammenarbeit aus den Industrieländern sollen zur Behebung der sozialen Not bereitgestellt werden. Die Entwicklungsländer sollen parallel dann 20 Prozent ihrer Staatsausgaben für die soziale Grundversorgung bereitstellen.

Vorschlag 3: „Nachhaltige" Wirkung von Projekten
Eine Vielzahl von Einzelprojekten in einem Land muss kein Fehler sein („Millionen Projekte statt Millionenprojekte"). Aber: Die Projekte müssen in einem Zusammenhang stehen, in ein Programm eingefügt werden. Mit solchen Projekten und Programmen müssen die eigenen Anstrengungen in den Ländern der Dritten Welt unterstützt werden, so etwa Landreformen, also eine Neueinteilung des Grundbesitzes zugunsten von Kleinbauern.

GLAUBEN SIE MIR, MEIER, DAS ALLERWICHTIGSTE BEI DER ENTWICKLUNGSHILFE IST EINFÜHLUNGSVERMÖGEN.

unbekannter Zeichner

| einen Lehre Tag nie Hungernden mehr Gib hungern einen er wird und Fisch fischen einem wird lang er ihn und satt |

Bring die Wörter in die richtige Reihenfolge! Welche Grundvorstellung von Hilfe kommt darin zum Ausdruck?

_____

_____

_____

(Chinesisches Sprichwort)

Wie können die Industriestaaten den Entwicklungsländern helfen?

1. friedliche Konfliktlösung
2. Hunger bekämpfen
3. Rohstoffe sichern
4. Klima beachten
5. Absatzmärkte entwickeln
6. Überbevölkerung in den Griff bekommen.

Fünf Lösungsvorschläge – diskutiere in der Klasse darüber!
Worin entdeckt ihr Probleme?
Gibt es bessere Vorschläge?

Trade and aid

„Handel und Hilfe" das ist eine wichtige programmatische Forderung. Es kommt nicht nur darauf an, Entwicklungszusammenarbeit zu leisten. Noch wichtiger ist, dass die Entwicklungsländer sich zu fairen Bedingungen am Handel (trade) beteiligen können.

Immerhin haben sie Rohstoffe und Produkte, die die Industrieländer dringend benötigen, von Erdöl über Bauxit, über eine breite handwerkliche Produktpalette bis hin zu Industrieerzeugnissen und agrarischen Produkten von Kakao, Kaffee und Tee über Südfrüchte und Blumen, Hölzer und vieles mehr.

Einige Kritiker gehen soweit, dass ein fairer und gerechter Handel Hilfe sogar überflüssig machen könnte und haben dafür die Formel „Trade, not aid" – „Handel statt Hilfe" geprägt.

Quelle: BLZ, E 9

„Ehrlich, du glaubst gar nicht, wie du uns Leid tust!"

Was kannst du aus dieser Karikatur entnehmen?
Worauf weist die Zeichnung hin?

Wirtschaftswachstum um jeden Preis?

Ja meinst du denn im Ernst, da wäre auch nur einer noch in sein Auto gestiegen, wenn wir das gewusst hätten damals?!

Wössner, Cartoon-Caricature-Contor München c5.net

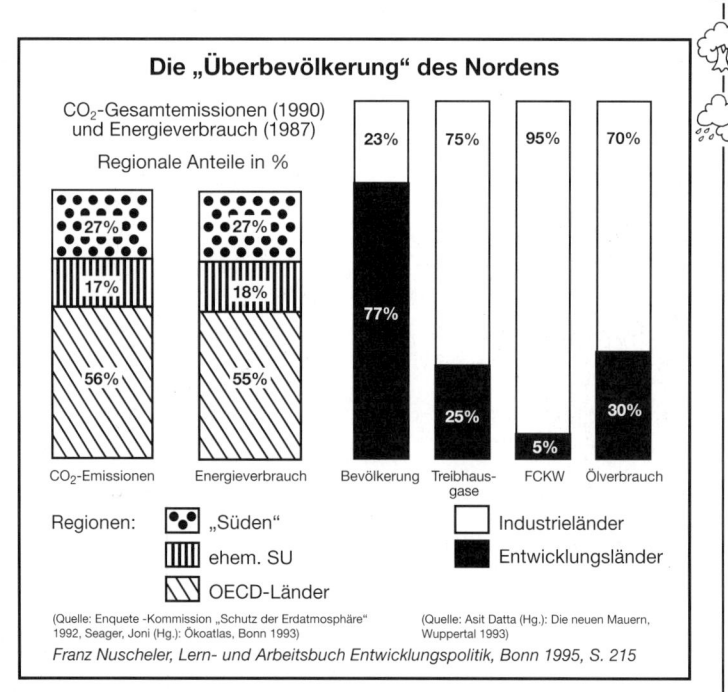

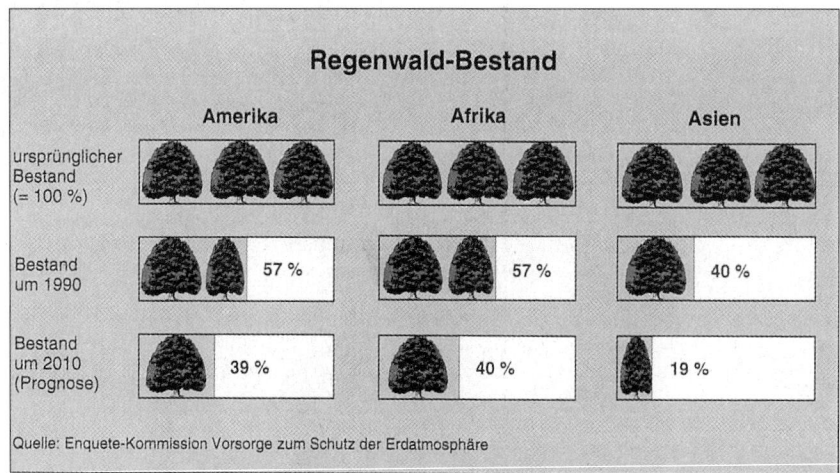

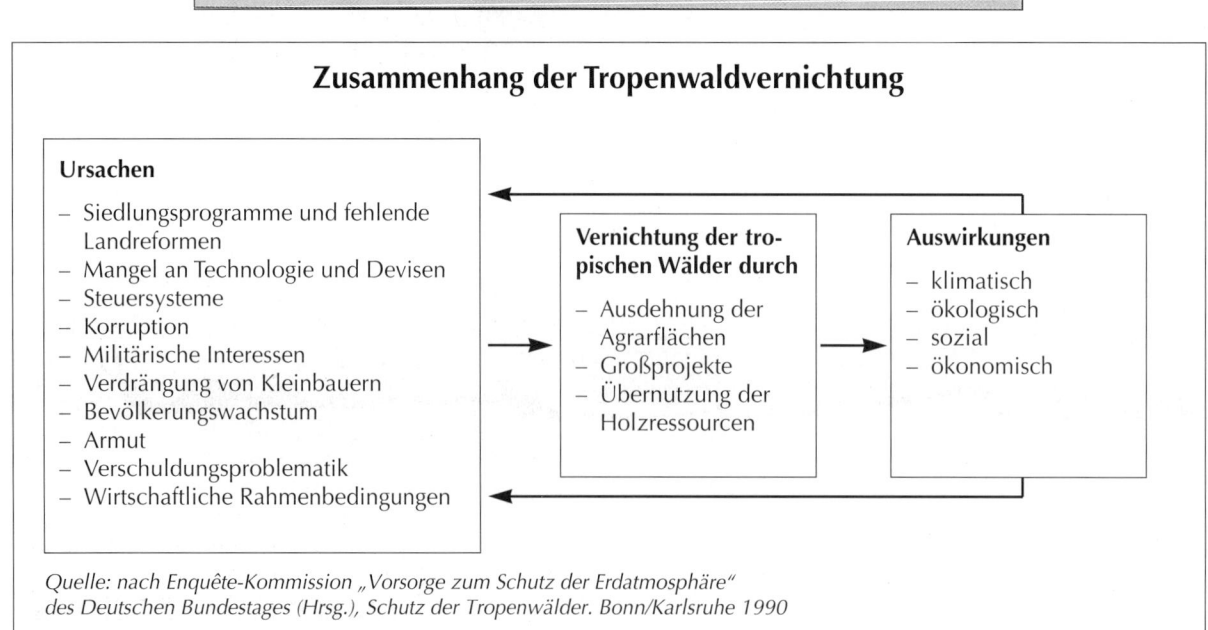

Die „Überbevölkerung" des Nordens

CO_2-Gesamtemissionen (1990) und Energieverbrauch (1987)
Regionale Anteile in %

	CO_2-Emissionen	Energieverbrauch	Bevölkerung	Treibhausgase	FCKW	Ölverbrauch
„Süden"	27%	27%	77%	25%	5%	30%
ehem. SU	17%	18%				
OECD-Länder	56%	55%				
Industrieländer			23%	75%	95%	70%

Regionen: „Süden" / ehem. SU / OECD-Länder / Industrieländer / Entwicklungsländer

(Quelle: Enquete-Kommission „Schutz der Erdatmosphäre" 1992, Seager, Joni (Hg.): Ökoatlas, Bonn 1993)
(Quelle: Asit Datta (Hg.): Die neuen Mauern, Wuppertal 1993)

Franz Nuscheler, Lern- und Arbeitsbuch Entwicklungspolitik, Bonn 1995, S. 215

Regenwald-Bestand

	Amerika	Afrika	Asien
ursprünglicher Bestand (= 100 %)	100%	100%	100%
Bestand um 1990	57 %	57 %	40 %
Bestand um 2010 (Prognose)	39 %	40 %	19 %

Quelle: Enquete-Kommission Vorsorge zum Schutz der Erdatmosphäre

Zusammenhang der Tropenwaldvernichtung

Ursachen
- Siedlungsprogramme und fehlende Landreformen
- Mangel an Technologie und Devisen
- Steuersysteme
- Korruption
- Militärische Interessen
- Verdrängung von Kleinbauern
- Bevölkerungswachstum
- Armut
- Verschuldungsproblematik
- Wirtschaftliche Rahmenbedingungen

Vernichtung der tropischen Wälder durch
- Ausdehnung der Agrarflächen
- Großprojekte
- Übernutzung der Holzressourcen

Auswirkungen
- klimatisch
- ökologisch
- sozial
- ökonomisch

Quelle: nach Enquête-Kommission „Vorsorge zum Schutz der Erdatmosphäre" des Deutschen Bundestages (Hrsg.), Schutz der Tropenwälder. Bonn/Karlsruhe 1990

Ferntourismus – eine Hilfe für Entwicklungsländer?

Woran erkennt man, dass diese Texte aus Reise- bzw. Urlaubsprospekten stammen?

_____
_____
_____
_____

Welches Bild von den Menschen dieser Länder kommt in Text und Fotos zum Vorschein?

_____
_____
_____
_____

Abenteuer Ostafrika

Safari – das heißt in Ostafrika immer noch Reisen im ursprünglichen Sinne: Die Fahrt mit geländegängigen Fahrzeugen in eine Landschaft, die vor Ihnen nur nomadisierende Massai durchstreiften, die ursprüngliche Gastfreundschaft ihrer Menschen und das Erlebnis der jungfräulichen Natur, geschützt in den größten Nationalparks Ostafrikas. Die Fotopirsch auf seltenes Wild, das Gemeinschaftserlebnis der Abende in den Lodges und das Erleben der Wurzeln der Menschheit – denn hier lebten die Vorfahren des Menschengeschlechts vor über zwei Millionen Jahren – sind unvergänglich, sind Impressionen einer Safari durch Tansania.

Quelle: Meier's Weltreisen, Afrika, 1997

Welche Vorteile bringen die Touristen für diese Urlaubs-(Entwicklungs-)länder?

_____
_____
_____
_____

Der Touristenstrom kann sich jedoch auch schädlich auswirken. Nenne Beispiele!

_____
_____
_____
_____
_____
_____
_____

Märchenland Indien

Indien ist ein Zauberwort, das seit jeher die Menschen der westlichen Welt magisch anzog. Die damit verbundene Vorstellung von Märchenpalästen, Moscheen und prachtvolle Grabmäler, reicher Maharajas und Großmoguln werden Wirklichkeit bei dem Besuch von Agra, Fatehpur Sikri und Jaipur. Charakteristikum dieser Reise sind die alten Paläste aus der Mogulzeit, für die Rajastan weithin bekannt ist – sie werden Ihnen als Quartier dienen! Neun Tage können Sie selbst „Mogul sein" und jeden Abend eine neue Residenz beziehen.

Quelle: DER Tour Asien, China 1997

6. Friedensbemühungen in der Weltpolitik der Gegenwart

> **→ 9.6 Friedensbemühungen in der Weltpolitik der Gegenwart (bayerischer Hauptschullehrplan)**

Lerninhalte:

- Einen aktuellen Krisenherd in Europa am Beispiel des ehemaligen Jugoslawien kennen lernen
- Einblick in die historische Entwicklung auf dem Balkan
- Internationale Organisationen und deren Aufgaben bei der Friedenssicherung kennen lernen
- Einblick in die Aufgaben der Bundeswehr im Rahmen von Friedenstruppen

Arbeitsmittel:

Informationsblätter, Arbeitsblätter

Informationen zum Thema:

In diesem Kapitel sollen Grundzüge der Entwicklung auf dem Balkan dargestellt werden, ungeachtet der Tatsache, dass gerade im Kosovo fast täglich eine neue Situation entsteht und damit das Material möglicherweise schnell veraltet. Dennoch können grundlegende Einsichten in die Wirkungsweise internationaler Zusammenarbeit gewonnen werden.

Wichtig scheint mir auch das Bewusstsein zu sein, dass sich innerhalb Europas, ja sogar wenige hundert Kilometer von Deutschland entfernt, ein solcher Krisenherd wie der im ehemaligen Jugoslawien befindet. Die Schüler sollten schließlich erkennen, dass trotz der über 50-jährigen Dauer in Mitteleuropa Frieden ein kostbares und immer wieder gefährdetes Gut ist.

Im Gegensatz zur Nummerierung im Lehrplan erscheint es darüber hinaus sinnvoll, die Lernziele 9.6, 9.7 und 9.8 umzustellen. Denn LZ 9.7 ist letztlich die Ursache für ein LZ 9.6 mit diesem Inhalt. Daraus erwächst als Folge ein Teil der Problematik von LZ 9.8.

6. Friedensbemühungen in der Weltpolitik der Gegenwart

6.1 Ein aktueller Krisenherd im Licht seiner historischen Dimension – der Balkan (S. 128) → EvR 9.3.1

Abriss der Geschichte der Region Kosovo (S. 128)
Konflikte im Kosovo – eine lange Geschichte (Arbeitsblatt S. 130; Lösungsblatt S. 268)
Der Kosovo – Informationen zur Lage (Arbeitsblatt S. 131)
Der Kosovokonflikt (1; Arbeitsblatt S. 132)
Der Kosovokonflikt (2; Arbeitsblatt S. 133)

6.2 Internationale Strategien zur Krisenbewältigung und Möglichkeiten zur Friedenssicherung (S. 134)

Internationale Organisationen zur Friedenssicherung – UNO und NATO (S. 134)
Internationale Organisationen zur Friedenssicherung – Die OSZE (S. 135)
Garanten des Friedens (Arbeitsblatt S. 136; Lösungsblatt S. 268)
UNICEF – seit über 50 Jahren für alle Kinder dieser Welt (S. 137)

6.3 Bundeswehr und Friedenssicherung (S. 138)

Die Bundeswehr und ihr Auftrag (Arbeitsblatt S. 138) → EvR 9.3.3
Der Friedenseinsatz der Bundeswehr in Bosnien-Herzegowina (S. 139)

6.1 Ein aktueller Krisenherd im Licht seiner historischen Dimension – der Balkan

Abriss der Geschichte der Region Kosovo

6./8. Jahrhundert	Christianisierung der serbischen Stämme auf dem Balkan in Anlehnung an die Ostkirche in Byzanz
bis zum 12. Jahrhundert	ist der Balkan fast ununterbrochen unter bulgarischer oder byzantinischer Herrschaft
um 1171	Großfürst Stephan Nemanja begründet die serbische Einheit. Sein Sohn Stephan Prvovencani erhält vom Papst die Königskrone
12. Jahrhundert	größte Ausdehnung unter Stephan IV. Dušan; er erobert Makedonien, Thessalien, Albanien und Epirus
28. Juni 1389	Sultan Murad I. siegt über die verbündeten Serben, Bosnier, Albaner und Bulgaren auf dem Amselfeld, wird aber selbst nach der Schlacht ermordet
1521	Belgrad wird von den Osmanen (Türken) erobert; die serbische Oberschicht wird teils vernichtet, teils muss sie zum Islam übertreten; Serbien bleibt die nächsten Jahrhunderte unter osmanischer Oberhoheit
1699/1718	Durch die Friedensschlüsse von Karlowitz und Passarowitz wird die Save-Donaulinie zur Grenze zwischen den Serben unter österreichisch-ungarischer und osmanischer Herrschaft
1804 bis 1817	Wiederholte Aufstände gegen die osmanische Herrschaft
1816	Vertrag mit der Pforte (osmanische Regierung) sieht osmanisch-serbische Doppelverwaltung vor
1830	Die Pforte garantiert die serbische Autonomie
1878	Als Folge des russisch-türkischen Krieges werden Montenegro und Serbien im Frieden von San Stefano unabhängig; durch den Berliner Kongress bestätigt; Österreich-Ungarn besetzt Bosnien und die Herzegowina
1882	Erhebung Serbiens zum Königreich
1906	Österreich-Ungarn eröffnet durch eine Importsperre den Handelskrieg gegen Serbien
1908	Österreich-Ungarn annektiert Bosnien und die Herzegowina; die Beziehungen zu Serbien verschlechtern sich weiter
1912	Erster Balkankrieg: Die verbündeten Balkanstaaten greifen das Osmanische Reich an; dieses muss nach seiner Niederlage alle europäischen Besitzungen bis auf einen Gebietsstreifen um Konstantinopel (Istanbul) aufgeben. Im ersten Balkankrieg – kurz vor Beginn des Ersten Weltkrieges – erklärt Albanien am 28. 11. 1912 seine Unabhängigkeit, nachdem die Osmanen weite Teile des Balkan räumen mussten. Kurz darauf werden Teile Albaniens von serbischen und montenegrinischen Truppen besetzt.
1913	Zweiter Balkankrieg: Bulgarien greift seine bisherigen Verbündeten an; seine Armee wird jedoch aus Makedonien vertrieben, im Frieden von Bukarest muss Bulgarien die Süddobrudscha an Rumänien, das nördliche Makedonien an Serbien und die ägäische Küste an Griechenland abtreten; die Osmanen behalten Adrianopel.
28. Juni 1914	Ermordung des österreichischen Thronfolgerpaars in Sarajewo durch den serbischen Nationalisten Gravrilo Princip.
1914–1918	**1. Weltkrieg** verschiedene Regionen Albaniens werden von Griechenland, Italien, Frankreich, Serbien, Montenegro und Österreich-Ungarn fast zeitgleich militärisch besetzt.
1. Dezember 1918	Proklamation des „Königreiches der Serben, Kroaten und Slowenen"
3. Oktober 1929	Neueinteilung des Staates, das Königreich heißt nun „Jugoslawien"
1941	**2. Weltkrieg** Italien schafft ein Groß-Albanien, das alle albanisch bewohnten Gebiete mit einbezieht – so auch den Kosovo (albanisch: Kosova), West-Mazedonien und Teile Nordgriechenlands). Gründung der kommunistischen Partei.
17. April 1941	Kapitulation des jugoslawischen Oberkommandos; Exilregierung in London

1943	Italien kapituliert; deutsche Truppen besetzen Albanien aus rein strategischen Gründen. Groß-Albanien bleibt bestehen.
20. Oktober 1944	Die Rote Armee besetzt Belgrad; Tito errichtet eine neue Regierung.
29. November 1945	Die aus den Wahlen der kommunistischen Einheitsliste hervorgegangene Verfassungsgebende Versammlung proklamiert die „Föderative Volksrepublik Jugoslawien". Kosovo bekommt lediglich formale Autonomie.
1946	Nachdem die deutschen Besatzungstruppen Albanien 1944 geräumt hatten, wird eine kommunistische Regierung unter der Führung von Enver Hoxha, einem überzeugten Stalinisten, eingesetzt. Der Diktator proklamiert 1946 die Volksrepublik Albanien mit den Grenzen von 1912. Ein großer Teil des albanischen Siedlungsgebietes geht an Jugoslawien verloren, kleine Gebiete im Süden gehen an Griechenland.
1966	Änderung der Belgrader Kosovo-Politik. Ab jetzt wurde die Autonomie des Kosovo wirklich mit Leben erfüllt. Finanzielle Zuschüsse flossen reichlich und getreu der leninistischen Theorie sollte der albanische Nationalismus durch Wirtschaftshilfe und Modernisierungskampagnen „neutralisiert" werden.
1970	Zunehmende „Albanisierung" des Kosovo. Die Kosovo-Albaner beherrschen Partei und Bürokratie. Albanisch wird inoffizielle Amtssprache. Die schlechte wirtschaftliche Lage sowie anti-serbische Repressionen veranlassen immer mehr Kosovo-Serben zur Abwanderung. Verfassungsrechtliche Erweiterung der Autonomie des Kosovo durch ein Mitspracherecht auf Bundesebene.
4. Mai 1980	Tito stirbt; nach seinem Tod übernimmt ein „Staatspräsidium" als kollektives Führungsorgan den Vorsitz.
1981	Ausbruch eines anti-serbischen Aufruhrs im Kosovo, der auch auf die Teilrepublik Mazedonien übergreift. Der Anteil der Serben im Kosovo schrumpft auf 20 Prozent.
1986	Beginn der Belgrader Propaganda gegen die Kosovo-Albaner.
1989	Das serbische Parlament beschließt die Aufhebung der in der Verfassung enthaltene Autonomie des Kosovo auf Antrag Serbiens. Treibende Kraft war der Parteifunktionär Milošević.
April/Mai 1990	Slowenien und Kroatien erklären ihre Unabhängigkeit; nach der Unabhängigkeitserklärung der albanischen Abgeordneten löst die serbische Führung das Regionalparlament von Kosovo auf
Oktober 1990	In einem illegalen Referendum entscheiden sich bei einer Wahlbeteiligung von 98% 99,7% der Kosovo-Albaner für die Unabhängigkeit.
26. Mai 1992	Die kosovo-albanischen Bewohner wählen eine Schattenregierung für das Kosovo. Zum Präsidenten der „Republik Kosovo" wird der Schriftsteller Ibrahim Rugova, gewählt.
1997/1998	Die Gewalttätigkeiten im Kosovo nehmen zu. Die „Befreiungsarmee des Kosovo" (UÇK) unterstreicht mit Anschlägen auf serbische Sicherheitskräfte und kosovo-albanische „Kollaborateure" ihren Willen, die Unabhängigkeit der Provinz mit Gewalt durchzusetzen.
22. März 1998	Bei der erneuten Wahl eines „Schattenparlaments" und eines „Schattenpräsidenten" siegt die Partei des amtierenden Präsidenten Rugova.
Juni 1998	Die UÇK kontrolliert nahezu 40% der Provinz. Gleichzeitig rückt die Flüchtlingsproblematik in den Mittelpunkt des Interesses der Internationalen Gemeinschaft.
23. September 1998	Die Zahl von knapp 300 000 Flüchtlingen und Zehntausenden unter freiem Himmel lebenden Menschen zwingt die Internationale Gemeinschaft zur Verabschiedung einer UN-Resolution, die eine sofortige Einstellung der Feindseligkeiten, Abzug der serbischen Sonderpolizei sowie die Wiederaufnahme konstruktiver Verhandlungsgespräche verlangt.
13. Oktober 1998	Nach der Androhung von NATO-Luftanschlägen gegen jugoslawische Ziele im Kosovo lenkt der jugoslawische Präsident Milošević ein und vereinbart mit dem US-Sondergesandten Holbrooke u. a. die Entsendung einer unbewaffneten OSZE-Mission und der unbewaffneten Luftaufklärung der NATO zur Überprüfung der Umsetzung der UN-Resolution.

Quelle: Bundesministerium der Verteidigung, Presse- und Informationsstab, Referat Öffentlichkeitsarbeit

| Name: | Klasse: 9 | Datum: | Geschichte
Sozialkunde
Erdkunde | Nr.: |

Konflikte im Kosovo – eine lange Geschichte

Wie die Aufstellung der Geschichte des Kosovo zeigt, bestehen die Konflikte zwischen verschiedenen Bevölkerungsgruppen seit langer Zeit. Um diese Konflikte bis heute verstehen zu können, informiere dich über folgende Punkte:

– Informiere dich in einem Geschichtsatlas: Wo liegen im 12. Jahrhundert die Gebiete Mazedonien, Thessalien, Albanien und Epirus?

– Wie sieht im 16. Jahrhundert Serbien aus?

– Suche in einem Atlas die Flüsse Save und Donau. Wie verlief wohl 1699/1718 die Save-Donaulinie?

– Wo lagen 1878 die Gebiete Montenegro, Serbien, Bosnien und die Herzegowina?

– Vergleiche: Wie sah 1945–1980 Jugoslawien aus? – Vergleiche mit heute!

1945–1980	Heute
_____ Staat	_____ Staaten:
	Slowenien

– Kläre folgende Begriffe:

UN bzw. UNO	
OSZE	
NATO	
UÇK	

| Name: | Klasse: 9 | Datum: | Geschichte **Sozialkunde** Erdkunde | Nr.: |

Der Kosovo – Informationen zur Lage

Die Karte zeigt dir ganz genau, wo der Kosovo liegt.

Suche dieses Gebiet auf einer Europakarte in einem Atlas!

Mit welcher Verwaltungseinheit in Deutschland ist die Größe des Kosovo zu vergleichen? Kreuze an:

- ☐ Bundesgebiet
- ☐ Bundesland
- ☐ Regierungsbezirk
- ☐ Stadtgebiet von München

| Name: | Klasse: 9 | Datum: | Geschichte **Sozialkunde** Erdkunde | Nr.: |

Der Kosovokonflikt (1)

Entnimm der Übersicht über die Geschichte des Kosovo, wer gegen wen im Kosovo gekämpft hat! Worum geht es dabei?

Kriegsgegner		gegen:
		und:
Kriegsziele:		

Dabei geht es, wie du gesehen hast, um ein relativ kleines Stück Land, das etwa die Größe eines deutschen Regierungsbezirks hat.

Und das sind die Folgen:

Nach Anschlägen der UÇK lässt Belgrad wieder die Waffen sprechen

Der Kosovo kommt nicht zur Ruhe

Flucht im Schnee: Mit einem Pferdefuhrwerk bringen sich Kosovo-Albaner in Sicherheit, deren Dorf Glavnik an Heiligabend von der serbischen Armee beschossen wurde.   *Foto: AP*

| Name: | Klasse: 9 | Datum: | Geschichte **Sozialkunde** Erdkunde | Nr.: |

Der Kosovokonflikt (2)

Betrachte die Karikatur und lies den Kommentar!

Küchenmeister am Krisenherd — Karikatur: Tomicek

Slobodan Milošević ist ein kühler Rechner, ja seine Überlegungen sind von einer geradezu monströsen Kälte: wie grauenhaft darf ein Massaker sein, wie viele Menschen kann seine Soldateska im Blutrausch abschlachten, ohne Konsequenzen befürchten zu müssen: fünfzig, achtzig oder tausend – der Serbe weiß, wie weit er gehen, ja er weiß sogar, um wie viel er zu weit gehen darf.

Wie gut das funktioniert, zeigte sich nur zwei Tage nach der bestialischen Ermordung von mindestens 45 albanischen Zivilisten in der Nähe des Dorfes Racak. Milošević lässt nicht nur seine Sondereinheiten dort weiter „arbeiten", als ob nichts geschehen wäre, er verweigert auch eine Untersuchung des Gemetzels, lässt die Hauptanklägerin des Haager Kriegsverbrechertribunals erst gar nicht einreisen und provoziert sogar ein weiteres Mal die Nato, deren Spitzenvertreter, die Generäle Naumann und Clark, bisher vergeblich auf einen Termin bei ihm warten müssen. Um das Maß voll zu machen, setzt Milošević dann auch noch den OSZE-Missionsleiter Walker vor die Tür.

Dabei sind die Aktivierungsbefehle für die Nato-Luftstreitkräfte, die im vergangenen Oktober erlassen worden waren, nach wie vor in Kraft, sie wurden lediglich ausgesetzt. Grund genug für deren Reaktivierung gäbe es allemal, denn die serbische Seite hat sich nach anfänglichen Gesten des Einlenkens an so gut wie keine Abmachung gehalten. Niemand weiß allerdings besser als Milošević, wie leer eine solche Drohung wäre. Das verriet schon die Tatsache, dass die Dringlichkeitssitzung des Nato-Rats durch die USA einberufen werden musste. Die Europäer, vor dessen Haustür sich das Drama seit Jahren abspielt, waren dazu offenbar nicht willens oder nicht in der Lage. Da aber allgemein bekannt ist, dass die Amerikaner höchstens zu einer symbolischen Beteiligung an einem Bodeneinsatz im Kosovo bereit, Luftangriffe jedoch wegen der bereits im Lande befindlichen OSZE-Einheiten zu riskant wären, hat sich Milošević die westliche Reaktion einmal mehr ausrechnen können.

Wie schon während der bisherigen Balkankriege wird sich allerdings auch im Kosovo zeigen, dass der Präsident Rest-Jugoslawiens mit lediglich verbalen Drohungen überhaupt nicht zu beeindrucken ist. Das gilt auch für die Demarchen, die von der Bundesregierung im Rahmen von EU, UNO oder OSZE gefordert werden. Nein, es führt kein Weg daran vorbei: irgendwann wird sich die zivilisierte Welt dazu aufraffen müssen, dem Schlächter von Belgrad in den Arm zu fallen – und das wird man nicht können, ohne sich die Hände schmutzig zu machen. Unterlässt man das, wird es ein Schrecken ohne Ende sein, denn, so aberwitzig das klingt, Milošević braucht immer neue Unruheherde, um sich der Welt als Stabilitätsfaktor anbieten zu können. Er trägt nicht zur Lösung der Probleme auf dem Balkan bei, er ist das Problem.

Es gibt Anzeichen dafür, dass diese Erkenntnis auch in London und Paris, wo man den Serben aus historischen Gründen lange Zeit vieles nachsah, zu wachsen beginnt. Das genügt jedoch nicht. Die Regierungen beider Länder müssen vielmehr zeigen, dass sie endlich bereit sind, eine gemeinsame europäische Sicherheitspolitik mitzutragen. Einen besseren Zeitpunkt und einen geeigneteren Anlass wird es kaum mehr geben, um zudem Solidarität mit einer seit vielen Jahren brutal unterdrückten Minderheit zu beweisen.

Diethard Prell

Erkläre die Karikatur!

Sprecht in der Klasse über den Kommentar! Welche Möglichkeiten seht ihr den Frieden auf dem Balkan wieder herzustellen?

6.2 Internationale Strategien zur Krisenbewältigung und Möglichkeiten zur Friedenssicherung

Internationale Organisationen zur Friedenssicherung – UNO und NATO

Die UNO

Für die Vereinten Nationen, die nach dem Zweiten Weltkrieg als Nachfolgeorganisation des Völkerbundes gegründet wurde, gibt es im Wesentlichen drei Möglichkeiten, friedenssichernde Aktivitäten durchzuführen: Vermittlung, Entsendung von Friedenstruppen und schließlich Zwangsmaßnahmen.

Bei einer Vermittlung geht es darum, dass die Vereinten Nationen – meist vertreten durch den Generalsekretär – in einem Konfliktfall Vorschläge zur Beilegung machen und nach Kompromissformeln suchen. So konnte zum Beispiel mit Hilfe des ehemaligen UN-Generalsekretärs Perez de Cuellar 1988 der irakisch-iranische Krieg beendet werden.

Der Sicherheitsrat kann UN-Friedenstruppen in ein Krisengebiet entsenden, wenn sich die Konfliktparteien damit einverstanden erklären. Diese als „Blauhelme" bezeichneten Soldaten sollen grundsätzlich ihre Waffen nur zur Selbstverteidigung einsetzen. Die UN-Friedenstruppen dienen meist als „Puffer" zwischen den Gegnern und können z. B. einen Waffenstillstand überwachen. Ein Beispiel ist der Einsatz der „Blauhelme" in Zypern seit 1964, durch den Kämpfe zwischen Griechen und Türken verhindert werden sollen.

Zwangsmaßnahmen kann der Sicherheitsrat treffen, wenn er nach Artikel 39 der UN-Charta eine Bedrohung bzw. den Bruch des Friedens oder eine Angriffshandlung feststellt. Dann kann er nicht-militärische oder militärische Zwangsmaßnahmen ergreifen. Mit nicht-militärischen Zwangsmaßnahmen sind vor allem Wirtschaftssanktionen gemeint, die zum Beispiel gegen Rhodesien, Südafrika oder gegen den Irak im Herbst 1990 nach der Annektierung Kuwaits verhängt wurden. Unter Wirtschaftssanktionen versteht man zum Beispiel das Verbot, mit einem bestimmten Land Handel zu treiben. Von der Möglichkeit, militärische Maßnahmen „zur Wahrung oder Wiederherstellung des Weltfriedens und der internationalen Sicherheit" (Artikel 42 der UN-Charta) zu ergreifen, hat der Sicherheitsrat bisher nur dreimal Gebrauch gemacht: 1950 in Korea, 1960 im Kongo, 1991 im Irak.

Die NATO

Die NATO (Nordatlantikpakt) wurde 1949 als Militärbündnis des Westens zum Schutz vor der Bedrohung durch die kommunistische Sowjetunion gegründet. Ihr gehören heute Belgien, Dänemark, Deutschland, Frankreich, Griechenland, Großbritannien, Island, Italien, Kanada, Luxemburg, die Niederlande, Norwegen, Portugal, Spanien, die Türkei und die USA an. Seit dem Ende des „Kalten Krieges" zwischen Ost und West, der Auflösung der Sowjetunion und des kommunistischen Militärbündnisses „Warschauer Pakt" hat sich die politische und militärische Rolle der NATO geändert. Die NATO sieht es heute als ihren Auftrag an, Sicherheit und Stabilität in ganz Europa zu stärken. Das bedeutet vor allem die militärischen Gegner von früher – also die ehemaligen kommunistischen Staaten Osteuropas – in ein gesamteuropäisches Sicherheitsnetz einzubinden. Dazu wurde 1994 von der NATO das Programm „Partnerschaft für den Frieden" entwickelt.

Internationale Organisationen zur Friedenssicherung – Die OSZE

Erstmals tagte die „Konferenz über Sicherheit und Zusammenarbeit in Europa" (KSZE) von 1972 bis 1975 in Helsinki, also zur Zeit des Ost-West-Gegensatzes. Damals einigten sich die USA, Kanada und – bis auf Albanien – alle west- und osteuropäischen Staaten auf Grundsätze einer Zusammenarbeit in Fragen der militärischen Sicherheit. Auch auf den Gebieten Wirtschaft, Wissenschaft, Kultur und Technik sowie bei der Lösung humanitärer Probleme wollte man von nun an enger zusammenarbeiten.

Seit dem Ende des Ost-West-Gegensatzes hat sich die Aufgabe der KSZE gewandelt. Sie will ein Instrument zur Verhütung von Krisen in Europa werden. Damit entwickelt sich die KSZE von einer losen Konferenzfolge zu einer internationalen Organisation

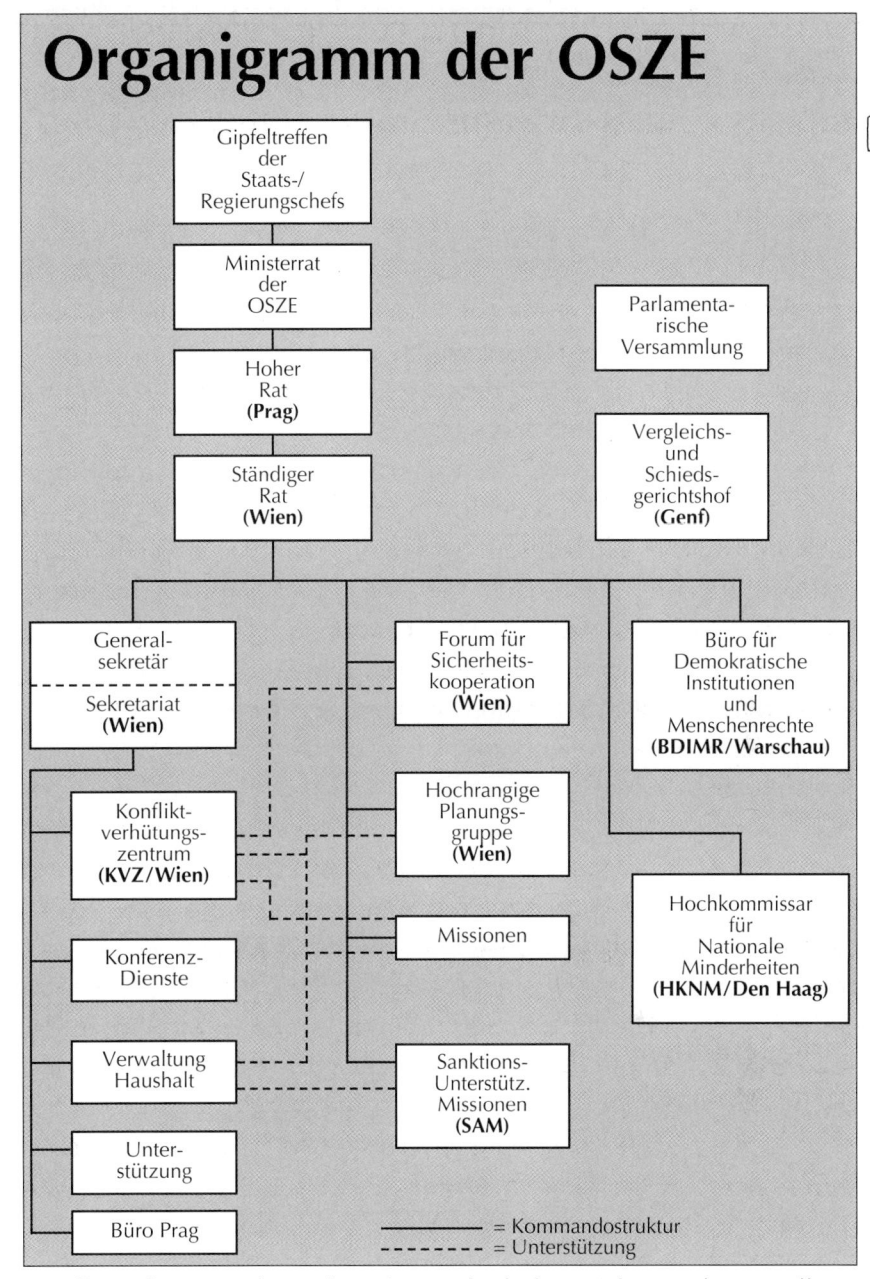

Organigramm der OSZE

- Gipfeltreffen der Staats-/Regierungschefs
- Ministerrat der OSZE
- Hoher Rat (Prag)
- Ständiger Rat (Wien)
- Parlamentarische Versammlung
- Vergleichs- und Schiedsgerichtshof (Genf)
- Generalsekretär / Sekretariat (Wien)
- Konfliktverhütungszentrum (KVZ/Wien)
- Konferenz-Dienste
- Verwaltung Haushalt
- Unterstützung
- Büro Prag
- Forum für Sicherheitskooperation (Wien)
- Hochrangige Planungsgruppe (Wien)
- Missionen
- Sanktions-Unterstütz. Missionen (SAM)
- Büro für Demokratische Institutionen und Menschenrechte (BDIMR/Warschau)
- Hochkommissar für Nationale Minderheiten (HKNM/Den Haag)

———— = Kommandostruktur
- - - - - - - = Unterstützung

Quelle: Eidgenössische Technische Hochschule Zürich, Forschungsstelle für Sicherheitspolitik und Konfliktanalyse

(seit 1995: „Organisation für Sicherheit und Zusammenarbeit in Europa", OSZE). Diese soll Konflikte so früh wie möglich erkennen (Frühwarnung), zwischen Konfliktparteien vermitteln (vorbeugende Diplomatie, friedenserhaltende Maßnahmen durch Entsendung von Beobachtern oder Friedenstruppen durchführen. Die Soldaten dazu sollen die Mitgliedstaaten bereitstellen.

| Name: | Klasse: 9 | Datum: | Geschichte **Sozialkunde** Erdkunde | Nr.: |

Garanten des Friedens

Beantworte folgende Fragen!

1. Welche Möglichkeiten haben die Vereinten Nationen, den Frieden in der Welt zu sichern?
   a) _____
   b) _____
   c) _____

2. Welcher Krieg konnte 1988 mit Hilfe der UNO beendet werden?
   _____

3. Wann hat der UNO-Sicherheitsrat von der Möglichkeit Gebrauch gemacht, mit militärischen Mitteln den Frieden wieder herzustellen?
   a) _____
   b) _____
   c) _____

4. Welche der folgenden Länder gehören 1999 zur NATO?
   ☐ Belgien
   ☐ Bulgarien
   ☐ Finnland
   ☐ Frankreich
   ☐ Spanien
   ☐ Slowenien
   ☐ Türkei
   ☐ Tunesien
   ☐ USA

5. Was bedeutet OSZE?
   _____

6. Wofür ist die OSZE außer in militärischen Angelegenheiten noch zuständig?
   _____

UNICEF – seit über 50 Jahren für alle Kinder dieser Welt

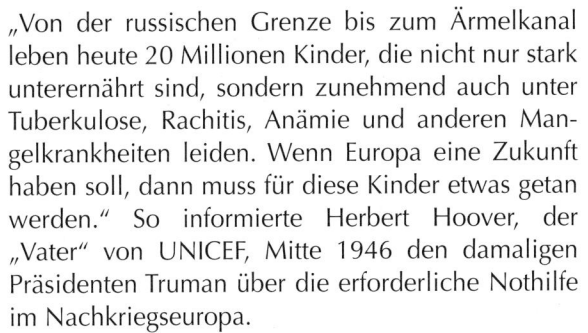

„Von der russischen Grenze bis zum Ärmelkanal leben heute 20 Millionen Kinder, die nicht nur stark unterernährt sind, sondern zunehmend auch unter Tuberkulose, Rachitis, Anämie und anderen Mangelkrankheiten leiden. Wenn Europa eine Zukunft haben soll, dann muss für diese Kinder etwas getan werden." So informierte Herbert Hoover, der „Vater" von UNICEF, Mitte 1946 den damaligen Präsidenten Truman über die erforderliche Nothilfe im Nachkriegseuropa.

UNICEF, das Kinderhilfswerk der Vereinten Nationen, wurde am 11. Dezember 1946 gegründet, um für die Millionen Kinder in 14 europäischen Staaten, die durch den Zweiten Weltkrieg zerstört worden waren, Nothilfe zu leisten. Im bitterkalten Winter 1946/47, nach den langen Kriegs- und Besetzungsjahren, waren etwa 20 Millionen Kinder hungrig, in Lumpen gekleidet, und heimatlos. Die erste Aufgabe von UNICEF im zerstörten Nachkriegseuropa war die Beschaffung von Nahrungsmittel, Medikamenten und Kleidern, um Krankheiten und Hunger zu bekämpfen. Während der rauen Wintermonate versorgte UNICEF sechs Millionen Kinder und Mütter jeden Tag mit einer Mahlzeit. Über acht Millionen Babys wurden gegen Tuberkulose geimpft. Von 1947 bis 1950 gab UNICEF insgesamt 87,6 Millionen Dollar für die Hilfe in den europäischen Ländern aus. Durch den Wirtschaftsaufschwung in den 50er Jahren waren die ersten Länder bald selbst in der Lage für ihre Kinder zu sorgen.

Ende der 40er Jahre half UNICEF auf beiden Seiten des Bürgerkriegs in China und Griechenland. Hilfeleistungen gingen auch in den Nahen Osten, an die Kinder, die durch die Gründung des Staates Israel ihre Heimat verloren hatten.

Am 8. Oktober 1953 stimmte die Vollversammlung der Vereinten Nationen einstimmig dafür, dass UNICEF ein ständiges Glied innerhalb des Systems der Vereinten Nationen werden sollte. „Rund 900 Millionen Kinder unter 15 Jahren leben heute auf der Welt. Über die Hälfte – ungefähr 500 Millionen – leben und sterben in Not ... Hunger, Kälte und Krankheit sind ihr tägliches Los. Die einzige Organisation, die gerade beginnt, sich mit ihren Bedürfnissen zu befassen, ist UNICEF. Indes belaufen sich ihre Gesamtausgaben auf weniger als die Hälfte der Kosten für einen Flugzeugträger ... Meine Hoffnung besteht darin, dass UNICEF zu einer ständigen Organisation gemacht wird, was praktisch die einzige Rettung für diese 500 Millionen Kinder ist." (Eleanor Roosevelt) UNICEF richtete seine Aufmerksamkeit nun auf die Millionen bedürftiger Kinder in Asien, Afrika und Lateinamerika.

1965 wurde UNICEF mit dem Friedensnobelpreis ausgezeichnet. Besonders das Prinzip des kompromisslosen Engagements ohne jegliche Diskriminierung wurde gewürdigt. In Konfliktsituationen kamen UNICEF-Hilfsprogramme Kindern und Frauen aller beteiligten Parteien zugute. „Die wichtigste Bedeutung dieses Nobelpreises ist die formelle Anerkennung der Tatsache, dass das Wohlergehen der Kinder von heute unzertrennlich mit dem Frieden von morgen verbunden ist." (Henry R. Labuisse, damaliger Direktor von UNICEF)

In den 70er Jahren entwickelte UNICEF das Konzept der Hilfe zur Selbsthilfe. UNICEF-Projekte werden von den Partnern in den Entwicklungsländern selbst mitinitiiert und betreut. Die Beteiligung der Bevölkerung stärkt die Eigenverantwortung und die Entwicklung.

UNICEF verabschiedet in den 80er Jahren die „Resolution für das Überleben und die Entwicklung der Kinder". Dieses entwicklungspolitische Gesamtkonzept besteht aus einfachen und kostengünstigen, aber wirkungsvollen Maßnahmen: Gewichtskontrollen, Durchfallbekämpfung, Förderung des Stillens, Familienplanung, Bildung für Frauen sowie Ernährungs- und Impfprogramme. 1989 wird die UN-Konvention über die Rechte des Kindes verabschiedet. UNICEF ist an der Ausarbeitung beteiligt und erhält den Auftrag, die Vertragsstaaten bei der Verwirklichung der in der Konvention verankerten Rechte zu unterstützen. UNICEF wird damit zum Anwalt der Kinder – weltweit.

Quelle: Österreichische Sektion der UNICEF

Beantworte folgende Fragen!
1. Wann wurde UNICEF gegründet?
2. Nenne mindestens drei wichtige Aufgaben von UNICEF:

   a) _____

   b) _____

   c) _____

3. Welche Auszeichnung erhielt UNICEF unter anderem?

| Name: | Klasse: 9 | Datum: | Geschichte **Sozialkunde** Erdkunde | Nr.: |

6.3 Bundeswehr und Friedenssicherung

Die Bundeswehr und ihr Auftrag

Der Auftrag der Bundeswehr ist in unserer Verfassung, dem Grundgesetz festgelegt. Dort heißt es:

> Artikel 87a [Aufstellung und Befugnisse der Streitkräfte]
> (1) Der Bund stellt Streitkräfte zur Verteidigung auf. Ihre zahlenmäßige Stärke und die Grundzüge ihrer Organisation müssen sich aus dem Haushaltsplan ergeben.
> (2) Außer zur Verteidigung dürfen die Streitkräfte nur eingesetzt werden, soweit dieses Grundgesetz es ausdrücklich zulässt.
> (3) Die Streitkräfte haben im Verteidigungsfalle und im Spannungsfalle die Befugnis, zivile Objekte zu schützen und Aufgaben der Verkehrsregelung wahrzunehmen, soweit dies zur Erfüllung ihres Verteidigungsauftrages erforderlich ist. Außerdem kann den Streitkräften im Verteidigungsfalle und im Spannungsfalle der Schutz ziviler Objekte auch zur Unterstützung polizeilicher Maßnahmen übertragen werden; die Streitkräfte wirken dabei mit den zuständigen Behörden zusammen.
> (4) Zur Abwehr einer drohenden Gefahr für den Bestand oder die freiheitliche demokratische Grundordnung des Bundes oder eines Landes kann die Bundesregierung, wenn die Voraussetzungen des Artikels 91 Abs. 2 vorliegen und die Polizeikräfte sowie der Bundesgrenzschutz nicht ausreichen, Streitkräfte zur Unterstützung der Polizei und des Bundesgrenzschutzes beim Schutze von zivilen Objekten und bei der Bekämpfung organisierter und militärisch bewaffneter Aufständischer einsetzen. Der Einsatz von Streitkräften ist einzustellen, wenn der Bundestag oder der Bundesrat es verlangen.

Beantworte folgende Fragen!

1. Wozu darf die Bundeswehr eingesetzt werden?

2. Auf welchen Staat bezieht sich dieser Artikel des Grundgesetzes?

Überlege!

1. Welche Aufgaben der Bundeswehr kennst du, die nicht in dem Grundgesetzartikel genannt sind?

2. Welche Probleme können sich daraus ergeben?

Der Friedenseinsatz der Bundeswehr in Bosnien-Herzegowina

Auch in Bosnien-Herzegowina herrschte bis 1996 Krieg. Drei Volks- und Religionsgruppen kämpften um die Vorherrschaft:

Bosnier   überwiegend Muslime
Serben   überwiegend serbisch-orthodoxe Christen
Kroaten   überwiegend Katholiken

Und so sah es nach dem Krieg dort aus:

Foto: Detmar Modes

Instand zu setzendes Objekt „Alpha" mit 65 Wohneinheiten mit 8 Ladengeschäften.
Foto: Detmar Modes

Die Bilder der zerstörten Häuser sprechen für sich. Die Bundeswehr hat die Aufgabe zu verhindern, dass wiederum durch Krieg neue Häuser zerstört werden. Aber auch das, was zerstört ist, muss wieder aufgebaut werden. Die Aufgaben der Bundeswehr sind also vielfältig. Das Verteidigungsministerium erklärt dazu unter anderem:

„Minister Rühe [bis 1998 Bundesverteidigungsminister] wird in der Gemeinde Modrica den Startschuss für ein Wohnungsbauprojekt geben, welches die Rückkehr von Flüchtlingen ermöglichen soll. Die Voraussetzung dazu haben Soldaten des deutschen SFOR-Kontingentes geschaffen, die am 5. Mai 1998 mit der Gemeinde Modrica einen Grundsatzvertrag über das Herrichten von 180 Wohnzellen für Flüchtlinge und Vertriebene sowie über die Reparatur von Einrichtungen der Kommune unterzeichnet haben. Das Projekt umfasst einen Gesamtwert von 4 Millionen DM.

Im Rahmen ihrer Überwachungs- und Kontrollaufgaben, mit denen die Bestimmungen des Friedensvertrages von Dayton überwacht werden, haben die Soldaten des deutschen SFOR-Kontingentes bisher über 460 Objekte überprüft und knapp 1000 Konvoikontrollen durchgeführt. Im deutschen Feldlazarett in Rajlovac wurden bisher mehr als 6000 ambulante und 3000 stationäre Behandlungen durchgeführt."

Quelle: Bundesministerium der Verteidigung, Presse- und Informationsstab, Referat Öffentlichkeitsarbeit

7. Der Islam

→ 9.7 Der Islam (bayerischer Hauptschullehrplan)

Lerninhalte:

- Die Bedeutung des Islam für Europa kennen lernen und werten
- Die räumliche und zeitliche Ausdehnung des Islam im Mittelmeerraum kennen lernen
- Politische, wirtschaftliche und kulturelle Kontakte aus abendländischer und morgenländischer Sicht kennen lernen
- Das Leben in einem islamischen Land (Türkei) kennen lernen
- Sich in die Situation islamischer Mitbürger in Deutschland hineinversetzen können
- Probleme und Chancen des Zusammenlebens bewusst machen

Arbeitsmittel:

Folienvorlage (Muezzin), Informationsblätter, Arbeitsblätter

Folienvorlage:

Gebetsrufer/Muezzin in der ehemaligen Sowjetunion

7. Der Islam

Einstieg ins Thema: Folienvorlage (Muezzin; S. 140)

7.1 Der Islam im Mittelmeerraum (S. 142)

Der Islam – Entstehung, Lehre und Ausbreitung (S. 142)
Der Islam im Mittelmeerraum (Arbeitsblatt S. 145; Lösungsblatt S. 268)
Welchen Einfluss übte der Islam auf Europa aus? (S. 146)
Arabisch-islamische Einflüsse auf Europa (Arbeitsblatt S. 149; Lösungsblatt S. 268)

7.2 Strukturen und Lebensformen im Islam (S. 150)

Die Türkei – ein islamischer Staat (S. 150)
Die Türkei – ein islamisches Land im Wandel (Arbeitsblatt S. 155; Lösungsblatt S. 269)

7.3 Europa und der Islam (S. 156)

Muslime in Deutschland (S. 156)
Zusammenleben: Probleme und Chancen (S. 157)
Deutsche und Türken – Probleme und Chancen (Arbeitsblatt S. 160)

7.4 Projekt: Der Islam (S. 161)

Vorgehensweise (S. 161)
Strukturen und Lebensform im Islam (S. 162)
Die fünf Pfeiler des Islam (S. 163)
Deutsche und Türken – eine Umfrage (S. 164)
Zeitungsbericht: Vortrag über den Islam (S. 165)

7.1 Der Islam im Mittelmeerraum

Der Islam – Entstehung, Lehre und Ausbreitung

„Ich glaube, dass kein Gott ist außer Gott und dass Mohammed der Prophet Gottes ist."
Dies ist das Glaubensbekenntnis des Muslims. Wer es ausspricht, bekennt sich zu der Gemeinde Allahs, jenes einen Gottes also, den Mohammed, Kaufmann in Mekka, Anfang des 7. Jahrhunderts christlicher Zeitrechnung zu verkünden begann. Diese Verkündigung veränderte in wenigen Jahren die Welt.

Mohammed, etwa 570 christlicher Zeitrechnung geboren, hatte den Vater noch vor seiner Geburt verloren. Er wuchs deshalb im Haus des Großvaters und seines Onkels auf. Mekka war ein wichtiges Handelszentrum, die Kaufmannsfamilien waren reich. Auch Mohammed war Kaufmann und begleitete Handelskarawanen.

Im Alter von 40 Jahren erlebte Mohammed seine religiöse Berufung zum Propheten durch den Engel Gabriel. Die Lehre von dem Einen Gott passte jedoch nicht in das geschäftliche Leben Mekkas und Mohammed musste mit seinen noch recht wenigen Anhängern im Jahr 622 nach Medina auswandern.

Die Auswanderung nach Medina ist ein Schlüsseldatum im Leben des Propheten. Die Muslime lassen die Geschichte des Islam mit ihr beginnen. Dieses Jahr wurde das Jahr 1 islamischer Zeitrechnung.

Beim Tod des Propheten im Jahre 632 hatte sich der Islam schon über weite Teile der Arabischen Halbinsel ausgedehnt. Freiwillig oder unter Druck hatten die Araber die Verkündung des Einen Gottes angenommen. War diese zunächst auf die Araber gerichtet, so hatte der Prophet selbst die Weichen für eine weitere Ausbreitung gestellt.

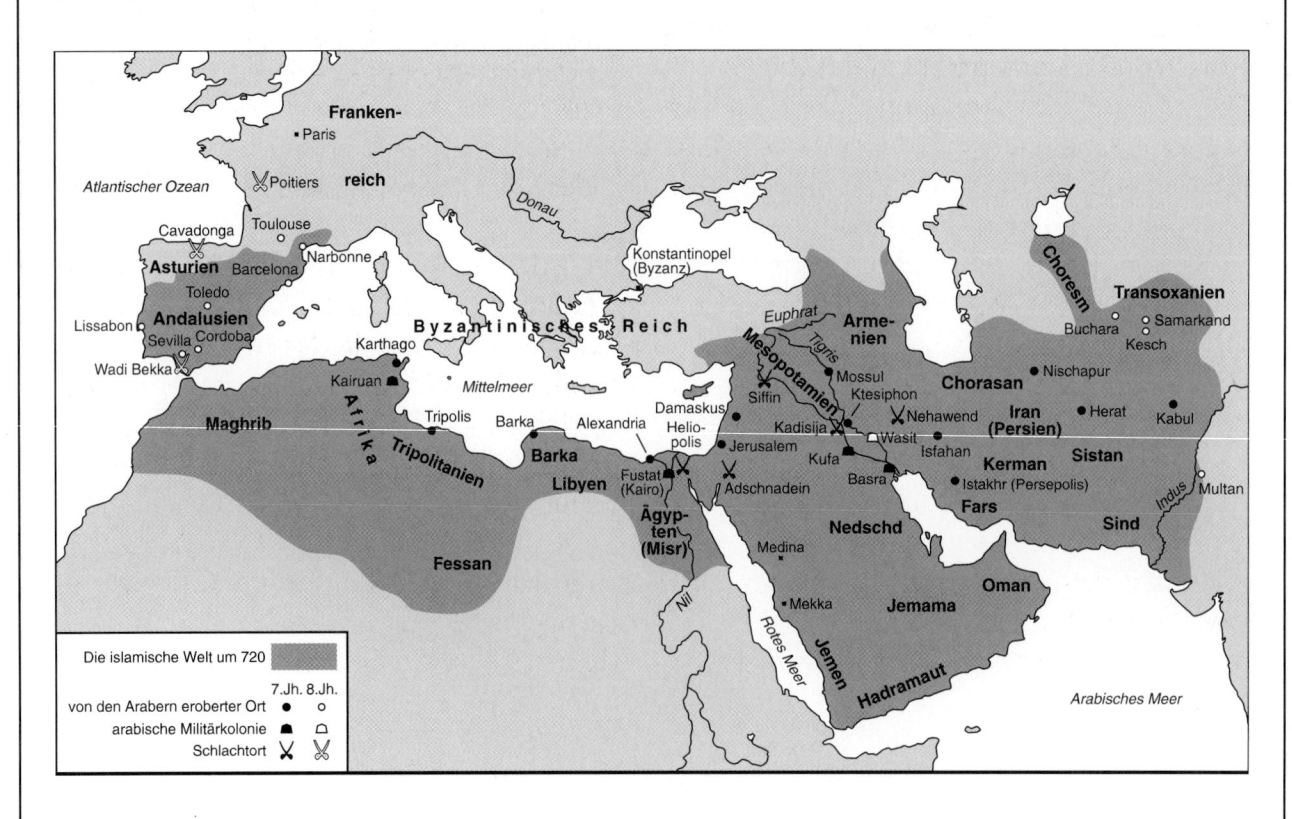

Die Ausbreitung des Islam ist wohl einmalig in der Religionsgeschichte. Im Westen wurde zwischen 670 und 700 Nordafrika erobert. Fünfzehn Jahre später griffen die Mohammedaner Europa an: Sie eroberten Spanien, überquerten die Pyrenäen, dann die Garonne und gelangten bis an die Loire im Zentrum Galliens, wo sie 732 bei Tours und Poitiers geschlagen wurden. Im Osten stießen die mohammedanischen Armeen nach Persien und China vor. Diese schnelle Ausbreitung wurde begleitet vom Aufbau eines islamischen Staates mit einem zentral gelenkten Verwaltungsapparat.

Der Einfluss des Islam war verantwortlich für das goldene Zeitalter in Spanien. **Córdoba** erreichte den Höhepunkt seiner Glanzzeit im 10. und 11. Jahrhundert. Ganz von orientalischem Einfluss geprägt, gab es unter den Städten des Landes den Ton an, als die Christen bereits von Frankreich her im Anmarsch waren. **Sevilla** war die Rivalin. **Granada** war lange Zeit die Stadt in Europa mit der verfeinertsten Kultur. In der Mitte des 13. Jahrhunderts erbauten muslimische Architekten die **Alhambra,** ein Meisterwerk der Kunst des Mittelalters.

Alhambra

Eine bedeutende Konfrontation zwischen Abendland und Morgenland stellten die Kreuzzüge dar. Papst Urban rief im Jahr 1095 dazu auf, das Grab Christi aus der Hand der Muslime zu befreien. Der Vatikan verfolgte mit diesem Aufruf allerdings eigene machtpolitische Interessen. Psychologisch gesehen waren die Kreuzzüge vielleicht auch die Erfüllung eines alten Rachegedankens, den das christliche Abendland seit dem Beginn der islamischen Expansion hegte.

Mehr als 300 000 Kreuzfahrer sammelten sich im Frühjahr 1096 in Frankreich. Drei Jahre dauerte der Marsch nach Jerusalem. Nur 20 000 Mann erreichten das Ziel.

Antiochia wird eingenommen: Kreuzritter klettern eine Leiter hinauf, die ein türkischer Verräter an der Stadtmauer heruntergelassen hatte.
Die christlichen Bewohner öffneten dann die Tore für die Kreuzfahrer, und das Gemetzel begann.

Die Geschichtsschreibung zählt sieben Kreuzzüge. Sie dauerten ungefähr 200 Jahre und waren die gewaltigste Kriegsführung des Abendlandes im Orient. Sie endeten letztlich mit der Rückeroberung der von den Christen besetzten Gebiete durch die Muslime.

In Europa begannen die Rückeroberungen der von den Muslimen besetzten Gebiete im 11. Jahrhundert. 1250 war ganz Spanien außer **Granada** wieder unter christlicher Herrschaft. Granada wurde erst 1492 von den Christen wieder erobert. In der Folgezeit kam es zu einer Zwangsbekehrung der muslimischen Bevölkerung. Wer den islamischen Glauben nicht ablegen wollte, wurde vertrieben oder hingerichtet. Von diesem Schicksal waren bis zum Jahr 1610 fast drei Millionen Muslime betroffen. Auf diese Weise verlies der Islam Westeuropa. Auch Süditalien, Zypern, Kreta, Sizilien und Malta gerieten wieder unter christliche Herrschaft.

Zwischen dem 14. und 17. Jahrhundert verbreitete sich der Islam in Indonesien, das mit etwa 140 Millionen Muslimen die stärkste islamische Bevölkerung aufweist.

In der Gegenwart dehnt sich das „Gebiet des Islam" insbesondere in Nord- und Zentralafrika aus.

Die rasche Ausbreitung des Islam schien zu bestätigen, dass die Gemeinde Gottes vom göttlichen Willen selbst geführt wurde. Der „Krieg auf dem Pfad Gottes", der „Heilige Krieg" (arabisch „dschihad") war eine Verpflichtung der islamischen Gemeinde. Wer im „dschihad" umkam, ging unmittelbar ins Paradies ein. Ohne Zweifel waren die Erfolge der muslimischen Heere einer Mischung aus religiösem Eifer und Aussicht auf materielle Belohnung zuzuschreiben.

Der Zusammenstoß des Islam mit den benachbarten Hochkulturen ließ enorme kulturelle Kräfte frei werden. In Wissenschaft und Kunst entstand seit dem 8. Jahrhundert eine eigene islamische Hochkultur, deren Errungenschaften zwischen Nordafrika und Indonesien, Schwarzafrika und Zentralasien noch heute zu bewundern sind.

Mit den türkischen Osmanen unternahm es ein muslimisches Volk seit dem 14. Jahrhundert ein letztes Mal, ein islamisches Großreich zu errichten. Zweimal belagerten die Türken Wien (1529 und 1683) und bedrohten damit Europa.

Die Niederlage vor Wien und der Aufstieg Europas und Amerikas seither haben den Islam in eine tiefe Krise gestürzt. In ihrer politischen und wirtschaftlichen Macht hat die islamische Welt hinter der christlichen Welt zurücktreten müssen.

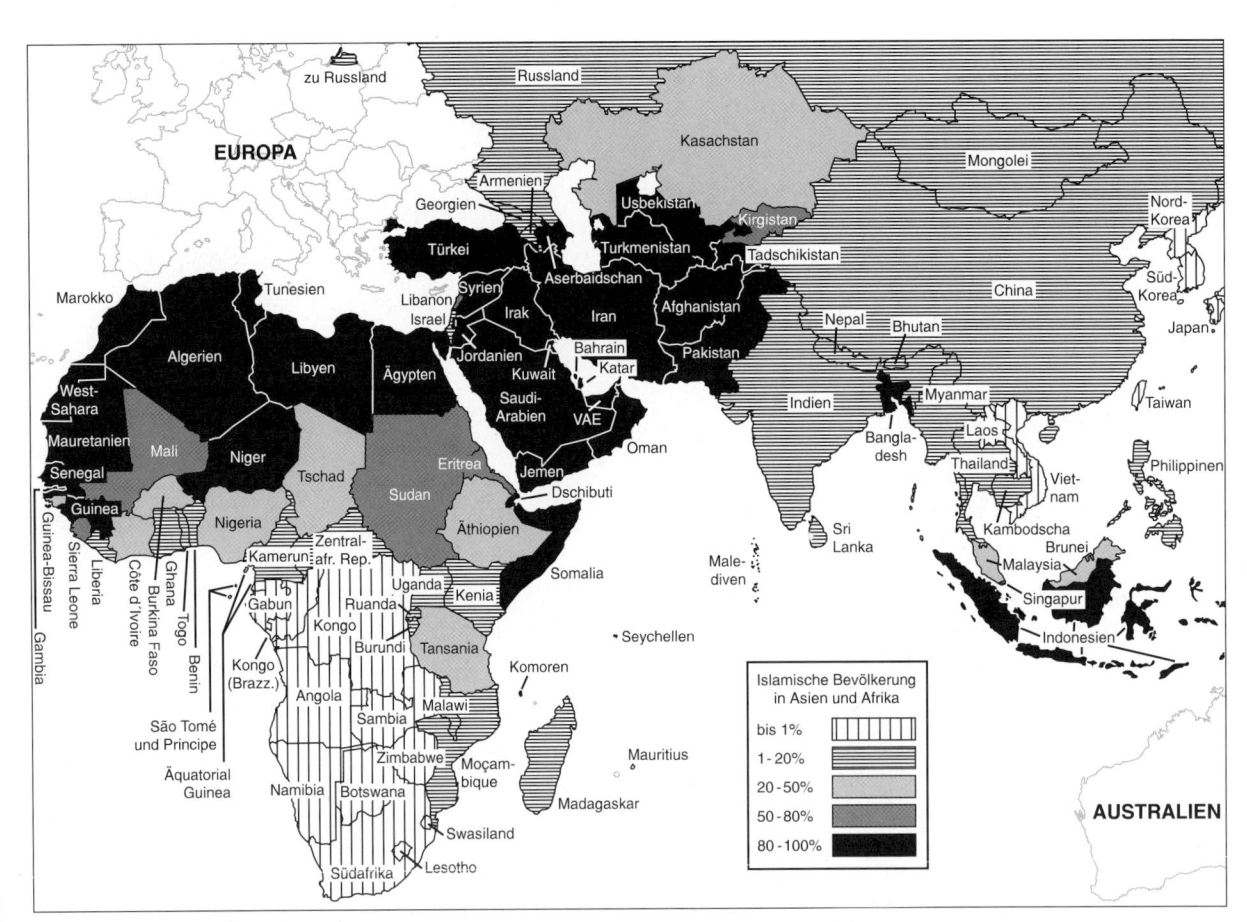

Die Verbreitung des Islams heute

Der Islam im Mittelmeerraum

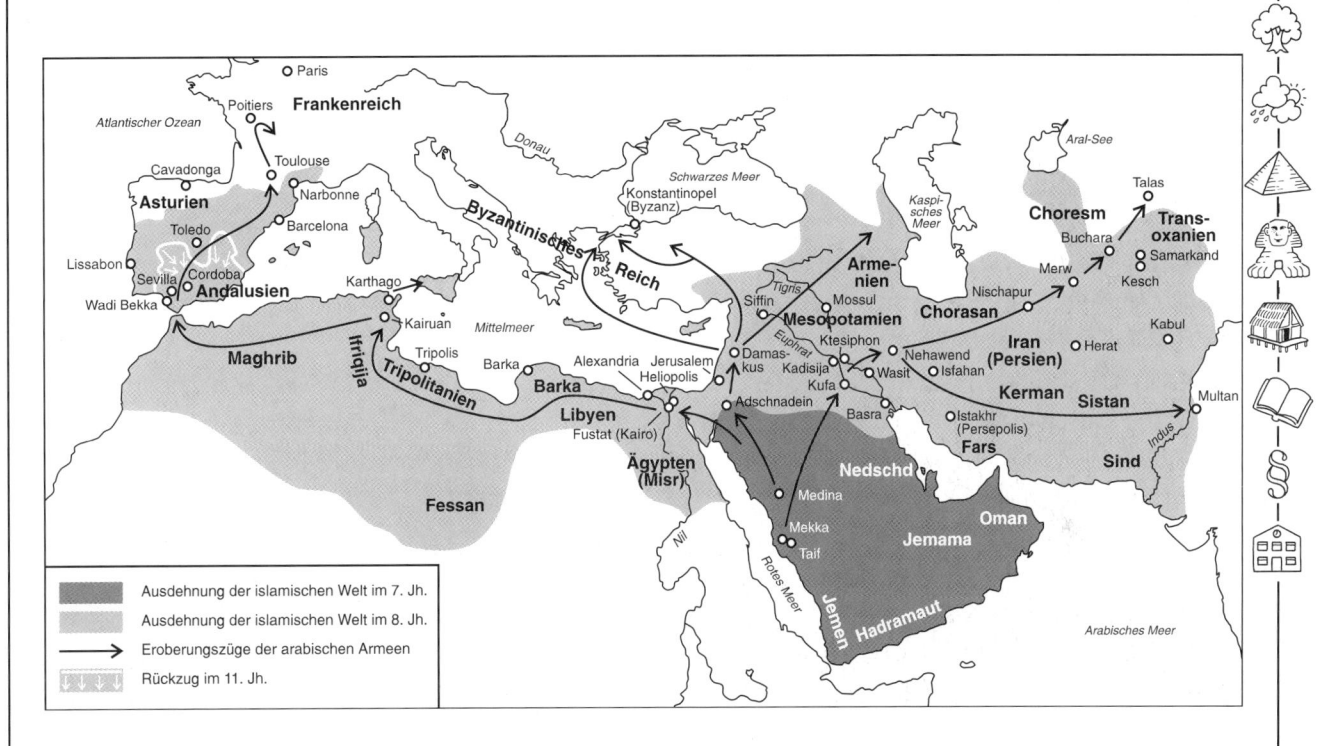

Legende:
- Ausdehnung der islamischen Welt im 7. Jh.
- Ausdehnung der islamischen Welt im 8. Jh.
- → Eroberungszüge der arabischen Armeen
- Rückzug im 11. Jh.

Mohammed (570–632) gilt als der Begründer des Islams. Beim Tod des Propheten hatte sich der Islam schon über weite Teile der arabischen Halbinsel ausgedehnt und breitete sich in der Folgezeit immer weiter aus.

Im Mittelmeerraum gelangte zunächst _____ in den Jahren zwischen _____ und _____ unter islamischen Einfluss.

Einige Jahre später gelangten die Anhänger der islamischen Lehre auch nach Europa: Sie eroberten _____ und drangen weiter nach Gallien vor, wo sie allerdings im Jahr _____ eine Niederlage erlitten.

Im 11. Jahrhundert begannen die Rückeroberungen der von den Muslimen besetzten Gebiete. Wer den islamischen Glauben nicht ablegen wollte, wurde _____ oder _____. Bis zum Jahr 1610 waren davon fast _____ Muslime betroffen. Auf diese Weise verließ der Islam Westeuropa.

Auch weitere Gebiete im Mittelmeer gerieten wieder unter christliche Herrschaft:

_____

Im Mittelmeerraum finden wir heute folgende islamische Staaten:

_____
_____

Welchen Einfluss übte der Islam auf Europa aus?

Die Einflüsse des Islam auf Europa sind sehr vielfältig und das Abendland schuldet der arabisch-muslimischen Kultur ungeheuer viel, sei es im Bereich der Wissenschaften, der Medizin, der Philosphie oder der Gesellschaftspolitik wie die folgenden Beispiele beweisen.

Fortschritte in der Landwirtschaft

Im **Dar al Islam, dem islamischen Herrschaftsgebiet,** zeigten die ländlichen Gebiete große Unterschiede. Mohammedanische Landwirte versuchten frühzeitig, die Ernteerträge zu steigern und erzielten auf diese Weise große Fortschritte in der Landwirtschaft. Landwirtschaftliche Fachleute arbeiteten an der Verbesserung der Pflanzenarten. Sie entdeckten, dass Hülsenfrüchte reich an Stickstoff sind und verwendeten sie als Dünger, um die Böden zu verbessern.

Sie wurden Meister in der Kunst der Verteilung und Speicherung des Wassers, der zeitlichen Einteilung der Feldarbeit, der Bearbeitung des Bodens mit Hacke und Pflug. Durch Lehrbücher wurden diese Techniken im ganzen **Dar al Islam** verbreitet und kamen somit auch nach Europa.

Neun Jahrhunderte bevor Ähnliches in Europa geschieht, raten die Gelehrten dem Herrscher, anstelle des Goldes die Landwirtschaft als wichtigste Einnahmequelle des Staates zu betrachten.

Auf den großen Baustellen

Arbeiter und Handwerker vollbrachten auf den großen Baustellen wahre Meisterwerke. Immer wieder fanden sie neue und geniale Lösungen für die schwierigen Probleme beim Bau von Straßen, Häusern und Schiffen sowie auf dem Gebiet der Bewässerung und der Wasserverteilung.

Al-Aqsa-Moschee in Jerusalem

In den großen Städten sicherte eine Kanalisation aus Ton- und Bleirohren die Wasserversorgung. Das Wasser wurde durch Kanäle und Aquädukte geleitet und in Wassertürmen und riesigen Zisternen gespeichert. Die geniale Technik der Perser, mit der das Wasser unterirdischer Quellen gespeichert wurde, verbreitete sich bis nach Spanien.

Eine Vielfalt von Handwerkern

Die Handwerker waren gleichzeitig Hersteller und Kaufleute und arbeiteten oft vor den Kunden.

Kachel aus dem 13. Jahrhundert

Schon von weitem war das Viertel der Parfumhersteller zu riechen. Sie verwendeten Weihrauch, grauen Amber und zahlreiche Duftstoffe, die sie aus Veilchen, Rosen oder Orangenblüten gewannen. Die Parfumhersteller boten Seifen, Cremes und Haarfärbemittel zum Verkauf an.

In Spanien wurden handwerkliche Kunstfertigkeiten aus dem islamischen Reich angewendet. In Toledo wurden mit Hilfe des Tauschier-Verfahrens Oberflächen von Metallgegenständen verziert. In Cordoba übernahm man das Verfahren zur Schuhherstellung.

Viele weitere Techniken gelangten in den christlichen Westen. So übernahm Venedig von den Arabern das Geheimnis der Glasbläserei, das jahrhundertelang auf der Insel Murano gehütet wurde. Auch noch heute ist die Insel für seine Erzeugnisse der Glasbläserkunst berühmt.

Ärzte, Chirurgen und Apotheker

Im 9. Jahrhundert fand man in jeder größeren Stadt der islamischen Welt Krankenhäuser. Diese häufig in prächtigen Palästen untergebrachten Einrichtungen waren mit allen Bequemlichkeiten ausgestattet. Sie verfügten über zahlreiche Säle und Zimmer mit bequemen Betten. Patienten mit ansteckenden Krankheiten wurden ebenso abgesondert wie jene, die eine Operation hinter sich hatten.

Die Verwaltung der städtischen Krankenhäuser führte ein Verzeichnis, in dem die Namen der eingelieferten Kranken, die Behandlung, die sie erhielten, die Nahrung, die sie zu sich nahmen, und die Gesamtkosten, die entstanden, erfasst wurden. In jedem Krankenhaus gab es eine Ambulanz, in der ärztliche Sprechstunden abgehalten und Medikamente ausgegeben wurden. In einigen Krankenhäusern war eine medizinische Bibliothek und eine Schule für Ärzte untergebracht. Als 931 in Bagdad ein staatlich vorgeschriebenes Examen (Idschaza) für die Ausübung des Arztberufes geschaffen wurde, bewarben sich fast 900 Kandidaten.

In den Krankenhäusern, den Gefängnissen und Irrenanstalten fanden die ärztlichen Visiten jeden Morgen statt, in den Alters- und Waisenheimen zweimal pro Woche.

Ärzte fuhren über das Land, behandelten die Kranken und verteilten Arzneimittel. Etwa um das Jahr 1000 gab es Wanderkliniken. Die ersten Apothekerläden entstanden nach der Gründung der ältesten Schule für Arzneimittelkunde.

Kachel

Güter des Orients werden geschätzt: Zimtstangen ...

morgenländische Rüstung

... Weihrauch

Der Chirurg Abul Qasim (Abulcasis) aus Cordoba hinterließ nach seinem Tod im Jahre 1013 eine medizinische „Enzyklopädie" von dreißig Bänden. Er behandelte darin insbesondere die verschiedenen Verwendungen des Operationsmessers und chirurgische Eingriffe und zeichnete mehr als zweihundert von ihm erfundene Instrumente.

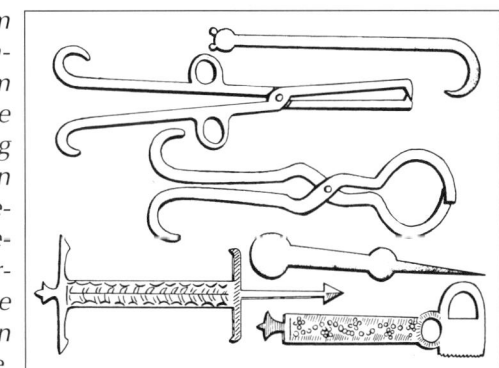

Dank der Arbeiten zahlreicher Gelehrter machten die medizinische Lehre und Erforschung der Gesundheit enorme Fortschritte. Dabei spielte der Glaube eine wesentliche Rolle. Der christliche Glaube Europas erlaubte keine chirurgischen Eingriffe in den toten menschlichen Körper; demzufolge bleiben Europa die dabei zu erzielenden Erkenntnisse über den Aufbau und die Funktion des Menschen verschlossen.

Am Ende des 9. Jahrhunderts verfasste Rasi, in Europa unter dem lateinischen Namen Rhases bekannt, eine Enzyklopädie und Lehrbücher über Infektionskrankheiten, z. B. Röteln, Pocken oder Allergien. Er untersuchte auch das, was wir neun Jahrhunderte später als Heuschnupfen bezeichnen. Zahlreiche, ins Lateinische übersetzte Werke überdauerten Jahrhunderte und wurden zur wichtigsten Quelle des Medizinunterrichts im christlichen Westen. Die Beispiele belegen: Der arabische Beitrag zur Medizin war unermesslich. Auch das sehr hohe Niveau, das die Spezialisierung bereits vor dem 12. Jahrhundert erreicht hatte, kann man nur bewundern: die Chirurgie, die Anästhesie, die Augenheilkunde, die Seuchenforschung haben ihren Ursprung in der arabisch-islamischen Wissenschaft.

Das Geheimnis der Papierherstellung

Mitte des 8. Jahrhunderts gaben nach einem Sieg der Araber chinesische Gefangene das Geheimnis der Papierherstellung preis. Sogleich wurden die ersten Papierfabriken in Bagdad eröffnet. Die neue Technik gelangte schon bald nach Spanien und Sizilien. Im 13. Jahrhundert wurde sie von dort nach Italien und Frankreich und dann in das restliche Europa gebracht.

Teile des Koran in künstlerischer Schönschrift (Kalligraphie) können als Wandschmuck dienen. Sie erinnern zugleich die Menschen an ihren Glauben an Allah und sprechen Lebensmut zu. Diese Koranhandschrift aus dem 12. Jahrhundert wurde von einem Kalligraphen (Schönschreiber) besonders prachtvoll gestaltet.

Wissenschaft und Technik

In den experimentellen Wissenschaften und in der Philosophie ist der arabische Einfluss auf die Entwicklung Europas am spürbarsten. Die Aufzählung der Gelehrten und die Entdeckungen würden den Rahmen dieses Kapitels sprengen. Einige wichtige Beiträge sind kurz erwähnt: Botanik und Chemie, Mathematik und Astronomie, die Physik mit den Schwerpunkten Optik und Akustik, Statik und Geographie.
„Sucht die Wissenschaft, und sei es in China", hatte der Prophet Mohammed gesagt. Die Wissenschaft zu studieren und zu verbreiten, wurde zu einem frommen Werk.
Die weitere Entwicklung von Arithmetik, Geometrie und Algebra erleichterte die schwierigen Berechnungen von Steuern und Abgaben. Sie ermöglichte die Lösung mechanischer Probleme für den Betrieb von Mühlen und Wasserrädern. Diese Fortschritte wurden erleichtert durch den Gebrauch der Null und der „arabischen Zahlen", die wir noch heute anstelle der schon für die einfachste Rechenaufgabe wenig bequemen römischen Zahlen verwenden.
Um die Richtung Mekkas, die Gebetsstunden, den Fastenmonat, die Routen der Karawanen und Schiffe zu berechnen, erstellten die Gelehrten Karten, Zeittafeln und Navigationstabellen und vervollkommneten die Instrumente der Astronomie.
Etwa um das Jahr 1000 berechnete Al-Biruni, ein Philosoph und Mathematiker, die Drehung der Erde um die Sonne und den Radius unseres Planeten. Auf fünfzehn Kilometer genau.

Ein kalligraphisches Schmuckblatt mit dem Bismillah: „Im Namen Gottes, des Erbarmers, des Barmherzigen".

Der Einfluss der Philosophie

Auf philosophischem Gebiet gab die arabische Kultur zwischen dem 9. und dem 13. Jahrhundert dem Abendland wesentliche Anregungen, die eine entscheidende Rolle in der Entwicklung des abendländischen Geistes spielten. Diese Denkansätze riefen fruchtsame Debatten über das Recht, den Staat, den Menschen und die Politik hervor.

| Name: | Klasse: 9 | Datum: | Geschichte Sozialkunde Erdkunde | Nr.: |

Arabisch-islamische Einflüsse auf Europa

7.2 Strukturen und Lebensformen im Islam

Die Türkei – ein islamischer Staat

Ungefähr 2,7 Millionen Menschen in der Bundesrepublik bekennen sich zum Islam. Die meisten von ihnen (ca. 90%) sind aus der Türkei zu uns gekommen – ein Grund, dieses Land einmal näher zu betrachten.

Die Türkei – Zahlen, Daten, Fakten

Fläche, Einwohnerzahl:

Mit einer Fläche von ca. 780 000 km² (davon gehören ca. 3% zu Europa) ist die Türkei mehr als doppelt so groß wie die Bundesrepublik Deutschland. Die Einwohnerzahl liegt bei etwas über 60 Millionen.
Hauptstadt ist die Stadt Ankara mit über 3 000 000 Einwohnern. Bekannte Städte sind auch Izmir an der Westküste der Türkei und Istanbul. Diese Stadt am Bosporus weist eine große Vergangenheit auf (früher hieß sie auch Byzanz und Konstantinopel). Sie ist die einzige Stadt der Welt, die auf zwei Kontinenten – Europa und Asien – steht. Istanbul ist die Brücke zwischen Morgenland und Abendland, zwischen Orient und Okzident. Heute ist die Stadt mit ca. 7,5 Millionen Einwohnern ein Schmelztiegel mit überquellenden Basaren, prachtvollen Moscheen und verschwenderischen Palästen.

Lage:

Die Türkei liegt zum größten Teil zwischen Mittelmeer und Schwarzem Meer; Kleinasien nennt sich dieses Stück Land. Der asiatische Teil ist das heutige Anatolien mit Grenzen zu Syrien, dem Irak, dem Iran, Aserbaidschan, Armenien und Georgien.

Klima:

Das Klima ist recht unterschiedlich. Die gesamte Südküste und der westliche Teil der Türkei profitieren vom angenehmen Mittelmeerklima mit heißen Sommern und milden Wintern. Die Temperaturen liegen an den Küsten südlich von Istanbul bei ca. 30 Grad im Sommer und bei ca. 10 Grad im Winter. Im Landesinneren kann es im Winter ziemlich eisig werden – in Ostanatolien muss im Januar mit Minustemperaturen bis zu 15 Grad gerechnet werden.

Sprache:

Die Landessprache ist türkisch. Viele Menschen in der Türkei, oft ehemalige Gastarbeiter, sprechen jedoch eine Fremdsprache. Die Türkei ist eines der wenigen Reiseländer, wo man sich mit Deutsch besser verständigen kann als mit Englisch.

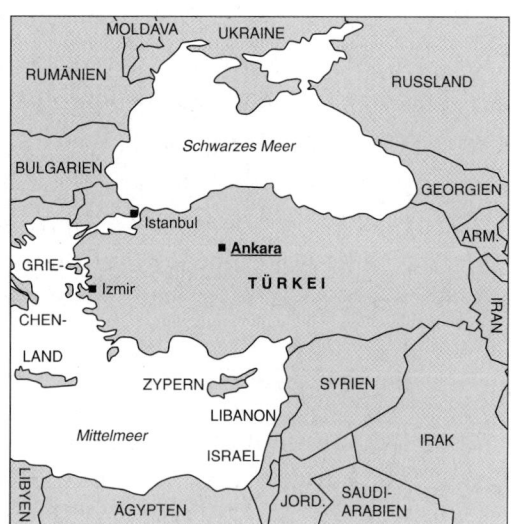

Religion:

Zum Islam bekennen sich 99% der türkischen Bevölkerung. Die Kultur des Landes ist somit stark vom Islam geprägt.

Die politische Situation

Die moderne Türkei ist vor allem das Werk eines Mannes, dessen Bild man überall in der Türkei begegnet: Mustafa Kemal Pascha, genannt Atatürk (= „Vater der Türken"). Die Türkei wurde am 29. Oktober 1923 Republik und Mustafa Kemal zu ihrem ersten Präsidenten gewählt. Wie kein zweiter hat er das Leben der Türken verändert. Sein Programm war, eine moderne, weltlich ausgerichtete Nation zu schaffen. An Stelle des islamischen Rechts trat das bürgerliche Gesetzbuch, die Frauen wurden den Männern gleichgestellt.

Kemal mit seiner Frau in den zwanziger Jahren.

1928 ersetzte das lateinische Alphabet die osmanische Schrift. 1934 verlegte man den wöchentlichen Ruhetag auf den Sonntag und im selben Jahr führte er das aktive und passive Frauenwahlrecht ein. Ein Jahr später erhielt jeder Türke einen Familiennamen.
Die Türkei ist ein demokratischer Rechtsstaat mit verschiedenen Parteien und freier Presse. Gleichwohl sind die politischen Verhältnisse instabil und widersprechen in der täglichen Praxis oft der demokratischen Idee. Die Verletzung der Menschenrechte ist einer der Gründe, der die von der Türkei gewünschte Aufnahme in die EU bisher verhindert hat.
Die Militärs in der Türkei betrachten sich als Hüter der Republik. In der türkischen Verfassung wird ihnen eine starke Stellung im Staat zugestanden. Das Militär ist im Straßenbild einer Stadt überall gegenwärtig. Ein höflicher Umgang mit dem Personal ist empfehlenswert.
Eines der größten innenpolitischen Probleme ist das Kurdenproblem. Die Kurden leben seit etwa 5000 Jahren im Südosten der Türkei. Der türkische Staat verbot ihnen das Sprechen ihrer eigenen Sprache; sie wurden mit Willkür- und Gewaltaktionen verfolgt.
Mitte der 80er Jahre formierte sich die Kurdische Arbeiterbewegung PKK als Gegner des türkischen Staates. Allein 1995 wurden 3900 Regierungssoldaten und kurdische Kämpfer getötet. Ein Ende des Blutvergießens ist nicht abzusehen.

Die wirtschaftliche Situation

Trotz aller Bemühungen, die Industrie stärker anzukurbeln, ist die Türkei nach wie vor ein Agrarland. Rund elf der 18 Millionen Erwerbstätigen arbeiten in der Landwirtschaft. Angebaut wird hauptsächlich Getreide, Mais, Baumwolle, Tabak, Oliven und Obst. Ein weiteres Exportstandbein ist die Textilindustrie, in der die Teppiche eine bedeutende Rolle spielen.
Eine der wichtigsten Einnahmequellen ist der Tourismus. Aufgrund ihrer Verdienstmöglichkeiten gilt die türkische Mittelmeerküste als Lebensader der Türkei. Rund sieben Millionen Touristen bringen jährlich einige Milliarden US-Dollar ins Land. Die rasante Entwicklung des Tourismus an der Küste hat die wirtschaftlichen und sozialen Strukturen stark verändert. Die Bodenpreise schossen in die Höhe und die Bauern verließen ihre Felder, um als billige Arbeitskräfte am Boom teilzuhaben.

Nach wie vor ungelöst ist jedoch die relativ hohe Arbeitslosigkeit und die hohe Inflationsrate. Der EU-Beitritt soll hier Abhilfe schaffen.

Die gesellschaftliche Situation

„Die Türkei ist eigentlich gar kein Land. Eher ein auf 779 452 Quadratkilometer zusammengeschnurrter Kontinent." So stellt ein Reiseführer die heutige Türkei vor. Hier ist es nicht möglich, von einem einheitlichen Bild der Türkei zu sprechen, zu groß sind die Unterschiede. Unterschiede zwischen Stadt und Land, zwischen Tradition und Fortschritt, zwischen Mittelmeerküste und Anatolien.

Vieles hat sich in der Türkei in den letzten Jahren verändert. Hatte man in den 80er Jahren den Eindruck, alles drehe sich um den Kurdenkonflikt, die Islamisierung und den EU-Beitritt, so hat das Land in den 90er Jahren eine andere Entwicklung genommen. Einige Beispiele sollen ein Bild der Türkei heute zeichnen.

Traditionen:

Die Kultur der Türkei ist zum einen Teil stark vom Islam und zum anderen Teil von den alten Sitten der Nomaden geprägt. Traditionelle islamische Lebensformen gibt es noch besonders stark auf dem Land in den kleineren Dörfern, in abgeschwächter Form aber auch in den Großstädten.

Eines der Grundprinzipien des türkischen Lebens besteht in der strikten Zweiteilung der Welt: Während der öffentliche Raum vorwiegend dem Mann zusteht, beherrscht die Frau das Haus. Die Großfamilie, innerhalb derer die Türken bis vor wenigen Generationen zusammenlebten, ist heute vor allem unter den Ärmeren noch die gängige Lebensform. Die türkische Kleinfamilie besteht im Schnitt aus fünf bis sechs Personen: die Eltern und drei bis vier Kinder.

Obwohl Atatürk eine Modernisierung des türkischen Bildungswesens einleitete, ist der Anteil an Analphabeten innerhalb der Bevölkerung bis heute sehr hoch. Ca. 20% der Bevölkerung können weder lesen noch schreiben. 1927 wurde zwar die allgemeine Schulpflicht eingeführt, doch drang sie lange nicht bis in die Provinz vor – einfach, weil es dort an Schulen und Lehrern mangelte. Hinzu kommt die nach wie vor weit verbreitete Kinderarbeit: Ärmere Familien sind auf den Verdienst ihrer Kinder angewiesen und schicken sie deshalb häufig nicht zur Schule.

Die Traditionen basieren auf strengen Moralvorschriften. Junge Mädchen werden besonders streng bewacht. „Ein Vater darf nicht zulassen, dass sich eine männliche Fliege auf seine Tochter setzt", sagt eine türkische Redewendung. Der Grad der väterlichen Strenge ist allerdings von Ort zu Ort unterschiedlich. In Izmir oder in den Touristenzentren der Ägäisküste wachsen junge Mädchen lockerer auf als in kleinen Ortschaften im Hinterland. Doch leben die Eltern stets in Sorge, ihre Tochter könne ihre Jungfräulichkeit vor der Ehe verlieren. Dann steht nicht nur die Ehre der Frau auf dem Spiel, sondern viel mehr noch die der männlichen Familienmitglieder.

Die Familie:

Von Mohammed, dem Propheten, stammt das Wort: „Niemand, nicht einmal der Vater... kann eine erwachsene Frau... ohne ihre Einwilligung rechtmäßig verheiraten..."

Gleichwohl werden in der islamischen Türkei fast zwei Drittel der Ehen von den Eltern geplant; über die Hälfte der Frauen heiraten im Alter zwischen 15 und 17 Jahren. So ist die Liebesheirat eher selten. Gewöhnlich gehen einer Hochzeit komplizierte, oft langwierige Verhandlungen voraus. Eine Ehe in der Türkei ist eben meist weniger ein Bund zwischen Mann und Frau als zwischen zwei Familien.

Die Frauen:

Auf dem Land bietet sich dem Besucher des Landes oft genug das Bild müßig in den Teehäusern zusammen sitzender Männer, während die Frauen draußen auf den Feldern in der Hitze Schwerarbeit leisten.

Die modisch gekleideten, eleganten jungen Frauen in den Geschäften oder Banken Istanbuls mit ihrem selbstbewussten Auftreten können sich solche Verhältnisse genauso wenig vorstellen wie ihre Geschlechtsgenossinnen in der Bundesrepublik Deutschland. Dem äußeren Anschein nach haben wir es in der Türkei mit einer reinen „Männergesellschaft" zu tun. Doch wer weiß schon, dass der Anteil von Frauen an akademischen Berufen und im öffentlichen Dienst, bei Ärzten, Juristen, Journalisten, Künstlern oder Lehrern nicht geringer ist als in Deutschland?

Nicht vor dem Gesetz, sondern vor allem infolge von Tradition und Religion ist die Stellung der Frau in der türkischen Gesellschaft der des Mannes immer noch untergeordnet. Trotzdem genießt die türkische Frau in der Familie ein hohes Ansehen und nimmt Einfluss auf alle wichtigen Familienangelegenheiten. Der Mann begegnet seiner Frau und der Mutter seiner Kinder zumeist mit Achtung und Zurückhaltung. Allerdings hat sich in den letzten Jahren gerade in diesem Bereich viel verändert. Die Männer spielen nicht mehr immer die Hauptrolle. Die Frauen drängen verstärkt in den Blickpunkt: in der Öffentlichkeit wie im Geschäftsleben. Die Unternehmerin mit Schleier am Steuer – sie hat sich in der „männlichen" Gesellschaft ihren Platz erkämpft. Moderne türkische Frauen beweisen, dass sich Tradition und Gewinn in der Türkei durchaus kombinieren lassen.

Die neue Medienlandschaft:

Kinofilme, Backrezepte oder Talk-Shows – seit 1990 holen die Türken nach, was ihnen der graue Staatsfunk lange vorenthalten hatte. Und das tun sie mit Hingabe: Über 1000 TV- und Radiostationen senden aus Hinterhöfen, Wohnungen oder High-Tech-Studios.

Langweilig ist es beim Istanbuler Zapping bestimmt nicht. Auf „über 300" schätzt die Journalistin Nadire Mater die Zahl der türkischen Lokalsender. Hinzu kommen noch rund 20 private Fernsehstationen mit landesweiter Ausstrahlung, fünf öffentliche TV-Anstalten sowie einige aus dem Ausland operierende Sender, die per Satellit an den Verbraucher geraten, zum Beispiel Med TV, das Fernsehen der kurdischen PKK.

Eine Revolution der Medienlandschaft. Früher begann der türkische Tag im Fernsehen mit Nationalhymne und Flaggenhissen vor dem Grabmal Kemal Atatürks. Doch dann, im Jahr 1990, kam Star TV! Ein westlich gestylter Sender, der die Türkei von deutschem Boden aus eroberte. Das war der Beginn des Privatfernsehens in der Türkei. Türkisches Zapping gerät heute leicht zu einer Zickzacktour durch zwei verschiedene Länder. Das eine liegt irgendwo zwischen Amerika und Westeuropa. Hauptsächlich bevölkert ist es von Frauen, jung, blond und sexy. In dem anderen Land treten die Frauen verschleiert auf.

Nach Jahrzehnten ängstlichen Flüsterns verspüren die Türken offensichtlich Drang zur freien Rede. Jede Menge Talk-Shows laden ein bis sechs Uhr in der Früh. Die Sendung, bei der jeder Zuschauer seine Meinung telefonisch einbringen kann, erfreut sich höchster Einschaltquoten. Gewinn und Sex, Militär und Kriminalität, Krieg und Kurden – kein Thema ist mehr tabu.

In kurdischen Dörfern:

Eine Frage der Ehre kann in kurdischen Dörfern über Leben oder Tod entscheiden und lange gab es niemanden mehr, um jahrelange Familienfehden zu beenden. Nun lebt eine fast ausgestorbene Einrichtung wieder auf: Halk Hakims, Schlichter, vermitteln zwischen verfeindeten Familien.

Das Dorf Yaylim liegt an der Grenze zu Syrien. An einem kalten Februartag im Jahr 1997 waren 150 Dorfbewohner, bewaffnet mit Kalaschnikows, amerikanischen M 16-Gewehren und Pistolen aufeinander losgegangen. 90 Minuten lang wurde gefeuert. Als wieder Stille eintrat, hatten fünf Menschen ihr Leben verloren.

Gegen 17 Dorfbewohner wurde nach der Schießerei Anklage erhoben. Die türkische Justiz wird irgendwann über sie Recht sprechen. Für Gerechtigkeit aber versprachen die Angehörigen der Toten selbst zu sorgen. Noch am gleichen Tag schworen sie Blutrache. So entstehen jene berüchtigten Fehden, die sich oft über Jahrzehnte hinziehen und Dutzenden Menschen das Leben kosten.

Der Schlichter sollte nun die rachsüchtigen Clans befrieden. Nach tagelangem Bemühen gelang es ihm, eine Lösung zu finden: Er verbannte den Anstifter mitsamt seinen Kindern auf Lebenszeit aus Yaylim. Der Urteilsspruch wurde akzeptiert.

Die Schlichter sprechen Recht in den Traditionen und in der Sprache, die das Volk hier versteht: auf Kurdisch. Ihre Rechtsprechung beruht auf keiner staatlichen Ordnung, und sie ist nicht einheitlich. Gemeinsam ist den Richtern des Volkes nur ihr hohes Ansehen, das wenig mit ihrer Herkunft, aber viel mit der Persönlichkeit des Schlichters zu tun hat. Die Verehrung, die ihnen die Menschen entgegenbringen, hilft den Schlichtern, ihre Urteile durchzusetzen.

Ein Mann, der das Urteil nicht akzeptiert, wird nicht mit Gefängnis, sondern mit Ächtung bestraft: Das Fleisch seiner Schafe wird plötzlich für zäh und fad befunden, seine Familie wird keine Gäste bewirten dürfen, weil keine mehr kommen, und bei der Wasserverteilung werden seine Felder leer ausgehen. In einer Gesellschaft, in der keiner ohne den Rückhalt der Gemeinschaft leben kann, ist die Ächtung eine Art soziale Todesstrafe.

Weil seine Schwester mit einem Mann getürmt ist, den ihre Familie nicht billigt, konsultiert Abdullah (2. v. l.) den Schlichter (r.), um zu verhindern, dass aus Streit eine tödliche Frage der Ehre wird.

| Name: | Klasse: 9 | Datum: | Geschichte Sozialkunde Erdkunde | Nr.: |

Die Türkei – ein islamisches Land im Wandel

Trage in die Karte ein!

Ankara – Istanbul – Izmir – Westküste – Südküste – Südosten – Schwarzmeerküste – Anatolien – Kurdengebiet

Mit einer Fläche von ca. _____ km² ist die Türkei mehr als _____ so groß wie die Bundesrepublik Deutschland. Die Einwohnerzahl liegt bei _____. Die Hauptstadt des Landes ist _____.

_____ stellt die Verbindung zwischen _____ und _____ dar. Im Bereich der Religion bekennen sich _____ % zum _____.

Die moderne Türkei ist vor allem das Werk eines Mannes: _____.

Die Türkei ist ein _____ Rechtsstaat; allerdings ist die politische Lage _____.

Die wirtschaftliche Situation des Landes wird bestimmt duch die _____, die _____ und den _____.

Die gesellschaftliche Situation ist gekennzeichnet durch große Unterschiede zwischen _____ und _____. Die Kultur des Landes ist nach wie vor stark vom _____ geprägt.

7.3 Europa und der Islam

Muslime in Deutschland

Um dem Islam zu begegnen, brauchen wir nicht in ferne Länder reisen. In Deutschland ist der Islam nach der katholischen und evangelischen Kirche die drittgrößte Religionsgemeinschaft. Ungefähr 2,7 Millionen Muslime leben derzeit in Deutschland. Die meisten davon sind Türken. Auch ca. 100 000 Deutsche haben den Islam angenommen. Streng nach dem islamischen Glauben leben hier ca. 1,3 Millionen Menschen. Die Türken in Deutschland – Menschen, die wir Mitte der 60er Jahre gerufen hatten als Arbeitskräfte. Fast zwei Millionen Türken leben bei uns und mit uns. Die zweite Generation ging hier in die Schulen, die dritte ist hier geboren.

In der bekennenden türkischen Familie werden bereits die Kinder mit dem Koran vertraut gemacht. Dies geschieht vom sechsten Lebensjahr an in der Koranschule. Dort lernen Mädchen und Jungen, streng nach Geschlechtern getrennt, das Lesen des arabischen Korans. Sie erlernen die arabische Schrift, um Koranverse auch schreiben zu können und sie lernen, wie man die einzelnen Suren des Korans richtig vorträgt. Für viele Kinder, die in Deutschland geboren sind, ist die Sprache des Korans eine Fremdsprache. Der Unterricht findet am Sonntag statt. Er wird vielfach von Laien gehalten.

Mädchen in einer Koranschule in Gelsenkirchen

Das Bild der Muslime in Deutschland wird leider oft von den wenigen Türken geprägt, die mit extremistischen Gruppen sympathisieren oder mit islamischen Fundamentalisten, die den Islam mit Gewalt ausdehnen wollen. Auf der anderen Seite berichten Zeitungen über Brandanschläge gegen türkische Mitbürger. Aber – ist dies der Alltag? Wohl nicht. Das massenhaft gute Zusammenleben von Deutschen und Türken im Alltag und am Arbeitsplatz ist in den Zeitungen kaum Berichte wert – getreu dem Motto: „Only bad news are good news!"

Von den in Deutschland lebenden zwei Millionen Türken sind 60 Prozent schon länger als 15 Jahre hier und ein Viertel ist bei uns geboren. Sie geben ihr Geld in Deutschland aus, zahlen Steuern, finanzieren unser Sozialsystem mit. Knapp 700 000 versicherungspflichtige türkische Arbeitnehmer leisten ihren Beitrag zur Sicherung des sozialen Systems. Zwischen 1983 und 1998 stieg die Zahl türkischer Selbstständiger in der Bundesrepublik auf ca. 43 000. Ihre Unternehmen bieten über 150 000 Arbeitsplätze, darunter 15 Prozent für deutsche Beschäftigte. Jedes Jahr kommen schätzungsweise 1200 türkische Betriebe hinzu. Das durchschnittliche Nettoeinkommen der knapp 500 000 türkischen Haushalte in der Bundesrepublik Deutschland entspricht ungefähr dem der deutschen Haushalte: 3600,– DM monatlich. In türkischen Wohnungen stehen – relativ gesehen – mehr Fernseher, Videorekorder, Hi-Fi-Anlagen und Computer als in deutschen. Und sie fahren bevorzugt deutsche Markenautos.

In den neuen Bundesländern investieren rund 50 türkische Unternehmen. Sieben türkische Banken mit 20 Filialen sind in der Bundesrepublik vertreten.

40 000 Türken kehren jährlich in ihr Land zurück. Andererseits lebt jede zehnte türkische Familie in der Bundesrepublik in einem Eigenheim – Tendenz steigend. Dafür spricht die wachsende Zahl der Bausparverträge.

Mittlerweile entstehen in einzelnen deutschen Städten Moscheen als Zentren islamischen Glaubens, beispielsweise in Pforzheim die Fatih-Moschee.

Zusammenleben: Probleme und Chancen

Wenn man über verschiedene Religionen oder über verschiedene Völker spricht, über ihre Anschauungen, über ihre Religion, über ihr Verhalten – kommt es immer wieder zu dem gleichen Problem – dem Hauptproblem überhaupt – zur Verallgemeinerung. Man sollte eigentlich jedem Leser schreiben: „Lieber Leser, bitte entschuldigen Sie, dass wir immer wieder allgemeine Aussagen machen und dabei oft nicht dem Einzelfall gerecht werden können. Es gibt **die** Türken nicht, wie es auch **die** Deutschen nicht gibt!"

Deshalb wollen wir hier zu diesem Thema keine allgemeinen Aussagen treffen, sondern Menschen zu Wort kommen lassen, die sich über den Kontakt zwischen Deutschen und Türken Gedanken gemacht haben, die überlegt habe, welche Rolle der Islam in diesem Fall für das Zusammenleben der Menschen spielt.

Nimm selber zu den einzelnen Aussagen Stellung! Was erscheint dir richtig, war erscheint dir falsch zu sein? Überlege, warum die jeweilige Person zu ihrer Meinung gekommen ist! Frage deinen (türkischen) Mitschüler nach seiner Meinung!

Welche Schüler islamischen Glaubens gibt es noch an deiner Schule?

Christoph Daum (Fußballtrainer):

Christoph Daum übernahm 1993 den Fußballverein Besiktas Istanbul und wurde mit diesem Verein 1995 türkischer Meister.

„Ich hatte schon vor meinem Traineraufenthalt einige türkische Freunde. Allerdings war mein Bild der Türkei ziemlich orientalisch geprägt: Die Türkei wird oft mit Kopftüchern dargestellt. Aber in Köln sieht man sicher mehr Kopftücher als in Istanbul. Das Bild ist völlig falsch ..."

„Die Türken in Deutschland schotten sich oft zu sehr ab, gehen nicht auf die Deutschen zu. Dadurch wird oft eine Integrationsmöglichkeit vertan. Ich denke, dass sich eine bestimmte Zahl auch nicht in unsere Gesellschaft integrieren will. Hier spielt sicher auch der islamische Glaube eine Rolle."

„Die Türken bleiben einem Teil der Deutschen als Angehörige eines nahöstlichen Kulturkreises fremd. Einige empfinden den Islam und die türkischen Lebensverhältnisse untergründig als Bedrohung."

Kenan Kaca (junger Türke):

Man kommt nicht leicht darauf, dass er Türke ist. Vor 24 Jahren in Deutschland geboren, spricht er perfekt Deutsch. Kenans Eltern kamen schon Anfang der 60er Jahre nach Deutschland. Der Vater arbeitete in einer süddeutschen Fabrik, die Mutter hat 20 Jahre lang dazuverdient.

Vor ein paar Jahren ist die Mutter zurückgegangen in die Türkei, hat es nicht mehr ausgehalten in diesem Land, dem sich die fromme Muslimin nie anpassen konnte. Das war ein schwerer Abschied, erinnert sich Kenan, obwohl er da schon 20 Jahre alt war. „Da war plötzlich eine Leere im Haus."

Der Vater lebt immer noch hier. Hier hat er seine Freunde und Bekannten, die meisten Türken, der eine oder andere Deutsche ist darunter; hier hat er seinen Kegelverein. Drei Jahre wollte er noch bleiben, hat er gesagt, als er in Rente ging. Und das sagt er heute immer noch. Dass die Söhne – Kenan und sein älterer Bruder Cihat – hier leben, spielt sicher eine Rolle.

Die haben sich unterdessen seiner Aufsicht entzogen. Der Vermieter hatte nichts gegen zwei Türken mit Hund. Die Wohnung ist groß und vor allem bezahlbar.

Mit Deutschen hat Kenan Kaca wenig Erfahrung im privaten Bereich. Die Gleichaltrigen hier kommen ihm, so sagt er, manchmal wie Kinder vor; wohlbehütet und versorgt von den Eltern, ferngehalten von allen wirklichen Problemen. Außerdem gilt ihnen Freundschaft nichts. Das ist es, was ihn an Deutschland am meisten stört. Die Beziehungen zwischen den Menschen findet Kenan völlig kalt und unbeständig. Dass hierzulande Heime gebaut werden, in die man die alten Menschen abschiebt, entsetzt ihn immer noch. „Ich hätte Angst, in Deutschland alt zu werden." Dass Türken seiner Generation sich in Deutschland plötzlich so verhalten, sieht er wohl.

In der Türkei ist das alles ganz anders. Aber es gibt für ihn keinen wirklichen Weg zurück. Vielleicht dann, wenn er einmal alt ist, um dort begraben zu werden, wo seine Vorfahren liegen. Bis dahin wird er immer nur zu Besuch sein.

Eine Dresdnerin entdeckt Türken in München:

Frauen in endlos langen dunklen Röcken, verschleiert bis auf die Augen – türkische Frauen im Straßenbild, umgeben von einer mehr oder weniger großen Kinderschar und in Begleitung eines türkischen Mannes. Das war zunächst ein ungewohntes Bild für mich, als ich nach meinem Umzug in München eintraf.

In Dresden habe ich selten eine türkische Familie gesehen. Mittlerweile ist es ganz alltäglich für mich, dass in unmittelbarer Nachbarschaft eine große türkische Familie lebt, ich beim Türken um die Ecke Obst und Gemüse hole und beim Arzt oder im Fitnesscenter auf Türken treffe. Aber muss sich meine Nachbarin völlig verschleiern, wenn sie an ihrem Fenster erscheint, um ihre Kinder zum Essen hereinzurufen?

In der Arbeit lernte ich eine emanzipierte junge Türkin kennen. Sie war für ein sechsmonatiges Praktikum in die Bundesrepublik gekommen. Rana war unverschleiert, hatte blondierte Haare, trug Jeans und Plateauschuhe. Trotzdem glaubte sie an Allah und Mohammed, aß kein Schweinefleisch und fastete während des Ramadan. Dadurch stärke sie ihren Charakter, erzählte sie mir. Aber die völlige Unterwerfung der Frau – das könne sie nicht akzeptieren.

Selda Öztürk (Schülerin in Augsburg):

Selda ist 16 Jahre alt und lebt seit 1990 in der Bundesrepublik Deutschland. Sie besucht in Augsburg die Hauptschule. Wir haben uns mit ihr unterhalten (Auszüge):

Selda, fühlst du dich als Deutsche oder als Türkin?

Keine Ahnung, ich weiß nicht so recht. Eigentlich fühle ich mich als Europäerin.

Hast du Vorbilder?

Ja, Atatürk, weil er vieles in der Türkei verändert hat.

Was können die Deutschen von den Türken lernen und umgekehrt die Türken von den Deutschen?

Die Deutschen sollten von den Türken die Warmherzigkeit übernehmen. Oft fühle ich mich fremd, wenn ich mich mit deutschen Mitschülern unterhalte. Die Türken könnten bei der Kindererziehung viel von Deutschen lernen. Deutsche Kinder sind viel freier erzogen und dürfen viel mehr. Die Eltern sind nicht so streng wie in türkischen Familien. Mein Vater würde nie erlauben, dass ich einen festen Freund hätte oder allein in die Disco ginge.

Könntest du dir eine Heirat mit einem Deutschen vorstellen?

Ich werde bestimmt einen Deutschen heiraten, und ich werde auf gar keinen Fall einen Türken heiraten, weil ein türkischer Ehemann ist voll streng. Ich will auch nicht, dass meine Kinder so streng erzogen werden wie ich. Selbst wenn ein türkischer Ehemann hier geboren und aufgewachsen ist, so werden sich seine Eltern immer in die Ehe einmischen.

Schüler aus Istanbul

Sie heißen Taper, Seyfi, Nezir, Füsun, Betul und Secil. Sie sind zwischen 14 und 16 Jahre alt. Mit neun anderen Mitschülern sind sie zehn Tage in Köln. Sie kommen aus einer privaten Schule aus Istanbul. In der Türkei sind zur Zeit Schulferien. Für sie ist es ihr Urlaub. Die Kurt-Tucholsky-Hauptschule in Köln-Ostheim hat diese Reise organisiert. Die Istanbuler Lehrerin, Zeynep Ersözlü, macht dies zum dritten Mal mit. Sie spricht perfekt Deutsch und ist so Dreh- und Angelpunkt des Austausches.

Die Schüler kommen nur mühsam über die Sprachbarriere: Ein paar Worte Deutsch, ein wenig Englisch, das Wörterbuch und vor allem die Hände ermöglichen eine Unterhaltung.

„Wie gefällt es euch in Deutschland!" Heftiges Kopfnicken, erhobener Daumen und überhaupt ihr fröhliches Auftreten zeigen, dass sie sich wohl fühlen. Sie wohnen bei Gastfamilien. Gefragt nach den Unterschieden zwischen hier und zu Hause, sind es die „fremden" Gewohnheiten, die sie am stärksten beeindrucken. „Die Kinder sind hier so frei! Der Junge raucht neben seinem Vater. Unmöglich in der Türkei!" Erzählt uns Füsun.

Betul wundert sich, dass jeden Tag anderes Essen gekocht wird. „Wir kochen einmal für mehrere Tage. Das ist praktischer."

Secil hat Probleme mit den Getränken. „Bei uns trinken wir Wasser ohne Soda. Ich kann das nicht trinken mit Sprudel. Ich trinke dann lieber aus der Leitung."

Aufgefallen ist ihnen auch der Umgang der Kinder und Jugendlichen mit Erwachsenen. „Wir haben viel mehr Respekt vor älteren Menschen als die Jugendlichen hier", meint Betul erkannt zu haben.

Alle wünschen sich, noch mehr andere Länder kennen lernen zu können. „Wenn die Türkei in die Europäische Union aufgenommen wird, brauchen wir kein Visum mehr. Dann geht das bestimmt einfacher", sagt Füsun. Stolz zeigt er uns die verschiedenen Visaeinträge in seinem Pass, die seine Reiselust belegen.

Zeynep Ersözlü über ihre Austauschschüler: „Sie kommen mit einer Portion Angst, aber auch mit Neugier nach Deutschland. Für die Mädchen ist der Austausch schwieriger, da sie nicht so frei erzogen werden wie die deutschen."

Eines der Mädchen wurde bei einer alleinerziehenden Mutter untergebracht, die einen Freund hat. Das sehr an strenge Traditionen gebundene türkische Mädchen konnte die familiäre Situation nicht akzeptieren. Zeynep Ersözlü: „Wir haben sie schließlich in einer anderen Familie unterbringen können. Meine Schüler können nicht verstehen, wie junge Deutsche so ‚frei' sein können. Gestern sagte ein Mädchen zu mir: ‚Ich habe das Gefühl, dass das Mädchen nicht auf die Mama hört, das ist unmöglich, die ist ja nicht mal 18.'"

Hajo Altenberg/Heinz Horst

„Meine Schüler wollten auf keinen Fall zu türkischen Gastarbeiterfamilien. Sie bedauern die in Deutschland lebenden türkischen Kinder, da sie zwischen zwei Kulturen leben."

Zeynep Ersözlü

| Name: | Klasse: 9 | Datum: | Geschichte Sozialkunde Erdkunde | Nr.: |

Deutsche und Türken – Probleme und Chancen

Unser Wunsch an Deutsche:	Unser Wunsch an Türken:

Nicht vergessen:

Die Türken und **die** Deutschen gibt es nicht!

7.4 Projekt: Der Islam

Vorgehensweise

Projektplanung:

Gruppe 1: Der Islam – Entstehung, Lehre und Ausbreitung (Informationsblätter S. 142)
Gruppe 2: Welchen Einfluss übte der Islam auf Europa aus? (Informationsblätter S. 146)
Gruppe 3: Die Türkei – Zahlen, Daten, Fakten, pol. und wirt. Situation (Informationsblätter S. 150 f.)
Gruppe 4: Die Türkei – gesellschaftliche Situation (S. 152)
Gruppe 5: Muslime in Deutschland (Informationsblatt S. 156)
Gruppe 6: Zusammenleben – Probleme und Chancen (Informationsblätter S. 157)

Projekterarbeitung:

Gruppe 1: Die Schüler berichten über die Entstehung des Islams, seine Lehre mit den fünf Pfeilern, die für jeden gläubigen Muslim überaus wichtig sind, und seine Ausbreitung.

Gruppe 2: Die Schüler erläutern, in welchen Bereichen der Islam großen Einfluss auf Europa ausübte.

Gruppe 3: Die Schüler berichten über die heutige Türkei, über Einwohnerzahl, Fläche, geographische Lage, Klima, Sprache und Religion, seine politische und wirtschaftliche Situation.

Gruppe 4: Die Schüler erläutern die gesellschaftliche Situation der Türkei.

Gruppe 5: Die Schüler erläutern die Situation der Muslime in Deutschland. Sie kommentieren die Ergebnisse der Umfrage und nehmen zu dem Zeitungsartikel über den Islam Stellung.

Gruppe 6: Den Schülern in dieser Gruppe wird qualitativ am meisten abverlangt. Sie sollen anhand der Aussagen von Deutschen und Türken Probleme und Chancen des Zusammenlebens herausarbeiten. Gerade hier soll auf die Klassensituation oder auf den unmittelbaren Erfahrungshintergrund eingegangen werden. Die gemeinsame Zusammenschau (AB) soll jedoch nicht diese Fakten zusammenfassen, sondern in einem Schritt darüber hinaus in Form von Wünschen das gegenseitige Verstehen vorantreiben.

Projektdurchführung in Form einer Schulveranstaltung:

Bei dieser Thematik ist eine egal wie geartete Zusammenarbeit zwischen der Institution Schule und einer islamischen Institution (Türkischer Kultur- und Sportverein …) hilfreich. In einer Schulveranstaltung können Elemente islamischer Kultur in Form von Referaten, Bildern, Dias, Filmen, Diskussionsrunden, musikalischen Einlagen wie Musik und Tanz den Eltern nahe gebracht werden.
Eine Vorankündigung in den einschlägigen Medien weist auf diese Veranstaltung hin, ein Bericht fasst diesen Aktionstag zusammen.

Strukturen und Lebensformen im Islam

Wenn man die Lebensformen im Islam verstehen will, ist es notwendig, sich zunächst mit der Grundlage der Glaubenslehre vertraut zu machen: dem Koran.

Der Lebensweg des Propheten Mohammed ist untrennbar mit der Wüste verbunden. Mekka, die Heimatstadt Mohammeds, liegt mitten in der Wüste. In dieser Oasenstadt wuchs der 570 nach Chr. geborene Prophet in ärmlichen Verhältnissen auf und arbeitete sich schließlich zu einem wohlhabenden Kaufmann empor. Mit seinen Karawanen

Muslime beim täglichen Gebet

durchzog er die Wüste und lernte auf seinen weiten Reisen das Judentum und das Christentum kennen. Immer wieder zog es ihn hinaus in die Wüste. Dort erlebte er am Berg Hira bei Mekka im Jahr 609 nach Chr. seine erste Offenbarung. Der Erzengel Gabriel teilte ihm erste Verse des Korans mit (Sure 96). Seitdem war Mohammed erfüllt von der absoluten Größe und Erhabenheit Allahs, das heißt: des einzigen Gottes.

Schüler und Gläubige schrieben die Offenbarungen auf, die Mohammed im Lauf seines Lebens empfing. So lag bereits 20 Jahre nach seinem Tod (632 nach Chr.) der Koran in seiner noch heute gültigen Form vor. Das Wort „Koran" bedeutet wörtlich „Verkündigung". Der Koran besteht aus 114 „Suren" (einzelnen Textabschnitten), die ihrerseits in Verse unterteilt sind. Jede Sure hat eine Überschrift, die sich auf ihre wichtigsten Verse bezieht, jede nennt den Ort, an dem Mohammed sie empfangen hat: Mekka oder Medina. Ihre Reihenfolge im Koran ist durch ihre Länge bestimmt: Die längsten Suren befinden sich im ersten Teil, die kürzesten im letzten Teil des Buches. Nur die erste (eröffnende Sure) des Korans gehört auch zu den kurzen Suren:

„Lob sei Allah, dem Weltenherrn, dem Erbarmer, dem Barmherzigen, dem König am Tag des Gerichts! Dir dienen wir und zu dir rufen um Hilfe wir. Leite uns den rechten Pfad, den Pfad derer, denen du gnädig bist, nicht derer, denen zu zürnst, und nicht den Pfad der Irrenden."

Mehrmals am Tag wiederholt der fromme Muslim diese Worte.

Mohammed kritisierte die Geschäftemacherei und die Gewinnsucht der Bewohner Mekkas. Deshalb stieß seine Lehre bald auf Widerspruch. Im Jahr 622 nach Chr. musste Mohammed mit 70 Anhängern aus Mekka fliehen. Mit diesem Jahr beginnt die islamische Zeitrechnung. Mohammeds Zufluchtsort war die nördlich von Mekka gelegene Stadt Yatrib, die als „Medina" („die Stadt des Propheten") berühmt wurde.

Acht Jahre später kehrte der Prophet siegreich nach Mekka zurück. In Medina hatte er – im Koran – den Grundstein für die islamische Gemeinschaft gelegt, in der bis heute Recht und Religion, Staat und Glaube eine Einheit bilden. Fast eine Milliarde Menschen bekennen sich derzeit überall auf der Welt zu dem durch Mohammed geoffenbarten Gott und zu seinem Gesetz.

Für die Muslime ist der Koran ein Wunder. Er sei nicht von Menschen, sondern von Gott geschrieben. Denn er stelle die Abschrift des im Himmel aufbewahrten Ur-Korans dar. Deshalb sei er zeitlos und unüberbietbar. Der Erzengel Gabriel habe ihn dem Propheten wörtlich mitgeteilt, und zwar in arabischer Sprache. Darum gibt es bis heute keine offiziell anerkannten Übersetzungen des Korans in andere Sprachen, damit das Gotteswort nicht verfälscht wird. Wer den Koran wirklich verstehen will, der muss Arabisch lernen. Auch alle Vorträge aus dem

Koran während eines Gottesdienstes oder eines Gebetes dürfen nur in arabischer Sprache geschehen, ganz gleich, welche Landessprache die Gläubigen jeweils haben.

Der Koran achtet Judentum und Christentum als wahre Offenbarungen Gottes, die allerdings von deren Anhängern verfälscht worden seien. Personen der Bibel, wie z. B. Abraham, Mose und Jesus, gehören zur Reihe der Propheten, die in Mohammed ihren Höhepunkt und ihren Abschluss finden würde.

In Moscheen versammeln sich Gläubige zum Gebet. Sie werfen sich ganz zu Boden, um damit ihre totale Unterwerfung unter Gottes Willen auszudrücken. An den Wänden sind arabische Schriftzeichen zu sehen, die Worte des Korans wiedergeben. Bilder sind verboten, aber in diesen Sätzen aus dem Koran sei Gott gleichsam anwesend.

Der Koran gibt den Muslimen Orientierung für ihr Leben und Handeln. Er enthält einfache, praktische Regeln, die man als die „Fünf Säulen" bezeichnet, auf denen das Leben des frommen Muslims beruht: das Glaubensbekenntnis, das fünfmalige tägliche Gebet, das Fasten im Monat Ramadan, das Almosengeben und die Wallfahrt nach Mekka.

Die fünf Pfeiler des Islam

Das Glaubensbekenntnis:

Jeder kann zum Moslem werden, der die Glaubensüberzeugung „Es gibt keinen Gott außer Allah, und Mohammed ist sein Prophet" mit dem Wort „Ich bezeuge" bekennt. Er akzeptiert damit zugleich den Glauben an den Koran als das Wort Gottes, den Glauben an die Engel als Boten und Werkzeuge Gottes sowie den Glauben an den Tag des Jüngsten Gerichts. Nach einem solchen Bekenntnis gibt es kein Zurück mehr; auf Glaubensverrat steht der Tod.

Das tägliche Pflichtgebet:

Die zweite Säule ist das Gebet als Ehrerbietung vor Gott und wichtigste tägliche Glaubenspflicht. Fünfmal am Tag ruft der Muezzin die Gläubigen zum Gebet. Man kann gemeinsam mit anderen in einer Moschee beten, man kann aber auch für sich allein beten. Ein besonderer religiöser Ort ist dazu nicht nötig. Das Gebet beginnt mit einer „Waschung" (in der Wüste kann etwas Sand das fehlende Wasser ersetzen). Zum Gebet gehört ein kleiner Teppich oder eine Matte, die in Richtung Mekka ausgebreitet werden. Dann spricht der Betende das Glaubensbekenntnis.

Das vorgeschriebene Almosen:

Als dritte Säule tritt das Almosengeben hinzu, sei es freiwillig, sei es als religiöse Pflicht zur Unterstützung der Armen, Witwen, Waisen, zur Ausrüstung der Freiwilligen für den Heiligen Krieg. Die Almosen können in Waren, Getreide oder Bargeld geleistet werden.

Das Fasten im Monat Ramadan:

Der Fastenmonat Ramadan erinnert an den Monat, an den der Prophet zum ersten Mal Offenbarungen erlebte und seine Anhänger ihren ersten Sieg über die Mekkaner errangen. Wie das Gebet soll das Fasten den Gläubigen Gott näher bringen, ihn an sein geistiges Leben jenseits von Essen und Trinken erinnern; es soll ihn lehren, seinen Körper zu beherrschen und das Leiden der Armen verstehen. Der gläubige Muslim darf – so lange es hell ist – nichts essen und nichts trinken.

Die Wallfahrt nach Mekka (Der Haddsch):

Schließlich soll jeder Muslime (Mann und Frau) – soweit sie es sich leisten können – einmal in seinem Leben die Pilgerfahrt nach Mekka antreten. Mehr als eine Million Muslime pilgern jedes Jahr nach Mekka. Beim Besuch der Stadt wird das wichtigste islamische Heiligtum, die Kaaba, siebenmal umschritten. Die Pilgerfahrt zeigt die weltweite Zusammengehörigkeit der Muslime. Nur Muslimen ist bis heute der Zutritt zu diesen heiligen Stätten erlaubt. Wem Allah eine besondere Gnade erweisen will, den lässt er in Mekka sterben.

Pilger in Mekka; in der Mitte die Kaaba, der heilige Schrein im Innenhof der Großen Moschee.

Die Gläubigen leben in dieser Pilgerzeit zusammen in der Wüste, verrichten gemeinsam ihre religiösen Pflichten und tragen die gleiche weiße Kleidung. Sie beschäftigen sich mit einem Gedanken, mit Gott.

Viele Muslime sparen ihr Leben lang für diese Reise. Schon der Aufbruch und dann die Rückkehr in die Heimat sind herausragende lokale Feste. Wer die Pilgerfahrt unternommen hat, kann nun den hohen Ehrentitel Haddschi führen, den Gott am Tag des Jüngsten Gerichts zu Gunsten des Betreffenden anrechnen wird.

Deutsche und Türken – eine Umfrage

Als mitten in die Erhebung Anfang März der Streit um die Ablehnung des EU-Beitritts der Türkei eskalierte, befürchteten die Umfrage-Experten dramatisch negative Ergebnisse. Doch selbst wenn die deutsch-türkische Auseinandersetzung ihre Auswirkungen hatte – beide Völker schätzen einander mehr, als ihre Regierungen das tun. Und noch etwas wurde deutlich: Eine Islamisierung der Türkei wollen weniger Türken als Deutsche: Auf die Frage, ob die Türkei sich eher an Europa oder an der islamischen Welt orientieren sollte, votierten 95,7 Prozent der Türken für Europa – in Deutschland waren es nur 76,2 Prozent.

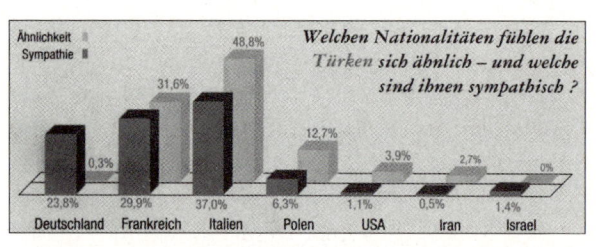

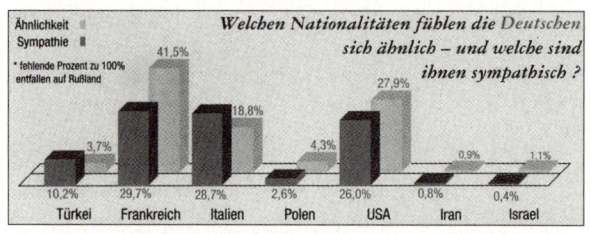

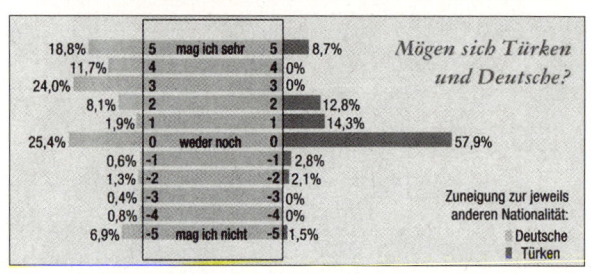

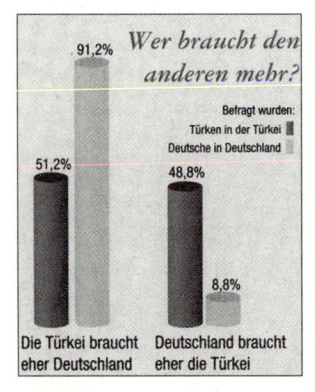

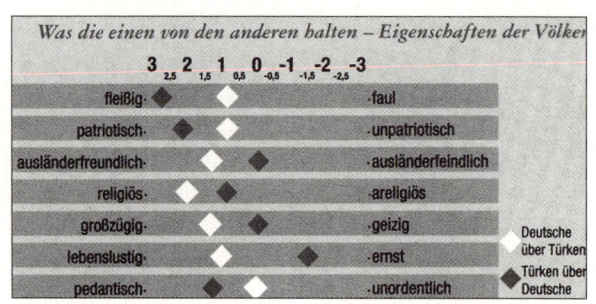

Die Umfrage wurde erhoben vom Essener Zentrum für Türkeistudien zwischen dem 8. und 17. März 1998 unter je 600 Befragten über 17 Jahren in Deutschland und der Türkei. Quelle: Geo spezial Türkei, April 1998

Bürgermeister Barfuß: Miteinander statt interessenloses Nebeneinander

Vortrag bei der Europa-Union über den Islam

Donauwörth (ke/dz) „Islam in Deutschland – Gefahr oder Herausforderung" lautete das Thema einer Veranstaltung, zu der die Europa-Union in den „Deutschmeister" nach Donauwörth einlud. Referent war der schwäbische Bezirksvorsitzende und Lauinger Bürgermeister Georg Barfuß. Er hat maßgeblich zum Bau einer Moschee in seiner Stadt beigetragen.

Nach der Begrüßung durch den Kreisvorsitzenden Karl Eigen sagte Barfuß, dass weit über 2,5 Millionen Muslime in Deutschland lebten, davon seien etwa zwei Millionen Türken. „Sie sind die größte ausländische Bevölkerungsgruppe." Über 40 000 selbstständige Unternehmen erwirtschafteten einen Umsatz von 34 Milliarden Mark und beschäftigten 168 000 Menschen. Während für die deutsche Bevölkerung Glaubenseinrichtungen in ausreichender Zahl zur Verfügung stünden, gebe es im Gegensatz dazu für die muslimischen Mitbürger nahezu keine Gelegenheit ihren Glauben in der Gemeinschaft zu leben. Lauingen gehöre in der Bundesrepublik mit zu den ersten Städten, die für ihre türkischen Einwohner eine Moschee genehmigt hatten. Dabei spielte die Überlegung, dass es besser sei miteinander zu handeln als gegenseitig zu hetzen, eine entscheidende Rolle.

„In Deutschland dürfen die Türken nicht einmal ihren Stadtrat wählen", so Barfuß, ganz nach dem Motto: „Wir tun den Türken nichts, aber wir lassen sie auch nichts tun! So aber verschließen wir zum Teil gemeinsam die Augen vor den Problemen."

Die wichtigsten Themen werden sicherlich sein: ● Wird der Islam eine gleichberechtigte Konfession, ● Was wird aus den Koranschulen, ● Was sind fundamentalistische Aktivitäten, ● Wie kann den deutschen Türken oder den türkischen Deutschen in ihrer Zerrissenheit und Identitätsnot geholfen werden?

Gemeinsamkeiten

Antworten auf diese Themen gebe das Grundgesetz und der deutsche Föderalismus. Barfuß: Die Identität und daher auch Akzeptanz mit unserem Staat leite sich aus der materiell hinterlegten Wertschätzung unseres Gemeinwesens gegenüber seinen Bürgern ab. Staatliche und konfessionelle Vielfalt kennzeichne die deutsche Geschichte seit jeher. „Dabei sollten wir beachten, dass, wann immer Politiker in nichtdemokratischen Staaten die Religion oder die Kirche missbrauchen, sollte dies nicht der jeweiligen Religionsgemeinschaft angelastet werden." Wer sich der Mühe unterziehe, den Islam mit der christlichen Lehre zu vergleichen, der werde feststellen, dass die Kulturen nicht weit auseinander lägen. Die Gemeinsamkeiten seien erheblich größer als die Verschiedenheiten. Moslems seien insgesamt nicht aggressiver oder kriegerischer als Christen. „Aus dieser Tatsache lässt sich eine Ablehnung des Dialogs zwischen Christen und Muslimen nicht herleiten."

Barfuß führte aus, dass, wenn eine Gesellschaft kein Vertrauen in die Überzeugungskraft ihrer eigenen kulturellen Werte hat, sie versuche, dies durch Ablehnung einer fremden Kultur – „hier der Ausländer" – zu kompensieren. Die Gefahren für unser Land seien bei einer aktiven Aufarbeitung dieser Probleme sicher geringer als beim bisherigen Wegschauen. Neue Gefahren würden entstehen, wenn es jedoch zu einer Gettoisierung in einem interessenlosen Nebeneinander statt Miteinander kommt. Extremisten auf beiden Seiten würden dann statt zur Verständigung eher zum Konflikt anheizen.

Mit Diskussion

In der regen Diskussion wurde von den Teilnehmern immer wieder die menschliche Komponente „Barfuß" angesprochen. Nur einem Motor solchen Kalibers trauten die Zuhörer auch die Lösung der Probleme zu.

Aus: Donauwörther Zeitung, 13. 5. '98

8. Menschen aus anderen Herkunftsländern

→ 9.8 Menschen aus anderen Herkunftsländern (bayerischer Hauptschullehrplan)

Lerninhalte:

- Die Ursachen von Migrationsbewegungen in Europa und weltweit kennen lernen
- Einsicht in die Schwierigkeit von Ausländern sich in Deutschland zu integrieren
- Einsicht in die besondere Situation von ausländischen Frauen in Deutschland
- Bereitschaft sich für ausländische Mitbürger und deren Rechte einzusetzen
- Bereitschaft zu vorurteilsfreiem Denken über ausländische Mitbürger

Arbeitsmittel:

Informationsblätter, Arbeitsblätter

Informationen zum Thema:

Das Thema der Menschen aus anderen Herkunftsländern ist heikel. Auf der einen Seite sollte jeder die großen rechtlichen Unterschiede kennen, die zwischen den einzelnen Gruppen bestehen. Man denke nur an Extrembeispiele wie die Ehepartner von Aussiedlern, die durch ihre Heirat deutschstämmig wurden und daher heute deutsche Staatsangehörige sind, und die Asylbewerber.

Andererseits ist diese Unterscheidung gesellschaftlich und politisch nicht gewünscht. Organisationen, die sich bevorzugt um ausländische Mitbürger kümmern, lehnen eine Differenzierung zwischen den verschiedenen Ausländergruppen ab.

Man befürchtet zu Recht, dass auf diese Weise die verschiedenen Gruppen politisch gegeneinander ausgespielt werden.

Zum Dritten aber ist es gerade das mangelnde Differenzierungsvermögen vieler Mitbürger, das immer wieder Vorurteile entstehen lässt.

Damit ergibt sich für den Unterricht das Dilemma, einerseits über die verschiedenen Situationen der Menschen aus anderen Herkunftsländern zu informieren, andererseits immer wieder die gemeinsamen Probleme dieser Mitbürger in den Vordergrund zu stellen.

8. Menschen aus anderen Herkunftsländern → KR 9.1.2, E 9.2.2

8.1 Ursachen von Migrationsbewegungen (S. 168)

Warum kommen Ausländer nach Deutschland? (Arbeitsblatt S. 168)

8.2 Eingliederungsprobleme (S. 169)

Drei Frauen – drei Schicksale (S. 169)
Drei Frauen – drei Schicksale (Arbeitsblätter S. 171/172; Lösungsblatt S. 269)

8.3 Möglichkeiten für ein friedliches Zusammenleben (S. 173) → Eth 9.3.3

Ausländer raus? – Nein danke! (Arbeitsblatt S. 173; Lösungsblatt S. 269)
Ausländer – Vorurteile und Realität (S. 174)
Ausländer – Vorurteile und Realität (Arbeitsblatt S. 175; Lösungsblatt S. 269)

| Name: | Klasse: 9 | Datum: | Geschichte Sozialkunde **Erdkunde** | Nr.: |

8.1 Ursachen von Migrationsbewegungen

Warum kommen Ausländer nach Deutschland?

Die Berichte der drei Frauen zeigen, dass sie und ihre Eltern aus unterschiedlichen Motiven heraus nach Deutschland gekommen sind. Die Ursachen für ihre Migration (= Wanderung) vom Herkunftsland nach Deutschland liegen zum Teil im Herkunftsland, zum Teil in Deutschland. Unser Heimatland zieht Wanderwillige an, das Herkunftsland stößt Wanderwillige ab. Solche Gründe für Wanderungen nennt man Push- und Pull-Faktoren (englisch: push = stoßen/pull = ziehen). In der folgenden Tabelle sind schon einige dieser Faktoren eingetragen. Ergänze die Tabelle!

Push-Faktoren Im Ausland	Pull-Faktoren Im Inland
wenig Arbeit	persönliche Freiheit

8.2 Eingliederungsprobleme

Drei Frauen – drei Schicksale

Carmen ist Lehrerin in Oberbayern. Ihre Eltern sind 1964 aus Spanien gekommen. Sie selbst ist jetzt 27 Jahre alt, wurde also in Deutschland geboren. Seit drei Jahren ist sie jetzt auch Deutsche. Denn als Lehrerin ist man auch Beamtin. Und da wollte Carmen Schwierigkeiten aus dem Weg gehen. Deshalb legte sie ihre spanische Staatsbürgerschaft ab und wurde Deutsche.

Carmens Eltern kamen nach Deutschland, weil man in unserem Land damals viele Arbeitskräfte brauchte. In Spanien jedoch fand man damals nur sehr schwer Arbeit. Dennoch denken Carmens Eltern immer wieder an eine Rückkehr nach Spanien.

Carmen fühlt sich schon eher als Deutsche. Aber wenn Spanien in Deutschland mit Worten angegriffen wird, verteidigt sie ihr Herkunftsland hier. In Spanien dagegen verteidigt sie Deutschland. Sie mag die spanische Mentalität und das Land sehr, möchte aber nicht für immer dort leben.

Marina ist Schülerin in Oberfranken. Sie will auf dem zweiten Bildungsweg ihr Abitur machen. Ihre Eltern sind schon seit 1963 in Deutschland. Marina ist jetzt 23 Jahre alt. Sie ist jugoslawische Staatsbürgerin. Ihre Eltern stammen aus dem heutigen Kroatien und aus Bosnien.

Marinas Eltern kamen auch nach Deutschland, weil man in unserem Land damals viele Arbeitskräfte brauchte. In Jugoslawien war die Situation ähnlich wie in Spanien. Auch Marinas Eltern denken immer wieder an eine Rückkehr nach Jugoslawien, zumal sie dort ein Haus gebaut haben.

Wenn Marina nach Jugoslawien kommt, möchte sie ein Stück Deutschland dorthin bringen, umgekehrt aber ein Stück Jugoslawien mit nach Deutschland bringen. In Jugoslawien wird sie übrigens mehr als Ausländerin angesehen als hier in Deutschland, weil sie Deutsch völlig ohne Akzent spricht, aber Serbisch nur mit Schwierigkeiten. Sie kann sich vorstellen in Jugoslawien zu leben.

Zübeyde ist Friseurin in Mittelfranken. Sie kam 1989 mit ihrer Familie als Flüchtling aus Kurdistan nach Deutschland. Heute ist Zübeyde 21 Jahre alt. Sie ist türkische Staatsbürgerin.

Zübeyde kam mit ihrer Familie nach Deutschland, weil sie als Kurdin in ihrer Heimat verfolgt wurde. Ein weiterer Grund war, dass sie eine andere Religion als die Türken hat. Die meisten Türken sind Muslime, sie aber ist Alawitin. Diese Religion ist eine Mischung aus islamischen, christlichen, und anderen Elementen.

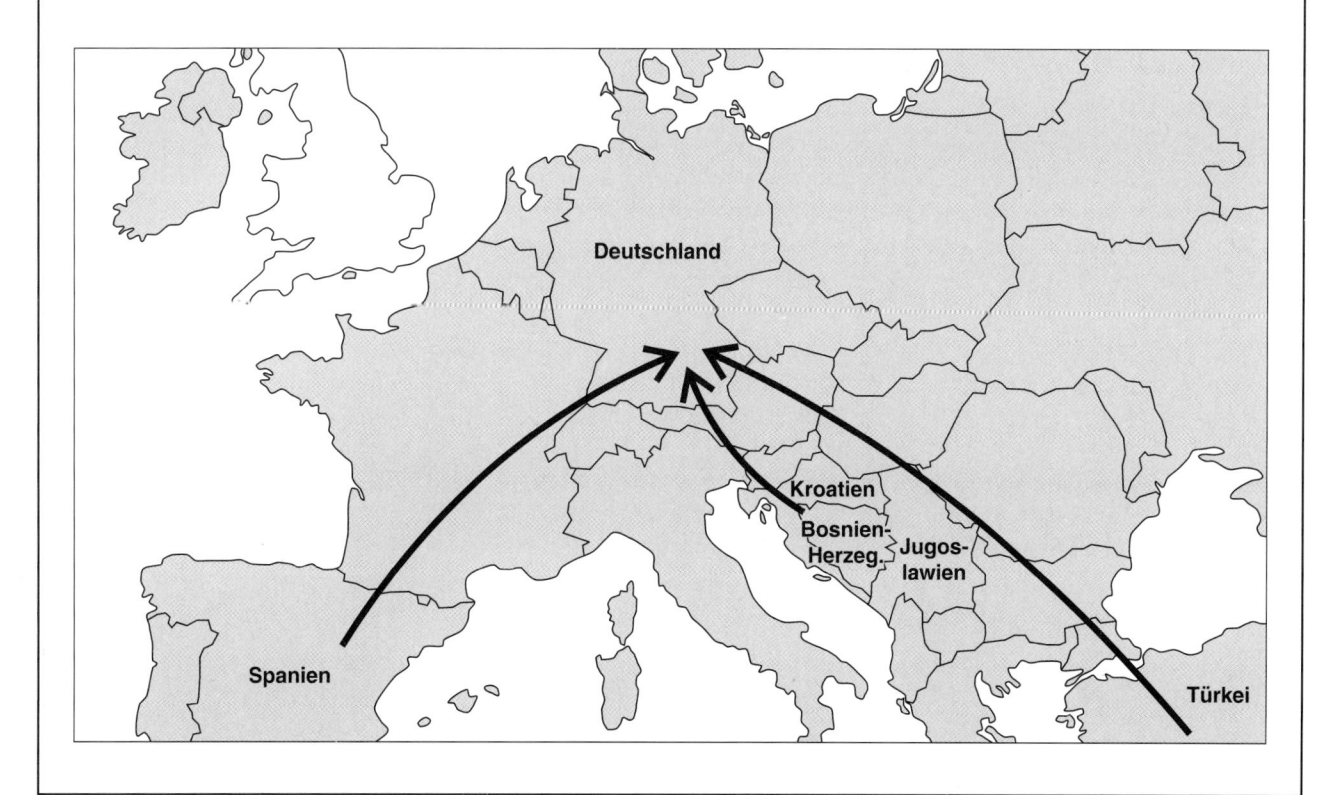

Mit ihrer Heimat verbindet Zübeyde noch sehr viel. Sie möchte gern im Urlaub in die Türkei fahren und Verwandte besuchen. Sie kann sich auch gut vorstellen, nach ihrem Tod einmal dort begraben zu werden, wie es ihre Familie auch will. Aber dort leben möchte sie nicht mehr.

An Deutschland mag **Carmen** besonders, dass man sozial abgesichert ist, wenn man in Schwierigkeiten ist. Sie glaubt auch, dass man hier freier als in anderen Ländern ist.

Ihr gefällt an Deutschland die Mentalität der Menschen nicht. Sie glaubt, dass die Deutschen nicht offen sind und nur an sich selbst, nicht aber an andere denken.

Sie hat auch erlebt, dass sie bei der Polizei, auf dem Arbeitsamt und auf dem Finanzamt dumm angeredet wurde. Angeblich sind ihre Eltern einmal zu schnell gefahren. Und obwohl ein ganz anderes Auto geblitzt worden ist, sprach man bei der Polizei von „den Ausländern, die immer nicht zahlen wollten". Eine Entschuldigung blieb aus. Auch von Kolleginnen wird sie oft als unerwünschte Konkurrenz gesehen.

Nach Carmens Meinung sollten EU-Ausländer in Deutschland wählen können. Bei anderen Ausländern lehnt sie ein Wahlrecht ab, da ihnen möglicherweise das Verständnis für Demokratie fehlt.

Carmen hat eine starke Bindung zu ihren Eltern. Oft glaubt sie, sich gegenüber ihren Eltern rechtfertigen und verteidigen zu müssen. Sie überlegt sich auch, was ihr die Eltern raten würden, wenn sie privat oder beruflich Entscheidungen treffen muss. Selbst auf die Auswahl der Freunde nehmen die Eltern Einfluss. Carmen fühlt sich nicht frei.

Besonders liebt **Marina** an Deutschland die Sauberkeit. Sie schätzt das soziale Netz, das Sicherheit in vielen Lebenslagen gibt. Auch unser Schulsystem findet sie gut.

Wie Carmen mag Marina die Mentalität der Deutschen nicht. Sie hält die Deutschen auch nicht für offen, sondern eher für feige und nachtragend. Die Menschen in Jugoslawien hält sie für warmherziger. Denn die Jugoslawen haben weniger Geld und müssen deshalb mehr Solidarität untereinander üben.

Marina hat selbst nie Ausländerfeindlichkeit erlebt, vielleicht auch, weil sie nicht wie eine Ausländerin aussieht und spricht. Sie glaubt auch, dass man eher bei Männern im Ausländer eine Konkurrenz sieht.

Nach Meinung von Marina sollten in Deutschland geborene Ausländer wählen dürfen. Eine automatische deutsche Staatsbürgerschaft lehnt sie ab. Marina wünscht sich, dass alle hier geborenen Ausländer automatisch die deutsche Staatsbürgerschaft als zweite erhalten, dass sie also zugleich Deutsche und Jugoslawin ist.

Die Familie gibt Marina Rückhalt und stärkt sie. Aber sie fühlt sich auch durch ihre Eltern in ihrer Persönlichkeit beschränkt. Dennoch fühlt sie sich stark an ihre Familie gebunden, denn sie weiß, dass ihre Eltern hier in Deutschland eigentlich nur für ihre Kinder arbeiten.

Zübeyde schätzt an Deutschland, dass man mehr Rechte als in der Türkei hat. Sie glaubt auch, dass die Menschen direkter aufeinander zugehen und dass Probleme lockerer gesehen werden.

Die Deutschen hat Zübeyde zunächst als gefühlskalt erlebt, aber sie sagt, dass sie sich angepasst habe. Meist sitzen ihrer Meinung nach die Deutschen zu Hause oder gehen zur Arbeit. Kontakte untereinander vermisst sie. Wie Carmen hat auch sie schon schlechte Erfahrungen auf Ämtern gemacht.

Zübeyde hat, als sie nach Deutschland gekommen ist, kaum deutsch gesprochen. In dieser Zeit ist sie in der Schule sehr diskriminiert worden.

Sie wünscht sich mehr Rechte in Deutschland und will daher sobald wie möglich die deutsche Staatsbürgerschaft erwerben, auch wenn sie dafür die türkische aufgeben muss.

Zübeyde wird von ihren Eltern und von ihrem älteren Bruder stark kontrolliert. Auch bei der Auswahl der Freunde redet die Familie mit. Die Eltern würden trotz des Bürgerkriegs in der Türkei zwischen Kurden und Türken eher einen Türken als einen Deutschen als Ehemann akzeptieren. Natürlich muss Zübeyde bei ihrer Arbeit als Friseurin westliche Kleidung tragen. Dies haben die Eltern nur schrittweise akzeptiert.

| Name: | Klasse: 9 | Datum: | Geschichte Sozialkunde **Erdkunde** | Nr.: |

Drei Frauen – drei Schicksale

Carmen, Marina und Zübeyde sind drei junge Frauen, die vieles gemeinsam haben, obwohl sie aus verschiedenen Ländern kommen. In manchen Punkten unterscheiden sie sich auch:

Worin unterscheiden sich Carmen, Marina und Zübeyde?

	Carmen	Marina	Zübeyde
Alter			
Beruf			
Staatsangehörigkeit			
Warum kamen die Eltern nach Deutschland?			
Positive Einstellung zu Deutschland			
Negative Einstellung zu Deutschland			
Erfahrungen mit Ausländerfeindlichkeit			
Einstellung zum Herkunftsland			

Trotz aller Unterschiede gibt es aber auch Gemeinsamkeiten zwischen den drei Frauen. Versuche diese Gemeinsamkeiten zu beschreiben!

_____
_____
_____
_____

| Name: | Klasse: 9 | Datum: | Geschichte Sozialkunde **Erdkunde** | Nr.: |

Drei Frauen – drei Schicksale

Anregungen zur Diskussion:

1. Die drei Frauen berichten über die negativen Gefühle, die sie haben, wenn sie über Deutschland nachdenken:

   Fassen wir sie zusammen:

   - Egoismus
   - keine Offenheit, sondern Feigheit
   - wenig Solidarität untereinander
   - Kontaktarmut

   Sucht euch einen oder mehrere dieser Punkte heraus und diskutiert miteinander darüber!

2. Carmen und Zübeyde berichten über Ausländerfeindlichkeit. Habt ihr Ähnliches schon einmal erlebt? Schreibt Stichpunkte auf!

   Diskutiert eure Beobachtungen in der Klasse!

| Name: | Klasse: 9 | Datum: | Geschichte **Sozialkunde** Erdkunde | Nr.: |

8.3 Möglichkeiten für ein friedliches Zusammenleben

Ausländer raus? – Nein danke!

Aus dem, was ihr bisher erarbeitet habt, seht ihr, dass es viele Gründe gibt als Ausländer in Deutschland zu leben.

Die drei Frauen, die wir kennen gelernt haben, sind entweder hier geboren oder aufgrund einer politischen Verfolgung nach Deutschland gekommen.

Trotzdem begegnet man ihnen zum Teil mit Abneigung oder sogar mit Hass.

Sammelt Gründe, die gegen den Ausländerhass sprechen.

Sucht euch einen oder mehrere dieser Punkte heraus und diskutiert miteinander darüber!

Überlegt!

Was können wir als Klasse tun um gegen Ausländerhass vorzugehen?

Sammelt Vorschläge!

Unterrichtssequenzen Geschichte/Sozialkunde/Erdkunde, © Auer Verlag GmbH, Donauwörth

Ausländer – Vorurteile und Realität

Ausländeranteil in Nürnberg und Bayern 1989–1997

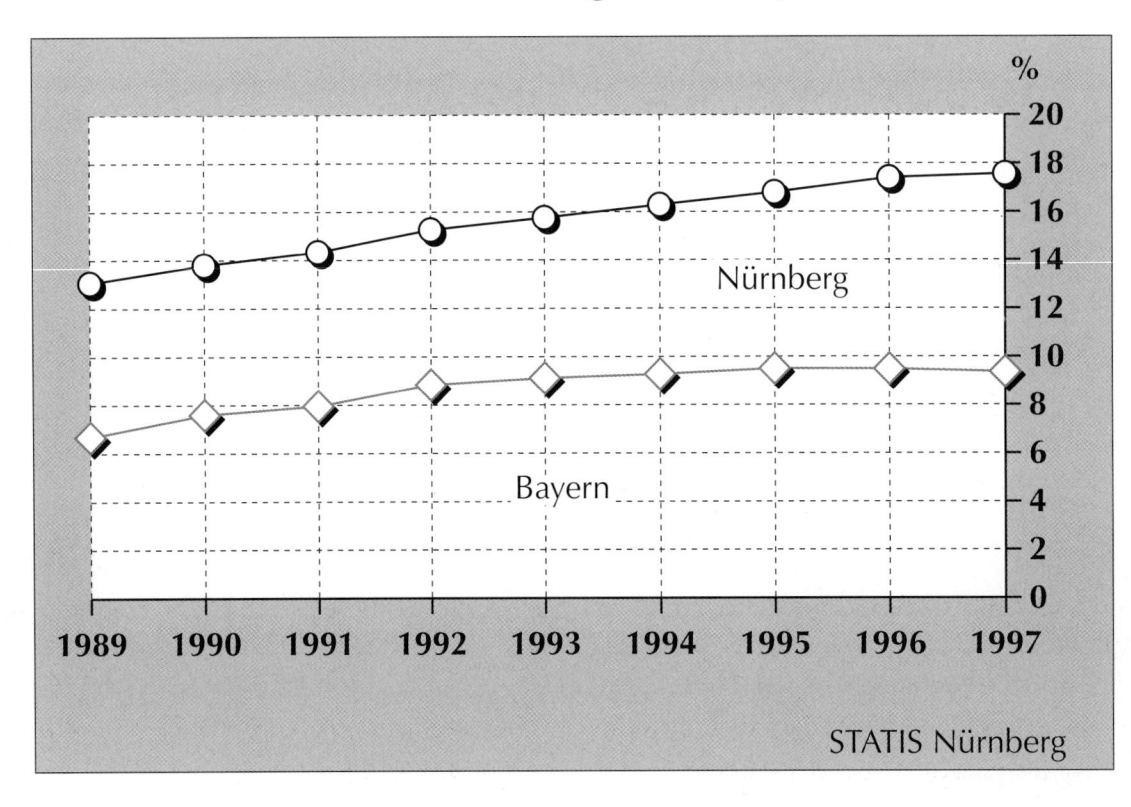

[Liniendiagramm: Nürnberg steigt von ca. 13% (1989) auf ca. 18% (1997); Bayern steigt von ca. 6,5% (1989) auf ca. 9,5% (1997)]

STATIS Nürnberg

Welche Länder wurden von den Nürnberger Wanderungen hauptsächlich berührt? Die größte Nationalitätengruppe, die Nürnberg 1997 verließ bzw. verlassen musste, waren über 2500 Bürger aus dem ehemaligen Jugoslawien. Wanderungsverluste ergaben sich auch noch gegenüber Griechenland und der USA. Im Gegenzug wanderten aus mehreren Gemeinden Bayerns über 1100 Personen, die aus dem Krisengebiet Irak stammten, nach Nürnberg zu. Die zweitstärkste Zuwanderergruppe kam mit etwa 700 Personen aus Polen, allerdings waren dies wohl im Wesentlichen nur Besucher und Saisonarbeiter, da am Jahresende die Mehrheit Nürnberg wieder verlassen hatte. Weitere noch nennenswerte Wanderungsgewinne ergaben sich aus den Ländern Russland, Italien, der Türkei und Österreich.

| Name: | Klasse: 9 | Datum: | Geschichte **Sozialkunde** Erdkunde | Nr.: |

Ausländer – Vorurteile und Realität

Betrachte das Diagramm und lies den dazu gehörenden Text! Dann beantworte folgende Fragen:

1. Woher kam die größte Nationalitätengruppe, die 1997 nach Nürnberg zugewandert ist?
   _____

2. Aus dem bisher Gelernten kannst du erschließen, welchen Status diese Menschen zunächst haben: _____

3. Woher kam die größte Nationalitätengruppe, die 1997 Nürnberg verlassen musste?
   _____

4. Aus dem Gelernten kannst du auch erschließen, welchen Status diese Menschen hatten:
   _____

5. Was geschah überwiegend mit den 700 Polen, die 1997 nach Nürnberg gekommen sind? _____

6. Man spricht immer wieder von drohender Überfremdung. Wie veränderte sich der Ausländeranteil von 1992 bis 1997 in Bayern und in Nürnberg?

| Nürnberg: | _____ % | Bayern: | _____ % |

1. Geschlechterrollen

→ 10.1 Geschlechterrollen (bayerischer Hauptschullehrplan)

10. Jahrgangsstufe

Lerninhalte:

- Erkennen, dass die Gleichberechtigung zwischen Mann und Frau im Grundgesetz verankert ist, im Alltag aber erhebliche Ungleichheiten entstehen
- Aus historischen Beispielen erfahren, dass durch feste Ordnungen stabile Rollen zugeschrieben wurden, gesellschaftliche Umbruchsituationen zu einem Wandel der Geschlechterrollen führten
- Bewusst machen, dass in anderen Kulturen Geschlechterrollen durch andere Normen definiert werden
- Bewusst machen, dass Gleichberechtigung und Partnerschaft vordringliche Aufgaben der Gegenwart sind

Arbeitsmittel:

Folienvorlage (Rollenverständnis in alten Filmen), Informationsblätter, Arbeitsblätter

Folienvorlage:

Foto: CENTRAL ORDER/Kobal Collection

Ohnmachtsanfall in Opas Kino: Der starke Held war immer in der Nähe

1. Geschlechterrollen

Einstieg ins Thema: Folienvorlage (Rollenverständnis in alten Filmen; S. 176)

1.1 Gegenwartsbezogene Gesellschaftsanalyse (S. 178)

Frauenangelegenheiten oder „Männersache"? (S. 178)
Der kleine Unterschied – Schönheit bei Mann und Frau (S. 179)
Test: Wie stehen Sie zur Schönheitsdiskussion? (S. 181)
Frauenbilder – Männerbilder (Arbeitsblatt S. 182)

1.2 Kontinuität und Wandel (S. 183)

Familie und Geschlechterrollen im Wandel der Zeiten (S. 183)
Die Rolle der Frauen um 1800 – im Industriezeitalter – in der Weimarer Republik (S. 184)
Die Frauen während des Nationalsozialismus (1933 bis 1945; S. 185)
Frauen- und Familienpolitik in der BRD (S. 186)
Frauen- und Familienpolitik in der DDR (S. 187)
Frauen- und Familienpolitik in Ost und West – zum Nachdenken (S. 187)

1.3 Tradition und Moderne (S. 188)

Die Geschlechterrollen im Islam (S. 188)
Familienplanung in China – Erfolge mit drakonischen Mitteln (S. 189)
→ KR 10.4, EvR 10.4, Eth 10.3.2

1.4 Zielperspektive: Gleichberechtigung (S. 190)

Die Gleichberechtigung als Ziel – aktuelle Grundlagen (S. 190)

Test-Auswertung v. Seite 181:

Dieser Test zeigt Ihnen, wie sehr Sie von der Bedeutung des Aussehens überzeugt sind. Bewerten Sie Ihre Antworten wie folgt:
Aussage 1, 2, 3, 5, 7, 8: Notieren Sie eine 0, wenn Sie **Stimmt gar nicht** angekreuzt haben; eine 1 für **Stimmt nicht ganz**; eine 2 für **Bin unentschieden**; dann je 1 Punkt mehr bis zu 4 für **Stimmt genau**.
Aussage 4, 6, 9 werden umgekehrt bewertet: Notieren Sie eine 0 für **Stimmt genau**; eine 4 für **Stimmt gar nicht** und 1 bis 3 Punkte für die restlichen Antworten.
Addieren Sie die Punkte aller neun Aussagen. 28 Punkte oder mehr bedeuten: Dass gutes Aussehen in unserer modernen Gesellschaft so viel gilt, beeinflusst Sie ganz erheblich.

| Name: | Klasse: 10 | Datum: | Geschichte **Sozialkunde** Erdkunde | Nr.: |

1.1 Gegenwartsbezogene Gesellschaftsanalyse

Frauenangelegenheiten oder „Männersache"?

Hier sind 17 berufliche Interessen dargestellt, die bei der Berufswahl eine große Rolle spielen. Welche dieser Tätigkeiten ist Ihrer Meinung nach mehr etwas für Frauen, welche eher etwas für Männer. Welche sind Ihrer Meinung nach für Frauen und Männer gleichermaßen geeignet? Begründen Sie Ihre Meinung!

Zur Vorbereitung einer Klassenstatistik: Ordnen Sie die Nummern entsprechend zu!
Nur für Männer: 1   Nur für Frauen: 2   Sowohl als auch: 3

Im Freien arbeiten

Mit Pflanzen oder Tieren umgehen

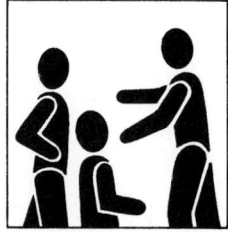

Mit Menschen zu tun haben

Körperlich tätig sein

Gestalterisch arbeiten

Handwerklich arbeiten

Auf technischem Gebiet arbeiten

Im Büro arbeiten

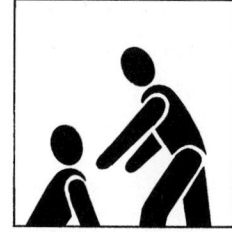

Anderen helfen

Verkaufen, kaufen

Saubere Arbeit

Maschinen zusammenbauen, reparieren

Produktionsanlagen überwachen

Mit Metall umgehen

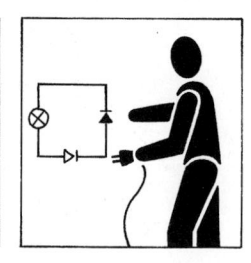

Mit Elektrizität/Elektronik zu tun haben

Mit Baumaterialien umgehen

Im Labor arbeiten

Der kleine Unterschied – Schönheit bei Mann und Frau

Gut aussehen möchten alle. Trotzdem gibt es bemerkenswerte Unterschiede zwischen Frauen und Männern, was den alltäglichen Umgang mit der Schönheit anbelangt. Diese kleinen Unterschiede kann man schon bei Kleinkindern beobachten, die im Alter von drei Jahren damit beginnen, geschlechtsspezifisches Verhalten von Eltern und Freunden nachzuahmen. Mit zunehmendem Alter verhalten sich die Kinder entsprechend dieser mädchen- bzw. jungentypischen Rollen. Mit dem Eintritt in die Grundschule beginnen sich die Kinder mit anderen Kindern zu vergleichen, was dazu führt, dass das eigene Erscheinungsbild Bedeutung bekommt. In der Pubertät erfahren sowohl Jungen als auch Mädchen Veränderungen, die sehr auf den eigenen Körper aufmerksam machen. In dieser Zeit breitet sich die Sehnsucht nach der Schönheit wie ein Virus aus. Bei den Mädchen noch hartnäckiger als bei den Jungen. Dieses Virus legt nicht selten das Selbstbewusstsein lahm, die „Opfer" werden anfällig für Komplexe und Dauerdiäten. Diese Entwicklung wird durch die Medien verstärkt, die deutliche und meist unrealistische Maßstäbe für das Verhalten und Aussehen von Jugendlichen setzen.

Schönheit – nur für Frauen?

Mädchen lernen schon früh, dass auf ihre äußere Erscheinung größerer Wert gelegt wird als bei Jungen. Von denen wird eher erwartet, dass sie klug und stark sind, während Mädchen hübsch und nett sein sollen. Während gutes Aussehen bei Mädchen und Frauen vorausgesetzt wird, scheint es bei Männern nebensächlich zu sein. Diese Erwartungshaltung setzt viele Mädchen und Frauen unter Druck.

„Ich will aber nicht groß und stark werden, ich will zierlich und begehrenswert bleiben!"

Die Angst, nicht schön genug zu sein

Viele Menschen orientieren sich an Schönheitsidealen und sind enttäuscht, wenn beispielsweise die Waage mehr als das von der Mode zugelassene Höchstgewicht für unsere Körpergröße anzeigt. Besonders Mädchen und Frauen verzweifeln nicht selten bei dem Versuch, unerreichbaren Idealmaßen zu entsprechen, die ihnen von den Medien vermittelt werden.

Schöne Frauen – erfolgreiche Männer?

Für Männer scheint das gute Aussehen der Partnerin wichtiger zu sein als umgekehrt für Frauen das des Partners. Dafür scheinen Frauen bei der Partnerwahl mehr Wert auf Beruf, Geld und sozialen Status des Mannes zu legen. Gutes Aussehen wird jedoch bei der Partnerwahl sowohl für Frauen als auch für Männer immer wichtiger.

Männer und Schönheit – eine Prognose

Zunehmend leiden auch Männer unter dem weit verbreiteten Schönheitsideal, das ihnen in Zeitschriften und auf Werbeplakaten, in Film und Fernsehspots vorgeführt wird. Als zu Beginn der 90er Jahre der erste nackte Mann in der Parfum-Werbung auftauchte, ging noch ein Aufschrei durch die Branche. Heute werben immer mehr wohlgeformte Schönlinge für eine Vielzahl von Konsumgütern und irritieren und verunsichern damit die Männerwelt.

Test: Wie stehen Sie zur Schönheitsdiskussion?

Lesen Sie die folgenden Aussagen genau durch und kreuzen Sie an, wie sehr oder wie wenig Sie jeder Aussage zustimmen!

1. Ein Mann geht immer lieber mit einer schlanken Frau aus als mit einer, die mehr auf die Waage bringt.

Stimmt genau	Stimmt zum Teil	Bin unentschieden	Stimmt nicht ganz	Stimmt gar nicht
___	___	___	___	___

2. In den Kleidern, die heute gemacht werden, können nur schlanke Menschen gut aussehen.

Stimmt genau	Stimmt zum Teil	Bin unentschieden	Stimmt nicht ganz	Stimmt gar nicht
___	___	___	___	___

3. Dicke Menschen sind oft unglücklich.

Stimmt genau	Stimmt zum Teil	Bin unentschieden	Stimmt nicht ganz	Stimmt gar nicht
___	___	___	___	___

4. Attraktive Menschen sind nicht interessanter, ausgeglichener und aufgeschlossener als unattraktive Menschen.

Stimmt genau	Stimmt zum Teil	Bin unentschieden	Stimmt nicht ganz	Stimmt gar nicht
___	___	___	___	___

5. Wenn man nicht schlank ist, kommt man mit einem hübschen Gesicht allein nicht weit.

Stimmt genau	Stimmt zum Teil	Bin unentschieden	Stimmt nicht ganz	Stimmt gar nicht
___	___	___	___	___

6. Bei einer Frau ist Attraktivität wichtiger als bei einem Mann.

Stimmt genau	Stimmt zum Teil	Bin unentschieden	Stimmt nicht ganz	Stimmt gar nicht
___	___	___	___	___

7. Attraktive Menschen haben ein erfüllteres Leben als unattraktive.

Stimmt genau	Stimmt zum Teil	Bin unentschieden	Stimmt nicht ganz	Stimmt gar nicht
___	___	___	___	___

8. Je schlanker eine Frau ist, umso attraktiver ist sie.

Stimmt genau	Stimmt zum Teil	Bin unentschieden	Stimmt nicht ganz	Stimmt gar nicht
___	___	___	___	___

9. Attraktivität verschlechtert die Aufstiegschancen im Beruf.

Stimmt genau	Stimmt zum Teil	Bin unentschieden	Stimmt nicht ganz	Stimmt gar nicht
___	___	___	___	___

| Name: | Klasse: 10 | Datum: | Geschichte **Sozialkunde** Erdkunde | Nr.: |

Frauenbilder – Männerbilder

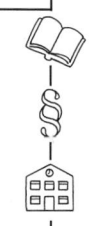

Tragen Sie ein, welche Tätigkeiten eher als „Frauenangelegenheiten" gelten, welche eher „Männersache" sind und welche für beide Geschlechter gleichermaßen in Frage kommen!

„Frauenangelegenheiten"	„sowohl als auch"	„Männersache"

1.2 Kontinuität und Wandel

Familie und Geschlechterrollen im Wandel der Zeiten

Wenn man die Veränderung der Familie, die Veränderung der Rollen von Mann und Frau im historischen Kontext betrachten will, so muss diese Betrachtung die Schichtung der Gesellschaft berücksichtigen. Die Rollen, die Angehörige des Adels im Lauf der Zeit ausfüllten sind nicht vergleichbar mit denen des Bürgertums und diese wiederum sind verschieden im Vergleich zur bäuerlichen Bevölkerung und zur sich entwickelnden Arbeiterschaft im Industriezeitalter.

Arbeiten Sie unter diesen verschiedenen Blickwinkeln die unterschiedlichen Rollenerwartungen der einzelnen Gesellschaftsschichten heraus! Welchen Einfluss nahm jeweils die Familie?

		Bis 1800	19. Jahrhundert	Nach 1945
BERUFS-WAHL	Adel	Söhne: durch die Familie bestimmt; Gutsbesitzer, Offizier, Hofbeamter; Töchter: berufslos, evtl. Gouvernante;		Mehrheitlich nach eigenen Vorstellungen individuell; freie Berufswahl;
	Bürger	Söhne: meist durch Interessen und Besitz des Vaters und der Familie bestimmt; Töchter: berufslos;	gleich bleibend bei Groß- und Besitzbürgern; im Mittelstand zunehmend individuell; Töchter: berufslos; zu Ende des Jahrhunderts zunehmende Tätigkeit vor allem in „weiblichen" Berufen, Frauenstudium;	für Söhne und Töchter mehrheitlich freie, individuelle Berufswahl;
	Bauer	Söhne: durch den Familienbesitz bestimmt; Töchter: Bäuerin;		durch den Familienbesitz verpflichtet, aber zunehmend freie Berufswahl;
	Arbeiter		durch Industrialisierung und Besitzlosigkeit gezwungen; später „Facharbeiter"; Frauen berufstätig;	zunehmend freie Berufswahl;
GATTEN-WAHL	Adel	durch Stand und Namen bestimmt;		zunehmend freier;
	Bürger	durch Stand, Besitz und Familienbeschluss weit gehend bestimmt;	im Großbürgertum gleich bleibend; im Mittelstand Beginn von freier Partnerwahl;	mehrheitlich freie Partnerwahl;
	Bauer	durch Besitz und Familienbeschluss bestimmt;		zunehmend freiere, individuelle Wahl;
	Arbeiter		aus der eigenen Schicht, Klassenbewusstsein;	individuell;
ROLLE DES MANNES UND VATERS	Adel	Der Mann/Vater bestimmt das Verhalten der Familie.		
	Bürger	Der Mann/Vater bestimmt das Verhalten der Familie.		zunehmend partnerschaftlich;
	Bauer	Der Mann/Vater bestimmt das Verhalten der Familie.		weit gehend gleichbleibend;
	Arbeiter		autoritär	autoritär bis partnerschaftlich;
ROLLE DER FRAU UND MUTTER	Adel	Die Frau vertritt die Familie bei gesellschaftlichen Anlässen, sie ist vom Mann abhängig, sie bestimmt nicht über die Erziehung ihrer Kinder (→ Hauslehrer, Gouvernante)		zunehmend selbstständig, der bürgerlichen Oberschicht entsprechend;
	Bürger	wirtschaftlich und bei der Erziehung mitbestimmend, mitarbeitend;	zunehmend unselbstständig, angepasst, der männlichen Führung untergeordnet, nicht berufstätig;	zunehmend gleichberechtigt und partnerschaftlich, berufstätig
	Bauer	der männlichen Führung angepasst, aber mitarbeitend und partnerschaftlich bestimmend.		
	Arbeiter		berufstätig, aber ohne selbstständige Vorstellungen durchzusetzen; der männlichen Führung im Allgemeinen untergeordnet;	zunehmend selbstständiger
ZIELE DER KINDER-ERZIEHUNG	Adel	Standesgemäße Lebensführung, Stabilisierung der Verhältnisse, auf die Stellung in der Gesellschaft ausgerichtet.		
	Bürger	kurze Kindheit, früh an Mitarbeit gewöhnt, aber auch frühe Selbstständigkeit;	neue Einstellung zum Kind; Verlängerung der Kindheit und damit auch der Unselbstständigkeit, Abhängigkeit	Kindheit als Lebensabschnitt, zunehmend frei und selbstständig; freie Ausbildungschance;
	Bauer	kurze Kindheit; frühe Mitarbeit, aber auch Selbstständigkeit und Teilnahme am Erwachsenenleben;		zunehmend entsprechend den bürgerlichen Vorstellungen;
	Arbeiter		kurze Kindheit; früh an Lohnarbeit gewöhnt im Bereich der familiären Existenzbewährung; Ausschluss aus dem Kindheitserleben der Gleichaltrigen, aber weniger Tabubereiche und frühere Selbstständigkeit	zunehmend entsprechend den bürgerlichen Vorstellungen;

Die Rolle der Frauen um 1800 – im Industriezeitalter – in der Weimarer Republik

Um das Jahr 1800 lebten noch etwa 80% aller Menschen Deutschlands auf dem Land. Da war es selbstverständlich, dass die Frauen neben ihren Pflichten im Haushalt bei der Bestellung der Felder, der Ernte und den Vorsorgearbeiten für den Winter mithalfen. Im Haus war die Frau der Mittelpunkt. Manche Frauen verdienten im Winter noch etwas Geld durch Heimarbeit.

Umbruch im Industriezeitalter

Mit dem Aufkommen der Fabrikarbeit vollzog sich eine Wandlung. Die industrielle Revolution schuf Tausende neuer Arbeitsplätze. Da die Männer oft nur wenig verdienten, waren viele Frauen gezwungen neben ihrer Hausarbeit stundenweise Arbeit in einer Fabrik anzunehmen. Während des Ersten Weltkriegs (1914–1918) wurden Hunderttausende von Frauen in der Kriegsproduktion eingesetzt. Ohne die weiblichen Arbeitskräfte hätte keiner der am Krieg beteiligten Staaten Aussicht auf Erfolg gehabt.

Die Frauen in der Weimarer Republik (1919 bis 1933)

Die sich ändernde Rolle der Frau in der Gesellschaft wurde im Rahmen einer neuen Gesellschafts- und Sozialpolitik der Weimarer Republik im Art. 109 der Verfassung dokumentiert:

> Alle Deutschen sind vor dem Gesetz gleich. Männer und Frauen haben grundsätzlich dieselben staatsbürgerlichen Rechte und Pflichten.

Dieses Gesetz verankerte die Gleichstellung von Mann und Frau und brachte den Frauen das Wahlrecht. Am 19. Januar drängten sich Frauen vor den Wahllokalen – sie waren zum ersten Mal stimmberechtigt. In der Folgezeit kam es auch zu einem stärker werdenden Vordringen der Frauen in die Berufswelt.

Frauenarbeit im Büro: Ende der Zwanziger Jahre gelangten die ersten elektrischen Schreibmaschinen zum Einsatz.

19. Januar 1919: Frauen drängen sich vor den Wahllokalen – sie sind zum ersten Mal stimmberechtigt.

Die Frauen während des Nationalsozialismus (1933 bis 1945)

Die offensichtlich rückwärts gewandten Vorstellungen der Nationalsozialisten von der Rolle der Frau stellten einen großen Rückschlag für alle Frauen dar. Ihre Beteiligung am politischen Leben wurde unterbunden. Frauen wurden systematisch aus fast allen qualifizierten Stellungen verdrängt. Die nationalsozialistische Propaganda bemühte sich krampfhaft, zwischen Männer- und Frauenbereichen zu unterscheiden. Die führenden Männer der NSDAP bekämpften die Frauenbewegung.

Den Frauen wurde das passive Wahlrecht (gewählt zu werden) genommen. Der weibliche Anteil an der Studentenschaft wurde für einige Jahre auf zehn Prozent festgelegt. Diskriminierende Maßnahmen trafen auch die höheren Beamtinnen, Ärztinnen und Juristinnen. Im Jahre 1936 lehnte Hitler die Zulassung von Frauen als Richterin und Rechtsanwältin ab. Außerdem wurde bewusst gegen den Lohngleichstellungsgrundsatz verstoßen: Facharbeiterinnen und Hilfsarbeiterinnen verdienten beispielsweise rund ein Drittel weniger als ihre männlichen Kollegen. Weibliche Angestellte erhielten einen Lohnabzug von zehn bis zwanzig Prozent.

Einseitig wurde die Hausfrauen- und Mutterrolle betont. Die nationalsozialistische Bevölkerungspolitik ging einher mit einer ideologischen Überhöhung der Mutterschaft. Frauen sollten der „Fruchtschoß des Dritten Reiches" werden. Vom vierten Kind an bekam eine Mutter das Mutterkreuz in Bronze, vom achten das Mutterkreuz in Gold verliehen. Für die Nationalsozialisten spielte es kaum eine Rolle, ob ein Kind ehelich oder unehelich geboren wurde, Hauptsache der Vater war „Arier". Jede Frau hatte gewissermaßen die Pflicht mit einem solchen „tüchtigen" Mann Kinder zu zeugen.

Unter dem Namen „Lebensborn e.V." wurden seit 1936 14 Heime gegründet, die der Züchtung „rassisch und erbbiologisch wertvoller" Kinder dienten. In diesen Heimen lebten „rassisch und erbbiologisch wertvolle" Mütter, die nicht verheiratet waren. Die von ihnen geborenen Kinder sollten von SS-Familien adoptiert werden, denn die Aufgabe des Vereins war es, den Kinderreichtum in der SS zu fördern. In seiner neunjährigen Geschichte konnte „Lebensborn" 12 000 Geburten registrieren.

Muttertag 1942: Verleihung des „Ehrenkreuzes der deutschen Mutter"

Kinderkriegen im Sinne des Zuchtgedankens: Mutterheim des „Lebensborn" in Oberbayern

Frauen- und Familienpolitik in der BRD

Nach der bedingungslosen Kapitulation am 8. Mai 1945 war die Bevölkerungsstruktur in den vier Besatzungszonen von den Kriegseinwirkungen deutlich geprägt. Viele Millionen Männer waren im Krieg entweder gestorben, in Gefangenschaft geraten oder durch Verwundungen arbeitsunfähig geworden und standen für den dringend notwendigen Wiederaufbau nicht zur Verfügung. Die daheim gebliebenen Frauen übernahmen, soweit sie den Bombenkrieg unbeschadet überstanden hatten, als „Trümmerfrauen" die Aufräumungsarbeiten. Insofern war unmittelbar nach dem Krieg Frauenerwerbstätigkeit eine unausweichliche Notwendigkeit des Überlebens.

Am 23. Mai 1949 trat das Grundgesetz der Bundesrepublik Deutschland in Kraft. Artikel 3 des GG lautet: „Alle Menschen sind vor dem Gesetz gleich. Männer und Frauen sind gleichberechtigt ..." Dieses Gleichberechtigungsgebot war Ausgangspunkt von Gesetzen, die der gezielten Förderung von Frauen und Männern und der Verwirklichung der Chancengleichheit im täglichen Leben dienen sollten, z. B.:

1957: Die Zugewinngemeinschaft wird gesetzlicher Güterstand,
1976: Der Name der Frau kann gemeinsamer Familienname werden,
1977: Im Ehescheidungsrecht wird das Schuldprinzip zugunsten des Zerrüttungsprinzips eingeführt,
1980: Gesetz über die Gleichbehandlung von Männern und Frauen am Arbeitsplatz,
1986: Gesetz über die Gewährung von Erziehungsgeld und Erziehungsurlaub.

Mit dem wirtschaftlichen Aufstieg in Westdeutschland nahm auch die Zahl der berufstätigen Frauen zu. Arbeit war genügend vorhanden und die Konsumwünsche konnten nur mit größerem Einkommen befriedigt werden, wesentliche Faktoren für die zunehmende Erwerbstätigkeit der Frauen.

Die Zahl der erwerbstätigen Frauen stieg seit 1950 von sieben auf über elf Millionen im Jahr 1991. Erwerbstätigkeit ist heute zu einem selbstverständlichen Bestandteil in der Lebensplanung vieler Frauen geworden. Mit der Berufsarbeit verbinden viele Frauen – ebenso wie die Männer – die Vorstellung von langfristiger Beschäftigung, möglichst auf der Grundlage einer qualifizierten Berufsausbildung. Erwerbsarbeit soll die materielle Unabhängigkeit sichern, eine eigene Alterssicherung aufbauen, Entfaltungsmöglichkeiten bieten und eine Lebensaufgabe darstellen.

Die meisten jungen Frauen wünschen sich heutzutage Familie und Kinder, ohne jedoch auf eine Erwerbstätigkeit verzichten zu wollen. Immer mehr Unternehmen sind inzwischen bereit, diese Lebensplanung von Frauen und Männern zu akzeptieren und ihnen die Vereinbarkeit von Familie und Beruf zu erleichtern. Flexibilisierung der Arbeitszeit und eine vermehrte Suche nach Teilzeitarbeitsplätzen vor allem für Frauen sind wichtige Ansatzpunkte einer neuen Frauen- und Familienpolitik.

Frauen- und Familienpolitik in der DDR

Während die Beschäftigungszahl der Frauen in der BRD nach der Staatsgründung zunächst zurückging, stieg im Osten die Frauen-Erwerbsquote rasch an. Das hatte zunächst vor allem wirtschaftliche Gründe. Die einsetzende Massenflucht aus dem kommunistischen Machtbereich (von 1949 bis 1961 ca. 2,7 Millionen Menschen), führte in der DDR zu einem eklatanten Facharbeitermangel, den die politische Führung durch einen verstärkten Einsatz von weiblichen Arbeitskräften auszugleichen versuchte.

Die Mobilisierung der Frauen für die Berufswelt in der DDR war natürlich auch ideologisch begründet. So hatte der totalitäre Staat ein Interesse daran, die Kindererziehung möglichst früh dem privaten Einfluss der Familien zu entziehen, um so noch besser oppositionelle Einstellungen in der Bevölkerung bekämpfen zu können und die Heranwachsenden in seinem Sinne zu formen.

August Bebel und Clara Zetkin, auf die sich die politische Führung der DDR unter anderem stützte, hatten die Ansicht vertreten, dass die wichtigste Grundlage für die Gleichberechtigung der Frau ihre Berufstätigkeit sei. Die Frauenpolitik in der DDR konzentrierte sich folgerichtig darauf, den Frauen den Weg in ein dauerhaftes Berufsleben zu öffnen. Berufstätigkeit wurde mit Emanzipation gleichgesetzt. Zu Hause zu bleiben war in diesem Sinne „reaktionär". Neben die materielle trat so die moralische Pflicht zur Berufsarbeit. Ausnahmeregelungen gab es praktisch nur für die Zeit nach der Geburt eines Kindes oder wegen „Kinderreichtum".

Die Verfassung der DDR von 1949 schrieb die Gleichberechtigung von Mann und Frau fest und stellte die Förderung der Frauen in Beruf und Gesellschaft als staatliche Aufgabe heraus. In Artikel 20 hieß es: „... Mann und Frau sind gleichberechtigt und haben die gleiche Rechtsstellung in allen Bereichen des gesellschaftlichen, staatlichen und persönlichen Lebens. Die Förderung der Frau, besonders in der beruflichen Qualifizierung ist eine gesellschaftliche und staatliche Aufgabe."

Unser Held der Arbeit eine Frau

Maria Schwindel, Montagearbeiterin, wurde für ihre hervorragenden Leistungen mit diesem hohen Staatstitel geehrt

Frauen- und Familienpolitik in Ost und West – zum Nachdenken

1. Worin bestanden die Unterschiede in der Frauenpolitik der BRD und der DDR? Denken Sie dabei vor allem an die Rolle der Frau im Berufsleben!
2. Bedeutet Gleichberechtigung, dass es keine Unterschiede zwischen Männern und Frauen mehr geben darf?
3. Wenn die Frauen im beruflichen Leben so viele Aufgaben übernehmen – kann dann die Rolle der Männer unverändert bleiben? Müssen sie neue Aufgaben übernehmen?
4. Was ist mit der Arbeit, die traditionell meistens von Frauen getan wird: Erziehung der Kinder, Pflege der Alten und Kranken, Haushaltsführung? Ist diese Arbeit weniger wert als bezahlte berufliche Arbeit? Warum bekommen die Frauen dafür kein Geld?

1.3 Tradition und Moderne

Die Geschlechterrolle im Islam

Wer einen historischen Vergleich zwischen Europa und dem islamischen Orient anstellt, wird nur in wenigen Punkten auf wesentlich andere Vorstellungen vom Verhältnis zwischen den Geschlechtern stoßen. Beide Gesellschaften sind durch eine **deutliche Vormachtstellung des männlichen Familienoberhaupts** gekennzeichnet. Anders ist in jedem Fall, dass der Koran die Polygamie (= Vielehe) gestattet, allerdings nur in der Form des ehelichen Zusammenlebens eines Mannes mit mehreren Frauen (Polygynie). So kann ein Mann bis maximal vier Ehefrauen zur gleichen Zeit haben. Diese Vielehe ist aber in der Praxis viel weniger verbreitet, als uns Erzählungen glauben machen wollen.

Die traditionelle Verteilung der Macht in der Familie ist an ökonomische Voraussetzungen gebunden, die mit der Rolle des Vaters als Ernährer zusammenhängt. Ist diese Rolle nicht existent, so zeigt sich leicht ein anderes Bild.

Die islamische Frau in der modernen Welt ist viel stärker in das Berufsleben einbezogen als dies früher der Fall war und dadurch hat sich auch das Verhältnis der Geschlechter untereinander verändert. Diese Veränderungen lassen sich auch im Orient nicht mehr aufhalten. Die Frage ist nur, inwieweit diese Veränderungen sich auch im Umgang miteinander und in der Kleidung niederschlagen werden.

In vielen islamischen Ländern wird auf viele Frauen ein solcher Sozialdruck ausgeübt, dass sie sich auch dann dem äußeren Verlangen beugen, wenn sie selbst nicht von dessen Richtigkeit überzeugt sind. Wesentlich schwieriger ist dies für die in Westeuropa lebenden Musliminnen, von denen nicht wenige unter der Diskrepanz zwischen den Tugendkatalogen von zu Hause und den Sitten in der Gesellschaft leiden. Sichtbar wird dies in Fragen der zulässigen Kleidung (z. B. Hosen oder Rock für Mädchen, Kopftuch oder nicht).

Theologisch gesehen – sind Mann und Frau vor Gott gleichgestellt. Beide sind von Gott geschaffen und haben vor ihm die gleichen Pflichten, Gutes zu tun, die Gebote Gottes zu halten und Gott zu loben.

Die Gatten pochen auf Prügel

Studie: 90 Prozent der türkischen Ehefrauen werden geschlagen

Von Wolfgang Koydl

Istanbul – Es ist ein altes Vorurteil, dass Türken ihre Frauen mehr schlagen als andere Männer. Dass aber so viele Ehegatten ihre bessere Hälfte mit Schlägen und Ohrfeigen traktieren würden, hat sogar die hartgesottene Istanbuler Boulevardzeitung *Gözcü* überrascht. In Balkanlettern verkündete sie die Ergebnisse einer wissenschaftlichen Untersuchung. Demnach schlagen 90 Prozent aller türkischen Ehemänner ihre Frauen mehr oder minder regelmäßig.

Mehr als anderthalb Jahre lang hatte der Psychologe Erdinc Öztürk vom gerichtsmedizinischen Institut in Istanbul 1000 repräsentativ ausgewählte Personen für seine Doktorarbeit befragt. Das Resultat war niederschmetternd: Zugeschlagen wird mit Hand, Faust oder Gegenständen. Und: Im Prinzip gibt es wenig Unterschiede zwischen ungebildeten armen und gut ausgebildeten reichen Türken: Geprügelt wird überall – im illegalen Gecekondu-Viertel und in der Villa mit Bosporus-Blick.

Wohlhabende Akademiker neigen zudem eher dazu, noch bis ins hohe Alter ihre Frauen zu züchtigen. Im Allgemeinen, so stellte Öztürk fest, wird in den ersten drei Ehejahren am häufigsten zugeschlagen – zu 90 Prozent in Elendsvierteln, zu 73,6 Prozent in bürgerlichen und besseren Haushalten. Doch während in einfachen Kreisen die Zahl der geprügelten Frauen dann von Jahr zu Jahr rapide zurückgeht, bleibt sie in großbürgerlichen Verhältnissen dreimal so hoch. Gründe dafür gab Öztürk nicht an; es darf jedoch vermutet werden, dass besser ausgebildete Frauen länger gegen das Diktat des Mannes aufbegehren.

Nach den Gründen für ihr Verhalten befragt, erwiesen sich die Männer als wenig einfallsreich. Die meisten sagten, dass sie „die Kontrolle verloren" hätten; andere nehmen unverhohlen das Recht für sich in Anspruch, ihre Frauen versohlen zu dürfen. Tatsächlich können sie sich auf türkische Sprichwörter berufen, nach denen „die Prügel aus dem Paradies stammen". Eine andere Volksweisheit besagt: „Wer seine Tochter nicht verhaut, der schlägt sich später (aus Verzweiflung) auf die eigenen Knie." Selbst Frauen fügen sich widerstandslos in ihr Schicksal: „Er ist mein Mann, drum darf er mich schlagen oder lieben." Im Parlament in Ankara, das schon mehrmals das Thema behandelt hat, haben sich in der Vergangenheit meist islamistische Abgeordnete als Verteidiger der Züchtigungen hervorgetan. Sie berufen sich sogar auf den Koran oder den Hadith, eine Sammlung von Aussprüchen des Propheten Mohammed, um ihre harte Haltung zu verteidigen. Theoretisch sind Misshandlungen in der Ehe mittlerweile verboten. Doch die Praxis sieht, wie Erinc Öztürk feststellte, anders aus.

SZ, 14./15./16. August 1998

Familienplanung in China – Erfolge mit drakonischen Mitteln

Yang Guanwan ist in jeder Hinsicht ein reicher Mann. Er besitzt drei fünfstöckige Mietshäuser in der Provinzhauptstadt Guangzhou. Und er hat drei Söhne.

Die beiden ältesten sind verheiratet und haben je zwei Kinder – aufgeweckte Mädchen, zwischen vier und acht Jahren alt. Doch der Töchtersegen ist für Yang Guanwan ein großes Unglück. Nichts wünscht er sich mehr als einen Stammhalter, ohne den die Familie in seinen Augen aufhören würde zu existieren.

Für Li hingegen, seine älteste Schwiegertochter, bedeuten die beiden Töchter eine persönliche Tragödie. Denn in chinesischen Städten gilt die Ein-Kind-Familie als gesetzliche Norm. „Das zweite Mädchen hat kein offizielles Wohnrecht in der Stadt, bekommt weder einen Platz im Kindergarten noch in der Schule, auch keine Kranken- und Sozialversicherung", klagt Li.

All das und die 10 000 Yuan Strafe wären noch zu verschmerzen, denn die Familie ist reich genug und kann die Tochter auf eine Privatschule schicken. Viel schlimmer ist, dass drei Monate nach der Geburt von Lis zweitem Kind das örtliche Familienplanungs-Komitee vor der Tür stand, um sie zur Sterilisation mitzunehmen. Für den Fall einer Weigerung drohte das Komitee, die drei Mietshäuser der Familie sowie die 40 Geschäfte von Lis Mann einzukassieren. „Wir hatten keine Wahl", sagte Li; sie ließ sich von den Ärzten „zur wertlosen Frau" machen.

Mädchenmord hat Tradition im patriarchalischen China

Inzwischen weiß sie, dass ihr Mann – auf ausdrücklichen Wunsch ihres Schwiegervaters – eine Freundin genommen hat. Sollte diese Beziehung einen Sohn hervorbringen, wird der Mann sich scheiden lassen. Und vor Gericht sogar Recht bekommen, davon ist Li überzeugt: „Schließlich gilt es als meine Schuld, dass ich nur Töchter geboren habe." Ihre letzte Hoffnung auf eine Besänftigung des Schwiegervaters ruht jetzt auf dessen jüngstem, noch ledigem Sohn. Den hat die Familie zum Kinderzeugen vorsichtshalber ins Ausland geschickt. Der 25-jährige fristet seither ein freudloses Leben als Hilfskraft in einem China-Restaurant in Kassel. Zurück in die Heimat darf er erst, wenn er einen Sohn mitbringt.

Aufgrund der drakonischen Eingriffe in das Privatleben hat sich das Bevölkerungswachstum verlangsamt. 1992 brachte eine Frau in China durchschnittlich weniger als zwei Babys zur Welt – die niedrigste Rate, die je in China erzielt wurde. Trotzdem sieht es so aus, als würde die Bevölkerungsexplosion dem Land die Zukunft verbauen. Demographen gehen davon aus, dass Chinas Bevölkerung bis zum Jahr 2025 auf 1,45 Milliarden wächst. Womöglich noch höher – wenn der wirtschaftliche Erfolg den Menschen so viel Selbstbewusstsein verleiht, dass sie sich über die Vorschriften der offiziellen Familienplanung hinwegsetzen.

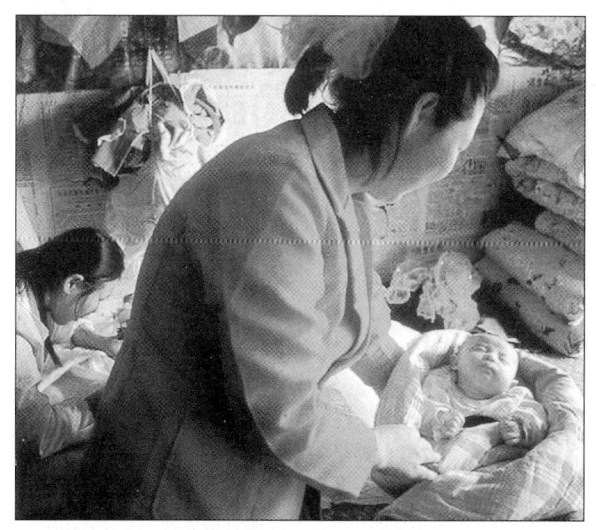

Weil in den Städten die Ein-Kind-Familie vorgeschrieben ist, hat sich das Bevölkerungswachstum verlangsamt. Dennoch wird es in 50 Jahren rund 1,5 Milliarden Chinesen geben

1.4 Zielperspektive: Gleichberechtigung

Die Gleichberechtigung als Ziel – aktuelle Grundlagen

a) Das bayerische Gleichstellungsgesetz:

Zum 1. Januar 1996 trat das **bayerische Gleichstellungsgesetz** in Kraft. Mit diesem Gesetz soll im gesamten öffentlich-rechtlichen Bereich die Gleichstellung von Männern und Frauen vorangebracht werden.
Ministerpräsident Stoiber dazu: „Wir wollen die Zukunft für die Frauen gerechter gestalten, Bewusstseinsänderungen herbeiführen und Verkrustungen abbauen. Unser Ziel ist es, die Freiheit der Frauen für eine eigenverantwortliche Gestaltung ihres Lebens zu stärken und sie nicht auf Rollenbilder festzulegen. Auch eine Entscheidung allein für die Familie verdient volle Anerkennung… Wir wollen eine gerechte Anerkennung der Leistungen sowohl im Beruf als auch in der Familie für die große Mehrheit der Frauen… Das Gesetz verbessert die Vereinbarkeit von Familie und Beruf für Frauen, aber auch für Männer… durch… flexible Arbeitszeiten, Teilzeiten, Beurlaubung und Wiedereinstellung. Der Anteil der Frauen soll in allen Berufsbereichen erhöht werden, in denen sie bisher in erheblich geringerer Zahl beschäftigt sind als Männer…

b) Elterliche Sorge bei Scheidung:

Am **1. Juli 1998** trat ein **neues Kindschaftsrecht** in Kraft. Dieses Gesetz beseitigt rechtliche Unterschiede zwischen ehelichen und nichtehelichen Kindern; für alle Kinder sollen möglichst gleiche Bedingungen geschaffen werden.
Nach der bisherigen Rechtsprechung war es so, dass bei einer Scheidung der Familienrichter über die elterliche Sorge entschied. Zumeist bekam die Mutter das Sorgerecht.
Nach dem neuen Kindschaftsrecht ist dies jetzt anders: Wenn die Eltern sich scheiden lassen, bleibt das elterliche Sorgerecht für beide Elternteile weiter bestehen.
Eine gerichtliche Prüfung und Entscheidung erfolgt nur noch in den Fällen, in denen ein Elternteil einen Antrag auf Zuweisung der Alleinsorge stellt.

c) Elterliche Sorge bei Alleinerziehenden:

Eltern, die nicht miteinander verheiratet sind, können nun **„Sorgeerklärungen"** abgeben, d.h. sie können erklären, das Sorgerecht gemeinsam ausüben zu wollen. Geben die Eltern keine solche Erklärung ab, so übt die Mutter das elterliche Sorgerecht allein aus. Die Sorgeerklärungen müssen öffentlich beurkundet werden, was z. B. beim Jugendamt erfolgen kann.

d) Quotenregelung:

Der Begriff stammt aus dem Sprachschatz politischer Parteien. Gemeint ist damit, dass eine bestimmte Zahl (eine bestimmte **Quote**) von Plätzen, bzw. Führungspositionen von Frauen besetzt werden soll.

Finden Sie heraus, welche Parteien eine solche Quotenregelung in ihrem Parteiprogramm festgeschrieben haben und wie diese im Einzelfall aussieht!

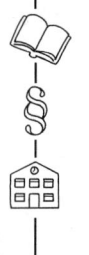

2. Bevölkerungsentwicklung

→ 10.2 Bevölkerungsentwicklung (bayerischer Hauptschullehrplan)

Lerninhalte:

- Bevölkerungszahlen und Bevölkerungsverteilung der Weltbevölkerung kennen lernen
- Die heutige Bevölkerungsstruktur Deutschlands kennen lernen
- Gesellschaftlich-soziale Probleme Deutschlands bewusst machen
- Mit dem Bevölkerungswachstum in China und Indien auseinander setzen
- Lösungsansätze in Form von Entwicklungshilfe, Weltbevölkerungskonferenzen und der Agenda 21 kennen lernen und werten

Arbeitsmittel:

Folienvorlagen (So wächst die Weltbevölkerung, Leistungen an die Dritte Welt), Informationsblätter, Arbeitsblätter

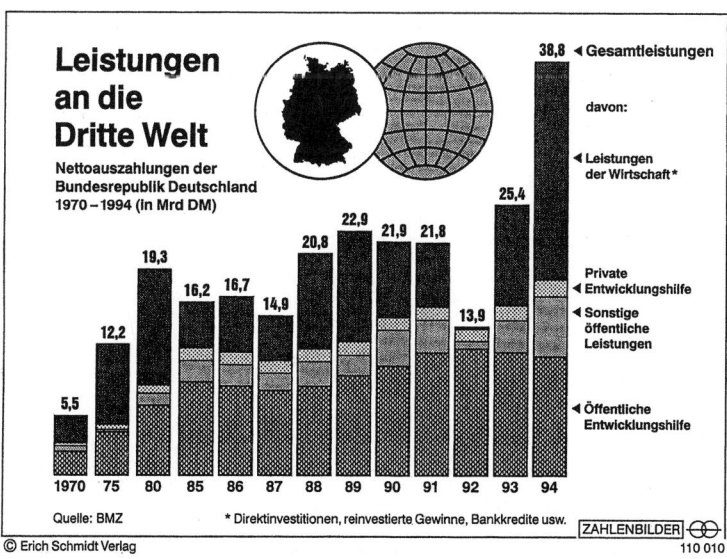

Folienvorlagen:

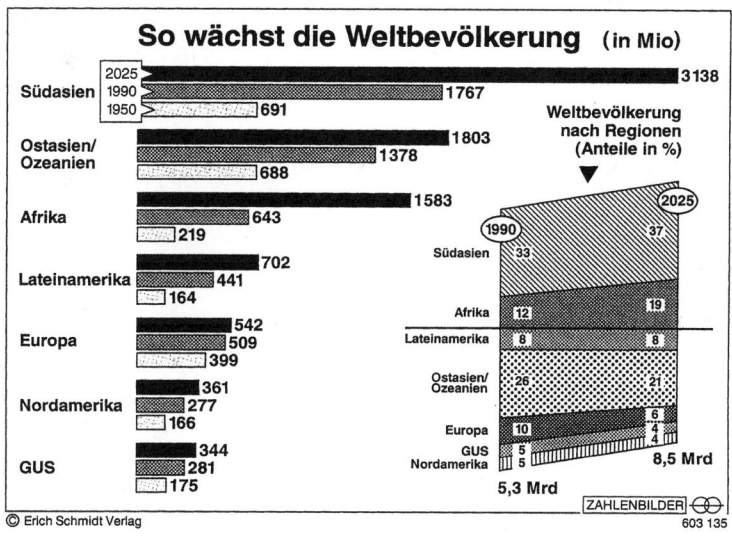

2. Bevölkerungsentwicklung → Ph/Ch/B 10.1, M 10.1

Einstieg ins Thema: Folienvorlagen (So wächst die Weltbevölkerung, Leistungen an die Dritte Welt; S. 191)

2.1 Die Weltbevölkerung im Überblick (S. 193)

Zahlen, Fakten (S. 193)
Weltbevölkerungsbericht 1998: Der Erde droht ein Konflikt der Generationen (S. 194)

2.2 Bevölkerungsentwicklung in Deutschland (S. 195)

2.3 Bevölkerungswachstum weltweit (S. 197)

Indien, China (S. 197)

2.4 Zukunftsperspektive: Überleben in der Einen Welt (S. 198) → KR 10.3.3

Entwicklungshilfe (S. 198)
Die Entwicklungsstaaten der Erde (S. 199)
Schematischer Werdegang eines Projekts der bilateralen staatlichen Zusammenarbeit (S. 200)
Empfängerländer deutscher Entwicklungshilfe (S. 200)
Institutionen der Entwicklungszusammenarbeit in Deutschland (S. 201)
Eine politische Maßnahme – die Weltbevölkerungsberichte der UN (S. 202)
Die „Agenda 21" – Tagesordnung für eine lebenswerte Zukunft (S. 203)
Agenda 21 – global bis kommunal (S. 204)
Die „Agenda 21" – lokales Beispiel Müll (Arbeitsblatt S. 205)
Zeitungsartikel, Daten (S. 206)

2.1 Die Weltbevölkerung im Überblick

Zahlen, Fakten

Die Weltbevölkerung zählt 1998 ca. 6 000 000 000 Menschen. Obwohl die Wachstumsrate gesunken ist und auch weiterhin sinken wird, vermehrt sich die Zahl der Menschen jährlich um mehr als 86 Millionen. Dauerte die Verdoppelung der Weltbevölkerung von einer Milliarde auf zwei Milliarden noch 123 Jahre, so folgte die nächste Milliarde in der immer kürzeren Zeit von 33, 14, 13 und 11 Jahren.

Die UN-Bevölkerungsprognosen gehen für das Jahr 2015 von mindestens 7,1 und höchstens 7,8 Mrd. Menschen aus. Für das Jahr 2050 weisen die Prognosen eine Weltbevölkerung von mindestens 7,9 und höchstens 11,9 Mrd. Menschen aus.

Entwicklung der Weltbevölkerung 1997–2025

	Bevölkerung 1997 (in Mio.)	Projektion für 2025 (in Mio.)	Zuwachs 1995–2000 (in %)	Städtische Bevölkerung (in %)	Zuwachs 1995–2000 (in %)
Afrika	758,4	1453,9	2,6	34	4,3
Asien	3538,5	4784,8	1,4	35	3,2
Europa	729,2	701,1	0,0	74	0,5
Mittel- u. Südamerika	491,9	689,6	1,5	74	2,3
Nordamerika	301,7	369,0	0,8	76	1,2
Ozeanien	29,1	40,7	1,3	70	1,4
Welt	5848,7	8039,1	1,4	45	2,5
entwickelte Länder	1178,4	1220,3	0,3	75	0,7
weniger entwickelte Länder	4670,3	6818,9	1,8	38	3,3
am wenigsten entwickelte Länder	610,5	1159,3	2,7	22	5,2

Quelle: UN-Bevölkerungsfonds 1997

Die Bevölkerungsentwicklung stellt sich regional unterschiedlich dar. In den Industriestaaten wird die Bevölkerung nur noch geringfügig zunehmen. In vielen Staaten wird sie in den nächsten Dekaden voraussichtlich zurückgehen, u. a. in Japan, Deutschland und Italien. Das weltweite Bevölkerungswachstum wird, so die Prognose bis zum Jahr 2025, vor allem in den Entwicklungsländern stattfinden: in Afrika von 730 Millionen auf 1,5 Mrd., in Asien von 3,5 Mrd. auf 4,8 Mrd. Menschen.

Weltbevölkerung: Bevölkerungsreichste Länder

Rang	1995 Staat	Einwohner (Mio)	2050[1] Staat	Einwohner (Mio)
1	China	1200	Indien	1640
2	Indien	936	China	1606
3	USA	263	Pakistan	381
4	Indonesien	198	USA	349
5	Brasilien	162	Nigeria	339
6	Russland	147	Indonesien	319
7	Pakistan	140	Brasilien	264
8	Japan	125	Bangladesch	239
9	Bangladesch	120	Äthiopien	194
10	Nigeria	112	Zaïre (Kongo)	164
11	Mexiko	94	Iran	163
12	Deutschland	82	Mexiko	161

[1] Schätzung; Quelle: UNO, Statistisches Bundesamt

Neue Untersuchungen der UNO prognostizieren eine Abschwächung des Bevölkerungswachstums. Gegenüber einer jährlichen Wachstumsrate von 1,72% in den 80er Jahren verringerte sich der Anstieg der Weltbevölkerung 1990–1995 auf 1,48%. Die Geburtenrate in der so genannten Dritten Welt verringerte sich 1975–1995 im Durchschnitt um ein Kind pro Frau. Vor allem der Erfolg umfassender Gesundheitsvorsorge und Familienplanung werteten die Wissenschaftler als Ursache der rückläufigen Geburtenzahlen. Der in einigen Regionen zu beobachtende Anstieg der Sterblichkeitsrate durch Kriege und Aids sowie die Verringerung der Lebenserwartung und die sinkenden Geburtenzahlen in Osteuropa hätten dagegen kaum Bedeutung.

Weltbevölkerungsbericht 1998: Der Erde droht ein Konflikt der Generationen

Noch nie sind weltweit so viele Menschen so alt geworden wie heute. Mehr als 578 Millionen Menschen sind älter als 60 Jahre. Noch nie aber lebten auch so viele junge Menschen in einem Alter, in dem sie vor dem Eintritt ins Berufsleben oder vor der Gründung einer Familie stehen: mehr als eine Milliarde im Alter zwischen 15 und 24 Jahren (aus dem Jahresbericht des Bevölkerungsfonds der Vereinten Nationen UNFPA 1998).

Beide Entwicklungen sind Konsequenzen einer besseren medizinischen Versorgung: Die Säuglingssterblichkeit ist gesunken und die Menschen leben länger. Beide Trends werden drastische soziale Konsequenzen haben. Die Alterung wird überall auf der Welt, vor allem aber in den Entwicklungsländern, neue Armut entstehen lassen. In den nächsten 50 Jahren wird sich der Anteil der Alten weltweit von heute 6,8% auf 15,1% mehr als verdoppeln.

In den Industriestaaten wird die Gesellschaft noch sehr viel schneller altern als im Rest der Welt: Der Anteil der Alten liegt heute bereits bei 13,5 Prozent und wird zur Jahrhundertmitte die 25-Prozent-Marke erreichen.

Von den heutigen Entwicklungsländern werden vor der Mitte des 21. Jahrhunderts wohl nur China und Thailand und 15 kleine Staaten mehr alte als junge Menschen haben. Noch leben in den Entwicklungsländern mehr als zwei Drittel der Alten bei ihren Kindern. Diese „familiären Unterstützungsnetze" lösen sich aber zusehends auf – überall auf der Welt. Die Betreuung der älteren Familienangehörigen war meist Aufgabe der Frauen. „Weil jedoch Töchter und Schwiegertöchter immer häufiger erwerbstätig sind, schwindet diese Form der Unterstützung", heißt es. In den Entwicklungsländern müssen die älteren Menschen meist so lang wie irgend möglich arbeiten, um für ihren Lebensunterhalt zu sorgen. Einen bezahlten Ruhestand – wie in den Industriestaaten mit ihren Rentensystemen üblich – gibt es nur für wenige privilegierte Gruppen. Aber auch in den Industriestaaten wird es mehr arbeitende Alte geben: Sie werden ihr Einkommen aufbessern oder einfach nützlich sein wollen.

Die Zunahme der jungen Bevölkerung beschränkt sich fast ausnahmslos auf die Entwicklungsländer. In den ärmsten Ländern sind sogar 43% der Menschen unter 15 Jahre alt. Deshalb wird die Weltbevölkerung auch weiter zunehmen – allerdings nicht mehr ganz so schnell wie befürchtet.

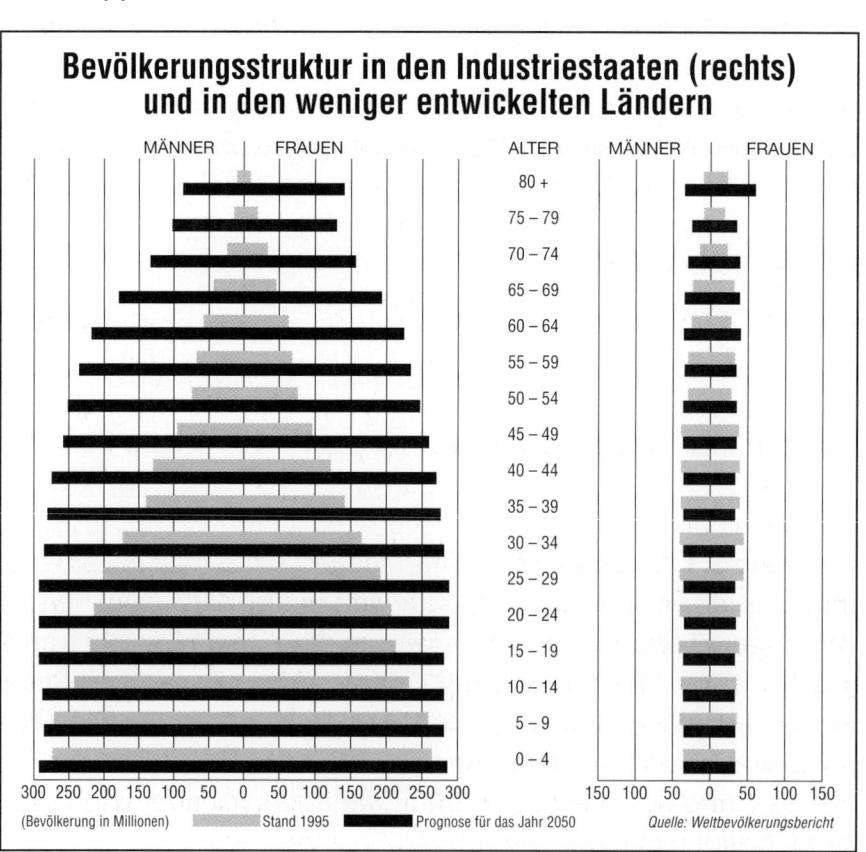

Bevölkerungsstruktur in den Industriestaaten (rechts) und in den weniger entwickelten Ländern

(Bevölkerung in Millionen) — Stand 1995 — Prognose für das Jahr 2050

Quelle: Weltbevölkerungsbericht

2.2 Die Bevölkerungsentwicklung in Deutschland

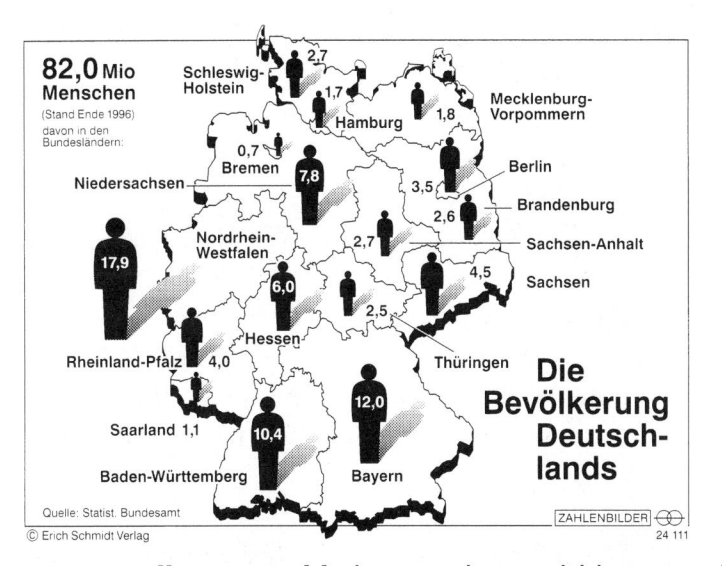

Bevölkerungsentwicklung: Geburten in Deutschland		
Jahr	Neugeborene	
	Insgesamt	West	Ost
1990	905 675	727 199	178 476
1991	830 019	722 250	107 769
1992	809 114	720 794	88 320
1993	798 447	717 915	80 532
1994	769 603	690 905	78 698
1995	765 221	681 374	83 847
1996	789 000	697 000	92 000

Quelle: Statistisches Bundesamt

Die **Bevölkerungszahl** der Bundesrepublik Deutschland betrug am 31. 12. 1996 nach Angaben des Statistischen Bundesamtes rund 82 Millionen, davon 42 Millionen Frauen. 67 Millionen lebten in den alten Bundesländern, 15 Millionen in den neuen Bundesländern einschließlich Berlin-Ost.

Die **Bevölkerungszunahme** von ca. 200 000 Menschen gegenüber 1995 kam durch Zuwanderung zustande. Die Geburtenzahl betrug 1996 ca. 800 000, die darin enthaltene Zahl der Ausländer ca. 100 000.

Die durchschnittliche **Lebenserwartung** eines Knaben beträgt ca. 73 Jahre, die eines Mädchens 79 Jahre.

Im Jahr 1995 lebten in Deutschland ca. 22 Millionen **Familien**; 13 Millionen davon hatten Kinder. 1996 wurden ca. 400 000 Ehen geschlossen.

Als Folge der niedrigen Geburtenrate und der steigenden Lebenserwartung wird der **Anteil der älteren Menschen** in Deutschland weiter wachsen. Waren Mitte der 90er Jahre 15% der Bevölkerung über 65 Jahre alt, wird ihr Anteil 2040 auf 30% geschätzt. 1995 entfielen auf 100 Personen im erwerbsfähigen Alter 24 Rentner, 2040 wird sich das Zahlenverhältnis auf 100 zu 56 erhöhen.

Rund 300 000 Personen erwarben 1995 die **deutsche Staatsbürgerschaft**. Seit 1985 hat sich die Zahl der jährlichen Einbürgerungen versiebenfacht. Die größte Zahl unter den Neubürgern sind die deutschstämmigen Aussiedler, gefolgt von Türken.

Die Zahl der **Aussiedler** nahm 1996 gegenüber dem Vorjahr deutlich ab: von 220 000 auf 170 000. Die Herkunftsländer der Aussiedler: Republiken der ehemaligen UdSSR, Rumänien und Polen.

Die Zahl der **Ausländer** im Bundesgebiet nahm auch 1996 – wie schon seit Jahren – weiter zu, und zwar sowohl aufgrund eines hohen Geburtenüberschusses der hier wohnhaften Ausländer als auch eines Überwiegens der Zu- über die Abwanderungen. Am 31. 12. 1996 waren ca. 7,3 Millionen Ausländer als wohnhaft gemeldet. Der Anteil der Ausländer an der Gesamtbevölkerung betrug 8,9%. Die größte Gruppe stellen Türken, gefolgt von Personen aus dem ehemaligen Jugoslawien.

Bei den **Asylbewerbern** war die Anerkennungsquote von 7,4% rückläufig. Sie entspricht 8611 Asylberechtigten von 116 367 Asylbewerbern.

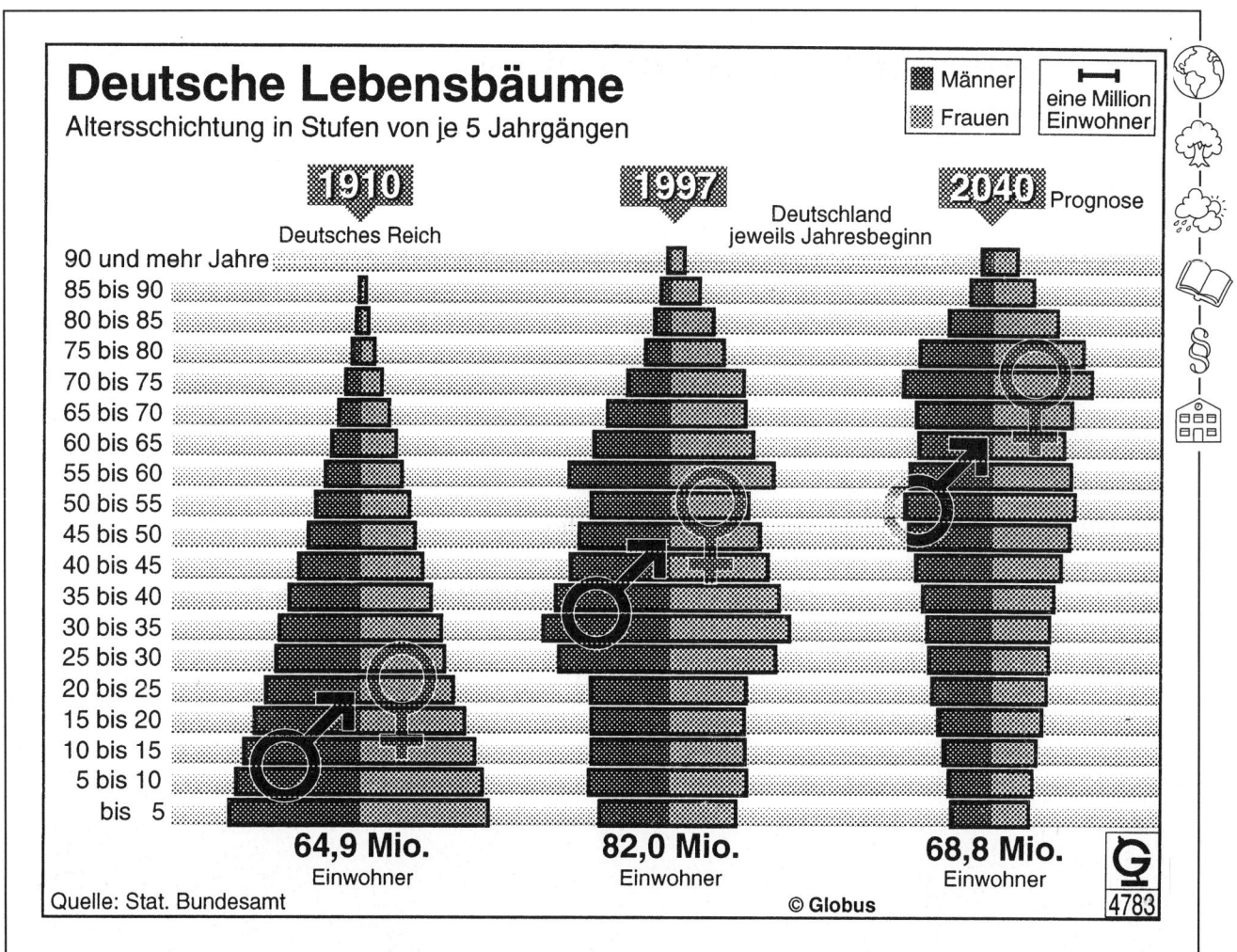

Deutsche Lebensbäume
Altersschichtung in Stufen von je 5 Jahrgängen

■ Männer
▨ Frauen
⊢⊣ eine Million Einwohner

1910 Deutsches Reich — 64,9 Mio. Einwohner
1997 Deutschland jeweils Jahresbeginn — 82,0 Mio. Einwohner
2040 Prognose — 68,8 Mio. Einwohner

Altersstufen: bis 5, 5 bis 10, 10 bis 15, 15 bis 20, 20 bis 25, 25 bis 30, 30 bis 35, 35 bis 40, 40 bis 45, 45 bis 50, 50 bis 55, 55 bis 60, 60 bis 65, 65 bis 70, 70 bis 75, 75 bis 80, 80 bis 85, 85 bis 90, 90 und mehr Jahre

Quelle: Stat. Bundesamt © Globus

Die Deutschen werden immer älter. Dieser Tatsache muss die Renten- und Gesundheitspolitik Rechnung tragen. In Bayern wird im Jahr 2030 voraussichtlich ein Drittel aller Bürger älter sein als 60 Jahre. 1998 war jeder fünfte Bayer über sechzig; 450 000 Bürger waren über 80 Jahre alt, 2030 werden es ca. 670 000 sein.

Im Schnitt entscheiden sich alte Menschen heute erst mit 86 Jahren dafür, den Rest ihres Lebens im Alten- oder Pflegeheim zu verbringen.

Mit Blick auf die steigende Zahl von Alleinstehenden und von Ehepaaren ohne Kinder ist abzusehen, dass viele alte Menschen ohne Angehörige auf fremde Hilfe angewiesen sein werden. Pflegerische Dienstleistungen werden von großer Wichtigkeit werden. Handlungsbedarf besteht auf Dauer auch bei den sozialen Sicherungssystemen. Die bisher gewohnte Absicherung durch das vorhandene Rentensystem wird nicht mehr funktionieren. Reformen sind angesagt.

Der „Generationenvertrag" sorgt innerhalb der Rentenversicherung für die finanzielle Absicherung der Alten durch die Jungen: Sie erhalten ihre Rente aus den Beitragszahlungen der Erwerbstätigen.

2.3 Bevölkerungswachstum weltweit

Indien/China

Indien

Im Jahr 1998 hatte Indien ca. 960 Millionen Einwohner. Die Zahl der Kinder, die Inderinnen im Durchschnitt auf die Welt bringen, ist von 5,2 (1971) auf 3,6 (1991) deutlich zurückgegangen. Die Bevölkerungszuwachsrate liegt bei 1,9%.
Familienplanung wird in Indien als Teil der Gesundheitspolitik betrachtet. Beim Umfang der indischen Bevölkerung, die trotz sinkender Zuwachsraten jährlich fast um 20 Millionen zunimmt, kommt ihr eine Schlüsselrolle für die Hebung des allgemeinen Lebensstandards zu. Der Anteil der Ehepaare, die Verhütungsmittel nutzen stieg mittlerweile auf ca. 50%. In Indien nimmt die Zahl der Kinder pro Familie mit steigendem Einkommen und Bildungsstand (vor allem der Frauen) ab.
In den Jahren 1975/76 wurden massenhaft Zwangssterilisationen, hauptsächlich bei Männern aus ärmeren Schichten durchgeführt. Diese Methode zur Verringerung des Bevölkerungswachstums war aber nur wenig erfolgreich, da sie erst dann durchgeführt wurde, wenn die angestrebte Familiengröße erreicht oder überschritten war.
Eine Rentenversicherung gibt es in Indien nur für wenige Beschäftigte in größeren Privat- oder Staatsbetrieben. Da sich daran auch mittelfristig (kostenbedingt) nicht viel ändern wird, bleibt die Familien-Wunschgröße der ansonsten nicht abgesicherten Eltern nach wie vor groß (in der Regel werden zur Alterssicherung der Eltern drei Kinder angestrebt, davon zwei Söhne). Es ist deshalb fraglich, ob das Bevölkerungswachstum durch das Angebot von Methoden der Familienplanung allein noch weiter gedrückt werden kann.

In Kalkutta wird mit Plakaten auf Beratungsstellen für Familienplanung hingewiesen.

China

Im Jahr 1998 hatte China ca. 1,2 Milliarden Einwohner. Die Zuwachsrate der Bevölkerung liegt bei 1,3%. Aufgrund drakonischer Eingriffe in das Privatleben hat sich das Bevölkerungswachstum verlangsamt. In den Städten ist die Ein-Kind-Familie vorgeschrieben; Mädchen sind eher unerwünscht. 1992 brachte eine Frau durchschnittlich weniger als zwei Babys zur Welt – die niedrigste Rate, die je in China registriert wurde. Trotzdem droht die Bevölkerungszahl zu wachsen: Weil sich die Lebenserwartung der Chinesen seit dem Jahr 1949 mehr als verdoppelt hat, auf inzwischen 71 Jahre. Und weil derzeit ca. 125 Millionen Frauen im gebärfähigen Alter sind – so viele wie nie zuvor. Demographen gehen davon aus, dass es in 50 Jahren rund 1,5 Milliarden Chinesen geben wird.

2.4 Zukunftsperspektive: Überleben in der Einen Welt

Entwicklungshilfe

Für Entwicklungshilfe gibt es eine ganze Reihe von Gründen. Von einigen wird Entwicklungshilfe als **Wiedergutmachungsleistung** für koloniale Ausbeutung der Dritten Welt angesehen. Für andere ist Entwicklungshilfe ein langfristiges **Sicherheitsmotiv** für eine friedliche Zukunft der „Einen Welt". Dabei ist einmal das ökologische Motiv des Umweltschutzes angesprochen, zum anderen das Flüchtlingsproblem. Eine friedliche Zukunft ohne Lösung dieser Probleme ist nur schwer denkbar.

Ökonomische Motive, wie zum Beispiel Arbeitsplatzsicherung durch verstärkte Exporte in die Dritte Welt, gelten ebenfalls als Grund. Schließlich wird das Motiv **internationale Solidarität** genannt. Eine Welt, in der ein großer Teil der Menschen hungert, während ein kleiner Teil in üppigem Konsum schwelgt, ist für manche Menschen nicht hinnehmbar. Wie immer die Entwicklungshilfe motiviert ist, sie lässt sich nach verschiedenen Kriterien gliedern:

a) Öffentlich – privat:
   Unterschieden wird zum Beispiel, ob Entwicklungshilfe von öffentlichen oder privaten Trägern vergeben wird. 1993 betrugen die privaten Leistungen 12,5% der öffentlichen Entwicklungshilfe.

b) Bilateral – multilateral:
   Entwicklungshilfe kann zweiseitig zwischen einem Industrieland und einem Entwicklungsland vergeben werden oder multilateral über internationale Organisationen und Einrichtungen.

c) Ungebunden – gebunden:
   Geberländer verlangen bei der Finanzhilfe für Entwicklungsprojekte, dass die für das Projekt erforderlichen Güter, z. B. Maschinen, im Geberland zu kaufen sind. Gebundene deutsche Entwicklungshilfezusagen sind im internationalen Vergleich mit 18% Anteil vergleichsweise niedrig; 82% erfolgen ungebunden.

d) Projekt- und Programmhilfe:
   Gut zwei Drittel der Entwicklungshilfe wird für genau bestimmte Projekte vergeben (z. B. den Aufbau einer Düngemittelfabrik). Ein Drittel wird als Programmhilfe vergeben, bei der ein ganzes Maßnahmenpaket (z. B. für eine Regionalentwicklung) aufeinander abgestimmt wird.

Die Reparatur dieses Kleinstaudammes im Dogonland in Mali in Westafrika ist ein Gemeinschaftsprojekt der deutschen Entwicklungshilfe.

e) Finanzielle (FZ) und technische Zusammenarbeit (TZ):
   Als FZ wird die Kapitalhilfe in Form von Zuschüssen oder Darlehen bezeichnet. Unter TZ wird die fachliche Hilfe für Entwicklungsländer verstanden. Zur TZ gehört die Entsendung von Fachkräften aller Art.

Die Entwicklungsstaaten der Erde

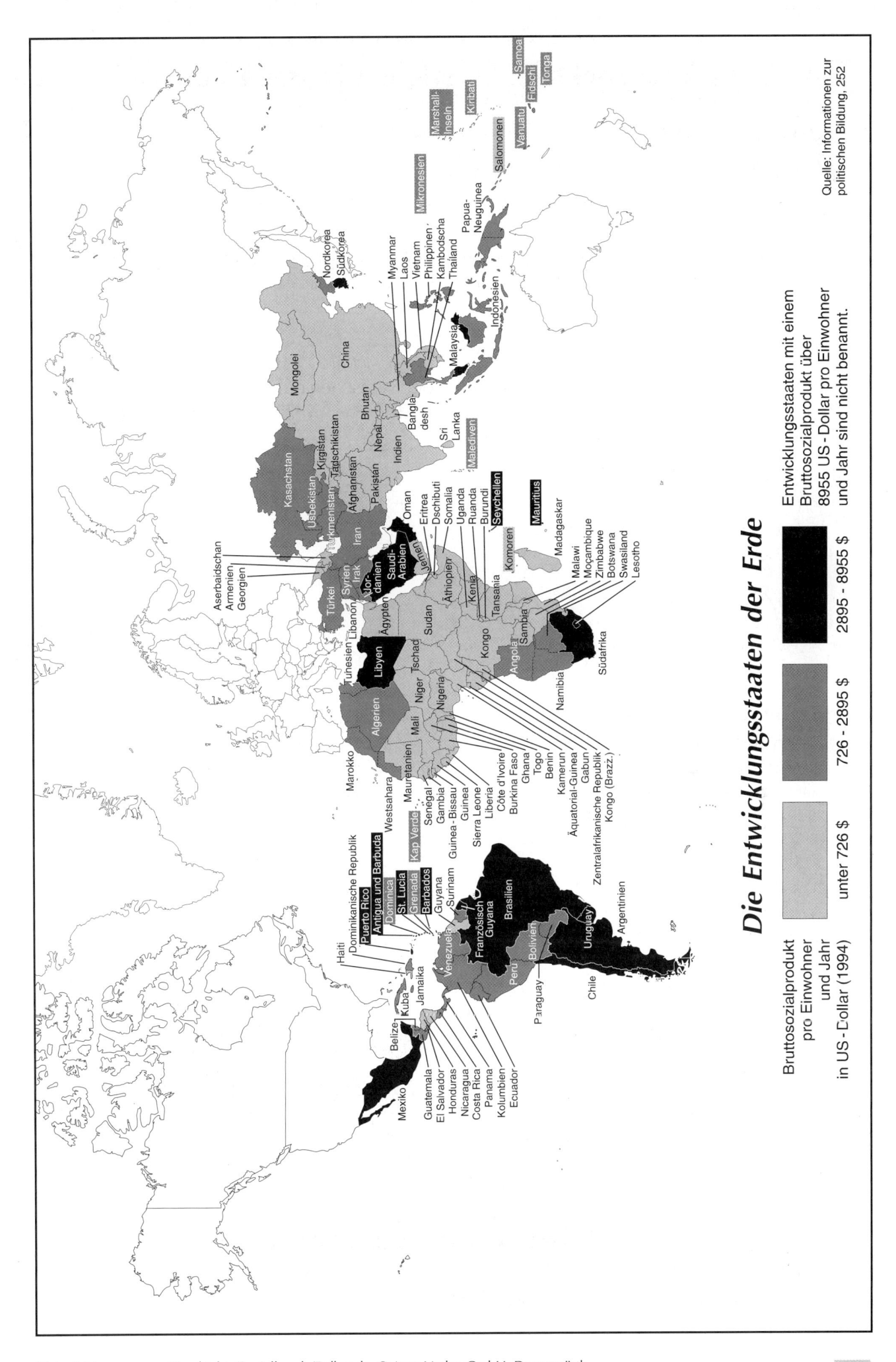

Bruttosozialprodukt pro Einwohner und Jahr in US-Dollar (1994)

- unter 726 $
- 726 – 2895 $
- 2895 – 8955 $

Entwicklungsstaaten mit einem Bruttosozialprodukt über 8955 US-Dollar pro Einwohner und Jahr sind nicht benannt.

Quelle: Informationen zur politischen Bildung, 252

Schematischer Werdegang eines Projekts der bilateralen staatlichen Zusammenarbeit

GTZ = Deutsche Gesellschaft für Technische Zusammenarbeit
KfW = Kreditanstalt für Wiederaufbau

Die Regierung des Partnerlandes erarbeitet einen Projektvorschlag und stellt einen Antrag an die Bundesregierung.

↓

Das BMZ prüft den Antrag des Partnerlandes unter Einschaltung der Durchführungsorganisation (in der Regel GTZ oder KfW) vor.

↓

Das BMZ beauftragt die Durchführungsorganisation mit der Prüfung des Projekts.

↓

Die Durchführungsorganisation prüft das Projekt und legt den Prüfungsbericht vor.

↓

Das BMZ wertet die Prüfungsergebnisse aus und entscheidet über die Förderungswürdigkeit.

→

Die Bundesregierung schließt eine völkerrechtliche Vereinbarung mit der Regierung des Partnerlandes.

↑

Das BMZ beauftragt die Durchführungsorganisation mit der Abwicklung der deutschen Leistungen für das Projekt.

↑

Der Projektträger im Partnerland führt mit Unterstützung der deutschen Durchführungsorganisation das Projekt durch.

↑

Während der Projektdurchführung prüfen die Durchführungsorganisation und das BMZ, ob das Projekt planmäßig realisiert wird.

↑

Nach Projektende prüfen die Partnerländer, das BMZ, die deutsche Durchführungsorganisation und gegebenenfalls der Bundesrechnungshof die ordnungsgemäße Mittelverwendung und Zielerreichung.

Bundesministerium für wirtschaftliche Zusammenarbeit und Entwicklung (Hg.), Gemeinsam für die Eine Welt, Bonn 1996, S. 100.

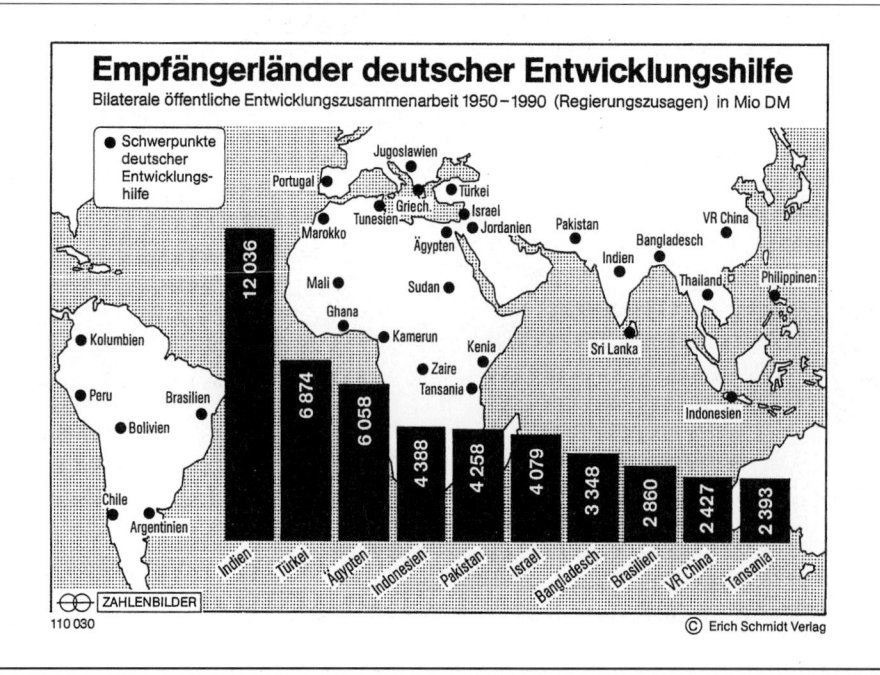

Empfängerländer deutscher Entwicklungshilfe
Bilaterale öffentliche Entwicklungszusammenarbeit 1950–1990 (Regierungszusagen) in Mio DM

- Indien: 12 036
- Türkei: 6 874
- Ägypten: 6 058
- Indonesien: 4 388
- Pakistan: 4 258
- Israel: 4 079
- Bangladesch: 3 348
- Brasilien: 2 860
- VR China: 2 427
- Tansania: 2 393

Schwerpunkte deutscher Entwicklungshilfe: Kolumbien, Peru, Brasilien, Bolivien, Chile, Argentinien, Portugal, Marokko, Mali, Ghana, Tunesien, Jugoslawien, Griechenland, Israel, Jordanien, Ägypten, Sudan, Kamerun, Zaire, Kenia, Tansania, Türkei, Pakistan, Indien, Bangladesch, Sri Lanka, VR China, Thailand, Philippinen, Indonesien

© Erich Schmidt Verlag

Institutionen der Entwicklungszusammenarbeit in Deutschland

(vereinfachte Darstellung)

—— Steuermittel   .... Kirchensteuern   --- Mitgliedsbeiträge/Spenden

Rechtliche Trägerschaft/ politische Steuerung

Institutionen, die staatliche Entwicklungszusammenarbeit durchführen, z. B.:

BMZ/ andere Ressorts

- Kreditanstalt für Wiederaufbau
- Deutsche Gesellschaft für Technische Zusammenarbeit
- Deutsche Stiftung für internationale Entwicklung
- Goethe-Institut
- Carl-Duisberg-Gesellschaft
- Zentrum für internationale Migration und Entwicklung
- Deutscher Entwicklungsdienst
- Otto-Benecke-Stiftung
- Deutscher Akademischer Austauschdienst

Kirchliche Institutionen, z. B.:

Kirchliche Organisationen, Landeskirchen/ Diözesen

- Diakonisches Werk/ Brot für die Welt
- Evangelische Zentralstelle für Entwicklungshilfe
- Dienste in Übersee
- Misereor/ Zentralstelle für Entwicklungshilfe
- Deutscher Caritasverband
- Arbeitsgemeinschaft für Entwicklungshilfe (AGEH)

Politische Stiftungen:

Parteien/ Mitglieder

- Friedrich-Ebert-Stiftung
- Konrad-Adenauer-Stiftung
- Friedrich-Naumann-Stiftung
- Hanns-Seidel-Stiftung
- Heinrich-Böll-Stiftung

Sonstige private Institutionen, z. B.:

Mitgliedsorganisationen/ Mitglieder

- Andheri-Hilfe
- Deutsches Rotes Kreuz
- Deutscher Volkshochschulverband
- Deutsche Welthungerhilfe
- Kolpingwerk
- Medico International
- Deutsches Aussätzigenhilfswerk
- Terre des Hommes
- Deutscher Genossenschafts- und Raiffeisenverband e. V.
- Sparkassenstiftung für internationale Kooperation e. V.
- Gesellschaft für solidarische Entwicklungszusammenarbeit e. V. (GSE)
- INKOTA-netzwerk e. V.

Bundesministerium für wirtschaftliche Zusammenarbeit und Entwicklung (Hg.), Gemeinsam für die Eine Welt, Bonn 1996, S. 96.

Eine politische Maßnahme – die Weltbevölkerungsberichte der UN

Zwei internationale UN-Konferenzen haben die Bevölkerungsproblematik in der jüngeren Vergangenheit behandelt: die **Internationale Konferenz über Bevölkerung und Entwicklung (IPCD)** 1994 in Kairo und die **Zweite Weltsiedlungskonferenz (HABITAT II)** 1996 in Istanbul. Die IPCD hat verschiedene Ziele bestimmt, die während der nächsten 20 Jahre erreicht werden sollen: Erweiterung des Zugangs zu Bildung vor allem für Mädchen, Senkung der Sterblichkeitsraten und Verbesserung des Zugangs zu hochwertigen Leistungen im Bereich der Gesundheit einschließlich der Familienplanung.

Der **Weltbevölkerungsbericht der UN im Jahr 1997** betonte die Rolle der Frauen in der Bevölkerungspolitik. Wenn derzeit festgestellt werden kann, dass die Zunahme der Weltbevölkerung rückläufig ist, so ist dies auf den Erfolg der Familienplanung und auf die Investitionen in Bildung und Gesundheitsprogramme zurückzuführen. Das hat den Frauen mehr Freiheit gegeben, über die Kinderzahl selbst zu entscheiden.

Das **Wachstum der Städte** (so die IPCD) ist der größte Einzelfaktor, der die Menschheitsentwicklung in der ersten Hälfte des 21. Jahrhunderts bestimmen wird. Heute leben 2,6 Mrd. Menschen (45% der Weltbevölkerung in Städten), davon 1,7 Mrd. in Entwicklungsländern. Die Stadtbevölkerung wächst – vor allem wegen der Zuwanderung aus dem ländlichen Raum – schneller als die Weltbevölkerung insgesamt. Um das Jahr 2007 wird die Hälfte der Menschen in Städten leben (3,3 von 6,6 Mrd.). Die Zunahme der Stadtbevölkerung wird sich zum größten Teil in den Entwicklungsländern vollziehen. Heute leben zwei Drittel der Stadtbevölkerung in Entwicklungsländern; bis 2015 werden es mehr als drei Viertel sein und bis 2025 fast vier Fünftel. Ein großer Teil dieses Wachstums wird in den ärmsten Ländern der Welt auftreten; viele der neuen Stadtbewohner, insbesondere Frauen und Kinder, werden zu den ärmsten Menschen der Welt gehören.

Vor allem ist damit zu rechnen, dass der Anteil der Slumbewohner an der städtischen Gesamtbevölkerung zunehmen wird. Die Internationale Arbeitsorganisation (ILO) gibt diesen Anteil schon heute mit 20% für Shanghai, 25% für Mexico City, 34% für Rio de Janeiro, 58% für Lagos und 84% für Kairo an. Slums sind durch den Zerfall von Sozialstrukturen, Kriminalität, mangelhafte Hygiene und Umweltkatastrophen gekennzeichnet. Freier Raum ist in den städtischen Gebieten meist nur noch auf minderwertigen Flächen zu finden, an steilen Hängen, in Senken oder an Wasserläufen. Selbst gebaute Unterkünfte bieten wenig Schutz gegen Sturm, Überschwemmung oder Erdrutsche.

Der **„Agenda 21"** als politische Absichtserklärung kommt hier besondere Bedeutung zu.

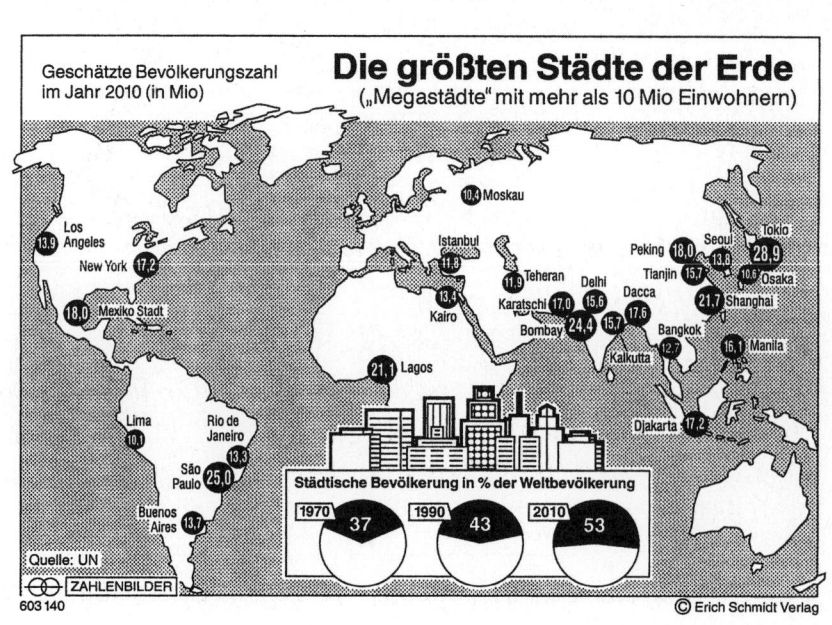

Die „Agenda 21" – Tagesordnung für eine lebenswerte Zukunft

Woher kommt sie?

Die Agenda 21 ist ein auf der UN-Konferenz über Umwelt und Entwicklung (auch bekannt als „Rio-Gipfel", „Weltklimakonferenz") 1992 in Rio de Janeiro verabschiedetes, umfangreiches Schlussdokument, das Maßnahmen für das 21. Jahrhundert vorschlägt.
Insgesamt wurden 27 Prinzipien zu den ökologischen Rechten und Pflichten der Menschheit aufgestellt.
Die „Agenda 21" entstand aus dem Entschluss der Konferenz, eine international verbindliche „Tagesordnung für das 21. Jahrhundert" aufzustellen – daher auch der Name Agenda 21. Wie müssten wir, lokal und weltweit, miteinander und mit der Natur umgehen, damit heutige und künftige Generationen samt ihrer Umwelt eine „faire Chance" erhalten? Das ist die Leitfrage. Ihr widmet die Agenda 289 eng bedruckte Seiten.
Bis zum Jahr 1996 sollten in allen Kommunen lokale Agenda-Programme eingeführt sein.

Wie sieht nun die Praxis aus?

Eine in Konzeption und Ausführung erstklassige Handlungsanleitung mit über 600 Projekt-Ideen ist die vom Staatsministerium für Landesentwicklung und Umweltfragen herausgebrachte Loseblattsammlung „Die umweltbewusste Gemeinde". Die zwei blauen Ordner stehen in allen Kommunalverwaltungen bzw. bei den Bürgermeistern im Regal.

Fragen Sie in Ihrer Gemeinde nach, ob ein Agenda-Programm bereits läuft!
Versuchen Sie einen Einblick in die Ordner zu nehmen und das Material zu nutzen!

Worum geht es?

Letztlich geht es um die Erhaltung der Lebensgrundlagen durch einen angepassten Lebensstil. Folgende Themenfelder werden in Arbeitskreisen diskutiert.

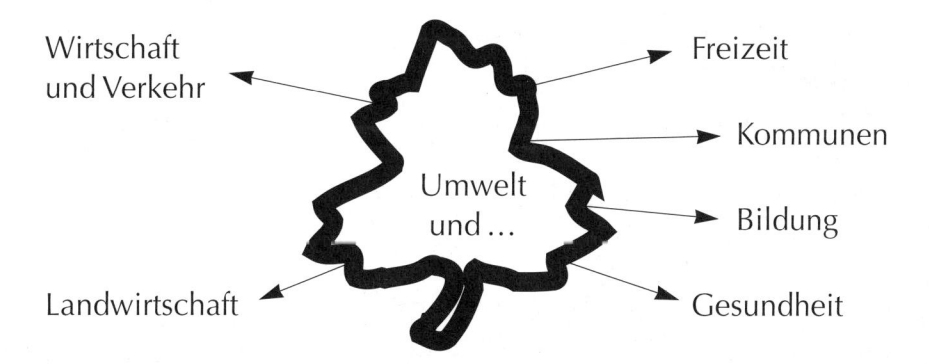

Umwelt und ...
- Wirtschaft und Verkehr
- Freizeit
- Kommunen
- Bildung
- Landwirtschaft
- Gesundheit

Alle Agenda-Verhandlungen haben zum Ziel, die hehren Absichtserklärungen des Gipfels von Rio „herunterzufahren" auf die regionale und lokale Ebene. Was kann konkret vor Ort für das Ziel „Erhaltung der Lebensgrundlagen" getan werden.
Der Auftrag geht über die Rathäuser der Gemeinden praktisch an die gesamte Bevölkerung, nach ihren Möglichkeiten zum Thema beizutragen.

Themenbereiche zur Diskussion: Wasser – Luft – Müll – Wald – Verkehr – Lärm

Agenda 21 – global bis kommunal

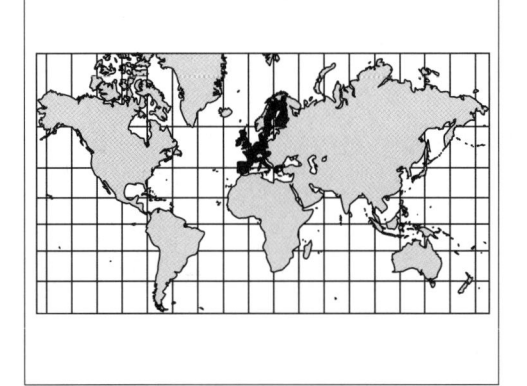

Agenda 21
5. EG-Umwelt-Aktionsprogramm

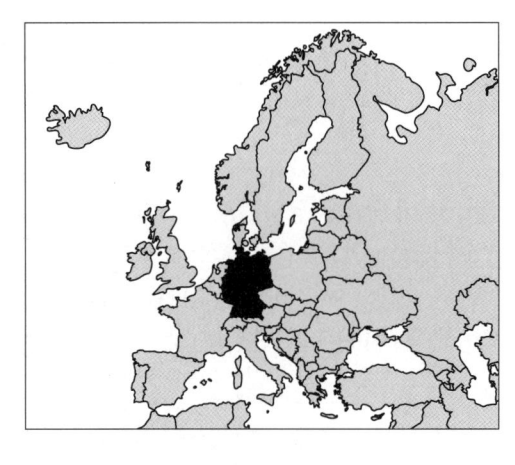

Agenda 21
Deutschland

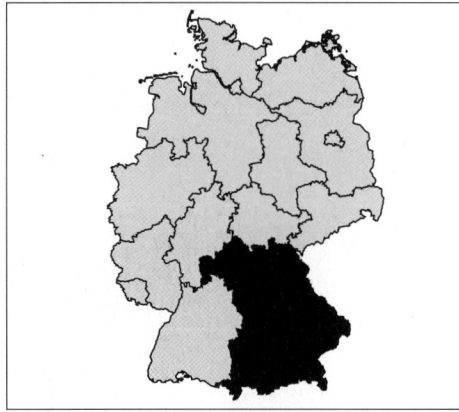

Agenda 21
Bayern

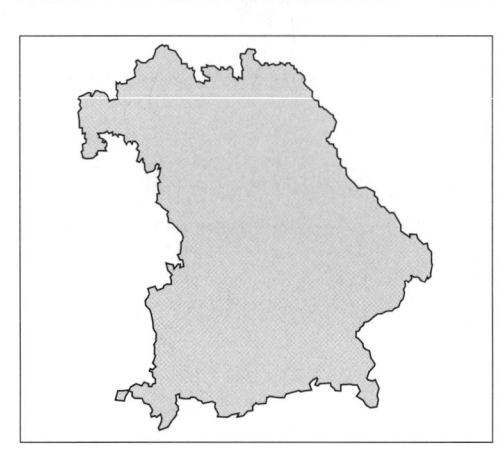

Kommunale
Agenden 21

Die Agenda 21 und ihre Umsetzungsprozesse sind der Versuch, regional und lokal einzulösen, was die Staatsführer 1992 in Rio versprochen und vereinbart haben.
Sie geht von der Erkenntnis aus, dass die Erhaltung der Lebensgrundlagen die zentrale Herausforderung des 21. Jahrhunderts ist.
Sie weiß, dass eine solche Jahrhundert-Aufgabe nur in Zusammenarbeit aller Nationen und Regionen, aller Interessengruppen und gesellschaftlichen Akteure, aller Bürgerinnen und Bürger zu bewältigen sein wird.
Damit ist klar: Die „Rettung der Welt" ist und bleibt zwar eine Herausforderung an „die große Politik", die die nötigen Rahmenbedingungen schaffen muss – sie beginnt aber zugleich „vor unserer eigenen Haustür"!
Ganze Schulen, Lehrerinnen und Lehrer, Schülerinnen und Schüler sollten dabei unerschrocken mitmachen. Denn es gilt:

„Global denken, lokal handeln!"

| Name: | Klasse: 10 | Datum: | Geschichte **Sozialkunde** Erdkunde | Nr.: |

Die „Agenda 21" – lokales Beispiel Müll

Tagesprotokoll „Müll"

Wie viel Müll produziere ich/produzieren wir in der Familie?

Zeit	Benutzung des Restmülleimers	Benutzung des Papierkorbes	Benutzung des Biomülls	Benutzung des „Gelben Sackes"	Benutzung des Glas-/Dosenmülls	Vermeidbarkeit?
Morgens, vor der Schule						
Vormittags, in der Schule						
Nachmittags						
Abends						
Sonstiges						

Unterrichtssequenzen Geschichte/Sozialkunde/Erdkunde, © Auer Verlag GmbH, Donauwörth

Die Details des Milliarden-Paktes

Die Staats- und Regierungschefs haben eine Reihe von Vereinbarungen zum Reformpaket „Agenda 2000" beschlossen. Die Kernpunkte:

● **Agrarpolitik:** Die Gesamtausgaben sollen bis 2006 auf durchschnittlich 40,5 Milliarden Euro pro Jahr begrenzt werden. Die EU-Kommission soll im Jahr 2002 einen Bericht zur Kostenentwicklung vorlegen, um das Erreichen dieses Sparziels zu sichern. Die Garantiepreise für Getreide werden in zwei Stufen um insgesamt 15 Prozent gesenkt. Für die Jahre 2000 bis 2006 ist eine obligatorische Flächenstilllegung von zehn Prozent vorgesehen. Die Reform des Milchmarktes, die Preisabschläge von 15 Prozent vorsieht, wird auf das Wirtschaftsjahr 2005/2006 verschoben. Die Rindfleischpreise werden um 20 Prozent gekürzt. Die Direktbeihilfen für die Bauern bei Getreide und Rindfleisch sollen nicht in jährlichen Schritten gesenkt werden.

● **EU-Finanzen:** Die Obergrenze der aus Einnahmen und Beiträgen bestehenden Eigenmittel wird auf der derzeitigen Höhe von 1,27 Prozent des Bruttosozialprodukts beibehalten. Bei der Festlegung der Beiträge der Mitgliedsstaaten soll ab dem Jahr 2002 stärker das Bruttosozialprodukt als das Mehrwertsteuer-Aufkommen in einem Mitgliedsland berücksichtigt werden. Davon würde Deutschland besonders profitieren. An dem Beitrags-Rabatt für Großbritannien soll grundsätzlich festgehalten werden. Der Finanzierungsschlüssel für den britischen Nachlass durch die anderen Mitgliedsstaaten wird aber so geändert, dass der Anteil Deutschlands, Österreichs, der Niederlande und Schwedens als Nettozahler in die EU-Kassen auf 25 Prozent ihres normalen Anteils gesenkt wird.

● **Struktur- und Kohäsionsfonds:** Für den Strukturfonds, der vor allem Regionen mit hoher Arbeitslosigkeit zugute kommt, wird bis zum Jahr 2006 eine Obergrenze von 195 Milliarden Euro festgelegt. Langfristig soll der Fonds schrittweise sinken. Die Zuweisungen für Ost-Berlin werden um 100 Millionen Euro aufgestockt. In den Kohäsionsfonds, mit denen die ärmeren Länder gefördert werden, sollen bis zum Jahr 2006 mit jährlich abnehmender Tendenz 18 Milliarden Euro fließen. (dpa)

Donauwörther Zeitung, 27. 3. '99

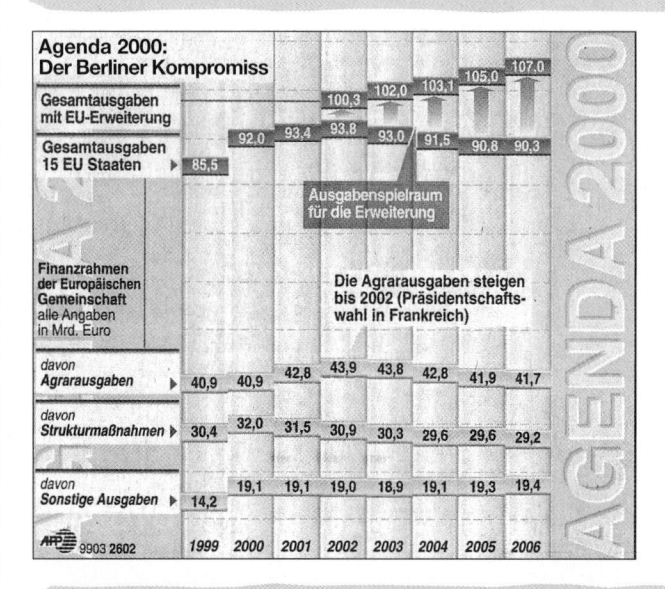

Agenda 2000: Der Berliner Kompromiss

Finanzrahmen der Europäischen Gemeinschaft, alle Angaben in Mrd. Euro

	1999	2000	2001	2002	2003	2004	2005	2006
Gesamtausgaben mit EU-Erweiterung				100,3	102,0	103,1	105,0	107,0
Gesamtausgaben 15 EU Staaten	85,5	92,0	93,4	93,8	93,0	91,5	90,8	90,3
davon Agrarausgaben	40,9	40,9	42,8	43,9	43,8	42,8	41,9	41,7
davon Strukturmaßnahmen	30,4	32,0	31,5	30,9	30,3	29,6	29,6	29,2
davon Sonstige Ausgaben	14,2	19,1	19,1	19,0	18,9	19,1	19,3	19,4

Die Agrarausgaben steigen bis 2002 (Präsidentschaftswahl in Frankreich)

Nicht ganz so schlimm wie befürchtet

Bauernpräsident Gerd Sonnleitner sieht den Agrarkompromiss mit gemischten Gefühlen

Von unserem Redaktionsmitglied
Rudi Wais

Augsburg

Der Einsatz hat sich gelohnt. Im Agrarteil der Agenda 2000 findet Bauernpräsident Gerd Sonnleitner zwar immer noch gewaltige Belastungen für die Landwirtschaft. Aber: „Es hätte noch schlimmer kommen können."

Die geplante Preissenkung bei der Milch wird um zwei Jahre verschoben, die Garantiepreise bei Getreide fallen nicht ganz so rasant wie befürchtet und auch die Flächenstilllegung, ein wichtiges Instrument im Kampf gegen die Überproduktion, bleibt den Bauern erhalten: „Der Gipfel", sagt Sonnleitner am Tag danach im Gespräch mit unserer Zeitung, „hat auf den Druck der Bauern reagiert". Die drohende Degression bei den Ausgleichszahlungen etwa, die Jahr für Jahr weiter hätten sinken sollen, sei endgültig vom Tisch – auch dank einer konzertierten Aktion deutscher und französischer Bauern-Funktionäre.

Bereits am ersten Gipfel-Tag hatten Sonnleitner und sein französischer Kollege Luc Guyau im Berliner Tagungs-Hotel noch einmal mit Delegationen der EU-Länder gefeilscht. In der Nacht der Nächte dann, als die Agenda endgültig festgezurrt wurde, reichte der Arm der Landwirtschaft ebenfalls bis ins Zentrum der Entscheidungen hinein. „Komplizierte Querverbindungen" nennt Sonnleitner das, ohne seine Kontaktleute zu verraten. Doch gute Verbindungen in die Spitze der Politik, zu Ministern, Staatssekretären oder wichtigen Referenten hatten die Bauern schon immer. Und so war Sonnleitner, abgesehen von einigen Stunden Funkstille kurz nach Mitternacht, auch stets auf dem Laufenden.

Er selbst geht nicht so weit, von einem Erfolg für die Bauern zu sprechen. Auch jetzt noch sei die Agenda mit ihren teilweise drastischen Preissenkungen der tiefste Einschnitt überhaupt in der gemeinsamen Agrarpolitik, sagt Sonnleitner. Zwar sei es mit Protestaktionen und inhaltlicher Überzeugungsarbeit gelungen, noch Verbesserungen herauszuschlagen. Doch nach wie vor pochen die Bauern auf einen nationalen Ausgleich für die zu erwartenden Einkommenseinbußen.

AZ, unbekannte Ausgabe

3. Siedlungsräume

→ 10.3 Siedlungsräume (bayerischer Hauptschullehrplan)

Lerninhalte:

- Den geologischen Untergrund des Siedlungsraumes kennen lernen
- Einblick in die geoökologische Situation des Siedlungsraums erhalten
- Kenntnis antropogener Geofaktoren des Heimatraumes erlangen
- Fähigkeit, Diagramme und Statistiken des Untersuchungsgebietes auszuwerten

Arbeitsmittel:

Arbeitsblätter

Informationen zum Thema:

Die Bereitstellung von Materialien für diese Sequenz ist problematisch, da für jeden Siedlungsraum naturgemäß individuelle Voraussetzungen bestehen. Die folgenden Materialien können folglich nur die Aufgabe eines Leitfadens darstellen, der einen Weg zur Erstellung einer Raumstruktur weist. Dabei können nur einige Geofaktoren berücksichtigt werden: Geologie und Geoökologie des zu untersuchenden Raumes, Bevölkerung, Arbeiten im ländlichen und städtischen Raum, Zentralität, Verkehr.

3. Siedlungsräume → Ph/Ch/B 10.1

3.1 Kennzeichen des Ortes bzw. Raumes (S. 209)

Der geologische Untergrund (Arbeitsblatt S. 209)
Geologische Grundlagen und ihre Bewertung (Arbeitsblatt S. 210)
Geoökologische Besonderheiten des Raumes (Arbeitsblatt S. 211)
Der Siedlungsraum und seine historischen Besonderheiten (Arbeitsblatt S. 212)
Die Lage des Heimatraumes innerhalb größerer Raumeinheiten (Arbeitsblatt S. 213)

3.2 Faktoren der Veränderung und ihre Wirkungen (S. 214)

Arbeitsmarkt – Angebot und Nachfrage (Arbeitsblatt S. 214) → AL 10.2
Leben auf dem Land – Situation und Perspektiven (Arbeitsblatt S. 215)
Möglichkeiten der Freizeitgestaltung (Arbeitsblatt S. 216)
Zentralität und Versorgung (Arbeitsblatt S. 217)

| Name: | Klasse: 10 | Datum: | Geschichte Sozialkunde **Erdkunde** | Nr.: |

3.1 Kennzeichen des Ortes bzw. Raumes

Der geologische Untergrund

Wenn wir uns mit dem heimatlichen Siedlungsraum beschäftigen, dann ist es wichtig zu wissen, wie der geologische Untergrund, also die Gesteinsschichten unter unseren Füßen, beschaffen ist. Besorgen Sie sich eine geologische Karte mit möglichst großem Maßstab. Von vielen Gebieten Deutschlands gibt es schon Karten 1 : 25 000. Sollte eine solche nicht vorrätig sein, nehmen Sie eine Karte im Maßstab 1 : 200 000 oder 1 : 500 000!

Alle deutschen Landschaften kann man grob in vier Gruppen einteilen, die geologisch grundsätzlich verschieden sind:

Großlandschaft:	Gesteine:	Geologische Zeit
Grundgebirge (Mittelgebirge)	Granit, Gneis, Basalt, Porphyr etc.	meist sehr alt: Erdaltertum = Paläozoikum
Alpen (Hochgebirge)	In Deutschland vorwiegend aus Kalk	meist Erdmittelalter = Mesozoikum
Deckgebirge (Mittelgebirge)	vorwiegend Kalk- und Sandsteine	Erdmittelalter = Mesozoikum
Hügel- und Tallandschaften	vorwiegend Sande und Tone, auch Torf	Erdneuzeit = Neozoikum oder Känozoikum

Versuchen Sie den Heimatraum in diesem Schema wiederzufinden! Achten Sie dabei mehr auf den Untergrund von Bergen oder Hügeln, nicht auf die Flusstäler!

Unser Siedlungsraum liegt in folgender Großlandschaft:

_____

Man findet bei uns vorwiegend folgende Gesteine:

_____

Sie wurden in folgender Zeit abgelagert:

_____

Versuchen Sie entsprechende Gesteine zu finden! Suchen Sie dazu Steinbrüche oder Sandgruben auf! Solche Stellen nennt der Geologe Aufschluss. Auch auf Feldern findet man oft Reste des Untergrunds. Sie müssen dazu aber die Fahrwege verlassen, denn das Material, das man dort findet, stammt meist nicht vom Ort.

Die Erdzeitalter

Mio Jahre	Zeitalter Tiere	Pflanzen	System/Periode	Serie	Mio Jahre
0	Känozoikum	Neophytikum	Quartär	Holozän / Pleistozän	1,5–2
			Tertiär	Pliozän / Miozän	5 / 24
50				Oligozän / Eozän / Paläozän	34–36 / 53–54 / 65
100	Mesozoikum	Mesophytikum	Kreide	obere / untere	100 / 135
150			Jura	Malm / Dogger / Lias	
200			Trias	Keuper / Muschelkalk / Buntsandstein	195 / 225
250	Paläozoikum	Paläophytikum	Perm	Zechstein / Rotliegendes	280
300			Karbon	oberes / unteres	320
350			Devon	oberes / mittleres / unteres	345 / 360 / 370
400			Silur		395
450		Eophytikum	Ordovizium	oberes / unteres	430 / 450
500			Kambrium	oberes / mittleres / unteres	500
550					570
2500	Präkambrium		Proterozoikum		
4000			Archaikum		

Die Zeitangaben entsprechen ungefähren Daten und unterliegen Veränderungen, die vom jeweiligen Stand der Forschung abhängen.

| Name: | Klasse: 10 | Datum: | Geschichte Sozialkunde **Erdkunde** | Nr.: |

Geologische Grundlagen und ihre Bewertung

Der geologische Untergrund eines Raums und die Zuordnung zu Großlandschaften gibt uns schon teilweise Auskunft darüber, was der Mensch mit diesem Raum machen kann. Im Folgenden sind in einer Tabelle einige dieser Zusammenhänge dargestellt:

Großlandschaft	Grundgebirge	Alpen	Deckgebirge	Tal- und Hügellandschaften
Geologie	Granit, Gneis, Basalt, Porphyr etc.	In Deutschland vorwiegend aus Kalk	vorwiegend Kalk- und Sandsteine	vorwiegend Sande und Tone, auch Torf
Bodenschätze	Granit, Basalt, in Ostbayern auch Kaolin	Salz, Kalk	Kalk, Sandstein, in Flusstälern auch Sand	Sand
Landwirtschaft	viel Wald	Wald, Viehweide	Ackerbau, auf besonders guten Böden (Löss) auch Zuckerrüben, an Hängen zum Teil Wein	Ackerbau, zum Teil Hopfen
Verkehr	eher Randlage, Straßen in den Tälern	Straßen in den Tälern	Straßen in den wenigen Tälern, Autobahn im Inntal	Leitlinie für Verkehrswege, Verkehrsknotenpunkte
Tourismus	Wandertourismus, im Winter auch Schilauf	Wandertourismus, im Winter auch Schilanglauf	Wandertourismus, im Winter Schilauf	Städtetourismus
Besiedelung	eher gering, wenige Städte	eher gering, wenige Städte	eher mehr, einige Städte	eher mehr, größere Städte

Überprüfen Sie, ob die oben angegebenen Angaben für Ihren Heimatraum zutreffen! Kreuzen Sie an!

	trifft zu	trifft nicht zu
Geologie		
Bodenschätze		
Landwirtschaft		
Verkehr		
Tourismus		
Besiedelung		

| Name: | Klasse: 10 | Datum: | Geschichte Sozialkunde **Erdkunde** | Nr.: |

Geoökologische Besonderheiten des Raumes

Wenn Menschen einen Raum nutzen wollen, müssen sie heute auch auf geoökologische Besonderheiten achten. Solche Besonderheiten können sein:

- Gewässer
  - See
  - Tümpel
  - Teich
  - Fluss
  - Bach

- naturnahe Wälder
- Heidegesellschaften
- Trockenrasen (auf Kalk)
- Bestände seltener Pflanzen (z. B. Enziane, Orchideen)
- Lebensräume für bestimmte Tiere
  - Tümpel und aufgelassene Sandgruben für Lurche
  - Sandgruben und Teiche bzw. See als Nistgebiete von Vögeln
  - Hecken für Insekten
  - Lesesteinhaufen für Eidechsen
  - Ruinen und Höhlen für Fledermäuse

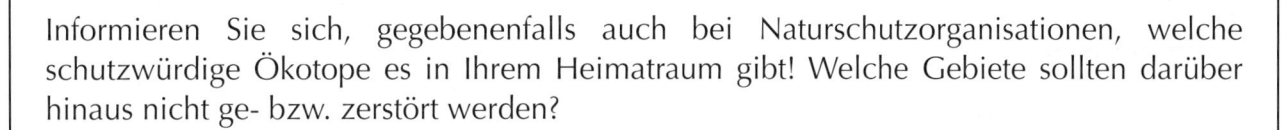

Informieren Sie sich, gegebenenfalls auch bei Naturschutzorganisationen, welche schutzwürdige Ökotope es in Ihrem Heimatraum gibt! Welche Gebiete sollten darüber hinaus nicht ge- bzw. zerstört werden?

Legen Sie eine Liste dieser Gebiete an!

Gebiet	Beschreibung	schutzwürdig wegen:

| Name: | Klasse: 10 | Datum: | Geschichte Sozialkunde **Erdkunde** | Nr.: |

Der Siedlungsraum und seine historischen Besonderheiten

Natürlich spielt bei der Beurteilung eines Raumes auch eine Rolle, was der Mensch in der Geschichte hinterlassen hat. Erkundigen Sie sich über die denkmalgeschützten Bauten (z. B. bei der Gemeindeverwaltung) und legen Sie die folgende Liste an!

Gebäude:	schutzwürdig wegen:	Bilder einiger Bauwerke:

| Name: | Klasse: 10 | Datum: | Geschichte Sozialkunde **Erdkunde** | Nr.: |

Die Lage des Heimatraumes innerhalb größerer Raumeinheiten

Es ist wichtig zu wissen, wie der heimatliche Siedlungsraum mit anderen Großräumen verwaltungsmäßig und verkehrstechnisch verbunden ist.

Die politische Situation des Raumes:

Bundesland _____

Regierungsbezirk _____

Kreis _____

Gemeinde _____

Welche Funktion hat Ihr Heimatort?

☐ Hauptstadt eines Bundeslandes ☐ Hauptstadt eines Regierungsbezirks
☐ Kreisstadt ☐ Kreisfreie Stadt
☐ Sitz einer Gemeindeverwaltung

Welche Verkehrsanbindung hat der Siedlungsraum (außer Straßen)?

☐ Flughafen ☐ Hafen
☐ Eisenbahn ☐ ICE
☐ IC
☐ übriger Fernverkehr

☐ Regionalverkehr
☐ S-Bahn

☐ Buslinien

Welche innerörtlichen Verkehrslinien gibt es?

☐ U-Bahn
☐ Straßenbahn
☐ Bus

| Name: | Klasse: 10 | Datum: | Geschichte Sozialkunde **Erdkunde** | Nr.: |

3.2 Faktoren der Veränderung und ihre Wirkungen

Arbeitsmarkt – Angebot und Nachfrage

Wichtig für die Beurteilung eines Siedlungsraumes ist heute die Frage, welche Arbeitsmöglichkeiten es gibt. Das ist zum Beispiel wichtig für Leute, die in diesen Ort ziehen möchten. Dabei muss man unterscheiden zwischen der Nachfrage (Menschen suchen Arbeit) und dem Angebot (Arbeitsplätze bei Behörden, in der Industrie, in Geschäften etc.).

Der Unterschied zwischen Angebot und Nachfrage wird deutlich in der Arbeitslosenzahl des Arbeitsamtsbezirks, zu dem Ihr Siedlungsraum gehört. Besorgen Sie sich von dort eine Statistik der Arbeitslosenzahlen und vergleichen Sie!

Der Siedlungsraum hat folgende Werte:

Arbeitslosenquote   % im Monat   19   bzw. 20

Vergleichen Sie mit anderen Arbeitsamtsbezirken Ihres Bundeslandes!

Die Arbeitslosenquote ist vergleichsweise:

☐ hoch   ☐ durchschnittlich   ☐ niedrig

Welche Angebote an Arbeitsplätzen gibt es?

Sektor	Firma	Branche	Berufe
Bergbau			
Industrie			
Behörden			

Leben auf dem Land – Situation und Perspektiven

Falls Sie in einer ländlichen Gemeinde wohnen, werden Sie gemerkt haben, dass die Situation heute anders ist, verglichen mit dem, was zum Beispiel Ihre Großeltern erzählen. Die Arbeitsplätze sind anders geworden, vielleicht sind mehr Leute aus einer nahe gelegenen Stadt in den Ort gezogen.

Überlegen und beantworten Sie folgende Fragen!

Wie viele Bauern gibt es noch im Ort? _____
Wie viele davon sind Vollerwerbsbauern ohne zusätzlichen Beruf? _____
Wie viele davon sind Nebenerwerbsbauern? _____

Welche anderen Möglichkeiten des Geldverdienens gibt es?

☐ Arbeit in einem anderen Ort, Pendler ☐ Fabrik im Ort ☐ Tourismus

Gibt es Neubaugebiete am Ort?

☐ ja ☐ nein

Woher kommen die Leute, die neue Häuser gebaut haben?

☐ junge Ortsansässige ☐ Zuzug aus einem anderen Ort, einer anderen Stadt

Welches alte Brauchtum, welche alten Traditionen werden noch bei Ihnen im Ort gepflegt?

_____
_____
_____

Wie bewerten Sie in der Klasse diese Veränderungen?
Diskutieren Sie darüber!

Unterrichtssequenzen Geschichte/Sozialkunde/Erdkunde, © Auer Verlag GmbH, Donauwörth

| Name: | Klasse: 10 | Datum: | Geschichte Sozialkunde **Erdkunde** | Nr.: |

Möglichkeiten der Freizeitgestaltung

Für die Attraktivität eines Ortes ist es wichtig, welche Freizeitmöglichkeiten es in der Umgebung und am Ort gibt. Immer mehr Firmen suchen sich den Standort auch nach solchen Gesichtspunkten aus.

Welche Naturräume können im Umkreis von maximal 100 Kilometern genutzt werden?

- ☐ Hochgebirge zum
  - ☐ Wandern
  - ☐ Langlauf
  - ☐ Alpinschilauf
  - ☐ Drachen-/Gleitschirmfliegen
  - ☐ Rafting (Wildwasser)
  - ☐ Mountainbiking

- ☐ Mittelgebirge zum
  - ☐ Wandern
  - ☐ Langlauf
  - ☐ Alpinschilauf
  - ☐ Drachen-/Gleitschirmfliegen
  - ☐ Rafting (Wildwasser)
  - ☐ Mountainbiking

- ☐ Seen zum
  - ☐ Segeln
  - ☐ Bootfahren
  - ☐ Schwimmen/Baden

Welche Unterkunftsmöglichkeiten gibt es am Ort?

- ☐ Hotels   Anzahl:
- ☐ Pensionen   Anzahl:
- ☐ Privatzimmer
- ☐ Jugendherberge
- ☐ Zeltplatz

Was bietet der Ort dem Gast?

- ☐ Theater   ☐ Oper   ☐ Konzert
- ☐ andere Aufführungen (z. B. Kabarett, Freilichtspiele)
- ☐ Open-air-Konzert   ☐ Museen

Unterrichtssequenzen Geschichte/Sozialkunde/Erdkunde, © Auer Verlag GmbH, Donauwörth

| Name: | Klasse: 10 | Datum: | Geschichte Sozialkunde **Erdkunde** | Nr.: |

Zentralität und Versorgung

Die Ausstattung eines Raumes mit Dienstleistungen, politischen Funktionen und auch das Verkehrswegenetz sind Maßstäbe für die Zentralität eines Ortes. Ermitteln Sie die Zentralität Ihres Ortes nach folgender Tabelle! Verwenden Sie dabei die bisher gewonnenen Ergebnisse!

Ausstattung mit	Oberzentrum	Mittelzentrum	Unterzentrum
Kaufhäuser	×		
Landgericht	×		
Universität	×		
Theater	×		
Großes Stadion	×		
Fachklinik	×		
spezialisiertes Einzelhandelsgeschäft	×	×	
Amtsgericht	×	×	
Volkshochschule	×	×	
Kino	×	×	
Krankenhaus	×	×	
Bahnhof	×	×	
Flughafen	×		
Sitz der Landesregierung	×		

Kennzeichnen Sie die in Ihrem Ort vorhandenen Einrichtungen mit einem Haken (✓). Zählen Sie die Haken und tragen Sie sie in folgende Tabelle ein!

	Oberzentrum	Mittelzentrum	Unterzentrum
Anzahl der Haken	×		0

Auswertung:

Mehr als sieben Haken bei Oberzentrum: Oberzentrum

Weniger als sieben Haken bei Oberzentrum, aber mehr als zwei Haken bei Mittelzentrum:
                    in der Regel Mittelzentrum

Weniger als sieben Haken bei Oberzentrum und weniger als zwei Haken bei Mittelzentrum:
                      in der Regel Unterzentrum

4. Technik

→ 10.4 Technik (bayerischer Hauptschullehrplan)

Lerninhalte:

- Auseinandersetzen mit der Bedeutung der Technik im historischen Prozess
- Den Zusammenhang gesellschaftlicher, wissenschaftlicher, politischer und kultureller Faktoren erfassen
- Erkennen, dass technische Erfindungen das Leben der Menschen sowie die Umwelt verändern
- Zu verschiedenen Ansichten über den technischen Fortschritt gelangen
- Die Grenzen der technischen Weiterentwicklungen aus ethischer Sicht und hinsichtlich globaler Probleme erfassen
- Zu Kriterien der Technikfolgenabschätzung gelangen
- Erkennen, dass persönliche Freiheit auch persönliche Verantwortung bedeutet

Arbeitsmittel:

Folienvorlagen, Informationsblätter, Arbeitsblätter

Informationen zum Thema:

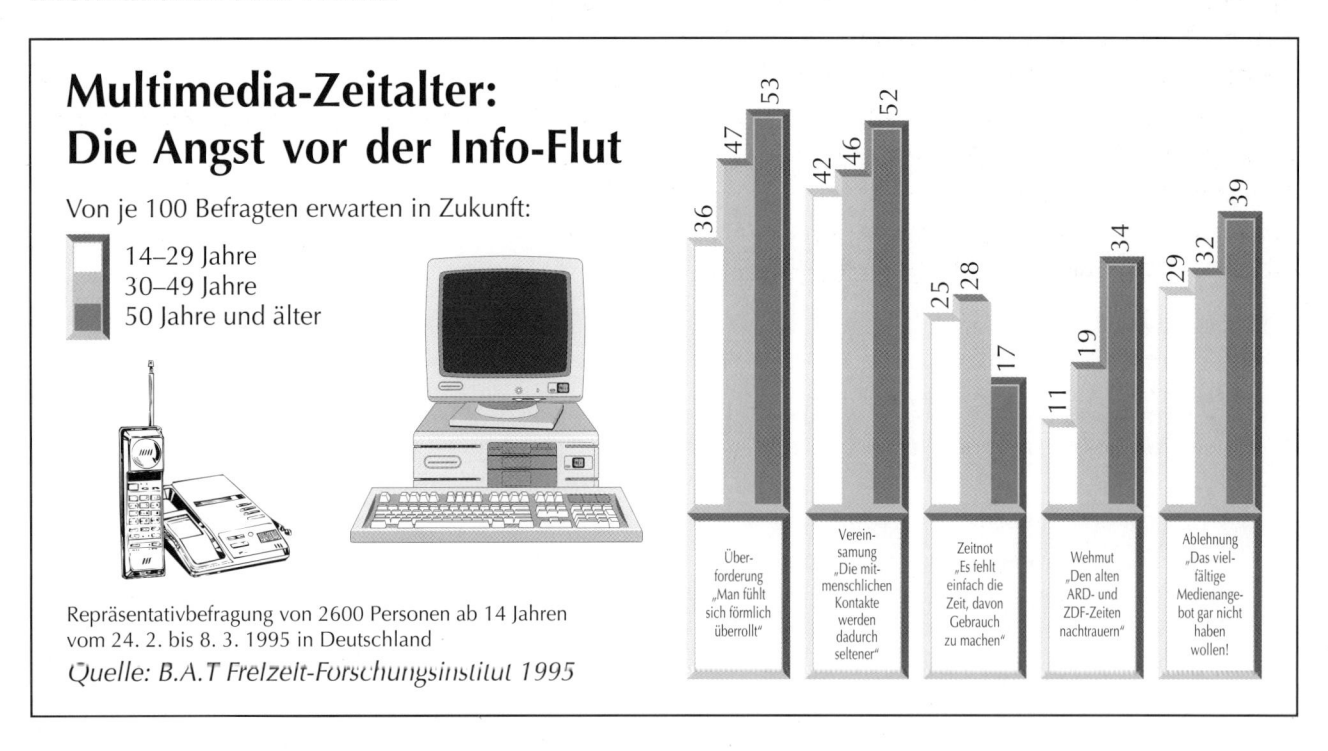

Multimedia-Zeitalter: Die Angst vor der Info-Flut

Von je 100 Befragten erwarten in Zukunft:

- 14–29 Jahre
- 30–49 Jahre
- 50 Jahre und älter

Kategorie	14–29	30–49	50+
Überforderung „Man fühlt sich förmlich überrollt"	36	47	53
Vereinsamung „Die mitmenschlichen Kontakte werden dadurch seltener"	42	46	52
Zeitnot „Es fehlt einfach die Zeit, davon Gebrauch zu machen"	25	28	17
Wehmut „Den alten ARD- und ZDF-Zeiten nachtrauern"	11	19	34
Ablehnung „Das vielfältige Medienangebot gar nicht haben wollen!"	29	32	39

Repräsentativbefragung von 2600 Personen ab 14 Jahren vom 24. 2. bis 8. 3. 1995 in Deutschland
Quelle: B.A.T Freizeit-Forschungsinstitut 1995

4. Technik → KR 10.1.2, EvR 10.2, Eth 10.2, Ph/Ch/B 10.1

Informationen zum Thema: Multimedia-Zeitalter: Die Angst vor der Info-Flut (S. 218)

4.1 Epochentypische technische und wissenschaftliche Errungenschaften (S. 220)

Das technische Zeitalter (S. 220)
Interdependenz gesellschaftlicher, wirtschaftlicher, politischer und kultureller Faktoren (Arbeitsblatt S. 221; Lösungsblatt S. 270)
Folgen für Mensch und Umwelt (Arbeitsblatt S. 222; Lösungsblatt S. 270)

4.2 Ansichten über den technischen Fortschritt (S. 223) → Ph/Ch/B 10.2.2, AI 10.3.2

Technikeuphorie, Technikkritik, Technikakzeptanz (Arbeitsblatt S. 223; Lösungsblatt S. 270)
Technikfolgen (Arbeitsblatt (S. 224; Lösungsblatt S. 270)
Technik und globale Probleme (S. 225)

4.3 Technik und Verantwortung (S. 226) → Ph/Ch/B 10.3.1, 10.5.1, 10.6.1, AI 10.3.2

Individuelle Freiheit – persönliche Verantwortung (S. 226)
Politische Rahmenbedingungen (Arbeitsblatt S. 227)
Technik und Wirtschaft (Arbeitsblatt S. 228; Lösungsblatt S. 271)
Technikfolgenabschätzung: Verantwortungskriterien und Verhaltensnormen (Arbeitsblatt S. 229; Lösungsblatt S. 271) → HsB 10.2
Technik und ihre Folgen (S. 230)
Ein Abend im Hilton bei achthundert Bier... (S. 231)
Ethische Grenzen des technisch Machbaren (S. 232)

4.1 Epochentypische technische und wissenschaftliche Errungenschaften

Das technische Zeitalter

Technikeuphorie   Technikkritik   Technikakzeptanz

Technikfolgen   Technikfolgenabschätzung

Politische Rahmenbedingungen   Epochentypische Errungenschaften

Persönliche Verantwortung   Ethische Grenzen   Globale Probleme

Vor 400 Jahren erst begann der Mensch, die Welt, in der er schon so lange lebte, genau zu durchforschen. Er fand nach und nach heraus, wie die Gesetze der Natur zu eigenem Nutzen angewandt werden konnten: So entstand die moderne Technik, und für die Menschheit begann eine weltbewegende Epoche – das technische Zeitalter. Beispielloses wurde seither erreicht. Das Leben änderte sich total. Die Erde wurde umgestaltet, und auch vor dem Weltall schreckte der Mensch nicht zurück. Wunder wurden wahr, die in keiner Sage und keinem Märchen vorkamen. Mit der Technik haben sich die Bewohner dieses Planeten auf ein gefährlich-faszinierendes Wagnis eingelassen, das ungeahnte Möglichkeiten, aber auch unerhörte Risiken bietet.

Interdependenz gesellschaftlicher, wirtschaftlicher, politischer und kultureller Faktoren

Forschung als das Streben nach mehr Wissen über den Menschen und die Welt hat in Europa und insbesondere in Deutschland eine lange Tradition.

Bis zum 15./16. Jahrhundert deutete man viele nicht erklärbare Naturerscheinungen und Krankheiten als magisch-mythische und schicksalhafte Vorgänge. Seit der Renaissance jedoch entwickelte sich immer stärker der Wunsch, die Hintergründe dieser Erscheinungen zu erkennen. Man versuchte, den Lauf der Gestirne und die Entstehung des Wetters zu erklären und die Ursachen verheerender Epidemien zu erkennen. Die Naturwissenschaften – insbesondere die Physik, Astronomie, Chemie, Biologie und Medizin – begannen sich sprunghaft zu entwickeln und läuteten das Zeitalter der großen Erfindungen und Entdeckungen ein. Nicht mehr die Natur allein, sondern die menschliche Vernunft bestimmte mehr und mehr, was möglich und machbar war.

Der Umsturz traditioneller Werte und Ordnungen hatte auch gesellschaftliche und politische Auswirkungen. Im Zeitalter der „Aufklärung" wurden Machtverhältnisse, die nicht „rational" erklärbar waren, zunehmend in Frage gestellt. Ausdruck dieser Entwicklung waren auch die Amerikanische und die Französische Revolution.

Das Ergebnis des Forscherdrangs in den Naturwissenschaften waren Erfindungen wie die des mechanischen Webstuhls, der Dampfmaschine und der Elektrizität – um nur einige zu nennen, die den Industrialisierungsprozess in Europa einleiteten. Neue Produktionsverfahren und neue Produkte entstanden. Ende des 19. Jahrhunderts wurden durch die Fortschritte in Medizin und Biologie Krankheiten besiegt, die Kindersterblichkeit vermindert und die Lebenserwartung der Menschen erhöht. Die Forscher drangen nicht nur bis in die kleinsten Bestandteile der Materie, die Atome, vor, sondern auch in die unbegrenzten Weiten des Weltalls.

Webstuhl um 1800

Wichtige Daten
- 1783 Erster Heißluftballon
- 1804 Erste Dampflokomotive auf Schienen
- 1829 Erste Eisenbahnen in den USA
- 1839 Erstes Fahrrad mit Tretantrieb
- 1885 **Carl Benz** baut ersten dreirädrigen Kraftwagen
- 1887 **Gottlieb Daimler** baut einen vierrädrigen Kraftwagen
- 1903 Erster motorisierter Flug

Forschung und Technik verändern die Welt

Motorwagen „Ideal" von Benz, 1900

Technische und wissenschaftliche Errungenschaften beeinflussen das Leben der Menschen und verändern die Umwelt.

gesellschaftliche Faktoren ⟷ wirtschaftliche Faktoren

Faktoren, die sich gegenseitig beeinflussen
(Interdependenz – gegenseitige Abhängigkeit)

kulturelle Faktoren ⟷ politische Faktoren

| Name: | Klasse: 10 | Datum: | **Geschichte** Sozialkunde **Erdkunde** | Nr.: |

Folgen für Mensch und Umwelt

Die Zunahme des menschlichen Wissens eröffnete ungeahnte Möglichkeiten. So entstand eine teilweise übersteigerte Begeisterung für Forschung und Technik, die zwangsläufig zu Gegenreaktionen führen musste. Und so gibt es nicht nur eine Geschichte der Technik, sondern auch eine Geschichte der Technikkritik.

Der berühmte Aufstand der schlesischen Weber im Jahre 1844 nach der Erfindung des mechanischen Webstuhls ist ein Beispiel, wie aus Angst vor dem Verlust von Arbeitsplätzen die Einführung einer neuen Technik bekämpft wurde. Auch bei der Erfindung des Otto-Motors befürchtete man eine drohende Massenarbeitslosigkeit: Kutsche und Pferdefuhrwerk waren dem Konkurrenzdruck der völlig neuen Verkehrsmittel nicht gewachsen. Ganze Berufszweige, wie Kutscher, Sattler und Schmied, begannen auszusterben. Auf der anderen Seite jedoch entstanden durch die neue Technik auch neue Berufe. Heute ist fast jeder siebte Arbeitsplatz von der Automobilindustrie abhängig.

Aber nicht nur wegen ihrer sozialen Folgen wie Arbeitslosigkeit, sondern auch wegen ihrer Nebenwirkungen auf Umwelt und Gesundheit wurden technische Neuerungen kritisiert. Als Benjamin Franklin den Blitzableiter erfand, befürchtete man, dass die abgeleiteten Blitze Erdbeben hervorrufen könnten. Als die ersten Eisenbahnen fuhren, gab es Mediziner, die aufgrund der „Geschwindigkeit"

C-Lokomotive „Isar" der Werra-Bahn, 1865

Foto: Dt. Museum München

dieses Ungetüms ernsthafte körperliche und geistige Dauerschäden für die Benutzer voraussagten.

Heute wird auch von Befürwortern neuer Techniken nicht geleugnet, dass diese sowohl Chancen als auch Risiken bedeuten. Wichtig ist, dass man von vornherein darüber nachdenkt, welche Auswirkungen der technisch-wissenschaftliche Wandel auf Beschäftigung und Wachstum unserer Wirtschaft, auf die Lebensbedingungen der Menschen und auf unsere natürliche Umwelt hat.
Wir müssen aber nicht nur fragen, welche Risiken mit der Einführung einer neuen Technik verbunden sein können, sondern auch, welche Risiken wir eingehen, wenn wir auf eine neue Technik verzichten.

Zu welchen Folgen für Mensch und Umwelt führten die Entdeckungen und Erfindungen des 18. und 19. Jahrhunderts? Im Text werden zahlreiche Folgen aufgeführt.
Ergänzen Sie anschließend mit heute bekannten Folgen!

FOLGEN FÜR DIE MENSCHEN	**FOLGEN FÜR DIE UMWELT**
⊕ _____	⊕ _____
_____	_____
_____	_____
_____	_____
_____	_____
_____	⊖ _____
⊖ _____	_____
_____	_____
_____	_____
_____	_____

Unterrichtssequenzen Geschichte/Sozialkunde/Erdkunde, © Auer Verlag GmbH, Donauwörth

4.2 Ansichten über den technischen Fortschritt

Technikeuphorie, Technikkritik, Technikakzeptanz

Mohr, Cartoon-Caricature-Contor München c5.net

Technikbeurteilung wird immer wichtiger

Die in den 70er und 80er Jahren entstandene gesellschaftliche und technikpolitische Debatte um die Gestaltung und den Einsatz von Technik sowie ihrer Folgen wirkt bis heute nach. Insbesondere die Kontroverse um sichere und von der Gesellschaft akzeptierte Energieversorgungssysteme am Beispiel der Großtechnik Kernenergie hat deutlich gemacht, dass Akzeptanz und Verträglichkeit von Technik vor dem Hintergrund gesellschaftlicher Normen und Einstellungen zum Leben heftig umstritten waren und immer noch sind.

In den gleichen Zeitraum fällt auch die Diskussion um die Humanisierung des Arbeitslebens, die schwerpunktmäßig die Verbesserung der Arbeitsbedingungen (Fragen des Gesundheitsschutzes, der Arbeitssicherheit, der Belastungen am Arbeitsplatz und der Arbeitsorganisation) beinhaltete. Diese Debatte setzte sich im Umfeld einer Forschungs- und Technologiepolitik fort, die u. a. die Entwicklung automatisierter Fertigungstechniken (z. B. „Roboterprogramm") favorisierte. Sie problematisierte beispielsweise die Beteiligung bzw. Nicht-Beteiligung bestimmter Gruppen an Technikplanung und -strukturierung und betonte damit die Notwendigkeit einer Technikbewertung und Technikgestaltung durch alle Beteiligten.

Im Zug der sprunghaften technologischen Entwicklung und der damit einhergehenden kräftigen Innovationsschübe konnte man parallel dazu ein sinkendes Akzeptanzniveau in weiten Teilen der Gesellschaft bezüglich technischer Neuerungen und ihrer Wirkungen beobachten. Man sprach sogar von „Technikfeindlichkeit" und „Technikangst" bestimmter gesellschaftlicher Gruppen oder in abgeschwächter Form von „Techniksepsis". Aber auch der Gruppe der Technikbefürworter wurden extreme Einstellungen nachgesagt, dass diese „technikeuphorisch" seien oder einer „naiven Technikfaszination" unterlägen.

TECHNIKEUPHORIE: In welchen Bereichen zeigt sich ein Teil unserer Gesellschaft der Technik gegenüber euphorisch?

_____

_____

TECHNIKKRITIK: Worauf bezieht sich die Kritik an der Technik, die nicht zu überhören ist?

_____

_____

_____

TECHNIKAKZEPTANZ: Wie wird die Technik in unserer heutigen Gesellschaft akzeptiert?

_____

_____

_____

Technikfolgen

Der folgende Text befasst sich mit Technik und ihren Folgen. Lesen Sie ihn aufmerksam durch und finden Sie passende Überschriften!

Technologische Entwicklungen hatten stets mehr oder weniger starke Auswirkungen und Folgen auf wirtschaftliche und gesellschaftliche Strukturen. Das gilt im besonderen Maß für Basisinnovationen wie die Elektrizität oder die Dampfmaschine, den Stahl oder das Automobil. Die Mikroelektronik zählt ohne Zweifel zu den Schlüsseltechnologien unseres Jahrhunderts. Dafür spricht eine Reihe von Gründen:

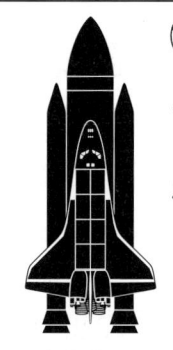

_____

_____

1. Die Anwendungsmöglichkeiten sind so vielfältig, dass alle Teile der Wirtschaft und Gesellschaft in irgendeiner Weise beeinflusst werden.
2. Der immense Preisrückgang führte in den 80er Jahren zu einer sehr schnellen Ausbreitung der Mikroelektronik. Dieser Prozess wird sich weiter fortsetzen.
3. War in der Vergangenheit die Automation auf Massenproduktion beschränkt, so erreichen mikroelektronische Kontroll- und Steuerungsgeräte einen hohen Grad an Flexibilität, was die automatische Produktion auch in kleinen und mittelgroßen Serien ermöglicht.
4. Technischer Wandel konzentriert sich in der Vergangenheit auf die industrielle Fertigung. Die Mikroelektronik spielt dagegen auch eine wichtige Rolle im Verwaltungs- und Dienstleistungsbereich.
5. Neben anderen Produkten mit Mikroelektronik steigt vor allem die Verbreitung leistungsfähiger PC in der privaten Nutzung stark an, da die Produkte nicht nur immer preisgünstiger werden, sondern gleichzeitig auch die Benutzerfreundlichkeit zunimmt.

_____

_____

Wie die Auswirkungen insgesamt in der Zukunft aussehen werden, ist schwer zu sagen. Experten sind sich jedoch einig, dass wir erst am Anfang einer stürmischen Entwicklung stehen, die unser Leben enorm verändern wird. Wie bei jeder neuen Technik gibt es Anpassungsprobleme, ob nun für die einzelnen Arbeitnehmerinnen und Arbeitnehmer, die umlernen müssen, oder für eine ganze Region wie das Ruhrgebiet, das den mühsamen und oft schmerzhaften Weg vom „schwarzen Kohlenpott" in das „rosige High-Tech-Zeitalter" angetreten ist.

_____

_____

Neue verbesserte Techniken waren stets ein Mittel zur Produktivitätssteigerung und damit zur Entwicklung des Wohlstandes in den Industriestaaten. Doch neue Techniken können nicht nur effizienter, sie können auch destruktiv sein, wenn sie alte Techniken und menschliche Arbeit verdrängen. Sie können Arbeitsplätze, berufliche Qualifikationen, Maschinen, Fabriken, ja ganze Branchen vernichten. Und sie können zerstörerisch auf Mensch und Umwelt wirken, wie die eingangs erwähnten Beispiele gezeigt haben.

_____

_____

Da in der Vergangenheit technische Neuerungen zumeist den Produktionsbereich betrafen, spielte sich die Auseinandersetzung mit neuen Techniken zumeist vor dem Hintergrund eines Interessenkonfliktes zwischen Arbeitnehmern und Arbeitgebern ab. So war es vor 200 Jahren bei dem Aufstand der Weber, die durch die Einführung neuartiger mechanischer Webstühle ihre Existenz (Arbeitsplatz, Qualifikation) bedroht sahen und die neuen Maschinen zerschlugen. Derselbe Grundgedanke liegt auch heute noch dem Bestreben der Gewerkschaften zugrunde, eine so genannte „Maschinensteuer" für Industrieroboter durchzusetzen.

_____

Letztendlich haben sich bisher alle neuen Techniken durchgesetzt, soweit sie wirtschaftlich waren. Im Zug steigenden Wohlstandes sind jedoch in den letzten Jahrzehnten auch andere Interessenbereiche – soziale und ökologische – stärker in den Vordergrund getreten und manche Technologien kritisch überdacht oder gar heftig bekämpft worden (z. B. die Kerntechnik). Bereits Anfang der 70er Jahre wurden in der Bundesrepublik und vor allem in Schweden Überlegungen im Bereich der Arbeitsorganisation angestellt, die darauf abzielten, die jahrzehntelang als Optimum angesehene Fließbandfertigung durch andere Modelle zu ersetzen, weil man die Belastung von Fließbandarbeitern für nicht mehr verantwortbar hielt.

_____

Auch im Bereich des Umweltschutzes hat vor allem im Verlauf der 80er Jahre ein Umdenken eingesetzt. Durch zunehmend spürbar gewordene Umweltverschmutzung hat sich der Wert der Natur als schützenswertes Gut verändert, und zunehmend wird auch bei Technik danach gefragt, wie es um ihre Umweltverträglichkeit bestellt sei, so dass die Auseinandersetzung mit neuer Technik heute insgesamt im Rahmen einer umfassenden Sichtweise stattfindet.

Technik und globale Probleme

Der Einfluss der Technik auf das menschliche Verhalten und damit letztlich auf die ganze Gesellschaft ist enorm groß. Niemand wird den Siegeszug von Mikroelektronik aufhalten können, nicht den gesteigerten Einzug der Industrieroboter in die Werkshallen, nicht den weiteren Vormarsch noch leistungsfähigerer Computer in die Büros und auch nicht den Einzug der neuen Medien in unsere Wohnzimmer. Doch wir können versuchen, die Entwicklung zu steuern, Fehlentwicklungen zu erkennen und zu vermeiden. Nicht selten hat gerade die zunehmende Technik globale Auswirkungen.

Kernenergie und Radioaktivität

Kein anderes Ereignis hat dies so drastisch gezeigt wie das Reaktorunglück im sowjetischen Tschernobyl im April 1986. Seine Auswirkungen waren im Wortsinn „grenzenlos", und wir alle waren in unserem Alltag von ihnen betroffen.

Das Unglück in Tschernobyl und seine Folgen haben auch die Diskussion über die Nutzung der Kerntechnik zur Energiegewinnung neu belebt. Hierbei sind nicht nur die Wissenschaftler und die politisch und wirtschaftlich Verantwortlichen herausgefordert, sondern alle Bürger. Wir alle müssen uns der Frage stellen: Können wir diese neue Technik sicher beherrschen und ihre Chancen nutzen, oder müssen wir zum Schutz von Mensch und Natur auf ihre Nutzung verzichten? Welches Risiko gingen wir bei einem Verzicht ein?

Der Unglücksreaktor in Tschernobyl/UdSSR. Die austretende Radioaktivität wurde bis nach Nord- und Mitteleuropa getragen.

Treibhauseffekt und Klima

Seit einigen Jahrzehnten steigt der Gehalt der Luft an bestimmten, so genannten Spurengasen rapide an. Dies betrifft vor allem das Kohlendioxid, das bei der Verbrennung von Kohle, Erdöl und Erdgas freigesetzt wird. Aber auch die Chlor-Fluor-Kohlenwasserstoffe, die als Treibmittel in Spraydosen und als Kältemittel verwendet werden, zählen dazu. Bei einer Zerstörung der Ozonschicht, z. B. durch die genannten Gase, könnte das Sonnenlicht ungehindert auf die Erde einfallen; auch die Wärmeabstrahlung der Erde in den Weltraum würde nachhaltig behindert (Treibhauseffekt).

Luftverunreinigungen und ihre Auswirkungen

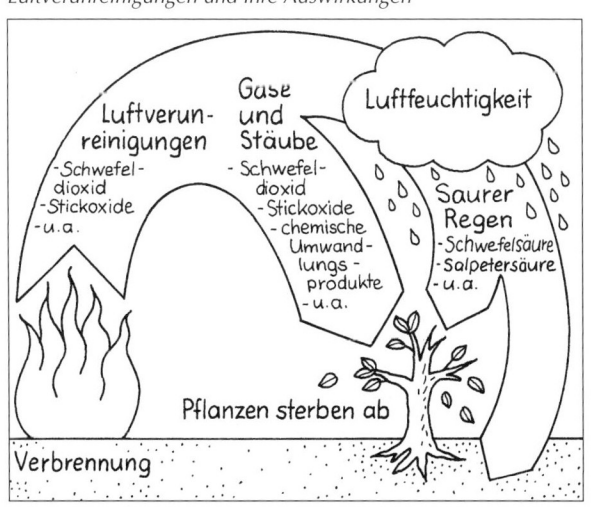

Wasser ist Leben

Der Mensch kann länger auf Nahrung verzichten als auf Wasser. Wasser ist daher unser Lebensmittel Nummer eins. In der Bundesrepublik Deutschland werden jährlich etwa 5 Milliarden Kubikmeter Wasser in 12 500 Anlagen zu Trinkwasserqualität aufbereitet. Zwar besteht bei uns kein Wassermangel, dennoch sollte Wasser nicht unnötig vergeudet werden.

Zunehmende Sorge bereitet jedoch die Qualität der Rohwässer, also des Grundwassers, der Flüsse und der Seen. Zu Beginn der achtziger Jahre trat die Belastung mit biologisch nicht abbaubaren Stoffen (u. a. mit Nitraten) verstärkt ins öffentliche Bewusstsein.

Bei der Reinhaltung unseres Wassers gilt es, nicht nur zu reagieren, sondern vorausschauenden Umweltschutz, also vorbeugenden Gewässerschutz zu betreiben. Dies bedeutet in erster Linie die Entwicklung umweltfreundlicher Produktionsverfahren – gleichfalls eine Aufgabe, die ohne Forschung und Technik nicht zu bewältigen ist.

4.3 Technik und Verantwortung

Individuelle Freiheit – persönliche Verantwortung

Mikroelektronik ist Grundlage von übergreifenden Techniksystemen (wie zum Beispiel in der Telekommunikation), begegnet uns in überschaubaren Einheiten wie einzelnen Maschinen und wird in Form von Produkten und Geräten von uns eingesetzt und benutzt.

Wahrscheinlich wird, je nachdem, mit welcher dieser Ebenen von Technik wir uns beschäftigen, unser Zugang zur Technik durch den Grad unserer direkten Betroffenheit erleichtert oder erschwert. So berührt uns, individuell betrachtet, die Raumfahrt – ein großer Anwender von Mikroelektronik – fast gar nicht. Maschinen in Form von Robotern, Automaten oder Computern spielen dagegen im Erwerbsleben vieler Menschen eine große Rolle. Elektronisch funktionierende Produkte wie Haushaltsgeräte, Taschenrechner oder Computerspiele sind sicherlich den meisten Menschen bekannt, unabhängig davon, ob sie berufstätig, erwerbslos, in der Ausbildung, Hausfrau oder Rentner sind oder wie alt sie sind.

Technik in ihrem jeweiligen Wirkungsbereich kann nicht isoliert betrachtet werden, denn sie stellt Verbindungen her zwischen den Welten, in denen wir uns bewegen, und beeinflusst das Berufs- wie auch das Privatleben. Der Technik bewertende und gestaltende Mensch hat daher nicht nur Einfluss auf und Verantwortung für einen Lebensbereich, sondern muss sich der Zugehörigkeit zu mehreren Lebensbereichen bewusst sein. Und in beiden, im Beruf wie auch in der Freizeit, nimmt die Natur als Lebens- und Arbeitsgrundlage eine besonders schützenswerte Rolle ein.

... sie erleichtern das Leben ...

Ich bin Hausfrau. Stolz auf die saubere Wohnung, auf pünktliches Essen, gesunde Kinder, einen zufriedenen Mann. Mir geht es gut. Natürlich kenne ich Computer. Sie erleichtern das Leben. Im Supermarkt haben sie auch diese automatischen Waagen am Gemüsestand. Man sucht sich seine Kartoffeln raus, packt sie in die Plastiktüte, tippt eine Ziffer ein, und schon erscheint auf der Digitalanzeige an der Waage der Preis. Faszinierend. Da bietet man uns doch was für unser Geld. Wir haben Einblick in den großen Fortschritt.

In meiner Waschmaschine steckt auch so ein Ding, das genau weiß, wie ich meine Wäsche haben will. Einfach toll. Bei der Bank haben sie jetzt computerlesbare Überweisungsformulare. Wenn ich die ausfülle, komme ich mir richtig großartig vor. Dass die mir das zutrauen! Dieser Automat, wo man am Wochenende das Geld rausholen kann, weiß ganz genau über mein Konto Bescheid. Besser als der Angestellte.

Neulich habe ich meine Maße und Gewichtsprobleme in ein computerlesbares Formular geschrieben und an eine Firma geschickt. Eine Woche später bekam ich eine Diät nur für mich allein angeboten. Ich habe durchgehalten und 12 Kilo abgenommen. Hätte ich ohne das nicht geschafft.

Ich bin wirklich zufrieden mit dem Fortschritt. Vor allem seitdem ich weiß, dass man jetzt auch Männer haben kann aus dem Computer. Wenn mir meiner nicht mehr so gefällt, der Computer findet bestimmt den richtigen für mich, wenn ich nur alles ehrlich angebe – computerleserlich und in Druckschrift. Gelobt sei der Fortschritt. *E. Bruder*

Menschlichere Arbeit durch Maschinen?

Technischer Wandel hat meistens zwei Gesichter: ein positives und ein negatives. Und häufig sind beide nicht voneinander zu trennen. Mikroelektronisch gesteuerte Industrieroboter vernichten Arbeitsplätze. Das ist das negative Gesicht des technischen Wandels, weil sich Menschen Sorgen um ihren Arbeitsplatz machen.

Aber dieselben Industrieroboter übernehmen auch unmenschliche Arbeit. Sie übernehmen z. B. in der Automobilindustrie das schwere und gesundheitsgefährdende Schweißen oder Lackieren von Karosserieteilen. Dabei sind die Roboter so flexibel, dass auf der gleichen Produktionsstraße innerhalb von einer Woche das Automodell gewechselt und so die Produktion schnell der Nachfrage angepasst werden kann.

Technik erleichtert unzweifelhaft das Leben. Jeder Mensch hat individuell die Möglichkeit, sie mehr oder weniger zu nützen, je nach seiner Einstellung zur Technik bzw. seinen Möglichkeiten.

Die persönliche Verantwortung zu tragen bleibt jedoch keinem Menschen erspart. Wo können Sie sich der Technik gegenüber verantwortlich zeigen, indem Sie Ihre individuelle Freiheit beschränken?

Politische Rahmenbedingungen

Die Bundesrepublik Deutschland ist ein dicht besiedeltes, rohstoffarmes Land. Um das bei uns erreichte Wohlstandsniveau und damit auch das weltweit vorbildliche soziale Sicherungssystem erhalten und ausbauen zu können, brauchen wir den internationalen Handel. Für die Bundesrepublik, die 30% der produzierten Waren exportiert, spielt daher ihre Konkurrenzfähigkeit auf den Weltmärkten eine entscheidende Rolle. Wir stehen dabei im Wettbewerb mit hoch industrialisierten Ländern, wie zum Beispiel Japan und den Vereinigten Staaten, die in der Erforschung und Nutzung wichtiger „Schlüsseltechnologien" eine führende Rolle spielen.

Um diesen Wettbewerb auch in Zukunft bestehen zu können, benötigen wir hoch technisierte, „intelligente" Produkte, die nur das Ergebnis intensiver wissenschaftlicher Forschung und technischer Entwicklung im eigenen Land sein können. Eine Abhängigkeit von importierten Technologien ist nicht nur risikoreich, sondern auch hemmend für unsere wirtschaftliche Leistungsfähigkeit und damit auch für die Qualität unserer Arbeitsplätze in der Zukunft.

Eine unabdingbare Voraussetzung aber, um den technischen Wandel auch für einen gesellschaftlichen Fortschritt nutzbar zu machen, ist eine breite Zustimmung der Bevölkerung. Diese Zustimmung kann nur erreicht werden, wenn bereits vor der Einführung neuer Techniken auch die möglichen Wirkungen auf Umwelt, Arbeitsplatz und Gesellschaft diskutiert werden. Die Technikfolgenabschätzung wird daher zu einer immer wichtigeren Aufgabe der Forschungspolitik.

Zwischen einer übersteigerten Technikeuphorie und der bloßen Ablehnung neuer Techniken gibt es daher einen Weg, der uns die Technik als das aufzeigt, was sie ist, nämlich ein Instrument in der Hand des Menschen. Ein Instrument, mit dem man verantwortungsbewusst umgehen sollte, und das bei vernünftigem Gebrauch unsere Arbeits- und Lebensbedingungen verbessern wird.

„Neue Betriebe, neue Produkte, neue Märkte"

Globaler Wettbewerb und der Wandel zur Wissens- und Dienstleistungsgesellschaft stellen auch den Wirtschaftsstandort Bayern auf eine Bewährungsprobe. Der Freistaat kann sich nicht auf einen Kostensenkungswettlauf mit den Niedriglohnländern in Fernost, Mittel- und Osteuropa und Lateinamerika einlassen. Auch Protektionismus oder die „Verwaltung" eines wachsenden „Mangels an Arbeit" sind keine Antworten auf diese Herausforderungen.

Es gibt keine Alternative zu einer konsequenten Modernisierungspolitik von Wirtschaft, Staat und Gesellschaft. Das, was an alten Betrieben, Produktionen und Arbeitsplätzen verloren geht, muss laufend durch Neues ersetzt werden. Die ständige „Flucht nach vorn" ist der einzige Weg, um

- eine befriedigende Beschäftigungslage wiederherzustellen und zu sichern
- den materiellen und immateriellen Wohlstand zu verteidigen und weiter zu steigern
- die notwendigen politischen Gestaltungsspielräume auch in Zukunft offen zu halten.

Stillstand ist Abstieg. Die bayerische Wirtschaftspolitik verfolgt deshalb im Rahmen der „Offensive Zukunft Bayern" eine Vorwärtsstrategie auf der Linie „neue Betriebe, neue Produkte und Dienstleistungen, neue Märkte."

Existenzgründer sorgen für marktwirtschaftliche „Blutauffrischung", treiben den Strukturwandel voran und schaffen im Schnitt drei bis vier neue Arbeitsplätze. Die Staatsregierung setzt deshalb auf eine Gründeroffensive.

ZUR OFFENSIVE ZUKUNFT BAYERN gehört auch das Konzept „Bayern Online": Ein Bayernnetz stellt bis Ende 1998 freie Kapazitäten unentgeltlich für nichtkommerzielle Zwecke zur Verfügung; 16 Pilotprojekte sollen Signalwirkung für Wirtschaft und Verwaltung haben. Außerdem eröffnet das Bayerische Bürgernetz, gebildet von Bürgernetz-Vereinen vor Ort, einen preiswerten Netzzugang. Mit dieser Unterstützung der nichtkommerziellen Nutzung will der Freistaat kommerziellen Anbietern den Markt bereiten. Insgesamt stehen für Bayern Online 148 Mio. DM aus Privatisierungserlösen zur Verfügung.

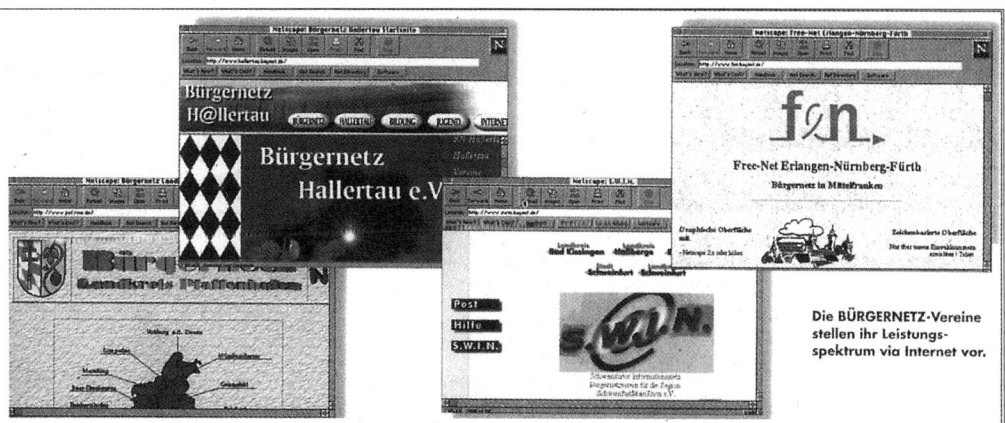

Quelle: BLZ: Der Staatsbürger

Worin sieht die Politik ihre Aufgabe, um verantwortungsbewusste Nutzung der Technik zu fördern?

Technik und Wirtschaft

Massaker an Wall Street

Beim bisher dramatischsten Kurssturz der amerikanischen Börsen-Geschichte verloren Anleger aus aller Welt an der Wall Street mindestens eine Billion Dollar. Dennoch: Die Stimmung ist zwar trübe, aber nicht verzweifelt. Börsenanalytiker rechnen mit einer leichten Erholung der Kurse.

Durchhalte-Parolen

Der größte Kurssturz aller Zeiten riss die Aktionäre weltweit unsanft aus jahrelangen Hausseträumen. Inzwischen lässt die Panik nach, aber das unbegrenzte Vertrauen in ständig steigende Kurse ist zerstört.

Ein Desaster aus Massenpsychose und Computerentscheidung, so beurteilt Paul Hasenfratz von der Zürcher Kantonalbank den Kurssturz an den wichtigsten Börsen zu Wochenbeginn. Für seinen Heimatmarkt gibt der Wertpapierchef der viertgrößten Schweizer Bank aber die Parole aus: „Durchhalten".

Menschen gestalten Technik – oder gestaltet Technik den Menschen?

Einige Kurse an der New Yorker Börse beginnen zu fallen, ausgelöst durch Meldungen über das anhaltend hohe Handelsbilanzdefizit der USA. Für alle Fachleute überraschend setzt sich der Abwärtstrend auf breiter Basis fort. Am Ende sind die durchschnittlichen Kursverluste so stark, dass man, in Anlehnung an den „Schwarzen Freitag" von 1929, dem Beginn des Börsencrash, der seinerzeit die Weltwirtschaftskrise auslöste, von dem „Schwarzen Montag" spricht. Kursverluste an allen wichtigen Börsen der Welt führen zu einer weltweiten Verunsicherung. Eine ganze Woche lang starren Kleinanleger und Wirtschaftsbosse, Börsenmakler und Wirtschaftspolitiker ratlos auf die neuesten Kursverläufe. Dann beruhigt sich die Situation langsam wieder … In New York hatte man bereits viel schneller einen Weg gefunden, die Talfahrt der Wertpapierkurse abzubremsen: Indem man die Computer abschaltete!

Man hatte nämlich herausgefunden, dass die Computerprogramme der Börsenmakler, die häufig bei Unterschreiten des jeweiligen Mindestkurses einer Aktie automatisch Verkaufsorder ausgeben, eine Eigendynamik entwickelt hatten, die offensichtlich für den Kursverfall auf breiter Basis verantwortlich war. Denn aufgrund der anfänglichen Kursverluste rieten die zumeist mit vergleichbaren Programmen gespeisten Börsencomputer in schöner Eintracht Tausenden von Börsenmaklern zum Verkauf. Das zunehmende Angebot drückte die Preise, was die Kurse wieder sinken ließ, die Börsenmakler sahen auf ihren Bildschirmen erneut die Empfehlung VERKAUFEN!, usw., usw.

Für sich allein betrachtet hatten die Computer (bzw. ihre Programmierer) ja durchaus Recht. Insgesamt betrachtet widersprachen sie jedoch ihrer inneren Logik, indem sie durch ihr „Handeln" gerade das verhinderten, was sie eigentlich erreichen sollten, nämlich den Anleger vor Kursverlusten schützen.

Worin sehen Sie Unterschiede zwischen menschlichen und computergesteuerten Entscheidungen?

_____

_____

_____

_____

Warum kann die Wirtschaft auf die Technik nicht verzichten?

_____

_____

Technikfolgenabschätzung:
Verantwortungskriterien und Verhaltensnormen

Was überhaupt ist Technikfolgenabschätzung?

1. Technikfolgenabschätzungen (TA) werden durchgeführt, um die Bedingungen und (potentiellen) Auswirkungen des Einsatzes von Techniken systematisch zu untersuchen und zu bewerten. Eine wichtige Aufgabe von Technikfolgenabschätzungen besteht darin, gesellschaftliche Konfliktfelder, die durch den Technikeinsatz entstehen können, zu identifizieren und zu analysieren.

Unter dem Eindruck vor allem der sich verschärfenden Umweltprobleme, aber auch der oft tief greifenden Auswirkungen des Technikeinsatzes auf Sozialstrukturen und sozio-kulturelle Werte wurde in den 70er und 80er Jahren die TA-Idee in vielen Ländern aufgegriffen.

2. Die wissenschaftliche Beratung staatlicher Politik ist auch heute noch ein zentrales Anliegen der Technikfolgenabschätzung. Es ist daher nur folgerichtig, dass staatliche Einrichtungen der Exekutive und Legislative seit dem Aufkommen der TA-Idee eine führende Rolle bei der Initiierung und Förderung von TA-Prozessen und der Institutionalisierung der TA übernommen haben.

3. Wie bei der Durchführung der TA vorgegangen wird, hängt von vielen Faktoren ab, nicht zuletzt von den Erwartungen und Anforderungen der Auftraggeber und Nutzer.

Mohr, Cartoon-Caricatur-Contor München c5.net

Eine Beurteilung braucht Kriterien

Die gesellschaftspolitische Debatte über die Gestaltung neuer Techniken und der aus ihrem Einsatz resultierenden Folgen hat die Problematik der Erfassung und Bewertung von Technik aufgeworfen. Im Mittelpunkt der Diskussion stehen die Sozialverträglichkeit und die Ökologische Verantwortbarkeit von Technikkonzepten. Insbesondere wird der Frage nachgegangen, ob und welche Prüfsteine bzw. Kriterien vorhanden sind, um diese globalen Ziele abbilden und einer Beurteilung zugänglich machen zu können.

In den letzten Jahren wurden von der Wissenschaft in aufwendigen Verfahren zum Teil sehr umfangreiche Einzelkriterien entwickelt, die häufig in einem zweiten Schritt zu einem Kriteriensystem oder -katalog verdichtet wurden. Es liegen insbesondere Vorschläge und Studien zur Bestimmung der Umwelt- und Sozialverträglichkeit technischer Systeme vor, da sich wirtschaftliche Kriterien und Kennzahlen mit den schon bestehenden Methoden ausreichend erfassen und bewerten lassen.

Kriterien zur Technikbewertung begegnen uns jedoch nicht nur in Form wissenschaftlicher Ausarbeitungen: Ein bekanntes Beispiel für die Bewertung technischer Produkte nach verschiedenen Kriterien liefern auch populäre Zeitschriften (wie Test-Heft der Stiftung Warentest, Öko-Test-Magazin usw.). Und schließlich hat jeder Mensch, der Technik beurteilt, seine eigenen Maßstäbe und Kriterien im Kopf.

Aufgrund des Textes können Sie das magische Dreieck der Technologiepolitik vervollständigen!
Welche drei wesentlichen Aspekte sind zu überdenken?

z. B. _____   z. B. _____

z. B. _____   z. B. _____

Technik und ihre Folgen

Reagan spricht von tragischem Versehen

USA schießen Airbus des Iran ab: 290 Tote

WASHINGTON (dpa/ap). Die US-Marine hat gestern einen iranischen Airbus A 300 mit 290 Passagieren an Bord über dem Persischen Golf abgeschossen. Es gilt als sicher, dass keiner der Passagiere mit dem Leben davongekommen ist.

Auch die US-Marine steht vor einem Rätsel

Zu Anfang wollte keiner an das Unglück glauben

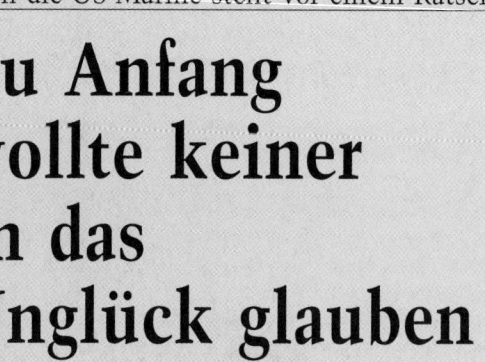

Wie weit also dürfen wir uns auf den Computer verlassen? Wie groß muss unser Verständnis vom „Innenleben" dieser Technik sein, um noch verantwortlich handeln zu können?

Wie viel Handlungsspielraum hatte der verantwortliche US-Offizier des Kriegsschiffes „Vincennes", als ihm das computergesteuerte Radarsystem den Anflug eines „feindlichen Flugobjektes" meldete und automatisch die mit einem elektronischen Zielsuchsystem ausgestatteten Flugabwehrraketen startklar machte? Da mikroelektronisch gesteuerte Raketen über viele Kilometer genau ihr Ziel finden können, konnte er nicht warten, bis das vermeintliche Kampfflugzeug näher herangekommen war. Ohne Sichtkontakt zu haben, wurde die Rakete abgeschossen, flog unaufhaltsam auf das einprogrammierte Ziel zu. Sekunden später verschwand das „feindliche Flugobjekt" vom Bildschirm. Beifall in der Kommandozentrale. Alles hatte perfekt funktioniert – bis auf die Identifizierung. Versehentlich hatte man ein iranisches Passagierflugzeug für ein feindliches Kampfflugzeug gehalten!

Nur weil dieses nicht auf der vorgeschriebenen, dem Computer bekannten Fluglinie flog und das Frühwarnsystem offensichtlich nicht in der Lage war, von der Größe auf den Flugzeugtyp zu schließen, mussten Menschen sterben. Es war eine Sache von wenigen Sekunden. Sichtung – Identifizierung – Aktivierung der Rakete – Abschuss. Der menschliche Handlungsspielraum wird in dieser Kette automatisierter Prozesse zur Farce.

Technik – Alltagsprobleme

Keine technische Errungenschaft zuvor hat jemals so sehr unser aller Leben beeinflusst wie die Mikroelektronik. Von den einen enthusiastisch begrüßt, von den anderen eher als bedrohlich empfunden, dringt sie unaufhaltsam und oft unmerklich in immer mehr Lebens- und Arbeitsbereiche des Menschen vor. Ohne Mikroelektronik geht bald nichts mehr. Kein umweltfreundlicher Katalysator ohne elektronische Benzineinspritzung, keine Nachrichtenübermittlung ohne moderne Informations- und Kommunikationstechniken, keine Verwaltungsarbeit ohne den Kollegen Computer.

Wie jede Technik dient auch die Mikroelektronik der Erleichterung der menschlichen Arbeit und der Erhöhung der menschlichen Leistungsfähigkeit. Wir begeben uns jedoch gleichzeitig in eine immer größere Abhängigkeit, weil wir oft nicht mehr verstehen, wie etwas funktioniert, und darum auch schon gar nicht, warum etwas plötzlich nicht mehr funktioniert.

Konnten früher technisch versierte Autofahrer und Autofahrerinnen an ihrem Wagen zum Beispiel die (mechanische) Zündung noch selbst nachstellen, kommt man bei heutigen Motoren im Falle einer Störung nicht mehr umhin, eine Fachwerkstatt aufzusuchen, die sich mit Hilfe elektronischer Messgeräte auf die Suche nach dem Fehler begibt. Dieser wird dann häufig durch das Auswechseln eines elektronischen Bausteins im Werte von wenigen Pfennigen behoben.

Wir durchschauen schon längst vieles nicht mehr, womit wir tagtäglich umgehen. Wir wählen eine Nummer und sprechen mit jemandem, der in einer anderen Stadt sitzt. Wir schalten den Fernseher an und sehen eine Person, die in diesem Augenblick von einem anderen Kontinent zu uns spricht. Wir sehen, wie unser Taschenrechner sekundenschnell die kompliziertesten Rechnungen ausführt – und vertrauen auf die Richtigkeit. Tut er es dann einmal nicht mehr, spüren wir intuitiv, dass es zwecklos wäre, den Versuch einer Reparatur zu unternehmen.

Heißt das also, dass es sinnlos wäre, moderne Technik verstehen zu wollen? Wie weit dürfen wir gehen in unserem oft „blinden Vertrauen" in die Technik?

Ein Abend im Hilton bei achthundert Bier...

Ich liebe Computer. Sie machen das Leben so einfach und angenehm. Alles geht viel schneller. Das Auschecken im Londoner Hilton-Hotel zum Beispiel. Es ist Viertel nach neun, um zwölf Uhr geht mein Flugzeug nach Köln. Bis Heathrow dauert es mit dem Taxi erfahrungsgemäß 20 Minuten. Zeit satt also.

Vor mir am Counter stehen zwei deutsche Touristen und versuchen, der Lady an der Rezeption zu erklären, dass die beiden Continental Breakfasts zu je neun Pfund – rund 27 Mark – eigentlich auf die Zimmerrechnung gehören, auf der irrtümlicherweise die English Breakfasts zu sieben Pfund gebucht wurden. Die Empfangsdame im Restaurant hat wohl einen Knopf an ihrer Computerkasse, die wiederum mit dem zentralen Rechnungscomputer verbunden ist, falsch gedrückt. Es müsse noch möglich sein, die Beträge eben umzubuchen.

Ist es aber nicht, schüttelt die Dame auf der anderen Seite des Schalters energisch den Kopf. Sie wisse nämlich nicht, wie das gehe, und es sei auch keiner da, der sich mit dem neuen Computer auskenne. Punktum.

Nach zehn Minuten ist die Schlange vor dem Counter erheblich gewachsen und die Diskussion an einem toten Punkt angelangt. Nach weiteren fünf Minuten wird eine fast geniale Lösung gefunden: Die beiden Rechnungen werden mit der Hand neu geschrieben. Erleichtertes Aufatmen geht durch die Reihe der Wartenden. Nun kommt mein Auftritt.

Mit der Überlegenheit des Weitgereisten gebe ich Zimmernummer und Namen an, werfe elegant meine Kreditkarte auf den Counter, um die Bezahlprozedur abzukürzen, und schaue mäßig interessiert dem Drucker zu, wie er meine Rechnung ausspuckt. Nach einigen Augenblicken merke ich, dass dieses Teufelsding gar nicht daran denkt, mit dem Drucken aufzuhören. Mit der Ergebenheit eines Hare-Krishna-Jüngers, der seine Gebetsformel unendlich oft leiert, druckt er wieder und wieder „1 Beer 3 Pounds". Seite um Seite seines Endlos-Papiers zieht er ein.

Was ist geschehen? Am Vorabend hatte ich aus der Minibar, die mit dem Zentralcomputer verbunden ist, eine Flasche Bier entnommen. Ein Relais meldete dem Computer den Vorgang, und der setzte drei Pfund auf meine Zimmerrechnung. Leider ging dabei das Relais kaputt. Es knackte einfach weiter. Mit jedem Knacks signalisierte es dem Computer die Entnahme einer weiteren Flasche Bier. Bevor ein beherzter Techniker den Stecker des außer Kontrolle geratenen Kühlschranks zog, hatte der Computer munter Impuls auf Impuls registriert.

Minute für Minute quälen sich die Nadeln des Druckers über das Papier. Mein Zeitpolster zerrinnt. Ich ahne es, mein Flugzeug wird ohne mich starten. Böse Blicke brennen mir Löcher in den Rücken.

Nach zwanzig Minuten bleibt der Drucker plötzlich stehen. Papierstau? Farbband am Ende? Nein, die Rettung, die Rechnung ist endlich komplett. 801 Flaschen Bier hab ich letzten Abend getrunken. 2403 Pfund möchte der Computer von mir haben. Gibt es wenigstens eine Kopfschmerztablette auf Rechnung des Hauses, versuche ich einen Scherz. Die Dame lächelt gequält, während sie den Betrag storniert. Ich hetze zum Taxistand. Nichts wie weg. Vielleicht schaffe ich den Flieger doch noch.

Ich renne zum Abfertigungsschalter. Eine lange Schlange empfängt mich. Die Terminals sind vor einer halben Stunde ausgefallen. Der Abflug wird sich um mindestens eine Stunde verzögern. Ich liebe Computer.

KARSTEN MÜHLHAUS

Quelle: Mühlhaus, Karsten, „Ein Abend im Hilton bei achthundert Bier...", in: „Wirtschaftswoche" Nr. 41 v. 6. 10. 1989

Ethische Grenzen des technisch Machbaren

Was ist eine Schiege?

Chemiker haben die Zusammensetzung chemischer Stoffe erforscht. Nachdem sie erkannt hatten, woraus sie bestehen, war es nur ein kleiner Schritt, sie auch wieder zusammenzusetzen und Stoffe herzustellen, die in der Natur nicht vorkommen. An einer vergleichbaren Schwelle steht heute die Biologie. Genetiker können heute über natürliche Barrieren hinweg Erbmerkmale verschiedener Organismen miteinander verknüpfen.

Bakterien sind einfache Lebewesen und deshalb sind sie derzeit bevorzugter Gegenstand „genetischer Ingenieurtechnik". Diese Technik besteht darin, die langen Ketten der DNS-Moleküle zu „zerschneiden" und verschiedene Teile neu zu verbinden. So werden verschiedene Erbanlagen miteinander kombiniert (DNS-Rekombination). Auf diese Weise können einem Bakterium völlig neue Eigenschaften beigebracht werden.

Ähnliches haben freilich auch unsere Vorfahren getan, indem sie Pflanzen gekreuzt und Haustiere gezüchtet haben. Eine Kreuzung zwischen zwei Pflanzen lässt sich vom genetischen Standpunkt aus einfach beschreiben. Der Züchter vermischt etwa eine Million Gene von der einen mit einer Million Gene von der anderen Pflanze. Meist möchte er in der Zukunft mit den in langer züchterischer Arbeit zusammengebrachten Genen der Nutzpflanze weiterarbeiten, während er von der zweiten Pflanze nur ganz wenige Gene benutzen möchte. Er muss also fast eine Million Fremdgene wieder aus den Nachkommen der gekreuzten Pflanze entfernen. Hierfür gibt es züchterische Techniken, aber sie sind mühevoll und zeitraubend und erfordern viele Jahre Arbeit.

Gentechnik wird es in Zukunft wahrscheinlich erlauben, diesen Weg abzukürzen. Es werden dann nicht mehr alle Gene der beiden Pflanzen miteinander vermischt, sondern von der einen Pflanze wird nur ein einzelnes Gen isoliert, das allein in die zweite Pflanze eingeführt wird. Etwa das Gen, das besagt, dass die Pflanze gegen einen bestimmten Schädling unempfindlich ist.

Aber mit der Züchtung und noch viel mehr mit der Rekombination der DNS sind auch große Probleme verbunden. Wenn eine Nutzpflanze auf ein einziges Merkmal hin gezüchtet wird, etwa Weizen auf besonders hohen Ertrag, so gehen dabei viele andere Gene verloren, die sich später einmal als nützlich erweisen könnten. Monokulturen bedeuten einen Verlust an genetischer Vielfalt. Sie können deshalb besonders krankheitsanfällig sein. Seuchen befallen dann viele Pflanzen. So rief eine Kartoffelkrankheit im vergangenen Jahrhundert in Irland eine Hungersnot hervor, bei der von acht Millionen Einwohnern zwei Millionen starben und zwei weitere Millionen aus Not und halb verhungert in die USA auswanderten. Genetische Vielfalt der Kartoffelpflanzen hätte dieses Schicksal vielleicht abgewendet, weil in der Vielfalt möglicherweise das Gen „widerstandsfähig gegen diese Kartoffelkrankheit" enthalten gewesen wäre.

Heute sind die Möglichkeiten der Gen-Technik erheblich größer als die der langwierigen und schwierigen Zucht-Technik. Aber mindestens ebenso groß sind die Gefahren. Der Züchter begnügte sich früher mit den Mulis, einer Kreuzung von Pferd und Esel, die im Gebirge besonders ausdauernd sind. Manche Gen-Techniker denken heute schon an die Schiege, die genetische Kombination von Schaf und Ziege.

Klonen:

Erzeugung genetisch identischer Kopien einer Zelle oder eines Organismus durch ungeschlechtliche Vermehrung. Die Möglichkeit des Klonens beruht darauf, dass jede Zelle eines Organismus über die komplette Erbinformation verfügt.

Klonen: Chronik des wissenschaftlichen Fortschritts

1981	In den USA entsteht der erste Klon eines Säugetieres. Durch das Teilen von Embryonen (Embryosplitting) in einem frühen Stadium werden identische Kälber geschaffen.
1993	In den USA teilt der Humangenetiker Jerry Hall zweizellige menschliche Embryos. Abbruch des Experiments nach sechs Tagen.
1997	In Schottland wird das Schaf Dolly geboren, das aus einer erwachsenen Körperzelle geklont wurde. In den USA werden zwei Rhesusaffen (Netti und Dino) durch Kerntransfer aus embryonalen Zellen geschaffen. In Schottland wird das Schaf Polly geboren, das genetisch verändert (eingepflanzt wurde ein menschliches Gen zur Produktion von Proteinen) und geklont wurde. Der britische Biologe Jonathan Slack züchtet Kaulquappen ohne Kopf und Schwanz und schlägt vor, derart geklonte Körper als Transplantatreserven zu nutzen.
1998	Der US-amerikanische Physiker Richard Seed kündigt an, mit einem Forschungsetat von 2 Mio. Dollar innerhalb von zwei Jahren den ersten Menschen zu klonen. Die US-Wissenschaftler Roble und Stice erschaffen einen genetisch veränderten Kälberklon aus embryonalen Zellen; die beiden genetisch identischen, transgenen Kälber George und Charlie werden geboren.

Wo sehen Sie die Grenzen des technisch Machbaren?

Genmanipulation

Die Medizin der Zukunft kann vielleicht neue Arten menschlicher Wesen schaffen, lebensfähig noch an Orten, die uns heute unzugänglich sind.

Genmanipulation – d. h. die Struktur des Organismus zu verändern – wird für die Landwirtschaft schon betrieben: zur Verbesserung von Pflanzensorten, um den Ertrag und die Widerstandskraft gegen Krankheiten zu steigern. In Zukunft könnten auch Menschen durch Geneingriffe manipuliert werden. Das Ziel wäre eine höhere Intelligenz, anpassungsfähigere Körpereigenschaften und geringere Anfälligkeit.

„Klonen" ist bereits möglich: das ist ein Prozess, in dem identische Geschöpfe erzeugt werden. Man kann so schon Frösche „herstellen"; in ein paar Jahren könnte es möglich sein, etwa preisgekrönte Rinder zu klonen. Und danach – eine grauenhafte Vision – könnten identische Menschen zur schrecklichen Wirklichkeit werden.

5. Bürger in der Demokratie

→ 10.5 Bürger in der Demokratie (bayerischer Hauptschullehrplan)

Lerninhalte:

- Den Prozess der politischen Willensbildung kennen lernen
- Kritischer Umgang mit allen an der Willensbildung Beteiligten
- Möglichkeiten der politischen Mitwirkung im demokratischen Staat

Arbeitsmittel:

Folienvorlage, Arbeitsblätter, Lösungsblätter

Folienvorlage:

Wie denken Sie darüber?

Demokratie: (von griechisch *demos*: das Volk und *kratein*: herrschen), „Volksherrschaft".

➡ Alle Macht geht vom Volk aus.

➡ Demokratie ist die Herrschaft, die sich auf den Willen des Volkes beruft und dem Volk rechenschaftspflichtig ist.

➡ Demokratie entsteht, wenn man nach Freiheit und Gleichheit aller Bürger strebt und die Zahl der Bürger, nicht aber ihre Eigenarten berücksichtigt. *(Aristoteles)*

➡ Demokratie ist die Notwendigkeit, sich gelegentlich den Ansichten anderer Leute zu beugen. *(Winston Churchill)*

➡ Wer heute auf die Demokratie schimpft, dem wird morgen der Marsch geblasen. *(Werner Mitsch)*

Regierung

➡ Regieren heißt entscheiden, wofür Steuergelder ausgegeben werden. *(Gore Vidal)*

➡ Regieren ist nicht Vernunft, nicht Beredsamkeit – sondern Gewalt. *(George Washington)*

Politiker

➡ Ich glaube, jedes Volk ist zu jeder Zeit von seinen Politikern verhätschelt, verführt, verarscht, belogen und beschissen worden. *(Paul Breitner)*

➡ Der kluge Politiker beachtet eher den Unwillen, als den Willen des Volkes. *(Zarko Petan)*

Bürger

➡ Freies, in politischer und sozialer Hinsicht vollberechtigtes Mitglied einer politischen Gemeinschaft oder eines Staates.

➡ Jemand, der der Regierung eines Staates Untertanenpflicht schuldet und dem im Gegenzug der Staat Schutz schuldet.

5. Bürger in der Demokratie

Einstieg ins Thema: Folienvorlage (Wie denken Sie darüber?; S. 233)

5.1 Akzeptanz von Politik und Demokratie (S. 235)

Demoskopie und Wahlen (S. 235)
Demoskopie und Wahlen (Arbeitsblatt S. 238; Lösungsblatt S. 271)
Aufgaben und Ansehen von Politikern (S. 239)
Aufgaben und Ansehen von Politikern (Arbeitsblatt S. 240; Lösungsblatt S. 271)

5.2 Politische Willensbildung (S. 241)

Pluralismus (S. 241)
Politische Willensbildung (Arbeitsblatt S. 246; Lösungsblatt S. 272)

5.3 Politische Mitwirkung im demokratischen Staat (S. 247)

Direkte und repräsentative Demokratie (S. 247)
Direkte und repräsentative Demokratie (Arbeitsblatt S. 248; Lösungsblatt S. 272)
Direkte Partizipation (S. 249)
Direkte Partizipation (Arbeitsblatt S. 250)

5.4 Konflikt, Konsens und Minderheitenschutz (S. 251) → D 10.1.1

Kosovo-Krieg für den Frieden oder kriegerische Aggression?
(Arbeitsblatt S. 251; Lösungsblatt S. 272)

5.1 Akzeptanz von Politik und Demokratie

Demoskopie und Wahlen

Der Begriff Demoskopie stammt aus dem Griechischen (demos = das Volk und skopein = betrachten). Sie betreibt mit sozialwissenschaftlichen Methoden Meinungs- und Umfrageforschung.

Wichtigste Methoden sind die mündliche und schriftliche Befragung (Interview) anhand von Fragebögen und die Beobachtung. Befragt wird jeweils nur eine repräsentative Auswahl aus dem Personenkreis, über die etwas ermittelt werden soll. Die Zusammensetzung des Personenkreises der Stichprobe muss also ein verkleinertes Abbild der Gesamtheit sein. Für die Gesamtbevölkerung gilt eine Auswahl von 1000 bis 2000 Personen als repräsentativ. Die Befragten können in der Regel nicht frei antworten, sondern müssen zwischen mehreren Antwortvorgaben wählen.

Es stellt sich natürlich auch die Frage, inwieweit die Befragten auch hinter dem stehen, was sie antworten.

Wahlprognosen und -analysen werden im Auftrag von Parteien, Fernseh- und Rundfunkanstalten oder Zeitschriften in der BRD von fünf Meinungsforschungsinstituten durchgeführt (Allensbach, Emnid, Infas, Infratest, Marplan und der Forschungsgruppe Wahlen für das ZDF).

Den Parteien wird oft vorgeworfen mit Wahlprognosen die Wähler beeinflussen zu wollen. Prognosen können nach Ansicht von Kritikern der Demoskopie zusätzliche Wähler mobilisieren, wenn nach der Voraussage ein Wahlerfolg für möglich gehalten wird, oder zur Wahl einer anderen Partei führen, um die Stimme nicht zu verschenken, wenn ein Wahlerfolg aussichtslos erscheint.

Gegenüber der Demoskopie ist der Verdacht geäußert worden, sie beschönige Dinge im Interesse ihrer Auftraggeber. Den Parteien ist vorgeworfen worden, nur solche Umfrageergebnisse zu veröffentlichen, die in ihre Wahlkampfstrategie passen.

In Bezug auf das politische System selbst wird die Gefahr gesehen, dass sich Politiker nicht mehr an ihren Überzeugungen und sachlichen Notwendigkeiten orientieren, sondern an der demoskopisch erfassten „Volksmeinung".

Trotz aller Kritik ist die Demoskopie ein wichtiges Mittel für eine an den Interessen der Bevölkerung orientierte Politik und für die Bevölkerung selbst, sich über Meinungstrends zu informieren.

Umfragebeispiel

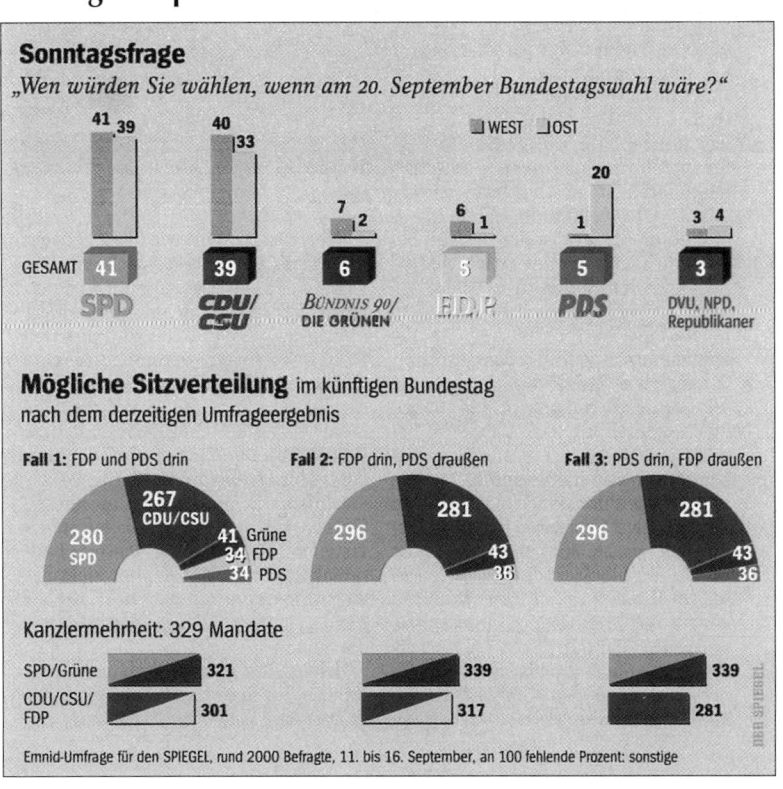

Sonntagsfrage
„Wen würden Sie wählen, wenn am 20. September Bundestagswahl wäre?"

WEST / OST

	GESAMT	WEST	OST
SPD	41	41	39
CDU/CSU	39	40	33
BÜNDNIS 90/DIE GRÜNEN	6	7	2
F.D.P.	5	6	1
PDS	5	1	20
DVU, NPD, Republikaner	3	3	4

Mögliche Sitzverteilung im künftigen Bundestag nach dem derzeitigen Umfrageergebnis

Fall 1: FDP und PDS drin
- SPD 280
- CDU/CSU 267
- Grüne 41
- FDP 34
- PDS 34

Fall 2: FDP drin, PDS draußen
- SPD 296
- CDU/CSU 281
- Grüne 43
- FDP 36

Fall 3: PDS drin, FDP draußen
- SPD 296
- CDU/CSU 281
- Grüne 43
- PDS 36

Kanzlermehrheit: 329 Mandate

	Fall 1	Fall 2	Fall 3
SPD/Grüne	321	339	339
CDU/CSU/FDP	301	317	281

Emnid-Umfrage für den SPIEGEL, rund 2000 Befragte, 11. bis 16. September, an 100 fehlende Prozent: sonstige

Wahlausgang

Bei der Bundestagswahl 1998 tatsächlich erreichte Stimmen und Sitze im Bundestag:

SPD:	298
Bündnis 90/ Die Grünen:	47
	345 345
CDU/CSU: (davon CSU: 47)	245
F.D.P.:	43
PDS:	36
	324 324
Gesamtsitze:	669

Überhangmandate

insgesamt: 13
(ausschließlich SPD)
Hamburg	1
Mecklenburg-Vorpommern	2
Brandenburg	3
Sachsen-Anhalt	4
Thüringen	3

Partei	Bundesgebiet 1998				
	Wahlkreis	Landesliste	Sitze insgesamt	Sitze Zweitstimmen	Überhangmandate
SPD	212	86	298	285	13
CDU	74	124	198	198	–
CSU	38	9	47	47	–
B90/GRÜNE	–	47	47	47	–
F.D.P.	–	43	43	43	–
PDS	4	32	36	36	–
Insgesamt	328	341	669	656	13

Bundestagswahlergebnis Zweitstimme

	CDU/CSU	SPD	F.D.P.	Bündnis 90/Die Grünen	PDS	Sonstige
1998	35,2	40,9	6,2	6,7	5,1	5,9

Sitzverteilung im 14. Deutschen Bundestag

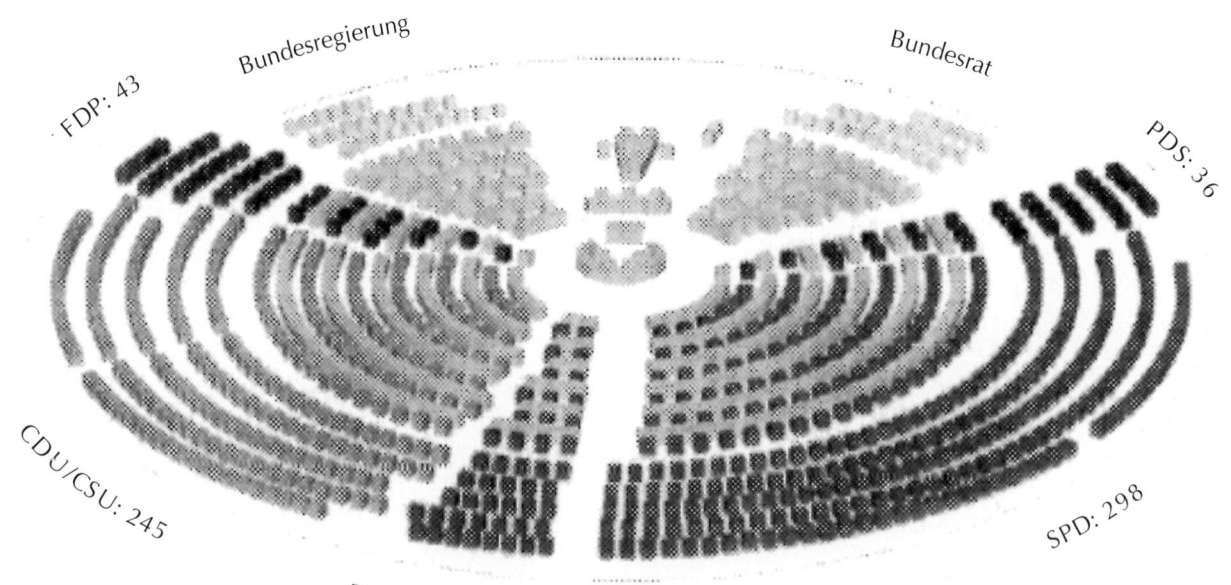

FDP: 43
Bundesregierung
Bundesrat
PDS: 36
CDU/CSU: 245
B' 90/Die Grünen: 47
SPD: 298

Quelle: Deutscher Bundestag: Internet-Informationen

Nach den ersten 100 Tagen der neuen Regierung

Verhaltenes Lob

„Die rot-grüne Bundesregierung ist seit 100 Tagen im Amt. Wie zufrieden sind Sie mit ihr?"

sehr zufrieden	6
eher zufrieden	41
eher unzufrieden	26
sehr unzufrieden	15
kann ich noch nicht beurteilen	12

Angaben in Prozent

Noch viel zu tun

„Wie zufrieden sind Sie mit den Leistungen der Bundesregierung auf einzelnen Gebieten?":

sehr zufrieden/eher zufrieden		eher unzufrieden/sehr unzufrieden	kann ich noch nicht beurteilen
26	Bürger wirksamer vor Verbrechen schützen	58	16
29	Arbeitslosigkeit bekämpfen	62	9
38	Renten sichern	49	12
40	Wirtschaft ankurbeln	47	12
46	Zusammenleben mit Ausländern regeln	43	10
50	für gleiche Lebensbedingungen in Ost und West sorgen	38	11
53	für soziale Sicherheit sorgen	38	9
53	Gesundheitsvorsorge sichern	40	7

Weiter so

„Was glauben Sie: Wird die Regierung aus SPD und Bündnis 90/Die Grünen die nächsten vier Jahre durchhalten oder vorher auseinander brechen?"

Rot-Grün...	
...hält vier Jahre durch	59
...wird zerbrechen	39

Emnid-Umfrage vom **26. und 27. Januar 1999**; rund 1000 Befragte; an 100 fehlende Prozent: keine Angabe

Quelle: Der Spiegel, Nr. 5/1. 2. 99, S. 24

| Name: | Klasse: 10 | Datum: | Geschichte **Sozialkunde** Erdkunde | Nr.: |

Demoskopie und Wahlen

Demoskopie = _____

Methoden: _____
_____
_____
_____

Auftraggeber: _____

Institute: _____
_____
_____

positiv: _____
_____
_____
_____
_____

Koalitions-Kompetenz

„Welche Koalition könnte Ihrer Meinung nach die anstehenden Probleme am besten lösen?"

	Gesamt	Anhänger von CDU/CSU	SPD	F.D.P.	B' 90/ Grüne
Große Koalition	54	56	57	43	27
SPD und Grüne	22	2	39	0	67
CDU/CSU und F.D.P.	16	39	1	42	2

Emnid-Umfrage für den Spiegel (35/98), 14. bis 19. August 1998

Sonntagsfrage

„Welche Partei würden Sie wählen, wenn am nächsten Sonntag Bundestagswahl wäre?"

		Ergebnis der Bundestagswahl 1994
SPD	42	36,4
CDU/CSU	38	41,4
BÜNDNIS 90/ DIE GRÜNEN	6	7,3
F.D.P.	5	6,9
PDS	4	4,4

Emnid-Umfrage für den Spiegel (35/98), rund 2000 Befragte, 14. bis 19. August 1998

negativ: _____
_____
_____
_____
_____
_____
_____
_____
_____
_____

Aufgaben und Ansehen von Politikern

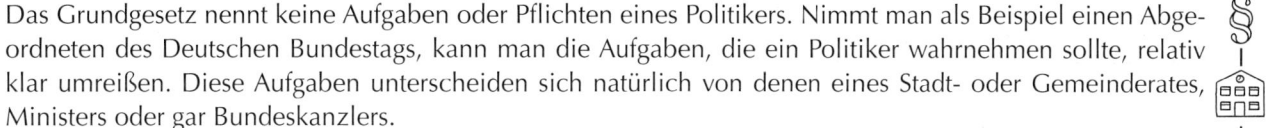

Das Grundgesetz nennt keine Aufgaben oder Pflichten eines Politikers. Nimmt man als Beispiel einen Abgeordneten des Deutschen Bundestags, kann man die Aufgaben, die ein Politiker wahrnehmen sollte, relativ klar umreißen. Diese Aufgaben unterscheiden sich natürlich von denen eines Stadt- oder Gemeinderates, Ministers oder gar Bundeskanzlers.

Die Aufgaben eines Abgeordneten lassen sich in zwei Bereiche gliedern.
a) Parlamentsarbeit
- Mitarbeit in Ausschüssen als Vorbereitung für die Parlamentsdebatten
- Teilnahme an Fraktionssitzungen zur Absprache über Verhalten und Meinungsäußerungen während einer Plenarsitzung, Festlegung der Redner der Fraktion zu bestimmten Themen im Bundestag
- Teilnahme an öffentlichen Hearings zur Meinungsbildung und Information
- Vorbereitung von Sitzungen
- Ausarbeiten von Reden
- Arbeitskreistagungen
- Mitwirkung bei der Gesetzgebung

b) Wahlkreisarbeit
- Besuch von Parteiveranstaltungen um Kontakt mit den Wählern zu halten
- Sprechstunden für Rat suchende Bürger, in denen diese ihrem Abgeordneten ihre Wünsche und Vorstellungen unterbreiten können
- Repräsentationspflichten, sie dienen dem Kontakt mit den Wählern und dem Bekanntwerden in der Öffentlichkeit
- Kontakte zu Interessenverbänden knüpfen zur Unterstützung bei Wahlen und zur eigenen Meinungsbildung

An diesen Aufgaben wird ein Politiker gemessen. Sein Ansehen steigt oder fällt in der Gunst des Wählers je nach Erfüllung der Aufgaben. Wichtig ist auch noch dem Bürger die geleistete Arbeit durchschaubar zu machen, was in manchen Fällen nicht ganz gelingt, da der größte Teil der Arbeit in Ausschüssen und in den Fraktionen geleistet wird, die für den Bürger „unsichtbar" sind. Der Wähler sieht nur die Debatten des Bundestages und wundert sich oft über den mangelnden Besuch der Plenarsitzungen. Wenn diese stattfinden ist die Hauptarbeit aber schon geleistet. In der heutigen Zeit werden auch immer mehr Aspekte aus der Privatsphäre eines Politikers herangezogen um sein Ansehen zu mehren oder zu mindern.

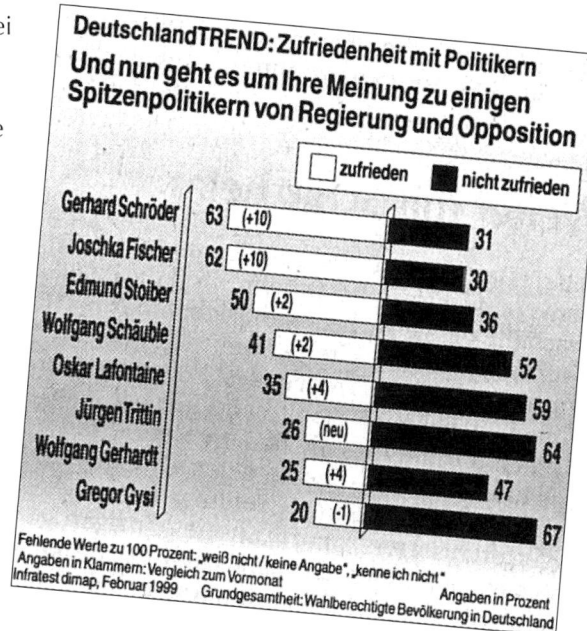

Nur eine Drei minus für Regierung Schröder
Umfrage: Bürger sind weder besonders zufrieden noch besonders unzufrieden

Augsburg/Frankfurt/Main (dr/dpa). Mit einem mittelmäßigen Gesamteindruck hat die neue Bundesregierung ihre ersten 100 Tage beendet.

Bei der monatlichen Umfrage von ARD/Bericht aus Bonn, unserer und anderer Tageszeitungen vergaben die Befragten für die Schröder-Mannschaft die Note 3,4. Kaum besser ist der öffentliche Eindruck offenbar von der Opposition. Auch sie erhält mit 3,5 nur eine mittelprächtige Note. Rund 63 Prozent der Befragten beurteilten Schröders Arbeit positiv, 62 Prozent lobten Fischer.

Die Umfrage fand im unmittelbaren Vorfeld der hessischen Landtagswahl an diesem Sonntag statt. Zum ersten Mal nach der Bundestagswahl Ende September 1998 findet damit so etwas wie ein Stimmungstest statt. Rund 4,3 Millionen Wahlberechtigte sind zur Stimmabgabe aufgerufen. Um das Amt des Ministerpräsidenten bewerben sich SPD-Amtsinhaber Hans Eichel und der CDU-Spitzenkandidat Roland Koch.

Augsburger Allgemeine Zeitung, 6. 2. 1999

| Name: | Klasse: 10 | Datum: | Geschichte **Sozialkunde** Erdkunde | Nr.: |

Aufgaben und Ansehen von Politikern

Politiker

Vergleichen Sie mit den Kriterien des Stern-Tests!

ABGEORDNETEN-TEST
Die Viel-Frager
ANZAHL KLEINER ANFRAGEN: 327
1. Ulla Jelpke (PDS) 143
2. Horst Kubatschka (SPD) 141
3. Peter Struck (SPD) 140
4. Wieland Sorge (SPD) 139
5. Rudolf Scharping (SPD) 138
6. A. Schwall-Düren (SPD) 126
7. Gisela Altmann (Grüne) 123
8. Albert Schmidt (Grüne) 121
8. Marliese Dobberthien (SPD) 121
9. Christoph Matschie (SPD) 121

ABGEORDNETEN-TEST
Die Viel-Redner STD. MIN.
1. Theo Waigel (CSU) 23:02
2. Rudolf Scharping (SPD) 19:37
3. Wolfgang Schäuble (CDU) 17:57
4. Helmut Kohl (CDU) 16:43
5. Norbert Blüm (CDU) 16:32
6. Gregor Gysi (PDS) 14:57
7. Günter Rexrodt (F.D.P.) 14:48
8. Klaus Kinkel (F.D.P.) 13:28
9. Horst Seehofer (CSU) 12:23
10. Matthäus-Maier (SPD) 11:27

ABGEORDNETEN-TEST
Die eifrigsten Gesetzes-Macher PUNKTE:
1. Ulla Jelpke (PDS) 100
2. Oswald Metzger (Grüne) 99
3. Birgit Homburger (F.D.P.) 97
4. Karl Diller (SPD) 95
5. Norbert Geis (CSU) 95
6. Susanne Tiemann (CDU) 94
7. Max Stadler (F.D.P.) 93
8. Jürgen Meyer (SPD) 92
9. H. Däubler-Gmelin (SPD) 91

Stern-Test in: Stern (38/98)

ABGEORDNETEN-TEST
Die Tops ...
Deutschlands beste Abgeordnete (alphabetisch)
Hans Martin Bury (SPD)
Herta Däubler-Gmelin (SPD)
Dagmar Enkelmann (PDS)
Michaela Geiger (CSU)
Norbert Geis (CSU)
Ernst Hinsken (CSU)
Uwe Jens (SPD)
Manfred Kolbe (CDU)
Christa Luft (PDS)
Eduard Oswald (CSU)
Rudolf Scharping (SPD)
Wolfgang Schäuble (CDU)
Heinz Schemken (CDU)
Max Stadler (F.D.P.)
Peter Struck (SPD)
Rita Süssmuth (CDU)
Susanne Tiemann (CDU)

ABGEORDNETEN-TEST
... und die Flops
Deutschlands schlechteste Abgeordnete (alphabetisch)
Sabine Bergmann-Pohl (CDU)
Norbert Blüm (CDU)
Helene Fischer (CDU)
Rainer Funke (F.D.P.)
Hans-Dietrich Genscher (F.D.P.)
Hanns-Peter Hartmann (PDS)
Peter Hintze (CDU)
Heinrich Kolb (F.D.P.)
Wolfgang Krause (CDU)
Manfred Lischewski (CDU)
Kurt Neumann (fraktionslos)
Johannes Nitsch (CDU)
Egbert Nitsch (Grüne)
Günter Rexrodt (F.D.P.)
Franz-Xaver Romer (CDU)
Bodo Teichmann (SPD)
Gerhard Zwerenz (PDS)

ABGEORDNETEN-TEST
Die besten Noten
für „Politische Arbeit" ...
NOTE:
Bernd Klaußner (CDU) 2,0
Steffi Lemke (Grüne) 2,0
Hermann Rappe (SPD) 2,0
Uschi Eid (Grüne) 2,1
Dagmar Enkelmann (PDS) 2,1
Klaus Hagemann (SPD) 2,1
Alfred Hartenbach (SPD) 2,1
Kristin Heyne (Grüne) 2,1
Rudolf Seiters (CDU) 2,1
Ludwig Stiegler (SPD) 2,1

... und die schlechtesten
Ulla Jelpke (PDS) 4,2
Kurt Neumann (fraktionslos) 4,2
Wilfried Seibel (CDU) 4,3
Rolf Köhne (PDS) 4,5

ABGEORDNETEN-TEST
Die besten Noten
für „Einsatz für den Wahlkreis" ...
NOTE:
Dagmar Enkelmann (PDS) 2,1
Ingrid Holzhüter (SPD) 2,1
Egon Jüttner (CDU) 2,1
Hermann Rappe (SPD) 2,1
Dagmar Freitag (SPD) 2,2
Klaus Hagemann (SPD) 2,2
Ernst Hinsken (CSU) 2,2
Leyla Onur (SPD) 2,2
Joachim Tappe (SPD) 2,2

... und die schlechtesten
Helmut Lippelt (Grüne) 4,9
Günter Rexrodt (F.D.P.) 4,9
Rolf Köhne (PDS) 5,3

5.2 Politische Willensbildung

Pluralismus

Pluralismus bezeichnet eine Gesellschaftsform, in der verschiedene mehr oder weniger unabhängige Gruppen um sozialen und politischen Einfluss in Wettbewerb stehen. Solche gesellschaftlichen Gruppen können politische Parteien, religiöse Gemeinschaften, Interessenvertretungen von Arbeitgebern und Arbeitnehmern oder Bürgerinitiativen sein. Die in einer pluralistischen Gesellschaft gegebene Kompliziertheit erfordert einen hohen Grad an Planung und Organisation. Betätigungsfelder sind folgende Bereiche: Wirtschaft, Politik, Wissenschaft, Medien, Sport, Kunst, Kultur und Erziehung. Jeder dieser Teilbereiche ist im Pluralismus weitgehend unabhängig von den anderen Teilbereichen, hat aber mit anderen doch noch so viel gemeinsam, dass eine ständige Kontrolle aller gesellschaftlicher Einflussgruppen gegeben ist. Sie sind immer auf der Suche nach tragfähigen Kompromissen.
Pluralismus bewirkt für den Einzelnen in der Gesellschaft mehr Freiheit, indem er nicht einseitig beeinflusst und vor Willkür geschützt wird. Die alleinige Herrschaft einer Gruppe ist ausgeschlossen.

Parteien (vgl. Artikel 21 GG)

Eine entscheidende Stellung im Pluralismus haben die Parteien. Auch wenn in einer Demokratie alle Macht vom Volk ausgeht, bleibt doch zu berücksichtigen, dass das Volk nur organisiert Macht ausüben kann. Die Parteien werden als Mittler zwischen Bevölkerung und Regierung benötigt.
Zu den wichtigsten Aufgaben der Parteien gehören:

- Die politische Willensbildung: Die Parteien fällen die wichtigsten politischen Entscheidungen und ermöglichen dem Bürger die politische Orientierung. Über die Mitwirkung in Parteien, die die politische Macht anstreben, lassen sich politische Entscheidungsprozesse beeinflussen.
- Kandidaten: Die Parteien präsentieren dem Bürger vor der Wahl Kandidaten. Bevor der Wähler über die Zusammensetzung eines Parlamentes entscheidet, hat demnach schon eine „Vorwahl" stattgefunden. Die Parteien dienen damit der Wahlvorbereitung.
- Politisches Programm: Generelle Ziele einer Partei werden in einem politischen Programm formuliert. Dieses erfüllt zwei Funktionen. Einerseits sollen die Interessen der Bevölkerung zum Zug kommen (Parteien als „Sprachrohr" des Volkes), zum anderen gehört es zu den Aufgaben der Parteien die Willensbildung der Staatsbürger zu beeinflussen.
- Führungsauslese: Parteien dienen der politischen Führungsauslese. Wer sich politisch betätigt, gehört heute in aller Regel einer Partei an, der er sein Mandat verdankt (Kandidatenauswahl).
- Regierung: Parteien, die die Regierung stellen, sollen den Staat politisch leiten. Sie besetzen die Führungspositionen mit ihren Leuten. Sie besitzen aber in einer Demokratie nur ein Mandat auf Zeit.
- Opposition: Parteien, die sich in der Opposition befinden, sehen ihre Aufgabe darin, die Regierung zu kritisieren, zu kontrollieren und Alternativen aufzuzeigen.
- Interessen konsensfähig machen: Parteien bündeln, wählen und drücken Interessen unterschiedlichster Richtung aus. Alle Vorstellungen lassen sich nämlich nicht ungefiltert repräsentieren. Die Parteien müssen versuchen zwischen den gesellschaftlichen Gruppen einen Ausgleich zu schaffen, damit ein Kompromiss möglich ist.

Medien (vgl. Artikel 5 GG)

Presse, Hörfunk und Fernsehen werden als Massenmedien bezeichnet. Ihr gemeinsames Merkmal ist, dass sie sich vorwiegend mit aktuellen Inhalten an ein unbegrenztes anonymes Publikum wenden.
In der Demokratie werden Presse, Funk und Fernsehen folgende Funktionen zugeordnet:
– Information
– Mitwirkung bei der Meinungsbildung
– Kontrolle und Kritik
Weitere Aufgaben sind noch Unterhaltung und Bildung.

Mediennutzung und Freizeitbeschäftigung 1997 (in Prozent)										
				Alter in Jahren						
Mehrmals in der Woche	Gesamt	Mann	Frau	14–19	20–29	30–39	40–49	50–59	60–69	über 70
Zeitungen lesen	82,4	83,3	81,6	52,4	73,3	81,2	87,4	90,0	90,1	87,1
Zeitschriften, Illustrierte lesen	46,8	42,5	50,7	48,5	48,2	46,6	46,2	46,0	46,5	46,5
Bücher lesen	20,8	18,6	22,9	36,7	25,6	20,7	19,1	17,2	18,2	16,3
Fernsehen	92,8	92,5	93,0	94,2	89,1	91,0	91,8	93,9	95,6	95,4
Videokassetten ansehen	6,9	8,5	5,5	21,4	11,4	8,6	5,6	4,0	2,3	1,5
Radio hören	83,5	84,5	82,6	86,0	84,3	86,2	86,6	84,1	83,0	73,9
Schallplatten/CD/Kassetten hören	30,0	33,0	27,2	77,2	55,6	38,0	23,9	16,8	11,7	6,6
Ins Kino gehen	0,3	0,3	0,3	1,1	0,8	0,3	0,1	0,1	0,1	0,0
Theater/Konzert	0,3	0,2	0,3	0,4	0,2	0,3	0,3	0,2	0,4	0,1
Handarbeiten	5,2	0,4	9,5	1,2	2,7	3,8	4,5	5,6	9,0	8,5
Basteln, heimwerken	7,4	12,5	2,9	3,4	5,8	9,3	8,4	9,1	9,3	3,9
Sport treiben, trimmen	14,0	17,1	11,3	45,5	22,4	14,1	10,9	9,8	6,4	4,2
Spazieren gehen	25,2	20,9	29,0	13,4	19,1	20,9	17,4	25,6	37,6	40,2
Wandern	1,9	2,1	1,8	0,8	1,3	1,9	1,3	2,6	3,2	1,8
Ausgehen (Restaurant, Kneipe)	7,5	10,2	5,1	16,8	18,1	7,4	5,1	4,5	2,8	2,0
Besuche machen/bekommen	19,4	17,8	20,9	41,1	29,9	18,9	14,1	13,3	14,3	15,5
Schaufensterbummel	4,5	2,7	6,2	10,1	6,5	3,8	3,4	3,6	4,0	3,3
Popmusik hören	31,5	34,2	29,1	75,3	61,7	47,8	29,6	12,2	6,2	3,7
Rockmusik hören	23,8	27,5	20,5	64,0	51,4	35,5	20,3	7,4	2,6	1,4
Klassische Musik hören	10,4	9,6	11,1	2,5	7,5	8,4	10,6	13,8	13,6	12,6
Schlager/Evergreens hören	33,3	29,8	36,5	8,5	15,4	23,8	35,2	46,1	48,8	46,0
Volksmusik hören	26,1	23,2	28,7	3,1	6,0	11,3	22,0	37,5	47,7	49,8

„Media Perspektiven", Basisdaten, 1998.

Information:

Die Massenmedien haben u. a. den Auftrag vollständig, sachlich und verständlich wie möglich zu informieren, damit ihre Nutzer und Nutzerinnen in der Lage sind, das öffentliche Geschehen zu verfolgen. Wirtschaftliche, soziale und politische Zusammenhänge sollen begreifbar und der Einzelne in die Lage versetzt werden, aktiv am politischen Prozess teilzunehmen – als Wähler, Mitglieder einer Partei oder Bürgerinitiative. Dabei muss man sich aber immer bewusst machen, dass man die Informationen der Medien nicht aus eigener Anschauung erfährt bzw. erlebt. Die Informationen werden uns durch die Medien vermittelt, d. h. die Schilderung von Geschehnissen können wir nicht aus eigener Anschauung bestätigen.

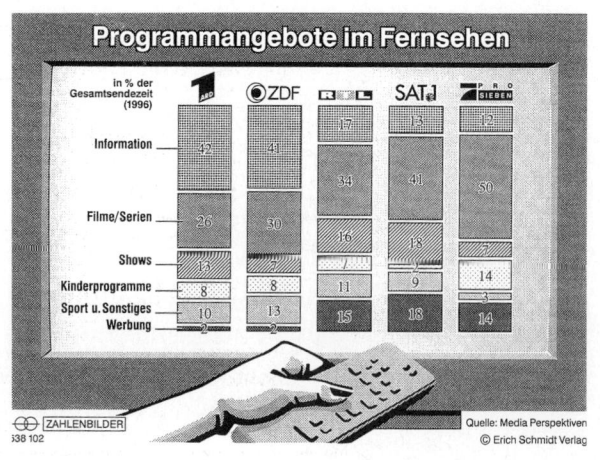

Meinungsbildung:

Diese Funktion ergibt sich aus der Überzeugung, dass die Interessen aller Bürger am meisten berücksichtigt werden, wenn Fragen von öffentlichem Interesse in freier und öffentlicher Diskussion erörtert werden. Indem viele Meinungen gehört, diskutiert und die Vor- und Nachteile abgewogen werden, können möglichst alle relevanten Aspekte des zu lösenden Problems bei der Findung einer Lösung berücksichtigt werden. Auf diese Weise ist am ehesten die Möglichkeit gegeben, dass sich die vernünftigste Lösung durchsetzen kann. Natürlich haben die in den Parlamenten vertretenen Parteien, die Kirchen, Gewerkschaften, Unternehmerverbände und andere Organisationen bessere Aussichten in den Medien berücksichtigt zu werden als Minderheiten. Um dies zu verhindern ist ein „anwaltschaftlicher" Journalismus notwendig, der es sich zur Aufgabe macht, gerade die Interessen der Machtlosen zur Geltung zu bringen.

Da in einer modernen Gesellschaft eine Vielzahl von Interessengruppen existiert, gehört es auch zu den Aufgaben der Medien diese Meinungsvielfalt in einem angemessenen Verhältnis widerzuspiegeln.

Kritik und Kontrollfunktion:

Im parlamentarischen System ist es in erster Linie Aufgabe der Opposition Kritik und Kontrolle auszuüben. Diese wird unterstützt durch die Medien. Ohne Presse, Rundfunk und Fernsehen, die Missstände aufspüren und durch ihre Berichte Anfragen und Untersuchungsausschüsse anregen, wäre die Gefahr von Korruption und anderen Fehlleistungen im Staat größer. Die Kontrolle der Medien erstreckt sich nicht nur auf den Staat, sondern auf die gesamte Gesellschaft. Oft werden die Medien als vierte Gewalt neben den Gewalten des demokratischen Staates bezeichnet.

Politische Funktionen:

Ob die Medien ihre demokratischen Aufgaben so erfüllen, damit das politische System funktioniert, ist Ermessenssache und hängt nicht unwesentlich von der Glaubwürdigkeit des Mediums ab. 1965 meinten noch 47% Prozent der Zuseher, das Fernsehen berichte wahrheitsgetreu – 1995 nur noch 19%.

Allerdings gibt es auch politische und wirtschaftliche Hemmnisse, die nicht außer Acht gelassen werden dürfen.

- Presseämter der Parteien und Verbände informieren die Medien oft nur einseitig.
- Behörden sind nicht immer auskunftsbereit.
- Parteien und Interessengruppen nehmen durch ihre Personalpolitik (Rundfunkrat) Einfluss auf die Programmgestaltung der öffentlich rechtlichen Anstalten.
- Die Medien sind abhängig von Anzeigen und Werbespots der Wirtschaft.
- Die Journalisten sind abhängig von ihren Verlagen.
- Die Presse ist abhängig von den Verkaufszahlen, der Rundfunk und das Fernsehen von den Einschaltquoten.

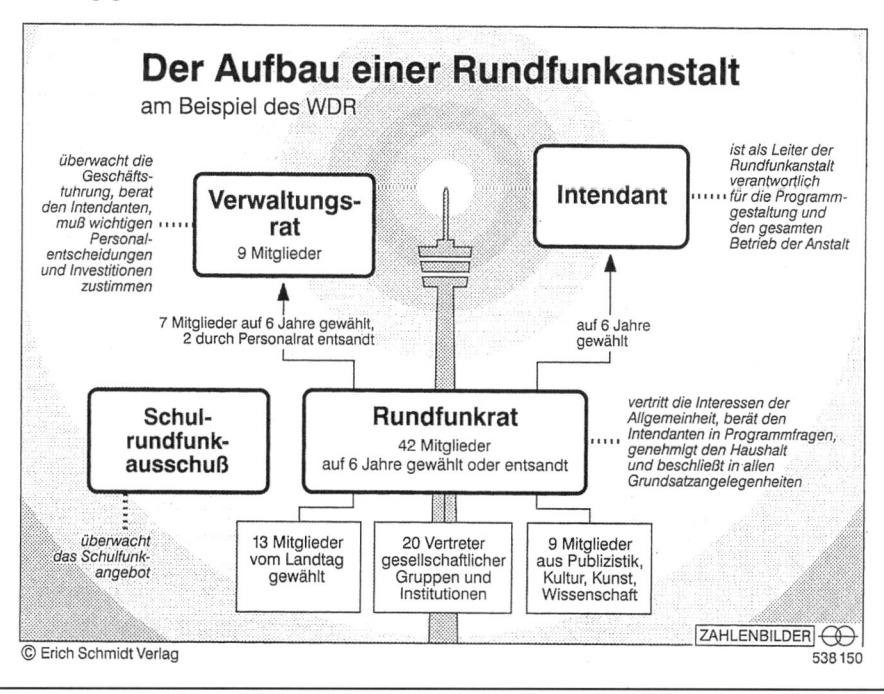

Der Aufbau einer Rundfunkanstalt
am Beispiel des WDR

- **Verwaltungsrat** (9 Mitglieder): überwacht die Geschäftsführung, berät den Intendanten, muß wichtigen Personalentscheidungen und Investitionen zustimmen. 7 Mitglieder auf 6 Jahre gewählt, 2 durch Personalrat entsandt.
- **Intendant**: ist als Leiter der Rundfunkanstalt verantwortlich für die Programmgestaltung und den gesamten Betrieb der Anstalt. Auf 6 Jahre gewählt.
- **Rundfunkrat** (42 Mitglieder auf 6 Jahre gewählt oder entsandt): vertritt die Interessen der Allgemeinheit, berät den Intendanten in Programmfragen, genehmigt den Haushalt und beschließt in allen Grundsatzangelegenheiten.
  - 13 Mitglieder vom Landtag gewählt
  - 20 Vertreter gesellschaftlicher Gruppen und Institutionen
  - 9 Mitglieder aus Publizistik, Kultur, Kunst, Wissenschaft
- **Schulrundfunkausschuß**: überwacht das Schulfunkangebot.

© Erich Schmidt Verlag / ZAHLENBILDER 538 150

Viele Menschen können und wollen aus unterschiedlichen Gründen die Berichte der Medien nicht zur Kenntnis nehmen. Deshalb ist es notwendig, dass möglichst viele Zeitungen, Zeitschriften, Hörfunk und Fernsehprogramme so umfassend wie möglich informieren. Es kommt jedoch nicht auf die Quantität, sondern immer auf die Qualität der Information an. Die Demokratie braucht urteilsfähige, verantwortungsbewusste und informierte Bürger.

Interessenverbände (vgl. Artikel 9 GG)

Das Grundgesetz gibt den Bürgern das Recht sich zu Verbänden zusammenzuschließen, um die eigenen Interessen gemeinsam mit anderen zu vertreten. In der Bundesrepublik gibt es heute mehr als 4000 Interessengruppen mit ganz verschiedenen Zielen und Organisationen.

Neben dem Staat und dem Markt spricht man auch von einem „Dritten Sektor", in dem es weder um hoheitliche Aufgaben noch in erster Linie um Gewinn geht – das weite Feld der Vereinigungen, Gesellschaften, Vereine und Verbände. Verwandte Organisationen sind die Parteien, Kirchen und Kammern (z. B. Handwerkskammer ...)

Es ist nicht einfach bei den Verbänden mit Millionen von Mitgliedern den Überblick zu behalten. Mann kann sie nach ihren verschiedenen Handlungsfeldern unterscheiden.

1. Wirtschaft und Arbeit
   – Unternehmerverbände, Arbeitgeberverbände, Kammern, Innungen, Arbeitnehmerverbände (Gewerkschaften, Berufsverbände ...), Verbände der Selbstständigen (z. B. Bauern, Hausbesitzer ...), Verbraucherverbände (Mieter, Steuerzahler, Autofahrer ...)
2. Soziales Leben und Gesundheit
   – Wohlfahrtsverbände (Arbeitnehmerwohlfahrt, Rotes Kreuz, Caritas ...); Sozialanspruchsverbände (z. B. Blindenverbände, Kriegsopferverbände); Selbsthilfevereinigungen; Familienverbände; Frauenverbände; Flüchtlingsverbände; ...
3. Freizeit und Erholung
   – Sportverbände; Verbände für Heimatpflege und Brauchtum; Kleingärtner, Naturnutzerverbände (Jäger, Angler ...), Geselligkeits- und Hobbyverbände (Sammler, Sänger, Musikanten ...)
4. Religion und Weltanschauung
   – Kirchen- und Religionsgemeinschaften; gesellschaftspolitische Verbände (Grund- und Menschenrechte, Frieden ...); Umwelt- und Naturschutzverbände
5. Kultur, Bildung und Wissenschaft
   – Verbände der Bildung, Ausbildung und Wissenschaft; Verbände im Kunstbereich (Literatur, Musik ...); wissenschaftliche Vereinigungen ...

Sie alle versuchen Einfluss auf staatliche Entscheidungen zu nehmen. Große Verbände (z. B. Gewerkschaften) arbeiten mit verschiedenen Mitteln.

Öffentlich Druck ausüben (Pressure):
– Mobilisierung der öffentlichen Meinung über die Medien
– Drohung, die Wählerstimmen ihrer Mitglieder einer Partei zu entziehen
– Kundgebungen und Großdemonstrationen
– Boykottaktionen
– Entzug finanzieller Unterstützung

Die Organisation des „Dritten Sektors" zwischen Staat und Markt

Erster Sektor: Staat — Parlamente, Regierungen, Verwaltungen, Justiz

Zweiter Sektor: Markt — Multinationale Konzerne, Großunternehmen, Kleine und mittlere Unternehmen

Kirchen, Kammern

Dritter Sektor: Assoziationen — Initiativgruppen, Interessenverbände, Vereine, Vereinigungen

Ulrich von Alemann

Interne Beeinflussung (Lobbying):

– Beeinflussung von Abgeordneten in der Vorhalle des Parlaments (Lobby)
– Verbandsvertreter in Parteien, Parlamente und Regierungen bringen
– Vergabe exklusiver Informationen oder Entzug von Informationen
– Investitionen in bestimmte Bereiche
– Finanzielle Zuwendungen
– Vergabe von gut bezahlten Posten in Verbänden an Politiker

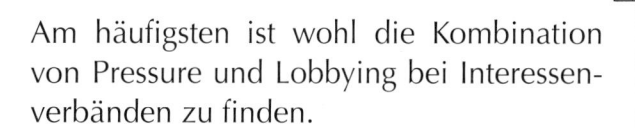

Am häufigsten ist wohl die Kombination von Pressure und Lobbying bei Interessenverbänden zu finden.

Verbände und Parlament:

Adressaten und Methoden der Verbände

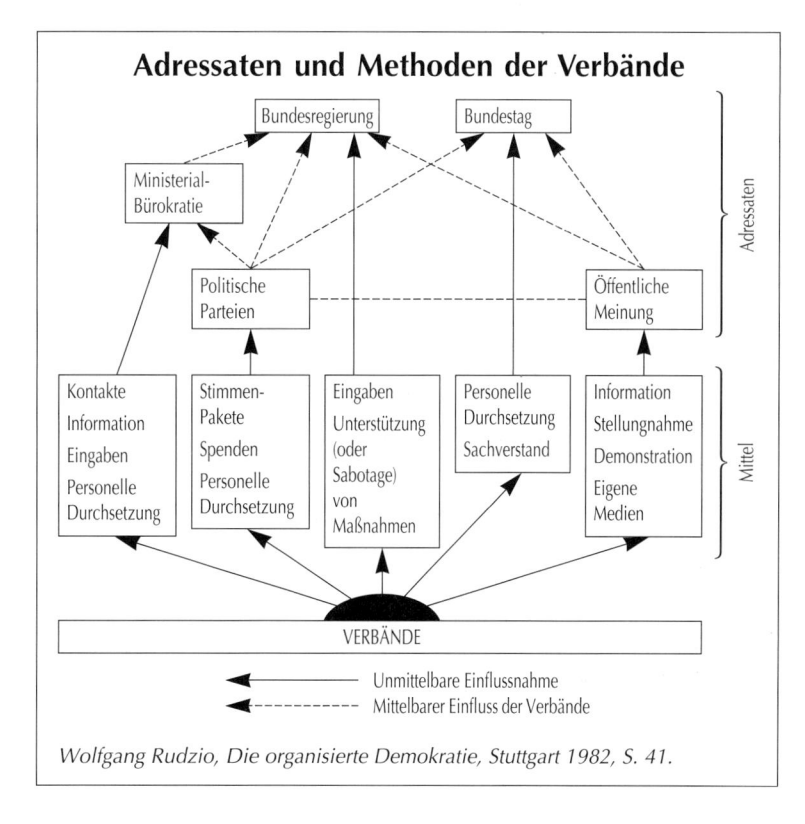

Adressaten:
- Bundesregierung
- Bundestag
- Ministerial-Bürokratie
- Politische Parteien
- Öffentliche Meinung

Mittel:
- Kontakte, Information, Eingaben, Personelle Durchsetzung
- Stimmen-Pakete, Spenden, Personelle Durchsetzung
- Eingaben, Unterstützung (oder Sabotage) von Maßnahmen
- Personelle Durchsetzung, Sachverstand
- Information, Stellungnahme, Demonstration, Eigene Medien

VERBÄNDE

◄─────── Unmittelbare Einflussnahme
◄------- Mittelbarer Einfluss der Verbände

Wolfgang Rudzio, Die organisierte Demokratie, Stuttgart 1982, S. 41.

Verbände und Öffentlichkeit:

Die Öffentlichkeitsarbeit von Verbänden kann einer ganzen Reihe von Zielen dienen.
– Vorstellung des Verbandes in der Öffentlichkeit
– Sympathiewerbung und Imagepflege
– Verbreitung von Information aus der Sicht des Verbandes
– Appell an die Mitglieder zur Unterstützung der Verbandsmeinung

Dies ist auf zweierlei Weise möglich.

Verbände wirken auf Massenmedien ein. Presseerklärungen, Pressekonferenzen, Dokumentationen, Leserbriefe, Gegenerklärungen sind die Mittel der Einwirkung. Großveranstaltungen, Kongresse, Tagungen, Demonstrationen und Protestkundgebungen finden oft nur deshalb statt, um von den Medien beachtet zu werden. Verbände geben eigene Medien heraus. Die Verbandspresse hat in Deutschland eine Millionenauflage.

| Name: | Klasse: 10 | Datum: | Geschichte **Sozialkunde** Erdkunde | Nr.: |

Politische Willensbildung

PLURALISMUS — DEMOKRATIE

- Parteien
- Bürgerinitiativen
- Politiker
- Regierung
- Interessenverbände
- Medien
- Parlament

5.3 Politische Mitwirkung im demokratischen Staat

Direkte und repräsentative Demokratie

Dass Demokratie nicht gleich Demokratie ist, kann man unter anderem an den Mitwirkungsmöglichkeiten des Volkes ablesen. In der Geschichte ist es zu unterschiedlichen Ausprägungsformen demokratischer Herrschaft gekommen.
So unterscheidet man nach ihrer Art die direkte (unmittelbare, plebiszitäre) Demokratie und die indirekte (mittelbare, repräsentative) Demokratie.

Direkte Demokratie:

Im Modell der direkten Demokratie sind Volksentscheide (Plebiszite) verbindliche Sachentscheidungen, die die Wähler über Angelegenheiten der Gesetzgebung oder auch der Verwaltung treffen. Jeder Einzelne trägt Mitverantwortung für Entscheidungen. Ein reine direkte Demokratie kann bei einem modernen Flächenstaat mit Millionen von Bürgern nicht funktionieren. Obwohl auf den ersten Blick für den Einzelnen eine erhebliche Verlockung entsteht, bei allen Entscheidungen mitwirken zu können. Dies bedeutet eine scheinbare Verringerung der Herrschaft. Praktisch gäbe es unkontrollierbare Machtkämpfe im Volk. Die Gefahr demagogischer Beeinflussung der Masse wäre sehr groß.
Diesen Vorgang hat R. Michels 1925 eindringlich und einleuchtend dargestellt: „Die Masse ist leichter zu beherrschen als der kleine Hörerkreis, weil ihre Zustimmung stürmischer, elementarer und bedingungsloser ist und sie, sobald sie einmal suggestioniert (beeinflusst) ist, nicht leicht den Widerspruch kleiner Minoritäten (Minderheiten) oder gar Einzelner zulässt. Das System der Volksversammlung ermöglicht überhaupt keine ernste Aussprache oder Beratung oder erschöpfende Behandlung eines Gegenstandes. Eine große Menschenmenge ... ist für panischen Schrecken, sinnlose Begeisterung usw. empfänglicher als eine kleine Zahl, deren Komponenten vernünftig miteinander sprechen können."
Wenn dennoch heute zuweilen direkte Demokratie (Schlagwort: Basisdemokratie) gefordert wird, ist dies nicht im Sinne des Grundgesetzes. In Artikel 20 GG Absatz 2 steht zwar, dass alle Staatsgewalt vom Volke ausgeht, damit ist aber nicht „Selbstregierung des Volkes" gemeint oder „Volksherrschaft". Deshalb werden in Satz 2 die gesetzgebenden Körperschaften, die vollziehende Gewalt und die Gerichte als besondere Organe genannt, mittels derer das Volk die Staatsgewalt ausübt.
In repräsentativen Demokratien werden direkte demokratische Prozesse in Teilbereichen zugelassen. Zu diesem Zweck werden Volksversammlungen (nur in schweizerischen Kantonen) durchgeführt, oder man ruft das ganze Volk zu einem Volksentscheid auf. In der Bundesrepublik Deutschland ist im GG von minimalen Ausnahmen abgesehen keine direkte Demokratie vorgesehen. Die Gründe liegen in der schlechten Erfahrung in der Weimarer Republik. Den Bundesländern allerdings ist es auf Landesebene freigestellt solche demokratischen Elemente zu verwirklichen. In Bayern ist das Bürgerbegehren, der Bürgerentscheid auf Gemeindeebene und das Volksbegehren und der Volksentscheid auf Landesebene in der Verfassung verankert.

Repräsentative Demokratie:

Die Bundesrepublik Deutschland und alle anderen demokratischen Staaten sind repräsentative Demokratien mit historisch bedingten Unterschieden.
Wie oben bereits dargestellt ist in großen volkreichen Staaten die Handhabung der direkten Demokratie äußerst umständlich, schwerfällig, gefährlich und kostspielig.
Man bevorzugt heute deshalb die mittelbare (repräsentative Demokratie). Hier wird die Staatsgewalt nicht von der Gesamtheit der Bürger ausgeübt, sondern Repräsentanten (Vertretern) des Volkes übertragen. Diese sind Fachleute auf bestimmten Gebieten. Sprunghafte Entscheidungen sind nicht zu erwarten. Gemeinde- und Stadträte, Kreis- und Bezirksräte, Landtags- und Bundestagsabgeordnete sind solche Repräsentanten. Sie werden vom Volk immer wieder neu gewählt. Sie vertreten das Volk für eine begrenzte Frist, wodurch eine beständige Arbeit gewährleistet werden soll. Die Gefahr, dass sich ein Repräsentant vom Wählerauftrag entfernt besteht natürlich auch. Nach Ablauf dieser Zeit müssen sie zurücktreten und das Volk bestimmt durch Wahlen seine Vertretung neu. Der Bürger einer repräsentativen Demokratie haben also die Möglichkeit die Inhaber der Macht auszutauschen.

| Name: | Klasse: 10 | Datum: | Geschichte **Sozialkunde** Erdkunde | Nr.: |

Direkte und repräsentative Demokratie

direkte Demokratie

- Entscheidungsfindung

  Gesetze   Regierung
  ↑   ↑
  stimmt ab   wählt

  Volk

- Vorteile:
  _____
  _____
  _____
  _____

- Nachteile:
  _____
  _____
  _____
  _____
  _____

repräsentative Demokratie

- Entscheidungsfindung

  Abgeordnete verschiedener Parteien (= Parlament) → Gesetze
  → Regierung

  wählt ↑ auf Zeit

  Volk

- Vorteile:
  _____
  _____
  _____
  _____

- Nachteile:
  _____
  _____
  _____
  _____

Volk = Souverän
Staat

Gemeinsamkeiten:

- _____
- _____

Direkte Partizipation

Unter Partizipation versteht man die Teilnahme des einzelnen Bürgers am politischen Geschehen. Im parlamentarisch-repräsentativen System der Bundesrepublik Deutschland stellt die Beteiligung an Wahlen die häufigste Art der Partizipation dar, gefolgt von der aktiven Mitgliedschaft in Parteiorganisationen oder Verbänden. Eine weitere Plattform des politischen Engagements des Einzelnen können Bürgerinitiativen und Bürgerbegehren und Volksbegehren sein, wie sie die Bayerische Verfassung vorsieht. Der Bürger wird damit zum Beteiligten in der Politik und ist nicht mehr nur der Betroffene.

Die Bürgerinitiative

Bürgerinitiativen sind spontane, in der Regel zeitlich begrenzte und lockere Zusammenschlüsse von Bürgern, die sich u. a. für Umweltschutz oder bürgerfreundliche Lösungen von Verkehrsproblemen einsetzen. Nach Schätzungen arbeiten nahezu zwei Millionen Bürger in Bürgerinitiativen mit, also annähernd so viele wie in politischen Parteien.

Die Gründe der Mitarbeit können sein:
- Viele sind von dem Problem, dem sich die Bürgerinitiative widmet, selbst unmittelbar betroffen.
- Andere sind an der Problematik an sich interessiert.
- Wieder andere wollen sich stellvertretend für die Bürger einsetzen, die allein nicht in der Lage sind ihre Probleme selbst anzusprechen und zu vertreten. (z. B. alte Menschen, Obdachlose, Menschenrechtsverletzungen ...)

Pluspunkte von Bürgerinitiativen:

+ Sie bieten ihren Teilnehmern die Möglichkeit sich politisch zu betätigen und demokratische Verhaltensweisen einzuüben.
+ Sie sorgen dafür, dass politische Entscheidungen durchschaubar werden. Politiker müssen über ihr Handeln und über die Gründe Auskunft geben.
+ Sie können unter Umständen falsche Entscheidungen verhindern oder zu ihrer Korrektur beitragen
+ Sie zwingen Politiker sich auch zwischen den Wahlen mit einzelnen Bedürfnissen der Bevölkerung auseinander zu setzen.
+ Sie werfen Fragen auf, sorgen für Informationsmaterial und erleichtern so allen sich zu informieren. Die Kontrolle der politisch Verantwortlichen wird besser.

Minuspunkte:

− Mitglieder können für tatsächliche Dinge blind und unempfänglich sein. Zwänge, die dem Staat auferlegt sind, werden von ihnen nicht erkannt, weil sie sich ausschließlich für ihr Ziel interessieren. Oft fehlt auch das Gespür für die entstehenden Kosten.
− Bürgerinitiativen wollen Glauben machen, dass ihre besonderen Ziele auch dem Gemeinwohl dienen.
− Wenn Ziele nur teilweise oder gar nicht erreicht werden, fehlt gelegentlich die Einsicht in größere Zusammenhänge. Das Verhalten politisch Verantwortlicher wird dann oft als böswillig und bürgerfeindlich verurteilt.

| Name: | Klasse: 10 | Datum: | Geschichte **Sozialkunde** Erdkunde | Nr.: |

Direkte Partizipation

Der Einzelne kann …

… direkten politischen Einfluss nehmen bei:

5.4 Konflikt, Konsens und Minderheitenschutz

Kosovo – Krieg für den Frieden oder kriegerische Aggression?

Ein Negativbeispiel für Minderheitenschutz und Kompromissbereitschaft

Eklatante Menschenrechtsverletzungen im Kosovo durch die jugoslawische Regierung (eine Minderheit im Staat soll vertrieben werden) forderten ein Handeln der europäischen Staaten.

Es bestand Konsens innerhalb der Staaten und des Bundestages, dass diesem Zustand ein Ende bereitet werden muss. Bemühungen auf diplomatischem Weg mit Verhandlungen und Gesprächen wurden für gescheitert erklärt. Die jugoslawische Führung zeigte sich nicht kompromissbereit.

Mit Mehrheit des Bundestages wurde die Unterstützung eines militärischen Eingreifens der NATO mit Beteiligung der Bundeswehr im Kosovo beschlossen.

Eine Entscheidung, die verbindlich für alle demokratischen Kräfte in der Bundesrepublik Deutschland ist und auch durchgesetzt werden muss. Generalinspekteur Hartmut Bagger, der ranghöchste General in Deutschland, kommentierte es so: „Es macht wenig Sinn, darüber nachzudenken, wenn es eine klare politische Entscheidung gibt!" Die Bundeswehr muss teilnehmen!

Trotz weiterhin kontrovers geführter Diskussion innerhalb der Parteien und in der Öffentlichkeit, steht die Mehrheit der Bürger und Parlamentarier hinter diesem Entschluss. Andere Meinungen und Interessen werden toleriert, immer wieder durchdacht, diskutiert und für weiterführende Lösungsvorschläge berücksichtigt.

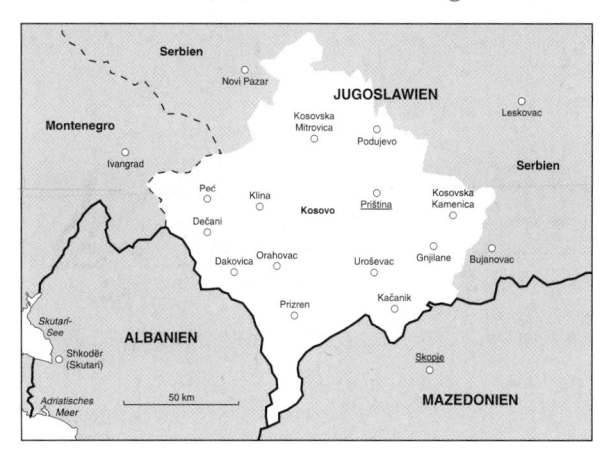

Gegen welche elementaren demokratischen Grundsätze verstößt der jugoslawische Staat?

Eine weitere demokratische Tugend ist nicht zu erkennen!

Welche demokratischen Tugenden werden in diesem Beispiel in Deutschland gepflegt?

Welche Minderheiten gilt es in Deutschland zu schützen? Überlegen Sie Beispiele und sprechen Sie darüber, wie dieser Schutz aussehen könnte!

Literaturhinweise/Medien/zusätzliche Materialien/Projektvorschläge

9. Jahrgangsstufe

Zu 1: „Das geteilte Deutschland"

Literaturhinweise

Bayerische Landeszentrale für politische Bildungsarbeit (Hrsg.): Denk ich an Deutschland A 86

Bayerische Landeszentrale für politische Bildungsarbeit (Hrsg.):
Mit offenen Augen in die DDR A 71

Bundeszentrale für politische Bildung (Hrsg.): Informationen zur politischen Bildung
- Heft 231: Geschichte der DDR
- Heft 233: Die Teilung Deutschlands bis zur Einheit
- Heft 224: Die Entstehung der Bundesrepublik Deutschland
- Heft 250: Der Weg zur Einheit
- Heft 245: Internationale Beziehungen I
- Heft 246: Internationale Beziehungen II
- Heft 203: Die Deutsche Frage
- Heft 176: Die Bundesrepublik Deutschland 1955–1966
- Heft 202: Die Bundesrepublik Deutschland 1974–1983
- Heft 258: Zeiten des Wandels (Deutschland 1961–1974)
- Heft 256: Deutschland in den fünfziger Jahren
- Heft 191: Die Bundesrepublik Deutschland 1966–1974

Jugendwerk der Deutschen Shell: Jugend '81, Jugend '85, Jugend '92, Jugend '97

Medien der Filmbildstelle in Bayern

Die staatliche Teilung 1945–1952 (Film-Nr. 42 01393)

Abschied von der Wiedervereinigung (Film-Nr. 42 01394)

Deutschland – 17. Juni 1953 (Film-Nr. 32 03128)

Deutschland – 13. August 1961 (Film-Nr. 32 03596)

SED – Ende einer Ära (Film-Nr. 42 01263)

Die DDR zwischen Wende und Wahl (Film-Nr. 42 01313)

Die DDR zwischen Wende und Wahl (Film-Nr. 42 01314)

Projektvorschlag: Aufbau eines Feindbildes: Wehrkunde in der DDR (S. 253)

– Lebenslauf eines DDR-Schülers (S. 253)
– Die sozialistische Wehrerziehung in der DDR (S. 254)
– Aufbau eines Feindbildes in der DDR (Arbeitsblatt S. 256; Lösungsblatt S. 272)

Projektvorschlag: Aufbau eines Feindbildes: Wehrkunde in der DDR

Lebenslauf eines DDR-Schülers

Lernen sollte „revolutionäre Hauptaufgabe" jedes Schülers sein. Die Wehrerziehung war immer ein wichtiger Bereich der Erziehung. Schon früh begann der Leistungsdruck im Kampf um gute Noten.

Als er 9 Monate alt war, brachte ihn seine Mutter jeden Morgen um sechs in die Krippe. Da wurde er versorgt, bis sie ihn nach der Schicht wieder abholte. Mit 3 ging er in den Kindergarten. Er gewöhnte sich an das Spiel in der Gruppe. Mit 6 kam er in die Schule. Die Eltern waren stolz und hatten ihn fein gemacht. Er zeichnete sich durch Pflichteifer und gutes Wissen aus. Bald trug er das rote Halstuch der Thälmannpioniere. Einmal, am 1. Mai, durfte er den Helden der Volksarmee Nelken überreichen. Bei den Pionieren tat er sich im Geländespiel hervor. Mit 14, zur Jugendweihe, wusste er, worauf es ankommt:
Liebe zum sozialistischen Vaterland, glühender Hass auf den Klassenfeind.
Das Blauhemd der FDJ trug er mit Stolz, später wurde er Gruppenpionierleiter. Mit 15 trat er der „Gesellschaft für Sport und Technik" (GST) bei, lernte Kraftfahren und war ein ordentlicher Kleinkaliberschütze.
In der 10. Klasse nahm er wie alle seine Mitschüler an den „Tagen der Wehrbereitschaft" teil. Im Wehrunterricht gehörte er immer zu den Besten. Während der vormilitärischen Ausbildung aller Schüler in der 11. Klasse, die in Form eines 12-tägigen Lehrgangs in den Sommerferien stattfand, wurde er mit dem Orden „hervorragender Jungaktivist" ausgezeichnet.

Die sozialistische Wehrerziehung in der DDR

Auf die Wehrerziehung wurde in der DDR großen Wert gelegt. Für die Schüler der 9. und 10. Klassen stand das Fach „Wehrerziehung" auf dem Stundenplan. Der Wehrunterricht begann schon im Kindergarten und wurde in den Schulen durch vormilitärische Ausbildung und wehrsportliche Übungen ergänzt. Wehrerziehung wurde außerdem in den Jugendorganisationen (Junge Pioniere, FDJ – Freie Deutsche Jugend) und in der Gesellschaft für Sport und Technik betrieben.

Das Abschlussmanöver der GST

Von der bevorstehenden Abschlussprüfung in der Gesellschaft für Sport und Technik (GST) wurde schon Wochen, ja monatelang vorher gesprochen. Ein Erzieher sagte: „Erst die Abschlussprüfung in der GST macht euch zu richtigen Männern!"
Bevor die Übung begann, hatten wir noch harte und anstrengende Ausbildungstage gehabt. Nahe unserer Schule in einem Wäldchen war in einer unbenutzten Kiesgrube ein Schießstand aufgebaut worden, an dem wir nun täglich schießen mussten.
„Wenn ihr mit eurer Kleinkaliber-Maschinenpistole auf fünfzig Meter die Scheibe trefft, dann ist es so, dass ihr auf hundert Meter Entfernung mit unserer Standardwaffe, die wir in der NVA haben, und zwar mit der sowjetischen Kalaschnikow-Maschinenpistole, einen Mann treffen könnt", sagte der uns begleitende Offizier der Nationalen Volksarmee. Bei den jetzt stattfindenden Schießübungen musste jeder von uns die „Schulübung 1" durchführen. Sie bestand darin, liegend fünf Schuss Einzelfeuer mit der KKMPi auf eine Zehnerscheibe abzugeben. Die Entfernung bei dieser Übung betrug fünfzig Meter.
Dabei waren folgende Normen angesetzt:
Note 1 = 46 Ringe
Note 2 = 35 Ringe
Note 3 = 25 Ringe
Note 4 = 20 Ringe
Note 5 = unter 20 Ringe
Wehe dem Schüler, der nur die Note fünf geschossen hatte, der musste so lange üben, bis er mindestens Note vier erreichte, besser aber noch Note drei oder zwei.

Wehrerziehung der GST auf dem Jugendfestival der FDJ in Ost-Berlin im Mai 1984.

Die sozialistische Wehrerziehung in der DDR

unbekannte Quelle

FDGB = Freier Deutscher Gewerkschaftsbund
FDJ = Freie Deutsche Jugend
GST = Gesellschaft für Sport und Technik
EOS = Erweiterte Oberschule

Die Kampfgruppen der Arbeiterklasse, denen Arbeiter und Angestellte zwischen 25 und 60 Jahren angehörten, wurden von der Volkspolizei ausgebildet und durch ständige Übungen einsatzbereit gehalten.

| Name: | Klasse: 10 | Datum: | **Geschichte** Sozialkunde Erdkunde | Nr.: |

Aufbau eines Feindbildes in der DDR

Die zwei wichtigsten Ziele der politischen Erziehung in der ehemaligen DDR waren:

1. _____
2. _____

Der Klassenfeind waren die so genannten kapitalistischen Länder und hier insbesondere die _____ .

Der Aufbau dieses Feindbildes war eine der Hauptaufgaben der sozialistischen Erziehung. Ein wesentliches Merkmal war der im Jahr 1978 eingeführte _____ .

Hier wurde den Schülern beigebracht, wie _____
_____ .

Zuständig für die sozialistische Wehrerziehung waren besonders _____
_____ .

Wehrunterricht im Lebenslauf eines DDR-Schülers:

3 Jahre: _____
_____

7 Jahre: _____
_____

11 Jahre: _____
_____

15 Jahre: _____
_____
_____
_____

16 Jahre: _____

17 Jahre: _____
_____

Wehrerziehung der GST auf dem Jugendfestival der FDJ in Ost-Berlin im Mai 1984.

Zu 2: „Demokratie in Deutschland"

Literaturhinweise

Bayerische Landeszentrale für politische Bildungsarbeit (Hrsg.):
Deutschland 1945–1949

Bayerische Landeszentrale für politische Bildungsarbeit (Hrsg.): Parteiendemokratie

Medien der Filmbildstelle in Bayern

Arbeitsplatz Maximilianeum – Aufgaben eines Landtagsabgeordneten (Film-Nr. 42 42338)
Die Aufgaben der Länder (Film-Nr. 10 08251)
Die Aufgaben des Bundes (Film-Nr. 10 08250)
Die Bundesrepublik besteht aus vielen Ländern: Bundesstaat (Film-Nr. 10 08256)
Die Wahl (Film-Nr. 10 05058)
Grundinformationen zur Wahl
(Film-Nr. 15 05002)
Öffentlicher Haushalt (Film-Nr. 10 02005)
Wahlen (Film-Nr. 10 00768)
Wir leben in einem Bundesstaat
(Film-Nr. 32 04029)

Zu 4: „Die Wiedervereinigung Deutschlands im Zusammenhang der europäischen Einigungsbewegung"

Literaturhinweise

Auswärtiges Amt (Hrsg.): Gemeinsame Außen- und Sicherheitspolitik (GASP), Dokumentation. Bonn 1995

Bayerische Landeszentrale für politische Bildungsarbeit: Verträge über die Einigung Deutschlands

Bundesministerium für Finanzen, Referat Öffentlichkeitsarbeit, Bonn: Der EURO – stark wie die Mark. Köln April 1996

Bundeszentrale für politische Bildung:
Informationen zur politischen Bildung:
Heft 231: Geschichte der DDR
Heft 233: Die Teilung Deutschlands 1955 bis zur Einheit
Heft 245: Internationale Beziehungen I
Heft 246: Internationale Beziehungen II
Heft 250: Der Weg zur Einheit

Grupp, Claus D.: Die Europäische Union, Beschreibung einer großen Unbekannten. Köln 1995

Jachtenfuchs, M./Kohler-Koch, B. (Hrsg.): Europäische Integration. Opladen 1996

Kaufmann-Bühler, Werner: Der neue EG-Vertrag auf der Grundlage des Vertrages über die Europäische Union. Köln 1992

Läufer, Thomas: 22 Fragen zu Europa, Die Europäische Union und ihre Reform. Bonn 1995

Mickel, Wolfgang W.: Lernfeld Europa, Didaktische Grundlagen einer europäischen Erziehung. Opladen, 2. Auflage 1993

ders. (Hrsg.): Handlexikon der Europäischen Union. Köln 1994

Omnia-Verlag: Europa 2000 – Der Weg der Europäischen Union. Köln April 1996

Omnia-Verlag: Freiheit und Frieden. Köln Dezember 1995

Presse- und Informationsamt der Bundesregierung (Hrsg.): Der Vertrag – Europäische Union, Europäische Gemeinschaft. Die Vertragstexte von Maastricht mit den deutschen Begleitgesetzen. Bonn 1996

dass. (Hrsg.): Europa für junge Leute, Tipps zu Bildung und Ausbildung. Bonn 1996 dass. (Hrsg.): Thiede, Carsten Dieter, Wir in Europa, Wurzeln, Wege, Perspektiven. Bonn 1995

Setz, Kurt H.: Zu Hause in Europa, Ein Ratgeber für Ausbildung, Studium, Beruf, Freizeit im vereinten Europa – Möglichkeiten, Praxis und Alltag, Adressen, Programme. Köln 1994

Spiegel Spezial: 162 Tage deutsche Geschichte, Nr. 2, 1990. Spiegel Verlag Hamburg

Weidenfeld, Werner/Wessels, Wolfgang (Hrsg.): Europa von A–Z, Taschenbuch der europäischen Integration. Bonn, 5. Auflage 1995

Weiteres Informationsmaterial erhältlich bei:

Europäisches Parlament, Informationsbüro für Deutschland, Bonn-Center/Bundeskanzlerplatz, 53113 Bonn

Europäische Kommission, Vertretung in der Bundesrepublik Deutschland, Zitelmannstraße 22, 53113 Bonn

Bundeszentrale für politische Bildung, Postfach 23 25, 53013 Bonn

Medien der Filmbildstelle in Bayern

Berlin, nun freue dich! (Film-Nr. 42 41246)
Die DDR im Umbruch – die 40-Jahr-Feier (Film-Nr. 42 01261)
Die DDR zwischen Wende und Wahl (Film-Nr. 42 01313)
Die DDR zwischen Wende und Wahl (Film-Nr. 42 01314)
Die Grenze wird geöffnet (Film-Nr. 42 01262)
SED – Das Ende einer Ära (Film-Nr. 42 01263)

Zu 6: „Friedensbemühungen in der Weltpolitik der Gegenwart"

Literaturhinweise

Bundeszentrale für politische Bildung (Hrsg.): Informationen zur politischen Bildung
   Heft 245: Internationale Beziehungen I – Der Ost-West-Konflikt
   Heft 246: Internationale Beziehungen II – Frieden und Sicherheit in den 90er Jahren

Grupp, Claus D.: Frieden und Freiheit. Auf dem Weg zu einer Friedensordnung in Europa. Köln (= Omnia-Verlag) 1993[4]

Zu 7: „Der Islam"

Literaturhinweise

Bayerische Landeszentrale für politische Bildungsarbeit (Hrsg.): Weltmacht Islam. D28

Bundeszentrale für politische Bildung (Hrsg.): Informationen zur politischen Bildung
   Heft 223: Türkei
   Heft 238: Der Islam im Nahen Osten

Medien der Filmbildstelle in Bayern

Die Ausbreitung des Islam über die Welt (Film-Nr. 32 05935)
Das Heilige Buch des Islam – der Koran (Film-Nr. 42 10240)
Mohammed, Koran und Gebet (Film-Nr. 32 05935)

Zu 8: „Menschen aus anderen Herkunftsländern"

Adressen zum Teilbereich „Möglichkeiten für ein friedliches Zusammenleben"

Ausländer raus? – Nein danke!

Um die ausländischen Mitbürger kümmern sich heute eine Reihe von Organisationen, die zum Teil im Internet vertreten sind:
Hier sind einige Adressen, die Informationen im Internet anbieten:

www.pflegedienst.de
  Ausländer/-siedler/-wanderer WER HILFT WEM Ausländer/-siedler/-wanderer Arbeitsgemeinschaft Katholischer Flüchtlings- und Aussiedlerhilfe e. V., Karlstr. 40, D-79104 Freiburg, Tel. (07 61) 20 03 62, Fax (07 61) 20 05 72

www.proasyl.de
  Förderverein PRO ASYL e. V.

www.bundestag.de
  Homepage des Deutschen Bundestages

www.ekd.de
  Evangelische Kirche

www.kath.de
  Katholische Kirche

www.lpb.bwue.de/partner/akasyl.htm
  Arbeitskreis Asyl Baden-Württemberg

www.puk.de/fluechtlingsrat-dortmund
  Dortmunder Flüchtlingsrat
  In Dortmund leben 1600 Asylbewerber in städtischen Übergangseinrichtungen, viele anerkannte Asylsuchende, Flüchtlinge ohne Aufenthaltsstatus, Bürgerkriegsflüchtlinge und Flüchtlinge in Abschiebehaft.

www.donau.de/vereine/bia/bi.htm
  Bürgerinitiative Asyl Regensburg
  Asylinformationen, Abschiebungshindernisse, Fluchtursachen, Kirchenasyl, Sozialarbeit für Flüchtlinge, regionale Veranstaltungen und Aktionen, Regensburger Flüchtlingsarbeit e. V.

www.amnesty.de
  amnesty international

www.humanrights.de/ibo/index.html
  Internationaler Menschenrechtsverein Bremen e. V., Kornstr. 51, 28201 Bremen

10. Jahrgangsstufe – Zu 2: „Bevölkerungsentwicklung"

Literaturhinweise

Bundeszentrale für politische Bildung (Hrsg.):
  Informationen zur politischen Bildung
  Heft 220: Bevölkerungsentwicklung
  Heft 246: Internationale Beziehungen
  Heft 252: Entwicklungsländer
  Heft 257: Indien
Bundeszentrale für politische Bildung (Hrsg.):
  Zeitlupe: Eine Welt

Zu 4: „Technik"

Literaturhinweise

Bundeszentrale für politische Bildung (Hrsg.):
  Technik im Spannungsfeld. Bonn 1992

Markmann, Heinz/Kitsche, Adalbert (Hrsg.):
  Über Forschung und Technik, Ein Heft für die Schule. Wiesbaden (= Universum Verlagsanstalt GmbH KG) 1987

Lösungsblätter

S. 17

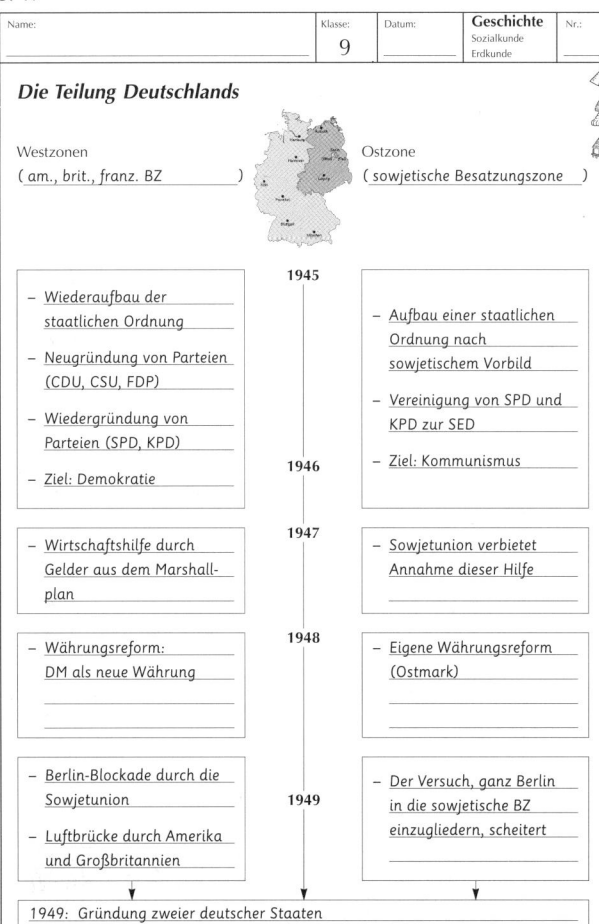

Die Teilung Deutschlands

Westzonen
(am., brit., franz. BZ)

Ostzone
(sowjetische Besatzungszone)

1945

- Wiederaufbau der staatlichen Ordnung
- Neugründung von Parteien (CDU, CSU, FDP)
- Wiedergründung von Parteien (SPD, KPD)
- Ziel: Demokratie

- Aufbau einer staatlichen Ordnung nach sowjetischem Vorbild
- Vereinigung von SPD und KPD zur SED
- Ziel: Kommunismus

1946

1947

- Wirtschaftshilfe durch Gelder aus dem Marshallplan

- Sowjetunion verbietet Annahme dieser Hilfe

1948

- Währungsreform: DM als neue Währung

- Eigene Währungsreform (Ostmark)

1949

- Berlin-Blockade durch die Sowjetunion
- Luftbrücke durch Amerika und Großbritannien

- Der Versuch, ganz Berlin in die sowjetische BZ einzugliedern, scheitert

1949: Gründung zweier deutscher Staaten

S. 25

Die Entwicklung in der Bundesrepublik Deutschland

Die Ära Adenauer war geprägt von der Einbindung der BRD in die __westliche__ Welt. Damit war auch der Beitritt der BRD zum westlichen Verteidigungsbündnis, der __NATO__ verbunden. Ein besonderes Anliegen Konrad Adenauers war die Aussöhnung mit __Frankreich__. Entscheidend für den wirtschaftlichen Aufstieg der BRD war die Einführung der __sozialen Marktwirtschaft__. Wirtschaftsminister __Ludwig Erhard__ galt als der Vater des so genannten __Wirtschaftswunders__. Die Annäherung der beiden Supermächte __USA__ und __UdSSR__ war die Voraussetzung für beginnende deutsch-deutsche Kontakte im Laufe der 60er Jahre. Bundeskanzler __Willy Brandt__ (SPD) und Außenminister __Walter Scheel__ (FDP) bemühten sich um eine neue __Ostpolitik__. In den Verträgen mit der __Sowjetunion__ und __Polen__ wurde vereinbart, Streitigkeiten auf __friedliche Weise__ zu lösen. Im Jahr 1972 wurde der __Grundlagenvertrag__ zwischen der BRD und der DDR abgeschlossen. Im Jahr 1974 wurde __Helmut Schmid__ Bundeskanzler. Im Jahr 1983 kam es zu einem Machtwechsel in der BRD. __Helmut Kohl__ (CDU) löste Helmut Schmidt als Bundeskanzler ab. Auch die christlich-liberale Koalition setzte diese Ostpolitik fort. In Begegnungen mit Vertretern der DDR ließ die Bundesregierung keinen Zweifel daran, dass die Bundesrepublik am Ziel der __Wiedervereinigung__ festhalte.

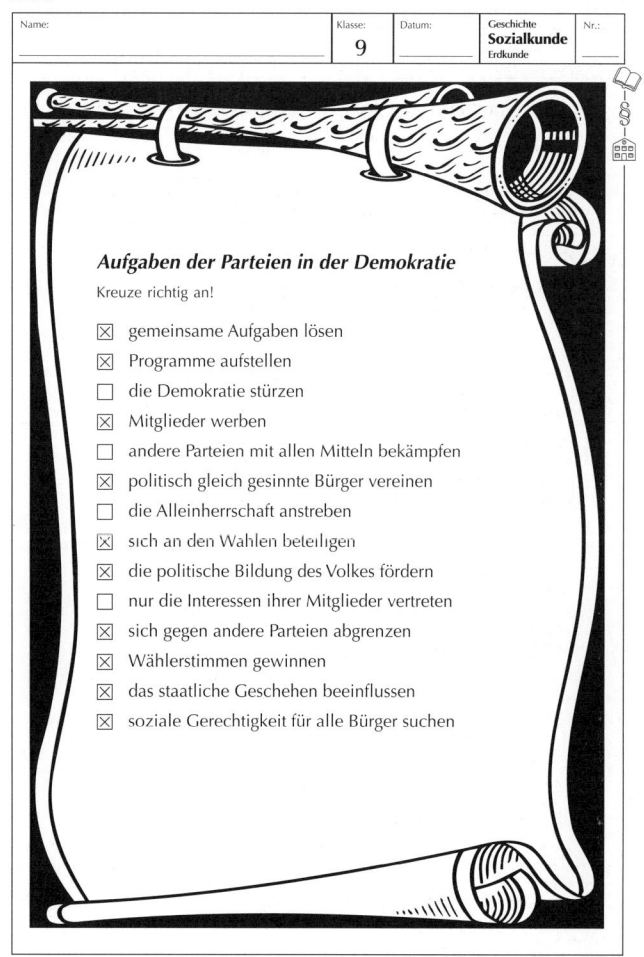

S. 26

Die Entwicklung in der Deutschen Demokratischen Republik

Im Gegensatz zur BRD bestimmte in der DDR eine Partei die politische Entwicklung: die __Sozialistische Einheitspartei Deutschlands (SED)__. Die DDR strebte an, ein Staat nach dem Vorbild der __UdSSR__ zu werden. Deshalb kam es frühzeitig zu einer __Verstaatlichung__ der Wirtschaft. Die Fünfjahrespläne konnten jedoch __nicht erfüllt__ werden, die Produktion sank, die Versorgung der Bevölkerung war nicht ausreichend gewährleistet. Erhöhung der Arbeitsnormen sollten nun eine hohe Arbeitsleistung bringen. Gegen eine solche Erhöhung demonstrierten am __17. Juni 1953__ Tausende in __Ostberlin__. Der Streik ging in einen __Aufstand__ gegen die DDR-Regierung über. Nun griff die sowjetische Besatzungsmacht ein und beendete den Aufstand mit Gewalt. In der Folgezeit führten die Verhältnisse in der DDR zu einer __Massenflucht__ Richtung Westen. Aus diesem Grund begann die DDR am __13. August 1961__ durch Berlin eine __Mauer__ zu bauen. Damit war den DDR-Bürgern die letzte Möglichkeit genommen, in die BRD zu gelangen. In den folgenden Jahren versuchte die DDR sich immer stärker von der BRD zu distanzieren. Außenpolitisch bemühte sich die DDR in den 70er und 80er Jahren verstärkt um __staatliche Anerkennung__. Innenpolitisch versuchte die DDR-Führung mit verstärktem __Druck auf die Bevölkerung__ ihre Macht zu stabilisieren.

S. 36

Aufgaben der Parteien in der Demokratie

Kreuze richtig an!

- ☒ gemeinsame Aufgaben lösen
- ☒ Programme aufstellen
- ☐ die Demokratie stürzen
- ☒ Mitglieder werben
- ☐ andere Parteien mit allen Mitteln bekämpfen
- ☒ politisch gleich gesinnte Bürger vereinen
- ☐ die Alleinherrschaft anstreben
- ☒ sich an den Wahlen beteiligen
- ☒ die politische Bildung des Volkes fördern
- ☐ nur die Interessen ihrer Mitglieder vertreten
- ☐ sich gegen andere Parteien abgrenzen
- ☒ Wählerstimmen gewinnen
- ☒ das staatliche Geschehen beeinflussen
- ☒ soziale Gerechtigkeit für alle Bürger suchen

S. 37

Aufgaben der Parteien

Im Bundestag vertretene Parteien:
- CDU = Christlich Demokratische Union
- CSU = Christlich Soziale Union
- SPD = Sozialdemokratische Partei Deutschlands
- FDP = Freie Demokratische Partei
- Bündnis 90/Die Grünen
- PDS = Partei des Demokratischen Sozialismus

Weitere Parteien:
Republikaner, DVU, DKP, EAP, NPD, DKP, u. a.

Parteien haben die Aufgabe, die unterschiedlichen Interessen einzelner Gruppen innerhalb der Bevölkerung politisch zu vertreten. Allen Parteien gemeinsam kommen darüber hinaus aber folgende Aufgaben zu:

- gemeinsame Aufgaben lösen
- Programme aufstellen
- Mitglieder werben
- politisch gleich gesinnte Bürger vereinen
- sich an den Wahlen beteiligen
- die politische Bildung des Volkes fördern
- sich gegen andere Parteien abgrenzen
- Wählerstimmen gewinnen
- das staatliche Geschehen beeinflussen
- soziale Gerechtigkeit für alle Bürger suchen

Im Grundgesetz Artikel 21, Absatz 1 heißt es zu den Parteien:

Parteien wirken bei der politischen Willensbildung des Volkes mit. Ihre Gründung ist frei.

Ihre innere Ordnung muss demokratischen Grundsätzen entsprechen. Sie müssen über die Herkunft ihrer Mittel öffentlich Rechenschaft geben.

S. 42

Parteien und ihre Programme

	Grundwerte	Wirtschaft	Arbeitsplätze	Soziale Sicherheit	Innere Sicherheit	Europa
CDU CSU	Freiheit, soziale Marktwirtschaft	niedere Steuern, Innovationen	Wettbewerbsfähigkeit	mehr Eigenvorsorge, geringere Sozialbeiträge	konsequenter, schneller Strafvollzug	Europa voran, neue Währung bringt
SPD	freie, soziale und gerechte Gesellschaft	mehr Bildung, ökologische Modernisierung, europäische Zusammenarbeit	Erhalten des sozialen Systems	Vorbeugung, Opferschutz, präsenz	Verwirklichung der Währungsunion	
F.D.P. Die Liberalen	Freiheit durch Verantwortung	Wettbewerb, Flexibilität und eigenverantwortliche Vorsorge	Bürgergeldsystem – Vereinfachung	Stärkung des Rechtsstaates	stabile gemeinsame Währung	
BÜNDNIS 90 DIE GRÜNEN	Arbeitszeitverkürzung, ökologische Produktion	ökologischer Strukturwandel	Energieverteuerung, Reduzierung der Arbeitszeit	Grundsicherung	Ursachen der Kriminalität bekämpfen	Teilnahme aller europäischen Länder
PDS LINKE LISTE	Kampf gegen Arbeitslosigkeit und Sozialabbau	Einfluss des Geldes auf Politik reduzieren	gerechtere Arbeitsverteilung	soziale Grundsicherung	Gute Sozialpolitik bekämpft Ursachen der Kriminalität	sozialer Gemeinschaftsauftrag der EU

S. 46

Die Bedeutung des Mehrparteiensystems für die Demokratie

Es gibt zwei Möglichkeiten, politische Macht auszuüben:

In einem totalitären Staat (z. B. Diktatur der Nationalsozialisten)	In einem demokratischen Staat (z. B. Bundesrepublik Deutschland)
1. Wer hatte die gesamte Macht in der Hand? Ein Mann hatte die gesamte Macht in seiner Hand.	5. Von wem wird die politische Macht ausgeübt? Politische Macht wird von den Parteien ausgeübt.
2. Wer bestimmte die Gesetzgebung und hatte Verwaltung und Richteramt unter sich? Der Diktator bzw. sein Machtapparat.	6. Wie gelangen Politiker in diese Position? Durch die Wahl des Volkes.
3. Was geschah mit Leuten, die sich nicht dem Willen des Staates beugten? Sie kamen in Konzentrationslager, wurden gequält und umgebracht.	7. Was geschieht mit Parteien, die die Mehrheit im Parlament erlangen, was mit denen, die in der Minderheit sind? Mehrheit: Regierung, Minderheit: Opposition.
4. Hatte die Bevölkerung Möglichkeiten, die Ausübung der politischen Macht zu kontrollieren oder zu beeinflussen? Sie durften sich zur politischen Situation nicht äußern.	8. Wozu sind mehrere Parteien notwendig? Damit nicht eine einzige Partei zu mächtig wird.
	9. Wo ist die Verteilung von Macht des Staates und Rechten des Bürgers geregelt? Im Grundgesetz.

Ergänze die Sätze mit den vorgegebenen Begriffen: **Machtwechsel, Interessen, mehrere, Auswahl, Kontrolle, Machtmissbrauch!**

Wenn nur eine Partei regiert, besteht die Gefahr des __Machtmissbrauchs__. Der Bürger hat keine freie __Auswahl__ mehr. Für den Fortbestand der Demokratie bedarf es daher __mehrerer__ Parteien. Nur so können die unterschiedlichen __Interessen__ der Bürger wirksam vertreten werden. Mehrere Parteien üben eine wirksame __Kontrolle__ der Macht aus. Ein __Machtwechsel__ ist möglich.

S. 49

Grundsätze einer demokratischen Wahl

1. allgemeine Grundsätze:
   Das Grundgesetz, Art. 38,1, stellt folgende Rechtsgrundsätze für eine demokratische Wahl auf:

   Die Abgeordneten des deutschen Bundestages werden in allgemeiner, unmittelbarer, freier, gleicher und geheimer Wahl gewählt.

allgemein	Männer und Frauen dürfen wählen
unmittelbar	Der Kandidat wird direkt gewählt
frei	Kein Wahlzwang; freie Wahl des Kandidaten
gleich	Stimmen von arm und reich zählen gleich
geheim	Wahlkabine → Wahlurne

2. aktives und passives Wahlrecht:
   Wer bei uns wählen darf und gewählt werden kann, sagt uns das Grundgesetz in Art. 38,2:

   Wahlberechtigt ist, wer das achtzehnte Lebensjahr vollendet hat. Wählbar ist, wer das Alter erreicht hat, in dem die Volljährigkeit eintritt.

   a) Wer darf wählen? _Wer das 18. Lebensjahr vollendet hat._
   b) Wer kann gewählt werden? _Wer volljährig ist._

3. weitere Voraussetzungen:
   a) _Besitz der deutschen Staatsangehörigkeit_
   b) _Besitz der bürgerlichen Ehrenrechte (z. B. Wahlrecht)_

   c) _Der Wahlberechtigte muss mindestens drei Monate vor der Wahl in der BRD wohnen._

   In der Bundesrepublik kennen wir drei Wahlen, in denen die stimmberechtigten Bürger Abgeordnete wählen:
   Bundestagswahl (alle 4 Jahre)
   Landtagswahl (in Bayern alle 5 Jahre zusammen mit der Bezirkstagswahl)
   Kommunalwahlen (Gemeinde/Stadtrat, Kreistag alle 6 Jahre)

S. 53

| Name: | Klasse: 9 | Datum: | Geschichte **Sozialkunde** Erdkunde | Nr.: |

Das gemischte Wahlsystem (Personalisiertes Verhältniswahlsystem)

Jeder Wähler hat __2__ Stimmen

Erststimme
für Kandidaten des Wahlkreises
– entscheidet im Wahlkreis über den direkt zu wählenden Abgeordneten für den Bundestag
– gewählt ist, wer die meisten Stimmen erhält (Mehrheitswahl) = Persönlichkeitswahl

Vorteil: Wahlkreise klein, dadurch besserer Kontakt.

Nachteil: Viele Stimmen gehen verloren („Papierkorbstimmen").

Zweitstimme
für eine Partei
– entscheidet je nach Prozentanteil der Stimmen über die Sitzverteilung im Bundestag (Verhältniswahl)
– in den Bundesländern erstellen die Parteien jeweils eine Liste mit ihren Kandidaten = Listenwahl

Vorteil: Mehr Gerechtigkeit, weil jede Stimme berücksichtigt wird.

Nachteil: Evtl. (zu) viele Parteien (Splitterparteien) im Parlament. Wähler kennen Kandidaten nicht.

Das gemischte Wahlsystem versucht durch Kombination die Vorteile der __beiden Wahlsysteme__ zu vereinigen. Es wird deshalb auch als __personalisierte Verhältniswahl__ bezeichnet. Mit der Einführung der __5%-Klausel__ soll in diesem Wahlverfahren verhindert werden, dass zu viele Parteien einen Sitz im Parlament bekommen.

Personenwahl	**Verhältniswahl**
Mit der Erststimme werden __Kandidaten__ des Wahlkreises gewählt = __Mehrheitswahl__	Mit der Zweitstimme wird eine __Partei__ gewählt, die auf Landeslisten ihre Kandidaten benannt hat = __Verhältniswahl__

Entscheidend für die Zusammensetzung des Bundestages ist die Zweitstimme

---

S. 56

| Name: | Klasse: 9 | Datum: | Geschichte **Sozialkunde** Erdkunde | Nr.: |

Deutschland – ein Bundesstaat, Gliederung in Länder

Nach dem Zweiten Weltkrieg wurde Deutschland in __4 Besatzungszonen (amerikanische, britische, sowjetische, französische Zone)__ aufgeteilt. Die westlichen Zonen wurden 1948 zur Bundesrepublik (10 Länder und Westberlin mit der Hauptstadt Bonn) zusammengeschlossen, während aus der sowjetischen Besatzungszone die DDR (Deutsche Demokratische Republik mit der Hauptstadt Ostberlin) wurde. Seit der Wiedervereinigung am __3. Oktober 1990__ (Tag der deutschen Einheit) besteht die BRD aus __16 Bundesländern__ mit der Hauptstadt __Berlin__.

Die Staatsform ist im Grundgesetz Art. 20 (1) festgeschrieben:
Die Bundesrepublik Deutschland ist ein demokratischer uns sozialer Bundesstaat.

Die Bundesländer und ihre Hauptstädte:
1. Berlin
2. Schleswig-Holstein (Kiel)
3. Hamburg
4. Bremen
5. Niedersachsen (Hannover)
6. Nordrhein-Westfalen (Düsseldorf)
7. Hessen (Wiesbaden)
8. Rheinland-Pfalz (Mainz)
9. Saarland (Saarbrücken)
10. Baden-Württemberg (Stuttgart)
11. Bayern (München)
12. Mecklenburg-Vorpommern (Schwerin)
13. Sachsen-Anhalt (Magdeburg)
14. Brandenburg (Potsdam)
15. Thüringen (Erfurt)
16. Sachsen (Dresden)

Der Bundesstaat zeichnet sich durch folgende Merkmale aus:
Zusammenschluss einzelner Gliedstaaten
Gedanke der Gemeinschaft steht im Vordergrund
Eigenständigkeit soweit im Einzelnen erforderlich
(BRD z.B.: Schulen, Polizei)

S. 58

| Name: | Klasse: 9 | Datum: | **Geschichte** Sozialkunde Erdkunde | Nr.: |

Aufgabenteilung zwischen Bund und Ländern

Die Teilung der Aufgaben zwischen Bund und Ländern ist im Grundgesetz __(Art. 30, 31, 70–82, 105 und 106)__ geregelt.

GG Art. 30 (Kurzform): Grundsätzlich nehmen die Länder die Staatsaufgaben wahr.

GG Art. 31 (Kurzform): Bundesrecht bricht Landesrecht.

Das Grundgesetz unterscheidet dabei:
1. ausschließliche Gesetzgebung des Bundes

   Auswärtige Angelegenheiten, Verteidigung, Zivilschutz, Staatsangehörigkeit, Passwesen, Währungs- und Geldwesen, Zölle und Außenhandel, Bundesbahn und Luftverkehr

2. ausschließliche Gesetzgebung der Länder

   Kultur
   Polizeiwesen
   Bildungswesen
   Gesundheitswesen

3. Rahmengesetzgebung

   Hochschulwesen
   Jagdwesen, Naturschutz und Landschaftspflege
   Bodenverteilung und Raumordnung
   Melde- und Ausweiswesen

4. Konkurrierende Gesetzgebung

   Bürgerliches Recht, Strafrecht und Strafvollzug
   Personenstandswesen, Vereins- und Versammlungsrecht, Aufenthaltsrecht für Ausländer
   Erzeugung und Nutzung der Kernenergie

S. 60

| Name: | Klasse: 9 | Datum: | Geschichte **Sozialkunde** Erdkunde | Nr.: |

Volksbegehren und Volksentscheid

Der Gesetzentwurf

Art. 1 (Kommunale Bürgerbegehren und Bürgerentscheid in der Landesverfassung)
Die Verfassung des Freistaates Bayern vom 2. Dezember 1946 (BayRS 100-1-S) zuletzt geändert durch Gesetz vom 20. Juni 1984 (GVBl. S. 223) wird wie folgt geändert:
1. Artikel 7 Absatz 2 erhält durch die Einfügung der Worte „Bürgerbegehren und Bürgerentscheiden" folgenden Wortlaut:
„(2) Der Staatsbürger übt seine Rechte aus durch Teilnahme an Wahlen, Bürgerbegehren, Bürgerentscheiden sowie Volksbegehren und Volksentscheiden."
2. An Art. 12 wird angefügt:
„Die Staatsbürger haben das Recht, Angelegenheiten des eigenen Wirkungskreises der Gemeinden und Landkreise durch Bürgerentscheide zu regeln. Das Nähere regelt ein Gesetz."

Art. 2 (Gemeindeordnung)
Bürgerbegehren und Bürgerentscheid in der Gemeindeordnung
Die Gemeindeordnung für den Freistaat Bayern in der Fassung der Bekanntmachung vom 1. Januar 1993 (GVBl. S. 65), zuletzt geändert durch Gesetz vom 18. August 1994 (GVBl. S. 761), wird wie folgt geändert:
1. Nach Art. 18 wird folgender Art. 18 a eingefügt:
„Art. 18 a (Bürgerbegehren und Bürgerentscheid)
(1) Die Gemeindebürger können über Angelegenheiten des eigenen Wirkungskreises der Gemeinde einen Bürgerentscheid beantragen (Bürgerbegehren).
(2) Der Gemeinderat kann mit der Mehrheit von zwei Dritteln seiner stimmberechtigten Mitglieder beschließen, dass über eine Angelegenheit des eigenen Wirkungskreises der Gemeinde ein Bürgerentscheid stattfindet.
(3) Ein Bürgerentscheid findet nicht statt über Angelegenheiten, die kraft Gesetz dem Bürgermeister obliegen, über Fragen der inneren Organisation der Gemeindeverwaltung, über die Rechtsverhältnisse der Gemeinderäte, des Bürgermeisters und der Gemeindebediensteten und über die Haushaltssatzung."

Art. 3 (Landkreisordnung)
Bürgerbegehren und Bürgerentscheid in der Landkreisordnung
Die Landkreisordnung für den Freistaat Bayern in der Fassung der Bekanntmachung vom 1. Januar 1993 (GVBl. S. 93), zuletzt geändert durch Gesetz vom 10. August 1994 (GVBl. S. 761), wird wie folgt geändert:
1. Nach Art. 25 wird folgender Art. 25 a eingefügt:
„Art. 25 a (Bürgerbegehren und Bürgerentscheid)
(1) Die Landkreisbürger können über Angelegenheiten des eigenen Wirkungskreises des Landkreises einen Bürgerentscheid beantragen (Bürgerbegehren).
(2) Der Kreistag kann mit der Mehrheit von zwei Dritteln seiner stimmberechtigten Mitglieder beschließen, dass über eine Angelegenheit des eigenen Wirkungskreises des Landkreises ein Bürgerentscheid stattfindet.
(3) Ein Bürgerentscheid findet nicht statt über Angelegenheiten, die kraft Gesetz dem Landrat obliegen, über Fragen der inneren Organisation der Landkreisverwaltung, über die Rechtsverhältnisse der Landräte und der Landkreisbediensteten und über die Haushaltssatzung."

Unterschriftensammlung (25 000 Wahlberechtigte)
↓
Innenministerium
↓
Volksbegehren (10% der Wahlberechtigten)
↓
Landtag
↓
Volksentscheid
↓
Gesetz

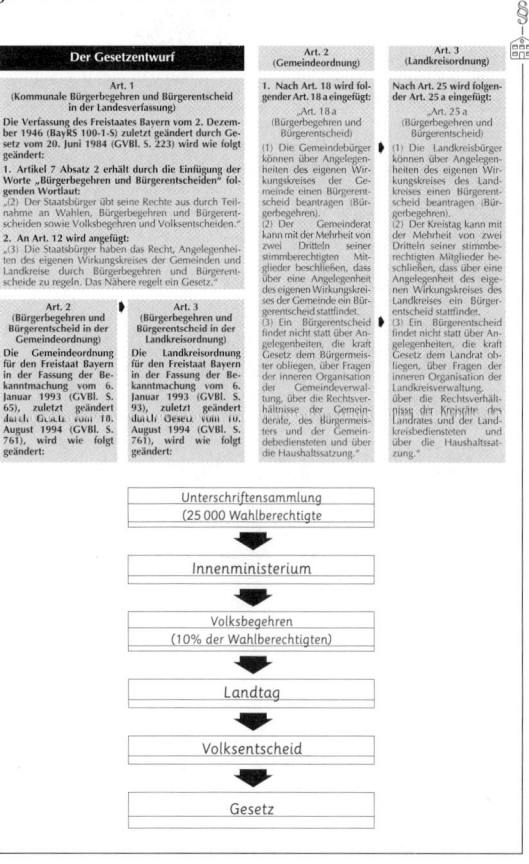

S. 65

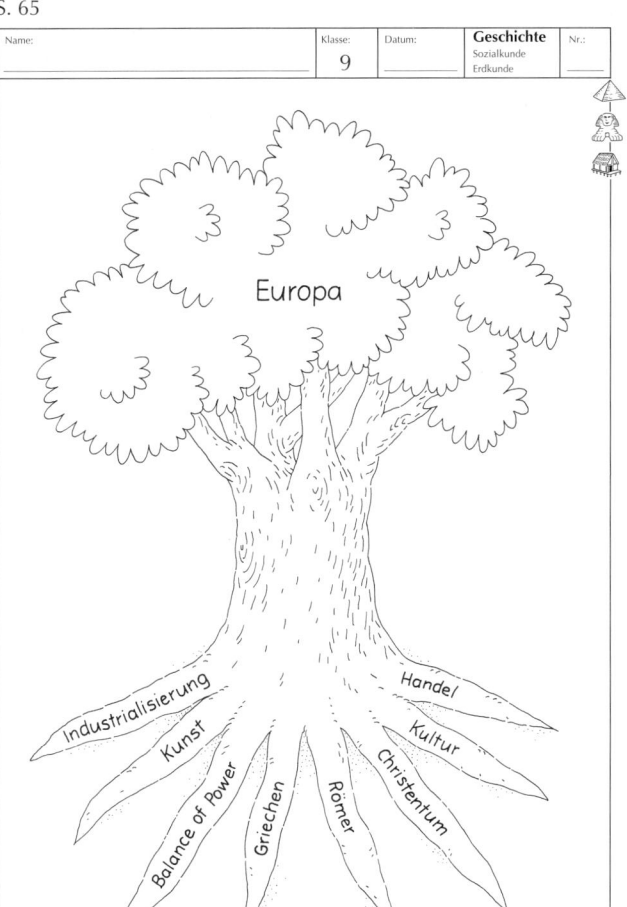

[Baum mit Krone "Europa" und Wurzeln: Industrialisierung, Kunst, Balance of Power, Griechen, Römer, Christentum, Kultur, Handel]

S. 67

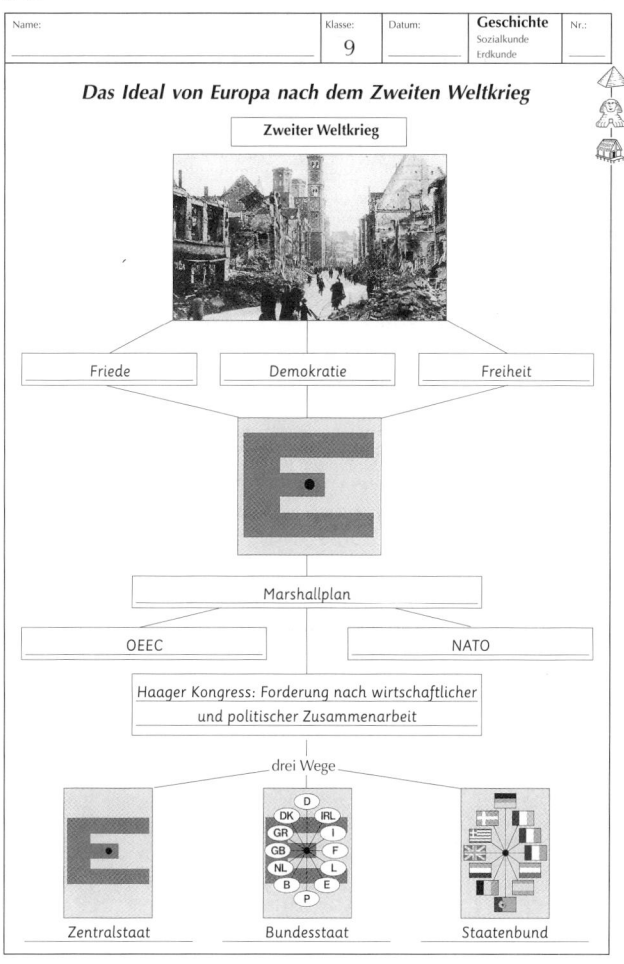

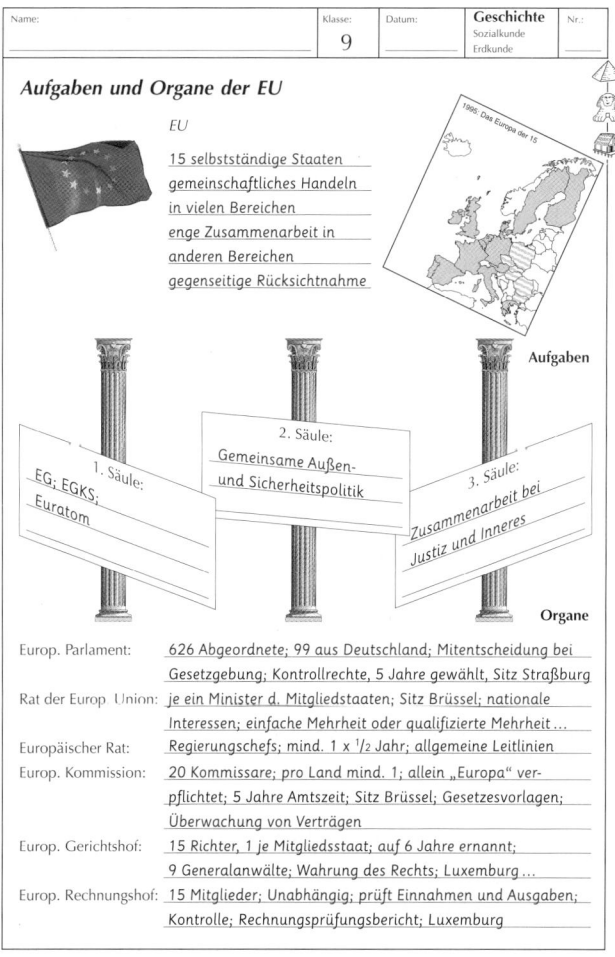

Das Ideal von Europa nach dem Zweiten Weltkrieg

Zweiter Weltkrieg

Friede — Demokratie — Freiheit

E

Marshallplan

OEEC — NATO

Haager Kongress: Forderung nach wirtschaftlicher und politischer Zusammenarbeit

drei Wege

Zentralstaat — Bundesstaat — Staatenbund

S. 70

Vom Europarat zur EU

Europarat
- gegründet 1949
- keine gesetzgebende Gewalt
- Konvention zum Schutz der Menschenrechte
- nur beratende Funktion

Montanunion
- 1951
- sechs Staaten
- Wirtschaftspolitik für Kohle und Stahl

EWG
- 1957
- Europäische Wirtschaftsgemeinschaft
- gemeinsame Wirtschaftspolitik

Euratom
- 1957
- Rückstand aufholen
- Gesundheitsschutz
- friedliche Nutzung
- Reaktorsicherheit

EU (= Europäische Union)
- 1993
- politische Union
- einheitliche Währung
- gemeinsamer Markt (Binnenmarkt)

S. 77

Aufgaben und Organe der EU

EU

15 selbstständige Staaten
gemeinschaftliches Handeln in vielen Bereichen
enge Zusammenarbeit in anderen Bereichen
gegenseitige Rücksichtnahme

Aufgaben

1. Säule: EG; EGKS; Euratom
2. Säule: Gemeinsame Außen- und Sicherheitspolitik
3. Säule: Zusammenarbeit bei Justiz und Inneres

Organe

- Europ. Parlament: 626 Abgeordnete; 99 aus Deutschland; Mitentscheidung bei Gesetzgebung; Kontrollrechte, 5 Jahre gewählt, Sitz Straßburg
- Rat der Europ. Union: je ein Minister d. Mitgliedstaaten; Sitz Brüssel; nationale Interessen; einfache Mehrheit oder qualifizierte Mehrheit ...
- Europäischer Rat: Regierungschefs; mind. 1 x 1/2 Jahr; allgemeine Leitlinien
- Europ. Kommission: 20 Kommissare; pro Land mind. 1; allein „Europa" verpflichtet; 5 Jahre Amtszeit; Sitz Brüssel; Gesetzesvorlagen; Überwachung von Verträgen
- Europ. Gerichtshof: 15 Richter, 1 je Mitgliedstaat; auf 6 Jahre ernannt; 9 Generalanwälte; Wahrung des Rechts; Luxemburg ...
- Europ. Rechnungshof: 15 Mitglieder; Unabhängig; prüft Einnahmen und Ausgaben; Kontrolle; Rechnungsprüfungsbericht; Luxemburg

Unterrichtssequenzen Geschichte/Sozialkunde/Erdkunde, © Auer Verlag GmbH, Donauwörth

S. 81

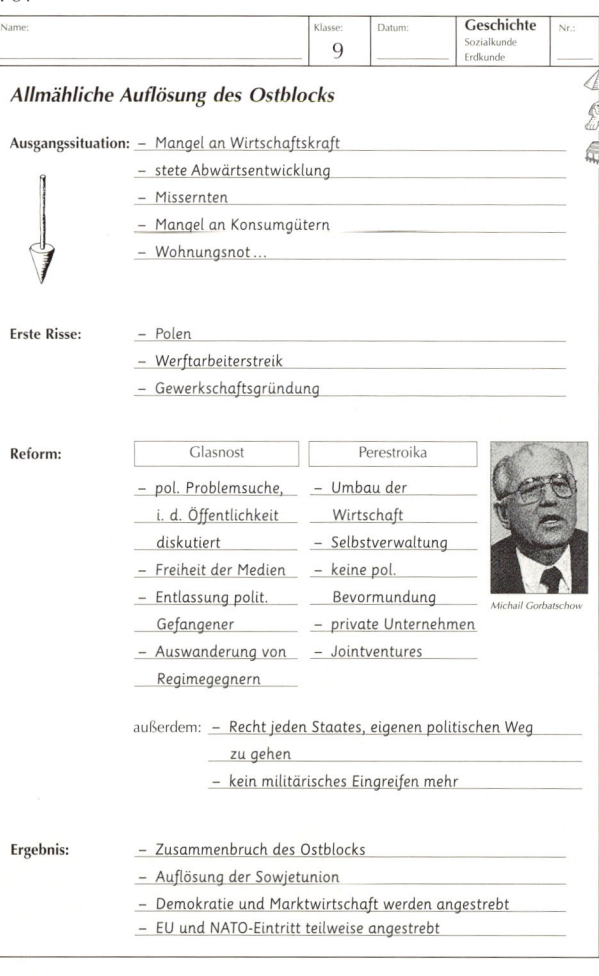

Allmähliche Auflösung des Ostblocks

Ausgangssituation:
- Mangel an Wirtschaftskraft
- stete Abwärtsentwicklung
- Missernten
- Mangel an Konsumgütern
- Wohnungsnot …

Erste Risse:
- Polen
- Werftarbeiterstreik
- Gewerkschaftsgründung

Reform:

Glasnost	Perestroika
– pol. Problemsuche, i. d. Öffentlichkeit diskutiert	– Umbau der Wirtschaft
– Freiheit der Medien	– Selbstverwaltung
– Entlassung polit. Gefangener	– keine pol. Bevormundung
– Auswanderung von Regimegegnern	– private Unternehmen
	– Jointventures

Michail Gorbatschow

außerdem:
- Recht jeden Staates, eigenen politischen Weg zu gehen
- kein militärisches Eingreifen mehr

Ergebnis:
- Zusammenbruch des Ostblocks
- Auflösung der Sowjetunion
- Demokratie und Marktwirtschaft werden angestrebt
- EU und NATO-Eintritt teilweise angestrebt

S. 82

Auflösung des Ostblocks

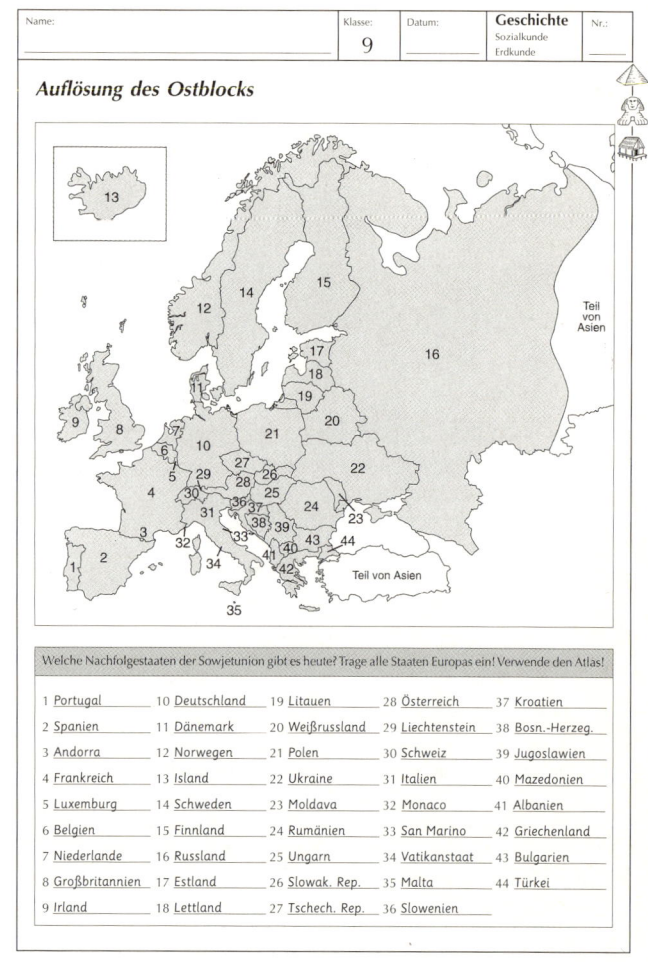

Welche Nachfolgestaaten der Sowjetunion gibt es heute? Trage alle Staaten Europas ein! Verwende den Atlas!

1 Portugal
2 Spanien
3 Andorra
4 Frankreich
5 Luxemburg
6 Belgien
7 Niederlande
8 Großbritannien
9 Irland
10 Deutschland
11 Dänemark
12 Norwegen
13 Island
14 Schweden
15 Finnland
16 Russland
17 Estland
18 Lettland
19 Litauen
20 Weißrussland
21 Polen
22 Ukraine
23 Moldava
24 Rumänien
25 Ungarn
26 Slowak. Rep.
27 Tschech. Rep.
28 Österreich
29 Liechtenstein
30 Schweiz
31 Italien
32 Monaco
33 San Marino
34 Vatikanstaat
35 Malta
36 Slowenien
37 Kroatien
38 Bosn.-Herzeg.
39 Jugoslawien
40 Mazedonien
41 Albanien
42 Griechenland
43 Bulgarien
44 Türkei

S. 89

Ursachen des Zusammenbruchs der DDR

Tausende von DDR-Bürgern suchten Zuflucht in der Bonner Botschaft in Prag, der Garten wurde zum Zeltlager. Wenige Tage später sollte Außenminister Genscher vom Balkon des Palais Lobkowitz verkünden, dass die tschechoslowakische Regierung die Ausreise genehmigt hat.

Massenflucht

Ein Auslöser für die Fluchtwelle aus der DDR war die Öffnung der Grenze zwischen __Ungarn__ und __Österreich__. Fluchtgründe: __Unzufriedenheit über die Versorgungslage, negative Bewertung der DDR im Vergleich zur BRD, eingeschränkte Reisemöglichkeiten innerhalb der DDR und nach dem westlichen Ausland …__

Bei der größten nicht-staatlichen Massendemonstration in der DDR am 4. November 1989 gingen etwa 400 000 Menschen für mehr Freiheit und Demokratie auf die Straße.

Protestbewegungen

Schon bei den Feierlichkeiten zum 40. Jahrestag der Gründung der DDR demonstrieren in Ost-Berlin Anhänger der __Bürgerrechtsbewegungen__. Die Zahl der Demonstrationen nimmt zu, ebenso die Zahl der __Demonstranten__. Vor allem die Stadt __Leipzig__ wird zum Zentrum der Protestbewegung. Hier versammeln sich zeitweise über __1 Million__ Demonstranten gegen das DDR-System.

↓ **9. November 1989: Öffnung der Grenze zur BRD** ↓

Viele stiegen auf die Mauer, um die Öffnung der Grenzen in luftiger Höhe mit Sekt zu feiern.

S. 96

Europa-Kreuzworträtsel

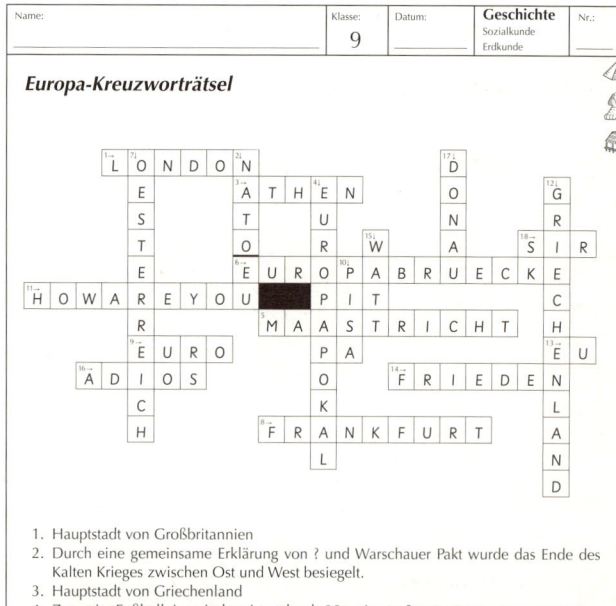

1. Hauptstadt von Großbritannien
2. Durch eine gemeinsame Erklärung von ? und Warschauer Pakt wurde das Ende des Kalten Krieges zwischen Ost und West besiegelt.
3. Hauptstadt von Griechenland
4. Zuerst im Fußball, inzwischen in mehr als 30 weiteren Sportarten ausgetragener europäischer Wettbewerb
5. Der Vertrag über die Europäische Union wurde 1992 in ? unterzeichnet
6. Mit einer Länge von 800 m und bis zu fast 200 m hohen Pfeilern umspannt sie das Tal südlich von Innsbruck (Österreich)
7. Nachbarland von Deutschland, das der Europäischen Union 1995 beigetreten ist
8. Die Europäische Zentralbank hat hier ihren Sitz
9. Die neue Währung in Europa
10. Hier steht der „Schiefe Turm"
11. engl.: „Wie geht es dir?"
12. In diesem Land fanden die ersten Olympischen Spiele statt
13. Abkürzung für „Europäische Union"
14. Eine wichtige Aufgabe der Europäischen Union ist der ? in Europa und in der Welt
15. Erfinder der Dampfmaschine
16. span.: „Auf Wiedersehen"
17. Der längste Fluss durch einige Mitgliedstaaten der Europäischen Union
18. engl. „Herr"

S. 99

Chancen und Probleme der Osterweiterung

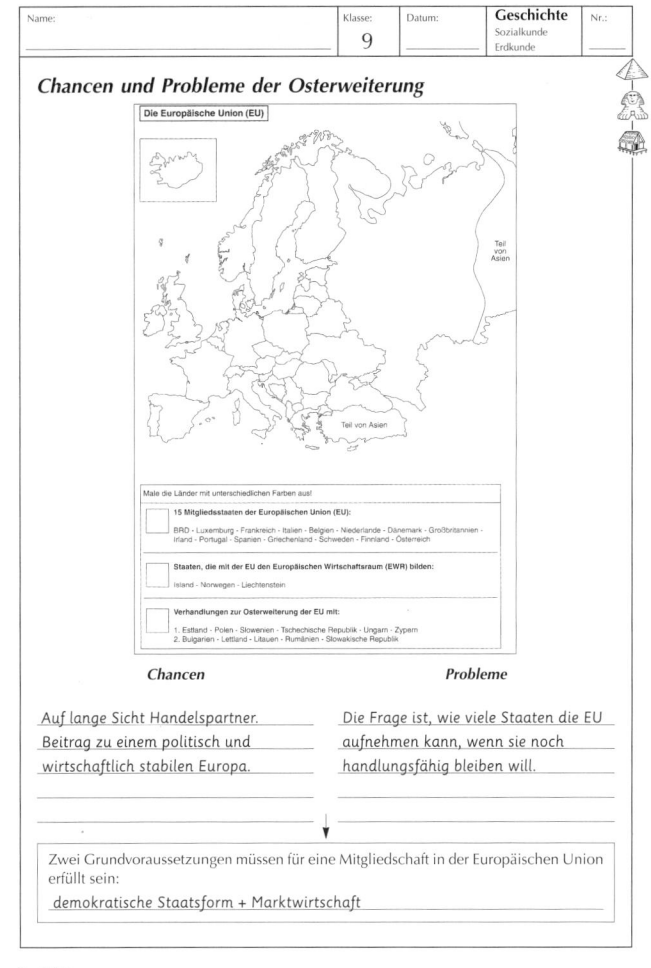

Die Europäische Union (EU)

Male die Länder mit unterschiedlichen Farben aus!

15 Mitgliedstaaten der Europäischen Union (EU):
BRD · Luxemburg · Frankreich · Italien · Belgien · Niederlande · Dänemark · Großbritannien · Irland · Portugal · Spanien · Griechenland · Schweden · Finnland · Österreich

Staaten, die mit der EU den Europäischen Wirtschaftsraum (EWR) bilden:
Island · Norwegen · Liechtenstein

Verhandlungen zur Osterweiterung der EU mit:
1. Estland · Polen · Slowenien · Tschechische Republik · Ungarn · Zypern
2. Bulgarien · Lettland · Litauen · Rumänien · Slowakische Republik

Chancen	Probleme
Auf lange Sicht Handelspartner. Beitrag zu einem politisch und wirtschaftlich stabilen Europa.	Die Frage ist, wie viele Staaten die EU aufnehmen kann, wenn sie noch handlungsfähig bleiben will.

Zwei Grundvoraussetzungen müssen für eine Mitgliedschaft in der Europäischen Union erfüllt sein:
demokratische Staatsform + Marktwirtschaft

S. 102

5.1 Entwicklungsländer

Die Lage der Entwicklungsländer

In 12 Staaten der Erde erwirtschaftete 1993 jeder Einwohner mehr als 20 000 Dollar an Sozialprodukt, in acht Staaten weniger als 200. Das durchschnittliche Bruttoinlandsprodukt pro Kopf lag 1993 in Ländern mit niedrigem Einkommen bei 380 Dollar, in Ländern mit mittlerem Einkommen in der unteren Gruppe bei 1590 Dollar, in der oberen Gruppe bei 4370 Dollar, in Ländern mit hohem Einkommen bei 23 090 Dollar.
Für die Staaten Schwarzafrikas lauten die Durchschnittszahlen 520 Dollar, für Lateinamerika 2950 Dollar.

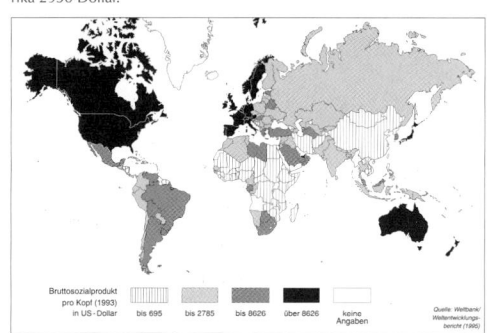

Bruttosozialprodukt pro Kopf (1993) in US-Dollar: bis 695 · bis 2785 · bis 8626 · über 8626 · keine Angaben
Quelle: Weltbank/Weltentwicklungsbericht (1995)

Der Kampf gegen Armut und Unterentwicklung hat in den letzten dreißig Jahren in einigen Regionen der Welt große Erfolge gebracht. Eine Reihe von Entwicklungsländern steht heute an der Schwelle zum Industriestaat, andere haben überdurchschnittliche Zuwachsraten des Bruttosozialprodukts und werden in zehn Jahren manche europäischen Staaten überholt haben. In einigen Regionen dagegen, vor allem in Schwarzafrika, haben Armut und Rückstände in der wirtschaftlichen Entwicklung eher noch zugenommen.

Die Weltkarte zeigt dir im Überblick die Lage der Länder mit dem geringsten Pro-Kopf-Einkommen.
Wo sind diese Staaten auf der Weltkarte vor allem zu finden?
Zu beiden Seiten des Äquators, vor allem in den tropischen und subtropischen Zonen: der größte Teil Afrikas, Teile von Asien, Teile Mittelamerikas

Staaten mit einem Pro-Kopf-Einkommen bis 2785 $ werden häufig auch Schwellenländer genannt. Wir finden sie vor allem in Nordafrika, im nördlichen Bereich Asiens, in Vorderasien, z. T. in Südamerika und Ozeanien.

S. 104

Entwicklungsländer – naturgeographische und ökologische Probleme

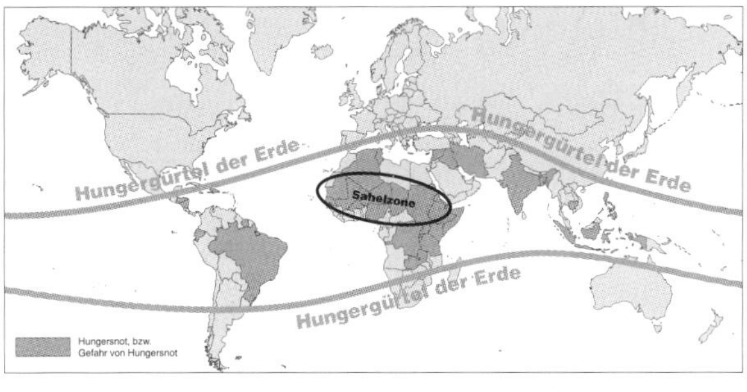

Hungergürtel der Erde · Sahelzone · Hungergürtel der Erde · Hungergürtel der Erde
Hungersnot, bzw. Gefahr von Hungersnot

Die Entwicklungsländer befinden sich zu beiden Seiten des __Äquators__ in den __tropischen__ und __subtropischen__ Klimazonen. Häufig ist das Klima ungünstig für den Anbau von Nahrungsmitteln und das Betreiben von Ackerbau und __Viehzucht__. Es kommt zu Naturkatastrophen: __Überschwemmungen, Wirbelstürme, Vulkanausbrüche, lange Trockenperioden, usw.__

Entwicklungsländer haben häufig auch mit ökologischen Problemen zu kämpfen:

Vielfach hat die Dritte Welt mit ähnlichen Umweltproblemen zu kämpfen, wie sie aus den Industrieländern bekannt sind, insbesondere mit den Folgeproblemen von Industrialisierung, Verstädterung und chemiegestützter Landwirtschaft. Das Tempo dieser Veränderungsprozesse und der teilweise armutsbedingte weitgehende Verzicht auf ökologische Auflagen und Schutzmaßnahmen führen aber zu einer enormen Verschärfung der Umweltprobleme. Hinzu kommt, dass es sich in der Dritten Welt teilweise um ganz neuen Ausmaßen bedroht. Die starke Zunahme einer besonders empfindliche, störanfällige Ökosysteme handelt. Jährlich gehen in den Entwicklungsländern etwa 20 Millionen Hektar landwirtschaftlich nutzbarer Fläche durch die Abtragung fruchtbarer Erde (Bodenerosion) verloren, und die Wüste erobert circa sechs Millionen Hektar (Desertifikation).
Die tropischen Regenwälder, die auf nur noch etwa sechs Prozent der Erdoberfläche circa 40 Prozent der biologischen Artenvielfalt beherbergen, gehen aufgrund von Edelholzeinschlag und Brandrodung dramatisch zurück. Die Tropenwälder dienen als „globale Lungen" unter anderem Kohlendioxid (CO$_2$), und die Abholzung des Waldes („Kahlschlag") trägt nach Meinung vieler Fachleute zur langsamen Klimaerwärmung bei. Dadurch werden wiederum niedrig gelegene Länder mit Überflutungskatastrophen bewässerter landwirtschaftlicher Nutzflächen und die wachsende Verunreinigung und Vergiftung des Wassers führen zu einer gefährlichen Verknappung nutzbaren Wassers. Die Neubewertung des kostbaren Rohstoffes Wasser, der durch grenzüberschreitende Flüsse verteilt wird, droht bei Eingriffen in den Naturkreislauf (zum Beispiel Stauwerke) zu gewaltsamen Konflikten zwischen Staaten zu führen. Den Hintergrund dafür bilden unter anderem Armut und Bevölkerungsdruck in der Dritten Welt, die damit verbundene Überlastung des Bodens, etwa durch Überweidung, forcierte Erschließung neuer landwirtschaftlich nutzbarer Flächen zum Beispiel durch Abholzung der Wälder und die verstärkte Nutzung von Holz als Brennstoff. An den wachsenden Umweltproblemen der Dritten Welt sind aber häufig auch die Industrieländer direkt oder indirekt beteiligt. Ein besonders abstoßendes neues Beispiel ist der „Mülltourismus", bei dem unter Ausnutzung der Notlage und vielfach mit Hilfe von Korruption häufig gefährliche Abfallstoffe aus Industrieländern in Entwicklungsländern exportiert und dort gelagert werden. Zu berücksichtigen ist auch, dass Umweltbelastungen, zum Beispiel durch Energie- und Rohstoffverbrauch, pro Kopf gerechnet in den Industrieländern um ein Vielfaches höher liegen als in den Entwicklungsländern und die Industrieländer damit ein miserables Vorbild abgeben. Wenn bestimmten Entwicklungsländern nicht nur aus Eigeninteresse, sondern auch aus globalen Umweltüberlegungen beispielsweise Schutz der tropischen Regenwälder, zugemutet werden, ergibt sich zwingend die Frage nach einem ökonomischen Nutzenausgleich.

Quelle: Bundeszentrale f. polit. Bildung, Bonn: Informationen zur polit. Bildung, Nr. 252, S. 11

S. 106

Kennzeichen von Entwicklungsländern (2)

Wenn du den Informationstext (Kennzeichen von …; S. 105) aufmerksam gelesen hast, kannst du folgende Übersicht sicher ergänzen:

KENNZEICHEN · MERKMALE · ENTWICKLUNGSLAND · PROBLEME · EIGENSCHAFTEN

- hoher Bevölkerungszuwachs
- wenig Nahrung
- hohe Kindersterblichkeit
- hohe Verschuldung
- geringes Einkommen 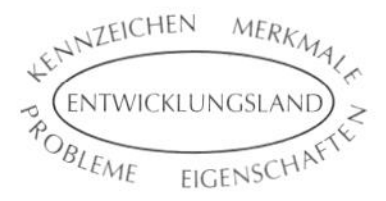
- viele Analphabeten
- hohe Arbeitslosigkeit
- schlechte medizinische Versorgung
- geringe Bildungsmöglichkeiten

Weitere Merkmale eines Entwicklungslandes: schlechte Infrastruktur, geringes Bruttosozialprodukt, einseitige Exportmöglichkeiten, geringe Lebenserwartung, usw.

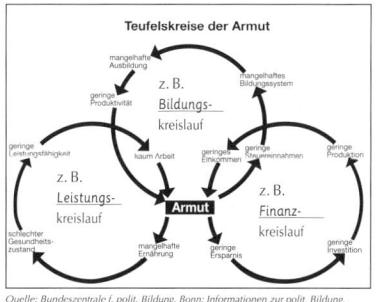

Teufelskreise der Armut

z. B. Bildungskreislauf · mangelhafte Ausbildung · geringe Produktivität · mangelhaftes Bildungssystem

z. B. Leistungskreislauf · geringe Leistungsfähigkeit · kaum Arbeit · geringes Einkommen · geringe Steuereinnahmen · geringe Produktion

z. B. Finanzkreislauf · schlechter Gesundheitszustand · mangelhafte Ernährung · geringe Ersparnis · geringe Investition

Armut

Quelle: Bundeszentrale f. polit. Bildung, Bonn: Informationen zur polit. Bildung, Nr. 252, S. 17

„Teufelskreis der Armut"
Viele der genannten Merkmale beeinflussen sich gegenseitig so, dass sie sich ringförmig verstärken. Es sind daher unterschiedliche Kausalketten konstruiert worden, die als circulus vitiosus oder Teufelskreis bezeichnet werden. Der Begriff Teufelskreis soll verdeutlichen, dass es sich um negative Verstärkerkreise handelt, aus denen nur schwer auszubrechen ist. Das heißt selbstverständlich nicht, wie auch bisherige Erfahrungen belegen, dass es unmöglich ist. Schließlich lassen sich Teufelskreise logisch auch umdrehen und als positive Verstärkerkreise deuten, wenn es gelingt, einen der im Teufelskreis angenommenen Wirkungsfaktoren positiv zu verändern. Teufelskreise beantworten zudem auch nicht die Frage nach den grundlegenden Ursachen von Unterentwicklung.

Finde für jeden der drei Kreisläufe eine passende Bezeichnung!
Warum werden sie als „Teufelskreis" bezeichnet?

S. 109

Name:	Klasse: 9	Datum:	Geschichte Sozialkunde **Erdkunde**	Nr.:

Entwicklungshilfe – Beispiel: Bangladesch

Der Auftrag lautet knapp und klar: „Ausbau der Farm Savar zur zentralen staatlichen Rinderzucht- und Besamungsstation für die Rinderzuchtplanung in Bangladesch." Wenig Worte für viel Arbeit, die sich zwölf deutsche Fachleute mit ihren einheimischen Partnern vorgenommen haben.

Bangladesch gehört zu den ärmsten Ländern der Erde. Rund 130 Millionen Menschen, wesentlich mehr als in der Bundesrepublik Deutschland, leben auf einem Gebiet kaum größer als Bayern und Baden-Württemberg zusammen. Der junge Staat im Nordosten des indischen Subkontinents wird einmal durch Dürre, dann wieder durch Überschwemmungen und durch die schier unaufhaltsame Bevölkerungsexplosion ständig in seiner wirtschaftlichen Entwicklung bedroht. Die Produktion von Nahrungsmitteln und die Familienplanung sind daher die wichtigsten Aufgaben der nächsten Jahre.

Schon früh begann die Planung für ein Vorhaben, das für zwei lebenswichtige, aber bis dahin fast unbekannte Produkte sorgen sollte: Für Milch und Rindfleisch. Als die ersten deutschen Tierzucht- und Molkereifachleute in Savar eintrafen – einer Farm 30 Kilometer nördlich der Hauptstadt Dhaka – gab es im ganzen Land zwar 18 Millionen Rinder. Aber die dienten fast ausschließlich als Zugtiere. Wo überhaupt Milchkühe gehalten wurden, gaben diese kaum mehr als eineinhalb Liter am Tag. Futteranbau und Futterkonservierung waren ebenso wenig bekannt wie geregelte Jungviehaufzucht und tierärztliche Betreuung.

Zunächst machte man sich in Savar daran, eine geeignete Milchviehrasse zu züchten. Aus Ostfriesland wurden schwarzbunte Bullen eingeflogen. „Blaugraf" und „Artur" sorgten mit den heimischen „Pabna"- und „Chittagong"-Kühen für Nachkommen, die für die Kleinbauern bestens geeignet sind: Sie arbeiten als Zugtiere, geben vier Liter Milch – und bleiben dennoch widerstandsfähig im tropischen Monsunklima und bei geringen Futtermengen. Zudem geben sie als Schlachtvieh reichlich Fleisch.

Außerordentlich wichtig ist eine intensive Beratung der 140 000 Kleinbauern im Einzugsgebiet der Savar-Farm. Geeignete Futterpflanzen werden jetzt abwechselnd mit Reis, Sojabohnen und Mais angebaut, um das Land besser zu nutzen. Für die Tierzucht wurden saubere Ställe gebaut, die Milch von über 7000 Sammelstellen in die neue Molkerei gebracht. Inzwischen wird die Farm allein von Einheimischen geführt.

40 Millionen DM hat die Bundesregierung in das Projekt gesteckt, die Regierung von Bangladesch nochmals den gleichen Betrag. Wo sich früher ausgemergelte Rinder mühsam von Reisstroh, Gras und Abfall am Straßenrand ernährten, liefern die Kühe der von einheimischen Beratern geschulten Farmer und Genossenschaften jetzt ausreichend Milch für den Eigenbedarf und dazu noch täglich 7000 Liter für die Molkerei: Trinkmilch für die Millionenstadt Dhaka. Die Versorgung ist noch nicht gesichert. Aber ein vielversprechender Anfang ist gemacht.

Das oberste Ziel der Entwicklungshilfe: Hilfe zur Selbsthilfe

Eine solche Hilfe ist nur durch den Einsatz von Entwicklungshelfern möglich.
Dabei sind verschiedene Berufe immer wieder gesucht, z. B.:
Landwirte, Schreiner, Ärzte, Lehrer, Zimmerer, Mechaniker usw. . Reich kann man dabei nicht werden, aber reicher an Erfahrungen, an Wissen, an Lebensweisheit.

S. 113

Name:	Klasse: 9	Datum:	Geschichte Sozialkunde **Erdkunde**	Nr.:

Kennzeichen eines Industrielandes

Eine Arbeitsgruppe der Vereinten Nationen unternahm den Versuch, die Länder der Erde nicht nur nach dem Einkommen zu klassifizieren. Drei Teilbereiche wurden in diesen „Index der menschlichen Entwicklung" mit einbezogen. Es zeigte sich, dass die Industrieländer durchwegs die vorderen Plätze einnahmen, während Entwicklungsländer in der Rangliste weit hinten anzutreffen sind.

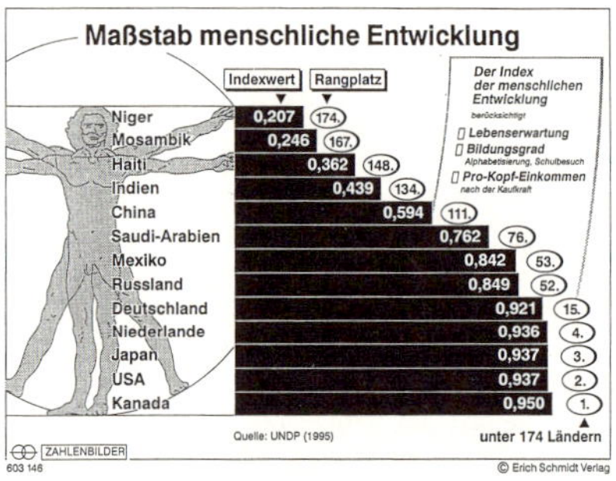
Maßstab menschliche Entwicklung
Indexwert
Rangplatz
Niger 0,207 174.
Mosambik 0,246 167.
Haiti 0,362 148.
Indien 0,439 134.
China 0,594 111.
Saudi-Arabien 0,762 76.
Mexiko 0,842 53.
Russland 0,849 52.
Deutschland 0,921 15.
Niederlande 0,936 4.
Japan 0,937 3.
USA 0,937 2.
Kanada 0,950 1.
unter 174 Ländern
Der Index der menschlichen Entwicklung berücksichtigt
Lebenserwartung
Bildungsgrad Alphabetisierung, Schulbesuch
Pro-Kopf-Einkommen nach der Kaufkraft
Quelle: UNDP (1995)
ZAHLENBILDER
603 146
© Erich Schmidt Verlag

Als Teilbereiche für diesen Maßstab wurden angesehen:
1. die Lebensdauer – gemessen als Lebenserwartung bei der Geburt
2. das Bildungsniveau – gemessen als eine Kombination aus Analphabetisierungsrate von Erwachsenen (zwei Drittel) sowie der Gesamteinschulungsrate auf Primar-, Sekundar- und tertiärer Bildungsstufe (ein Drittel) – und
3. den Lebensstandard – gemessen als Pro-Kopf-Einkommen in realer Kaufkraft, wobei das Einkommen oberhalb eines als angemessen betrachteten Grenzwertes in abnehmendem Maße berücksichtigt wird.

Vergleichen wir die Situation der Entwicklungsländer mit der der Industrieländer, so finden wir eine große Anzahl weiterer Merkmale, die für hoch entwickelte Industrienationen typisch sind.
Trage diese Kennzeichen von Industrieländern in unten stehende Grafik ein!

hohe Lebenserwartung
gute Bildung | hoher Lebensstandard
ausreichend Nahrung | gute Infrastruktur
hohe Industrialisierung | ausreichend Rohstoffe
genügend Energiereserven | gute medizinische Versorgung
große finanzielle Möglichkeiten | ausgebaute Marktwirtschaft
demokratische politische Verhältnisse | vielseitige Exportmöglichkeiten
computerunterstützte Forschung | gute klimatische Voraussetzungen usw.

Merkmale, die in den Industrieländern jedoch unterschiedlich stark ausgeprägt sind.

S. 115

Name:	Klasse: 9	Datum:	Geschichte Sozialkunde **Erdkunde**	Nr.:

Die USA – eine führende Wirtschaftsmacht der Erde

Im Vergleich mit anderen Industrieländern sind die USA nach wie vor die führende Wirtschaftsmacht der Erde.

Außenwirtschaft: Größte Exportländer 1997

Rang	Land	Exporte (Mrd Dollar)
1	USA	689
2	Deutschland	512
3	Japan	421
4	China[1]	371
5	Frankreich	288
6	Großbritannien	280
7	Italien	239
8	Kanada	214
9	Niederlande	194
10	Belgien	168

1) Inkl. Hongkong; Quelle: Welthandelsorganisation (WTO)

Größte Wirtschaftsmacht

Rang	Land	BSP (Mio $)	BSP/Kopf ($)
1	**USA**	**7 433 517**	**28 020**
2	Japan	5 149 185	40 940
3	Deutschland	2 364 632	28 870
4	Frankreich	1 533 619	26 270
5	Großbritannien	1 152 136	19 600
6	Italien	1 140 484	19 880
7	China	906 079	750
8	Brasilien	709 591	4 400
9	Kanada	569 899	19 020
10	Spanien	563 249	14 350

Stand: 1996; Quelle: Weltbankatlas 1998

USA/Hochkonjunktur: Die wirtschaftlichen Eckdaten dokumentierten Mitte 1998 einen stabilen Aufschwung. Die Inflation fiel 1997 von 3,3% im Vorjahr auf 1,7%, die Arbeitslosenrate sank im Februar 1998 auf 4,7%, den niedrigsten Wert seit 24 Jahren. Im Dienstleistungssektor entstanden auch infolge von Firmengründungen die meisten neuen Arbeitsplätze. Kehrseite des so genannten Job-Wunders war jedoch, dass ein großer Teil der neuen Arbeitsplätze Teilzeit-Jobs mit geringer sozialer Absicherung und Entlohnungen im Bereich des Mindestlohns waren. Auch wuchs die Kluft zwischen den Beziehern hoher Einkommen und den Mittel- und Kleinverdienern.

USA:

Wirtschaftsentwicklung: Robuste Konjunktur

Kenndaten	1996	1997
BIP-Wachstum (%)	2,0	3,7
Ausl. Direktinvest. (Mrd $)	78,8	109,8
Inflationsrate (%)	3,3	1,7
Arbeitslosenquote (%)	5,4	4,9
Handelsbilanz (Mrd $)	–191	–199
Leistungsbilanz (Mrd $)	–148,2	–166,4

Quelle: Bundesstelle für Außenhandelsinformation (BfAI)

BRD:

Wirtschaft: Anhaltend hohe Arbeitslosigkeit

Kenndaten	1996	1997
BIP-Wachstum (%)	1,4	2,2
Bruttosozialprodukt (Mrd DM)	2674	2746
Inflationsrate (%)	1,5	1,9
Arbeitslosenquote (%)	10,4	11,4
Handelsbilanz (Mrd DM)	+98,5	122,1
Produktivität (Veränderung %)	+2,7	+3,7

Quelle: Bundesstelle für Außenhandelsinformation (BfAI)

Vergleiche die Wirtschaftsentwicklung der USA im Jahre 1997 mit der BRD!

	USA	BRD
Wachstum	+3,7%	+2,2%
Inflationsrate	+1,7%	+1,9%
Arbeitslosenquote (%)	4,9%	11,4%

Feststellung: Die USA liegt deutlich vorn: größeres Wachstum, Inflationsrate gering, niedrige Arbeitslosenquote

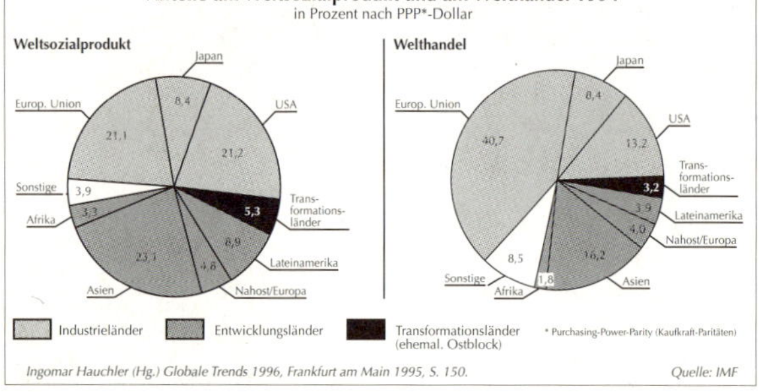
Anteile am Weltsozialprodukt und am Welthandel 1994
in Prozent nach PPP*-Dollar
Weltsozialprodukt
Japan 8,4
USA 21,2
Europ. Union 21,1
Sonstige 3,9
Afrika 3,3
Asien 23,1
Nahost/Europa 4,8
Lateinamerika 8,9
Transformationsländer 5,3
Welthandel
Japan 8,4
USA 13,2
Europ. Union 40,7
Transformationsländer 3,2
Lateinamerika 3,9
Nahost/Europa 4,0
Asien 16,2
Afrika 1,8
Sonstige 8,5
Industrieländer
Entwicklungsländer
Transformationsländer (ehemal. Ostblock)
* Purchasing-Power-Parity (Kaufkraft-Paritäten)

Ingomar Hauchler (Hg.) Globale Trends 1996, Frankfurt am Main 1995, S. 150. *Quelle: IMF*

S. 116

Name:	Klasse: 9	Datum:	Geschichte Sozialkunde **Erdkunde**	Nr.:

Die USA – eine führende technologische Macht der Erde

Die größten Industrieunternehmen der Welt
nach ihrem Umsatz 1996 (nach „SZ"; Umrechnung in DM nach dem mittleren Kurs 1996: 1 US-$ 1,5037 DM)

1996	(1995)	Unternehmen	Umsatz 1996 in Mrd. DM
1.	(1.)	General Motors/USA (Kfz.)	253,2
2.	(2.)	Ford/USA (Kfz.)	221,0
3.	(5.)	Royal Dutch/Shell/Großbrit./Niederl. (Mineralöl)	192,8
4.	(4.)	Exxon/USA (Mineralöl)	179,5
5.	(3).	Toyota/Japan (Kfz.)	163,5
6.	(10.)	General Electric/USA (Elektro)	119,1
7.	(8.)	IBM/USA (Elektronik)	114,1
8.	(6.)	Hitachi/Japan (Elektronik)	113,8
9.	(11.)	Mobil Oil/USA (Mineralöl)	108,7
10.	(7.)	Daimler-Benz/Deutschland (Kfz.)	106,3
11.	(15.)	BP/Großbrit. (Mineralöl)	105,1
12.	(9.)	Matsushita/Japan (Elektro)	102,4
13.	(14.)	VW/Deutschland (Kfz.)	100,1
14.	(31.)	Daewoo/Rep. Korea (Kfz.)	98,0
15.	(13.)	Siemens/Deutschland (Elektronik)	94,2
16.	(16.)	Chrysler/USA (Kfz.)	92,3
17.	(12.)	Nissan Motor/Japan (Kfz.)	88,9
18.	(17.)	Philip Morris/USA (Nahrungsmittel)	82,1
19.	(19.)	Unilever/Großbrit./Niederl. (Lebensmittel)	80,6
20.	(22.)	Fiat/Italien (Kfz.)	75,8

Quelle: Der Fischer Weltalmanach '98

Unter den 20 größten Industrieunternehmen der Welt befanden sich 1996 acht amerikanische Firmengruppen.
Woran lag diese Vormachtstellung der USA auf technologischem und industriellem Gebiet?

Geographische Voraussetzungen:

gute Ausstattung mit Bodenschätzen | gemäßigtes Klima
+
günstige Lage an 4 Küsten | ausgebaute Wasserwege

Besonderheiten der USA:

weitreichende Mechanisierung | sehr gut ausgebaute Verkehrswege | gewaltige Absatzmärkte
günstige Energiekosten | freie Marktwirtschaft | gute landwirtschaftliche Versorgung usw.

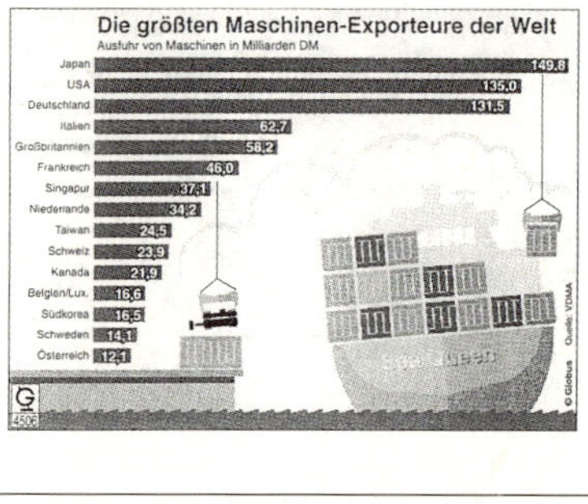
Die größten Maschinen-Exporteure der Welt
Ausfuhr von Maschinen in Milliarden DM
Japan 149,8
USA 135,0
Deutschland 131,5
Italien 62,7
Großbritannien 58,2
Frankreich 46,0
Singapur 37,1
Niederlande 34,2
Taiwan 24,5
Schweiz 23,9
Kanada 21,9
Belgien/Lux. 16,6
Südkorea 16,5
Schweden 14,1
Österreich 12,1
Quelle: VDMA
© Globus
4506

Autoindustrie: Die größten Autobauer der Welt

Rang	Land/Region	Kraftfahrzeuge 1996	Kraftfahrzeuge 1997	Veränderung (%)
1	USA	11 829 000	12 081 000	+2,1
2	Japan	10 346 000	11 033 000	+6,6
3	Deutschland	4 843 000	5 023 000	+3,7
4	Frankreich	3 590 000	3 830 000	+6,7
5	Südkorea	2 813 000	2 847 000	+1,2
6	Kanada	2 397 000	2 570 000	+7,2
7	Spanien	2 413 000	2 546 000	+5,5
8	Osteuropa	1 937 000	2 282 000	+17,8
9	Brasilien	1 813 000	2 068 000	+14,1
10	Großbritannien	1 924 000	1 936 000	+0,6

Quelle: Verband der Automobilindustrie (Frankfurt/M.)

Computer: Größte Hersteller

Rang	Firma (Land)	Umsatz 1997 (Mrd. Dollar)
1	IBM (USA)	78,5
2	Compaq DEC (USA)	37,5
3	H.-Packard (USA)	37,0
4	NEC (Japan)	35,0
5	Fujitsu (Japan)	30,0
6	Hitachi (Japan)	23,5

Quelle: International Data Corporation nach Firmenangaben, Handelsblatt, 10. 2. 1998

S. 118

Wir vergleichen: Energieverbrauch/Rohstoffverbrauch

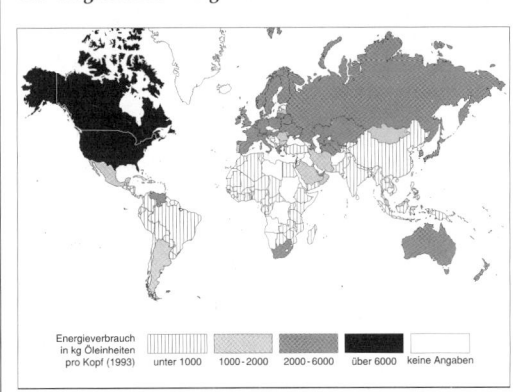

Energieverbrauch in kg Öleinheiten pro Kopf (1993): unter 1000 | 1000–2000 | 2000–6000 | über 6000 | keine Angaben

Energieverbrauch in Industrie- und Entwicklungsländern	Energieverbrauch pro Kopf (in kg Öleinheiten) 1993	Jährliches Wachstum des Energieverbrauchs (in %) 1980–93
Entwicklungsländer insgesamt	760	...
Entwicklungsländer mit niedrigerem Einkommen	353	5,4
Äthiopien	23	6,0
China	96	5,2
Indien	242	6,7
Simbabwe	471	5,5
VR China	623	5,1
Entwicklungsländer mit mittlerem Einkommen	1563	
Papua-Neuguinea	238	2,4
Jamaica	1096	1,9
Venezuela	2369	2,3
Algerien	955	5,0
Indonesien	321	7,5
Marktwirtschaftliche Industrieländer	5245	1,6
Deutschland*	4170	0,0
USA	7918	1,4
Japan	3642	2,7
Frankreich	4031	2,0
Großbritannien	3718	1,0

* früheres Bundesgebiet
Quelle: Weltbank, Weltentwicklungsbericht 1995

Beim Vergleich des Verbrauchs von Energie in Industrie- und Entwicklungsländern sowie des Rohstoffs Wasser stellen wir fest:

Die Industrieländer verbrauchen sehr viel Energie.

Sie verschwenden den Rohstoff Wasser.

Wir fordern:

Industrieländer müssen energiebewusster wirtschaften. Dem Problem Wasser muss mehr Aufmerksamkeit geschenkt werden.

Das Wasser wird knapp

In den Entwicklungsländern hatten zusammengenommen im Zeitraum 1985 bis 1993 etwa 69% der Menschen Zugang zu einwandfreiem Trinkwasser, in ländlichen Gebieten 60%, in den Städten 88%. Das bedeutet, dass weltweit etwa 1,3 Milliarden Menschen mit unsauberem Wasser leben müssen, rund 370 Millionen in China, 185 Millionen in Indien, 270 Millionen in den afrikanischen Ländern südlich der Sahara.
Aber Wasser ist nicht nur unsauber geworden, es wird zusehends auch knapp.
Gewaltig ist die Verschwendung des kostbaren Rohstoffs. Ein Deutscher verbraucht 145 Liter am Tag, ein Amerikaner sogar 630 Liter. In Libyen wie in Texas plündern Bewässerungsanlagen fossiles Grundwasser. In Usbekistan verschlingen Baumwollfelder ganze Flüsse, so dass der Aralsee, der viertgrößte Binnensee der Welt, langsam austrocknet. Der Durst der Landwirtschaft ist so groß geworden, dass einer Studie des World Watch Institutes in Washington zufolge bereits Ende der Neunziger in den amerikanischen Weststaaten, in Mexiko, Nordafrika und in Teilen Indiens akute Wasserknappheit herrschen wird. Schon drohen Kriege um das Nass. Mit ihrem Atatürk-Staudamm grub die Türkei während der letzten Jahre Syrien und dem Irak das Wasser ab. Israel zapft Quellen und Flüsse aus dem Westjordanland an. Der Sudan und Ägypten streiten sich um den Nil, Pakistan und Indien um den Indus, Brasilien und Argentinien um den Rio de la Plata.

Quelle: Bernhard Borgeest, Wasser, in: ZEIT-Schriften Nr. 1/1992, Hamburg

S. 119

Energieverbrauch – eine Aufgabe für alle Länder

Energie ist Lebensgrundlage

Seit Beginn des Industriezeitalters ist der Energieverbrauch kontinuierlich gestiegen. „1992 wurde in den Industrieländern in nur anderthalb Tagen so viel Kohlenstoff verbrannt, wie in rund 2000 Jahren der Erdgeschichte eingelagert worden war …
Von 1950 bis 1990 hat sich der Energiebedarf mehr als vervierfacht" *(Stiftung Entwicklung und Frieden 1993, S. 314)*. Voraussichtlich wird der Welt-Energieverbrauch bis zum Jahre 2010 weiter um mehr als 50% ansteigen. Gleichzeitig besteht ein beträchtliches Nord-Süd-Gefälle: Mit über 10 Mio. t. Steinkohleneinheiten jährlich verbrauchen die Industrieländer 75% des globalen Energieangebots; alle Entwicklungsländer zusammen teilen sich die restlichen 25%. Noch drastischer fällt der Vergleich aus, wenn man den Pro-Kopf-Verbrauch/Jahr zugrunde legt. Der Verbrauch je Einwohner in den Industrieländern und den ehemaligen Ostblockstaaten ist rund siebenmal so hoch wie in den Entwicklungsländern.
Im Gegensatz zur direkten Nutzung der Sonnenenergie setzt ihre indirekte Nutzung, d. h. die Verbrennung von Kohle, Erdöl, Erdgas und anderen organischen Substanzen (z. B. Holz) Stoffe frei, die als Emissionen die Umwelt belasten. Waren bis zu Beginn der industriellen Revolution die Menschen in der Lage, ihren Energiebedarf mit erneuerbaren Energien zu bestreiten, hat seitdem eine grenzenlose Ausbeutung nichterneuerbarer Energie eingesetzt. Hauptverursacher von Emissionen:

Kohle-, Erdölkraftwerke

Kernkraftwerke

Haushalte

Industrie und Bergbau

Verkehr

Müllverbrennung

„Ich jedenfalls verleihe nie wieder etwas!"

Entwaldung und ihre Folgen

Entwaldung ist einer der folgenreichsten Eingriffe in das Ökosystem. Sie schreitet vor allem in den Entwicklungsländern in beunruhigendem Tempo voran. Betroffen sind nicht nur die lichten, offenen Baumbestände der trockenen und wechselfeuchten Tropen, in großem Maße werden auch die geschlossenen feuchttropischen Regen- und Bergwälder erfasst.
Bis 1980 hatte sich die Fläche der tropischen Wälder auf die Hälfte ihres ursprünglichen Bestandes reduziert. Nach Schätzungen der FAO belief sich 1980 die Vernichtung geschlossener tropischer Wälder auf 75 000 km² und offener Tropenwälder auf 39 000 km². Nach neuen Schätzungen stieg die Vernichtungsrate bis 1989/90 um 90%, so dass derzeit allein im Bereich geschlossener tropischer Wälder jährlich vermutlich rund 140 000 km² Wald zerstört werden. Gab es 1980 noch ca. 19,4 Mio. km² tropischen Wald, der 13% der Landoberfläche bedeckte, so hat sich der heutige Bestand auf rund 18 Mio. km² reduziert. Bis zum Jahre 2050 wird mit einem Rückgang auf 5 bis 8 Mio. km² gerechnet.

Quelle: BMZ

Vergeudung von Energie und übermäßige Tropenwaldvernichtung führt zu schwerwiegenden Folgen:

Ausbeutung nichterneuerbarer Energien | Beeinträchtigung des Klimas | Schädigung der Ozonschicht | Bodenbelastungen und Bodenzerstörung

S. 121

Entwicklungshilfe in Form von Handel (2)

Handel zwischen Industriestaaten und Entwicklungsländern hilft beiden. Inwiefern sind Entwicklungsländer von Industriestaaten abhängig?

Entwicklungsländer brauchen Hilfe von Industrieländern, um sich selbst fortentwickeln zu können. Nur wenn die Menschen in den Entwicklungsländern gesund und leistungsfähig sind, können diese Staaten zum gleichberechtigten Handelspartner der Industrieländer werden.

Da es in den Entwicklungsländern kaum Industrie gibt, können sie auch keine Fertigwaren exportieren. Fast 90 Prozent aller Industrieanlagen der Erde stehen auf der Nordhalbkugel. Die Länder der Dritten Welt sind deshalb fast vollständig auf den Verkauf ihrer Rohstoffe angewiesen und werden von Schwankungen der Rohstoffpreise besonders hart getroffen. Außerdem gibt es für die wenigen in der Dritten Welt produzierten Güter auch noch jede Menge Handelsschranken. Dieser Abhängigkeit der Rohstoffexporteure steht aber auf der anderen Seite die Abhängigkeit der Industrieländer von diesen Rohstoffen gegenüber.
Den Rohstofflieferanten gelang es aber nicht, Einfluss auf die Weltmärkte zu erhalten. Während die Preise für Fertigprodukte aus den Industrieländern anstiegen, mussten sie in den letzten Jahren bei fast allen Rohstoffen Preiseinbußen hinnehmen. Mit protektionistischen Maßnahmen wird den Entwicklungsländern von den Industrieländern die Teilnahme am Welthandel mit ihren Fertigprodukten erschwert.
Diese Staaten sind aber dringend auf den Außenhandel angewiesen. Ohne Deviseneinnahmen können sie weder die notwendigen Einfuhren noch ihre Schulden bezahlen. Die bestehende Weltarbeitsteilung, die Benachteiligung der Entwicklungsländer auf dem Weltmarkt, führt immer wieder zu heftigen Diskussionen um eine neue Weltwirtschaftsordnung (NWWO).

Quelle: BLZ, E 9, S. 105

Deutschlands wichtigste Handelspartner 
Hauptabnehmerländer 1996 (Anteil in %)

Deutscher Außenhandel – eine Bestandsaufnahme

Eine grobe regionale Gliederung der **Handelsströme** aus und nach Deutschland zeigt, dass die Bedeutung der EU-Partner und der überseeischen Industriestaaten (USA, Japan) für den deutschen Außenhandel auch 1996 überragend groß ist. Allerdings nahm mit der Handelsaustausch mit den USA überproportional zu: Die Handelsaustausch mit den EU-Partnern und mit Japan wuchs schwächer als der Außenhandel insgesamt, wohl infolge des geringen Wirtschaftswachstums in diesen Ländern. Dagegen nahm der Handelsaustausch mit den ostasiatischen Entwicklungs- und Schwellenländern überdurchschnittlich zu, ebenso wie derjenige mit den östlichen Nachbarländern, die im Transformationsprozess zur Marktwirtschaft stehen. Die Anteile dieser beiden Staatsgruppen am deutschen Außenhandel stiegen daher an. Symptomatisch hierfür sind Steigerungsraten des deutschen Exports von mehr als 10%, wie z. B. nach Polen (29%), Ungarn und Slowakei (je 19%) oder in die Tschechische Rep. (17%). Demgegenüber verringerte sich auch 1996 der anteilige Handelsaustausch mit den rohstoffexportierenden Entwicklungsländern, auch in absoluten Zahlen (Menge und Wert) nahm er ab. Beispielhaft hierfür ist der Handel mit Afrika: Die deutschen Exporte dorthin zeigten mit –1,8% eine Erhöhung der ohnehin geringen Ausfuhrmenge.

Quelle: Bundesstelle für Außenhandelsinformation Köln, Länd. 1997

S. 125

Ferntourismus – eine Hilfe für Entwicklungsländer?

Woran erkennt man, dass diese Texte aus Reise- bzw. Urlaubsprospekten stammen?

Beschreibung des Landes mit übertreibenden Eigenschaftswörtern, faszinierende Bilder

→ Werbung für das Land

Welches Bild von den Menschen dieser Länder kommt in Text und Fotos zum Vorschein?

– zufriedene, glückliche Menschen

– Wohlstand und Reichtum

– Leben in Palästen

Abenteuer Ostafrika
Safari – das heißt in Ostafrika immer noch Reisen im ursprünglichen Sinne: Die Fahrt mit geländegängigen Fahrzeugen in eine Landschaft, die vor Ihnen nur nomadisierende Massai durchstreifen, die urwüchsige Gastfreundschaft ihrer Menschen und das Erlebnis der jungfräulichen Natur, geschützt in den größten Nationalparks Ostafrikas. Die Fotopirsch auf seltenes Wild, das Gemeinschaftserlebnis der Abende in den Lodges und das Erleben der Wurzeln der Menschheit – denn hier lebten die Vorfahren des Menschengeschlechts vor über zwei Millionen Jahren – sind unvergänglich, sind Impressionen einer Safari durch Tansania.

Quelle: Meier's Weltreisen, Afrika, 1997

Welche Vorteile bringen die Touristen für diese Urlaubs-(Entwicklungs-)länder?

– Devisen für das Urlaubsland

– Förderung des Ausbaus von Straßen

– Arbeitsplätze für die Bevölkerung usw.

Der Touristenstrom kann sich jedoch auch schädlich auswirken. Nenne Beispiele!

– Ausbeutung der Urlaubsländer und ihrer Bewohner

– Veränderung der individuellen Kultur eines Landes

– Zunahme des Straßenverkehrs, Umweltschäden

– Ende der Beschaulichkeit, Touristenorte

Märchenland Indien
Indien ist ein Zauberwort, das seit jeher die Menschen der westlichen Welt magisch anzog. Die damit verbundene Vorstellung von Märchenpalästen, Moscheen und prachtvolle Grabmäler, reicher Maharajas und Großmogul werden Wirklichkeit bei dem Besuch von Agra, Fatehpur Sikri und Jaipur.
Charakteristikum dieser Reise sind die alten Paläste aus der Mogulzeit, für die Rajastan weithin bekannt ist – sie werden Ihnen als Quartier dienen! Neun Tage können Sie selbst „Mogul sein" und jeden Abend eine neue Residenz beziehen.

Quelle: DER Tour Asien, China 1997

S. 130

Konflikte im Kosovo – eine lange Geschichte

Wie die Aufstellung der Geschichte des Kosovo zeigt, bestehen die Konflikte zwischen verschiedenen Bevölkerungsgruppen seit langer Zeit. Um diese Konflikte bis heute verstehen zu können, informiere dich über folgende Punkte:

– Informiere dich in einem Geschichtsatlas: Wo liegen im 12. Jahrhundert die Gebiete Mazedonien, Thessalien, Albanien und Epirus?
– Wie sieht im 16. Jahrhundert Serbien aus?
– Suche in einem Atlas die Flüsse Save und Donau. Wie verlief wohl 1699/1718 die Save-Donaulinie?
– Wo lagen 1878 die Gebiete Montenegro, Serbien, Bosnien und die Herzegowina?
– Vergleiche: Wie sah 1945–1980 Jugoslawien aus? – Vergleiche mit heute!

1945–1980	Heute
ein einziger, zentralistischer Staat	Viele unabhängige Staaten:
	Slowenien
	Kroatien
	Jugoslawien
	Bosnien-Herzegowina
	Mazedonien

– Kläre folgende Begriffe:

UN bzw. UNO	Vereinte Nationen
OSZE	Organisation für Sicherheit und Zusammenarbeit in Europa
NATO	Nordatlantik-Pakt (Militärpakt zwischen den USA, Kanada und vielen europäischen Staaten)
UÇK	„Befreiungsarmee des Kosovo"

S. 136

Garanten des Friedens

Beantworte folgende Fragen!

1. Welche Möglichkeiten haben die Vereinten Nationen, den Frieden in der Welt zu sichern?
   a) Vermittlung
   b) Entsendung von Friedenstruppen
   c) Zwangsmaßnahmen

2. Welcher Krieg konnte 1988 mit Hilfe der UNO beendet werden?
   Irakisch-iranischer Krieg

3. Wann hat der UNO-Sicherheitsrat von der Möglichkeit Gebrauch gemacht, mit militärischen Mitteln den Frieden wieder herzustellen?
   a) 1950 in Korea
   b) 1960 im Kongo
   c) 1991 im Irak

4. Welche der folgenden Länder gehören 1999 zur NATO?
   ☒ Belgien
   ☐ Bulgarien
   ☐ Finnland
   ☒ Frankreich
   ☒ Spanien
   ☐ Slowenien
   ☒ Türkei
   ☐ Tunesien
   ☒ USA

5. Was bedeutet OSZE?
   Organisation für Sicherheit und Zusammenarbeit in Europa

6. Wofür ist die OSZE außer in militärischen Angelegenheiten noch zuständig?
   Wirtschaft, Wissenschaft, Kultur und Technik

S. 145

Der Islam im Mittelmeerraum

Mohammed (570–632) gilt als der Begründer des Islams. Beim Tod des Propheten hatte sich der Islam schon über weite Teile der arabischen Halbinsel ausgedehnt und breitete sich in der Folgezeit immer weiter aus.

Im Mittelmeerraum gelangte zunächst __Nordafrika__ in den Jahren zwischen __670__ und __700__ unter islamischen Einfluss.

Einige Jahre später gelangten die Anhänger der islamischen Lehre auch nach Europa: Sie eroberten __Spanien__ und drangen weiter nach Gallien vor, wo sie allerdings im Jahr __732__ eine Niederlage erlitten.

Im 11. Jahrhundert begannen die Rückeroberungen der von den Muslimen besetzten Gebiete. Wer den islamischen Glauben nicht ablegen wollte, wurde __vertrieben__ oder __hingerichtet__. Bis zum Jahr 1610 waren davon fast __3 000 000__ Muslime betroffen. Auf diese Weise verließ der Islam Westeuropa.

Auch weitere Gebiete im Mittelmeer gerieten wieder unter christliche Herrschaft:
Süditalien, Zypern, Kreta, Sizilien, Malta.

Im Mittelmeerraum finden wir heute folgende islamische Staaten:
Marokko, Algerien, Tunesien, Libyen, Ägypten, Jordanien, Syrien, Libanon, Türkei

S. 149

Arabisch-islamische Einflüsse auf Europa

Herstellung von Messinstrumenten

Kenntnisse im Bereich der Medizin
(Chirurgie, Anästhesie, Augenheilkunde, Infektionskrankheiten)

Chemie

Physik

Astronomie

Speicherung von Wasser

Algebra

Anwendung von Dünger

Botanik

Geometrie

Philosophie

Bautechnik

Glasbläserei

Herstellung von Papier

„Arabische Zahlen"

↓

Das Abendland verdankt dem arabisch-islamischen Einfluss auf ihre Kultur sehr viel.

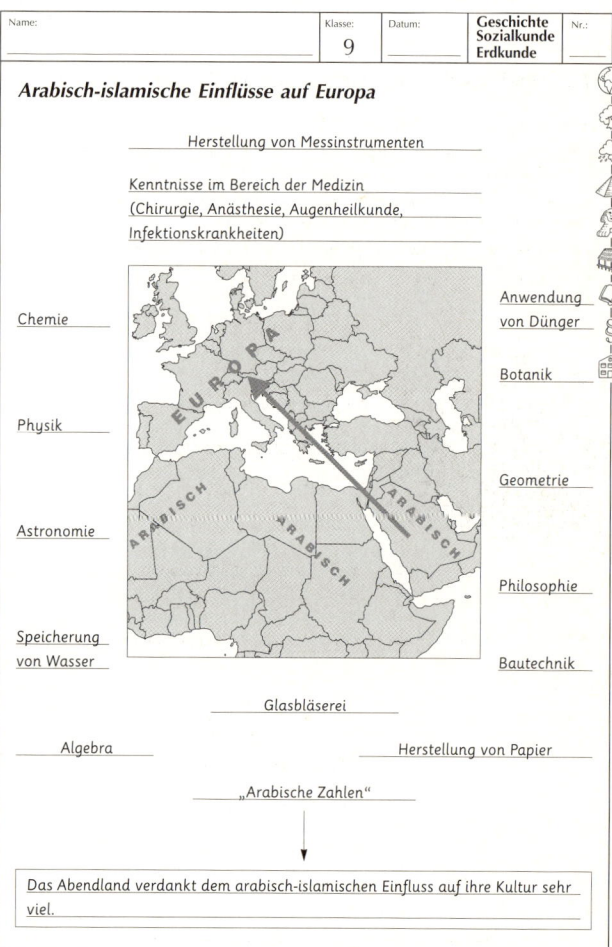

S. 155

Die Türkei – ein islamisches Land im Wandel

Trage in die Karte ein!

Ankara – Istanbul – Izmir – Westküste – Südküste – Südosten – Schwarzmeerküste – Anatolien – Kurdengebiet

Mit einer Fläche von ca. __780 000__ km² ist die Türkei mehr als __doppelt__ so groß wie die Bundesrepublik Deutschland. Die Einwohnerzahl liegt bei __60 000 000__. Die Hauptstadt des Landes ist __Ankara__.

__Istanbul__ stellt die Verbindung zwischen __Europa__ und __Asien__ dar. Im Bereich der Religion bekennen sich __99__ % zum __Islam__.

Die moderne Türkei ist vor allem das Werk eines Mannes: __Kemal Atatürk__.

Die Türkei ist ein __demokratischer__ Rechtsstaat; allerdings ist die politische Lage __instabil__.

Die wirtschaftliche Situation des Landes wird bestimmt duch die __Landwirtschaft__, die __Textilindustrie__ und den __Tourismus__.

Die gesellschaftliche Situation ist gekennzeichnet durch große Unterschiede zwischen __Tradition__ und __Fortschritt__. Die Kultur des Landes ist nach wie vor stark vom __Islam__ geprägt.

S. 171

Drei Frauen – drei Schicksale

Carmen, Marina und Zübeyde sind drei junge Frauen, die vieles gemeinsam haben, obwohl sie aus verschiedenen Ländern kommen. In manchen Punkten unterscheiden sie sich auch:

Worin unterscheiden sich Carmen, Marina und Zübeyde?

	Carmen	Marina	Zübeyde
Alter	27	23	21
Beruf	Lehrerin	Schülerin	Friseurin
Staatsangehörigkeit	deutsch	jugoslawisch	türkisch
Warum kamen die Eltern nach Deutschland?	Gastarbeiter/ wenig Arbeit im Herkunftsland	Gastarbeiter/ wenig Arbeit im Herkunftsland	Flüchtling, Verfolgung in der Heimat
Positive Einstellung zu Deutschland	soziale Absicherung, persönliche Freiheit	Sauberkeit, soziale Absicherung, Schulsystem	persönliche Rechte, offenes Umgehen miteinander
Negative Einstellung zu Deutschland	keine Offenheit, Egoismus	keine Offenheit,	Gefühlskälte, Kontaktarmut
Erfahrungen mit Ausländerfeindlichkeit	bei Behörden	–	Diskriminierung in der Schule, bei Behörden
Einstellung zum Herkunftsland	Liebe zu Spanien, aber kein dauerhafter Wohnsitz	möglicher Wohnsitz	Urlaub, Besuche, aber kein dauerhafter Wohnsitz, Grabstätte

Trotz aller Unterschiede gibt es aber auch Gemeinsamkeiten zwischen den drei Frauen. Versuche diese Gemeinsamkeiten zu beschreiben!

starke emotionale Bindung an ihr Herkunftsland bzw. das Herkunftsland der Eltern
enge Bindung an die Familie, die in allen wichtigen Dingen gefragt wird.
Verbesserung der eigenen rechtlichen Situation als Ausländer (durch deutsche oder
– wenn möglich – doppelte Staatsbürgerschaft)

S. 173

8.3 Möglichkeiten für ein friedliches Zusammenleben

Ausländer raus? – Nein danke!

Aus dem, was ihr bisher erarbeitet habt, seht ihr, dass es viele Gründe gibt als Ausländer in Deutschland zu leben.

Die drei Frauen, die wir kennen gelernt haben, sind entweder hier geboren oder aufgrund einer politischen Verfolgung nach Deutschland gekommen.

Trotzdem begegnet man ihnen zum Teil mit Abneigung oder sogar mit Hass.

Sammelt Gründe, die gegen den Ausländerhass sprechen.

- Gefahr für Leib und Leben im Herkunftsland
- Geburt in Deutschland
- Bekannte, Freunde, Clique in Deutschland
- Ausbildung in Deutschland
- Menschen wie wir
- Bereicherung für unser Land
- Mehr Wissen über andere Länder

Sucht euch einen oder mehrere dieser Punkte heraus und diskutiert miteinander darüber!

Überlegt!
Was können wir als Klasse tun um gegen Ausländerhass vorzugehen?
Sammelt Vorschläge!

- Podiumsdiskussion mit Politikern, Ausländern
- Ausstellung
- Leserbriefe …

S. 175

Ausländer – Vorurteile und Realität

Betrachte das Diagramm und lies den dazu gehörenden Text! Dann beantworte folgende Fragen:

1. Woher kam die größte Nationalitätengruppe, die 1997 nach Nürnberg zugewandert ist?
   Aus dem Irak

2. Aus dem bisher Gelernten kannst du erschließen, welchen Status diese Menschen zunächst haben: Asylbewerber

3. Woher kam die größte Nationalitätengruppe, die 1997 Nürnberg verlassen musste?
   Aus dem ehemaligen Jugoslawien

4. Aus dem Gelernten kannst du auch erschließen, welchen Status diese Menschen hatten:
   Flüchtlinge

5. Was geschah überwiegend mit den 700 Polen, die 1997 nach Nürnberg gekommen sind? Sie waren Saisonarbeiter und verließen wieder Nürnberg

6. Man spricht immer wieder von drohender Überfremdung. Wie veränderte sich der Ausländeranteil von 1992 bis 1997 in Bayern und in Nürnberg?

| Nürnberg: | Ungefähr 4 % | Bayern: | Weniger als 1 % |

S. 221

Interdependenz gesellschaftlicher, wirtschaftlicher, politischer und kultureller Faktoren

Forschung als das Streben nach mehr Wissen über den Menschen und die Welt hat in Europa und insbesondere in Deutschland eine lange Tradition.

Bis zum 15./16. Jahrhundert galten viele mit Angst nicht erklärbare Naturerscheinungen und Krankheiten als magisch-mythische und schicksalhafte Vorgänge. Seit der Renaissance jedoch entwickelte sich immer stärker der Wunsch, die Hintergründe dieser Erscheinungen zu erkennen. Man versuchte z. B. den Lauf der Gestirne, die Entstehung des Wetters zu erklären oder die Ursachen verheerender Epidemien zu erforschen. Die Naturwissenschaften – insbesondere der Physik, Astronomie, Chemie, Biologie und Medizin – begannen sich sprunghaft zu entwickeln und läuteten das Zeitalter der großen Erfindungen und Entdeckungen ein. Nicht mehr die Natur allein, sondern die menschliche Vernunft bestimmte mehr und mehr, was möglich und machbar war.

Der Umsturz traditioneller Werte und Ordnungen hatte auch gesellschaftliche und politische Auswirkungen. Im Zeitalter der „Aufklärung" wurden Machtverhältnisse, die nicht „rational" erklärbar waren, zunehmend in Frage gestellt. Ausdruck dieser Entwicklung waren auch die Amerikanische und die Französische Revolution.

Das Ergebnis des Forscherdrangs in den Naturwissenschaften waren Erfindungen wie die des mechanischen Webstuhls, der Dampfmaschine und der Elektrizität – um nur einige zu nennen, die den Industrialisierungsprozess in Europa einleiteten. Neue Produktionsverfahren und neue Produkte entstanden. Ende des 19. Jahrhunderts wurden durch die Fortschritte in Medizin und Biologie Krankheiten besiegt, die Kindersterblichkeit vermindert und die Lebenserwartung der Menschen erhöht. Die Forscher drangen nicht nur in die kleinsten Bestandteile der Materie, die Atome, vor, sondern auch in die unbegrenzten Weiten des Weltalls.

Wichtige Daten
- 1783 Erster Heißluftballon
- 1804 Erste Dampflokomotive auf Schienen
- 1829 Erste Eisenbahnen in den USA
- 1839 Erstes Fahrrad mit Tretantrieb
- 1885 **Carl Benz** baut erstes dreirädriges Kraftwagen
- 1887 **Gottlieb Daimler** baut einen vierrädrigen Kraftwagen
- 1903 Erster motorisierter Flug

Webstuhl um 1800

Forschung und Technik verändern die Welt

Motorwagen „Ideal" von Benz, 1900

Technische und wissenschaftliche Errungenschaften beeinflussen das Leben der Menschen und verändern die Umwelt.

gesellschaftliche Faktoren ⟷ **wirtschaftliche Faktoren**

- verbesserte medizinische Betreuung
- Angst um den Arbeitsplatz
- zunehmender Forscherdrang

Faktoren, die sich gegenseitig beeinflussen (Interdependenz = gegenseitige Abhängigkeit)

- neue, rationelle Produktionsverfahren
- verbesserte Arbeitsbedingungen
- mehr Wohlstand

kulturelle Faktoren ⟷ **politische Faktoren**

- menschliche Vernunft und Bedeutung der Ausbildung erhalten Stellenwert
- Verfeinerung der Kulturtechniken

- ererbte Machtverhältnisse werden überdacht und kritisiert
- zunehmendes Menschenrechtsbewusstsein

S. 222

Folgen für Mensch und Umwelt

Die Zunahme des menschlichen Wissens eröffnete ungeahnte Möglichkeiten. So entstand eine teilweise übersteigerte Begeisterung für Forschung und Technik, die zwangsläufig zu Gegenreaktionen führen musste. Und so gibt es nicht nur eine Geschichte der Technik, sondern auch eine Geschichte der Technikkritik.

Der berühmte Aufstand der schlesischen Weber im Jahre 1844 nach der Erfindung des mechanischen Webstuhls ist ein Beispiel, wie aus Angst vor dem Verlust von Arbeitsplätzen die Einführung einer neuen Technik bekämpft wurde. Nach der Erfindung des Otto-Motors befürchtete man eine drohende Massenarbeitslosigkeit: Kutsche und Pferdefuhrwerk waren dem Konkurrenzdruck der völlig neuen Verkehrsmittel nicht gewachsen. Ganze Berufszweige, wie Kutscher, Sattler und Schmied, begannen auszusterben. Auf der anderen Seite jedoch entstanden durch die neue Technik auch neue Berufe. Heute ist fast jeder achte Arbeitsplatz von der Automobilindustrie abhängig.

Aber nicht nur wegen ihrer sozialen Folgen wie Arbeitslosigkeit, sondern auch wegen ihrer Nebenwirkungen auf Umwelt und Gesundheit wurden technische Neuerungen kritisiert. Als Benjamin Franklin den Blitzableiter erfand, befürchtete man, dass die abgeleiteten Blitze Erdbeben hervorrufen könnten. Als die ersten Eisenbahnen fuhren, gab es Mediziner, die aufgrund der „Geschwindigkeit"

C-Lokomotive „Isar" der Werra-Bahn, 1865

dieses Ungetüms ernsthafte körperliche und geistige Dauerschäden für die Benutzer voraussagten.

Heute wird auch von Befürwortern neuer Techniken nicht geleugnet, dass diese sowohl Chancen als auch Risiken bedeuten. Wichtig ist, dass man von vornherein darüber nachdenkt, welche Auswirkungen der technisch-wissenschaftliche Wandel auf Beschäftigung und Wachstum unserer Wirtschaft, auf die Lebensbedingungen der Menschen und auf unsere natürliche Umwelt hat.

Wir müssen aber nicht nur fragen, welche Risiken mit der Einführung einer neuen Technik verbunden sein können, sondern auch, welche Risiken wir eingehen, wenn wir auf eine neue Technik verzichten.

Zu welchen Folgen für Mensch und Umwelt führten die Entdeckungen und Erfindungen des 18. und 19. Jahrhunderts? Im Text werden zahlreiche Folgen aufgeführt. Ergänzen Sie anschließend mit heute bekannten Folgen!

FOLGEN FÜR DIE MENSCHEN	FOLGEN FÜR DIE UMWELT
⊕ – Vereinfachung der körperlichen Arbeit	⊕ – Umweltproblematiken werden erkannt
– Verbesserung der medizinischen Versorgung	– Technik kann Luft, Wasser, Boden verbessern
– Erhöhung der Lebenserwartung	– mehr Einsatz von umweltfreundlichen Techniken
– neue Berufe entstehen	
⊖ – Verlust von Arbeitsplätzen	⊖ – Erdbeben werden befürchtet
– Flucht in die Städte	– schädliche Auswirkungen auf die Atmosphäre
– Ausbeutung am Arbeitsplatz	– Gesundheitsgefährdungen drohen

---

S. 223

4.2 Ansichten über den technischen Fortschritt

Technikeuphorie, Technikkritik, Technikakzeptanz

Technikbeurteilung wird immer wichtiger

Die in den 70er und 80er Jahren entstandene gesellschaftliche und technikpolitische Debatte um die Gestaltung und den Einsatz von Technik sowie ihrer Folgen wirkt bis heute nach. Insbesondere die Kontroverse um sichere und von der Gesellschaft akzeptierte Energieversorgungssysteme am Beispiel der Großtechnik Kernenergie hat deutlich gemacht, dass Akzeptanz und Verträglichkeit von Technik vor dem Hintergrund gesellschaftlicher Normen und Einstellungen zum Leben heftig umstritten waren und immer noch sind.

In den gleichen Zeitraum fällt auch die Diskussion um die Humanisierung des Arbeitslebens, die schwerpunktmäßig die Verbesserung der Arbeitsbedingungen (Fragen des Gesundheitsschutzes, der Arbeitssicherheit, der Belastungen am Arbeitsplatz und der Arbeitsorganisation) beinhaltete. Diese Debatte setzte sich im Umfeld einer Technikplanung und -politikfort, die u. a. die Entwicklung automatisierter Fertigungstechniken (z. B. „Roboterprogramm") favorisierte. Sie problematisierte beispielsweise die Beteiligung bzw. Nicht-Beteiligung bestimmter Gruppen an Technikplanung und betonte damit die Notwendigkeit einer Technikbewertung und Technikgestaltung durch alle Beteiligten.

Im Zug der sprunghaften technologischen Entwicklung und der damit einhergehenden kräftigen Innovationsschübe konnte man parallel dazu ein sinkendes Akzeptanzniveau in wesentlichen Bereichen bezüglich technischer Neuerungen und ihrer Wirkungen beobachten. Man sprach sogar von „Technikfeindlichkeit" und „Technikangst" bestimmter gesellschaftlicher Gruppen oder in abgeschwächter Form von „Technikskepsis". Aber auch der Gruppe der Technikbefürworter wurden extreme Einstellungen nachgesagt, dass diese „technikeuphorisch" seien oder einer „naiven Technikfaszination" unterlägen.

TECHNIKEUPHORIE: In welchen Bereichen zeigt sich ein Teil unserer Gesellschaft der Technik gegenüber euphorisch?
- Weiterentwicklung von Personalcomputern
- Ausbau und Weiterentwicklung von Verkehrsmitteln

TECHNIKKRITIK: Worauf bezieht sich die Kritik an der Technik, die nicht zu überhören ist?
- Gefahren, die mit der Kernenergie zusammenhängen, werden herausgehoben
- Forschung hinsichtlich Genmanipulation wird hinterfragt

TECHNIKAKZEPTANZ: Wie wird die Technik in unserer heutigen Gesellschaft akzeptiert?
- Technik als Mittel zur Humanisierung des Arbeitsplatzes
- Technik als Mittel zur Erleichterung des Lebens
- Technik als Mittel zur Verlängerung des menschlichen Lebens

---

S. 224

Technikfolgen

Der folgende Text befasst sich mit Technik und ihren Folgen. Lesen Sie ihn aufmerksam durch und finden Sie passende Überschriften.

Technologische Entwicklungen hatten stets mehr oder weniger starke Auswirkungen und Folgen auf wirtschaftliche und gesellschaftliche Strukturen. Das gilt im besonderen Maß für Basisinnovationen wie die Elektrizität oder die Dampfmaschine, den Stahl oder das Automobil. Die Mikroelektronik zählt zu den Schlüsseltechnologien unseres Jahrhunderts. Dafür spricht eine Reihe von Gründen:

Mikroelektronik – eine Schlüsseltechnologie

1. Die Anwendungsmöglichkeiten sind so vielfältig, dass alle Teile der Wirtschaft und Gesellschaft in irgendeiner Weise beeinflusst werden.
2. Der immense Preisrückgang führte in den 80er Jahren zu einer sehr schnellen Ausbreitung der Mikroelektronik. Dieser Prozess wird sich weiter fortsetzen.
3. War in der Vergangenheit die Automation auf Massenproduktion beschränkt, so erreichen mikroelektronische Kontroll- und Steuerungsgeräte einen hohen Grad an Flexibilität, was die automatische Produktion auch in kleinen und mittelgroßen Serien ermöglicht.
4. Technischer Wandel konzentriert sich in der Vergangenheit auf die industrielle Fertigung. Die Mikroelektronik spielt dagegen auch eine wichtige Rolle im Verwaltungs- und Dienstleistungsbereich.
5. Neben anderen Produkten mit Mikroelektronik steigt vor allem die Verbreitung leistungsfähiger PC in der privaten Nutzung stark an, da die Produkte nicht nur immer preisgünstiger werden, sondern gleichzeitig auch die Benutzerfreundlichkeit zunimmt.

Rasante technische Entwicklung – Anpassungsprobleme

Wie die Auswirkungen insgesamt in der Zukunft aussehen werden, ist schwer zu sagen. Experten sind sich jedoch einig, dass wir erst am Anfang einer stürmischen Entwicklung stehen, die unser Leben enorm verändern wird. Wie bei jeder neuen Technik gibt es Anpassungsprobleme, ob nun für den einzelnen Arbeitnehmer, die umlernen müssen, oder für eine ganze Region wie das Ruhrgebiet, das den mühsamen und oft schmerzhaften Weg vom „schwarzen Kohlenpott" in das „rosige High-Tech-Zeitalter" angetreten ist.

Neue Techniken – Segen und Fluch

Neue verbesserte Techniken waren stets ein Mittel zur Produktivitätssteigerung und damit zur Entwicklung des Wohlstandes in den Industriestaaten. Doch neue Techniken können auch negative Folgen haben. Sie können nicht nur effizienter sein, sie können auch destruktiv wirken, wenn sie alte Techniken und Arbeitsplätze verdrängen. Sie können Arbeitsplätze, berufliche Qualifikationen, Maschinen, Fabriken, ja ganze Branchen vernichten. Und sie können zerstörerisch auch auf Mensch und Umwelt wirken, wie die eingangs erwähnten Beispiele gezeigt haben.

Interessenskonflikt zwischen Arbeitgeber und Arbeitnehmer

Da in der Vergangenheit technische Neuerungen zumeist den Produktionsbereich betrafen, spielte sich die Auseinandersetzung mit neuen Techniken zumeist vor dem Hintergrund eines Interessenkonfliktes zwischen Arbeitnehmer und Arbeitgeber ab. So war es vor 200 Jahren beim Aufstand der Weber, als diese vor der Einführung neuartiger mechanischer Webstühle ihre Existenz (Arbeitsplatz, Qualifikation) bedroht sahen und die neuen Maschinen zerschlugen. Derselbe Grundgedanke liegt auch heute noch dem Bestreben der Gewerkschaften zugrunde, eine sogenannte „Maschinensteuer" für Industrieroboter durchzusetzen.

Zunahme der Technologiekritik

Letztendlich haben sich bisher alle neuen Techniken durchgesetzt, soweit sie wirtschaftlich waren. Im Zug steigenden Wohlstandes sind jedoch in den letzten Jahrzehnten auch andere Interessenbereiche – soziale und ökologische – stärker in den Vordergrund getreten und manche Technologien kritisch überdacht oder gar heftig bekämpft worden (z. B. die Kerntechnik). Bereits Anfang der 70er Jahre wurden in der Bundesrepublik und in Schweden Überlegungen im Bereich der Arbeitsorganisation angestellt, die darauf abzielten, die jahrzehntelang als Optimum angesehene Fließbandfertigung durch andere Modelle zu ersetzen, weil man die Belastung von Fließbandarbeitern für nicht mehr verantwortbar hielt.

Umweltverträgliche Technik

Auch im Bereich des Umweltschutzes hat vor allem im Verlauf der 80er Jahre ein Umdenken eingesetzt. Durch zunehmend spürbar gewordene Umweltverschmutzung hat sich der Wert der Natur als schützenswertes Gut verändert, und zunehmend wird auch Technik danach gefragt, wie es um ihre Umweltverträglichkeit bestellt sei, so dass die Auseinandersetzung mit neuer Technik heute insgesamt im Rahmen einer umfassenden Sichtweise stattfindet.

S. 228

Name:	Klasse: 10	Datum:	Geschichte **Sozialkunde** **Erdkunde**	Nr.:

Technik und Wirtschaft

Massaker an Wall Street

Beim bisher dramatischsten Kurssturz der amerikanischen Börsen-Geschichte verloren Anleger aus aller Welt an der Wall Street mindestens eine Billion Dollar. Dennoch: Die Stimmung ist zwar trübe, aber nicht verzweifelt. Börsenanalytiker rechnen mit einer leichten Erholung der Kurse.

Durchhalte-Parolen

Der größte Kurssturz aller Zeiten riss die Aktionäre weltweit unsanft aus jahrelangen Hausseträumen. Inzwischen lässt die Panik nach, aber das unbegrenzte Vertrauen in ständig steigende Kurse ist zerstört.

Ein Desaster aus Massenpsychose und Computerentscheidung, so beurteilt Paul Hasenfratz von der Zürcher Kantonalbank den Kurssturz an den wichtigsten Börsen zu Wochenbeginn. Für seinen Heimatmarkt gibt der Wertpapierchef der viertgrößten Schweizer Bank aber die Parole aus: „Durchhalten".

Menschen gestalten Technik – oder gestaltet Technik den Menschen?

Einige Kurse an der New Yorker Börse beginnen zu fallen, ausgelöst durch Meldungen über das anhaltend hohe Handelsbilanzdefizit der USA. Für alle Fachleute überraschend setzt sich der Abwärtstrend auf breiter Basis fort. Am Ende sind die durchschnittlichen Kursverluste so stark, dass man, in Anlehnung an den „Schwarzen Freitag" von 1929, dem Beginn des Börsencrash, der seinerzeit die Weltwirtschaftskrise auslöste, von dem „Schwarzen Montag" spricht. Kursverluste an allen wichtigen Börsen der Welt führen zu einer weltweiten Verunsicherung. Eine ganze Woche lang starren Kleinanleger und Wirtschaftsbosse, Börsenmakler und Wirtschaftspolitiker ratlos auf die neuesten Kursverläufe. Dann beruhigt sich die Situation langsam wieder… In New York hatte man bereits viel schneller einen Weg gefunden, die Talfahrt der Wertpapierkurse abzubremsen: Indem man die Computer abschaltete!

Man hatte nämlich herausgefunden, dass die Computerprogramme der Börsenmakler, die häufig bei Unterschreiten des jeweiligen Mindestkurses einer Aktie automatisch Verkaufsorder ausgeben, eine Eigendynamik entwickelt hatten, die offensichtlich für den Kursverfall auf breiter Basis verantwortlich war. Denn aufgrund der anfänglichen Kursverluste rieten die zumeist mit vergleichbaren Programmen gespeisten Börsencomputer in schöner Eintracht Tausenden von Börsenmaklern zum Verkauf. Das zunehmende Angebot drückte die Preise, was die Kurse wieder sinken ließ, die Börsenmakler sahen auf ihren Bildschirmen erneut die Empfehlung VERKAUFEN!, usw., usw.

Für sich allein betrachtet hatten die Computer (bzw. ihre Programmierer) ja durchaus recht. Insgesamt betrachtet widersprachen sie jedoch ihrer inneren Logik, indem sie durch ihr „Handeln" gerade das verhinderten, was sie eigentlich erreichen sollten, nämlich den Anleger vor Kursverlusten schützen.

Worin sehen Sie Unterschiede zwischen menschlichen und computergesteuerten Entscheidungen?

Der Mensch kann bei seinen Entscheidungen verantwortlich handeln.
Er kann auf unvorhergesehene Situationen flexibel reagieren.
Der Computer erfasst äußerst schnell eine Vielzahl von Daten.
Der Computer entscheidet in aller Regel nur aufgrund vorheriger Programmierung.

Warum kann die Wirtschaft auf die Technik nicht verzichten?

Massenproduktion und Genauigkeit sind nur mit entsprechender Technik möglich.
Konkurrenzfähigkeit ist nur mit technischer Weiterentwicklung gegeben.

S. 229

Name:	Klasse: 10	Datum:	Geschichte **Sozialkunde** Erdkunde	Nr.:

Technikfolgenabschätzung: Verantwortungskriterien und Verhaltensnormen

Was überhaupt ist Technikfolgenabschätzung?

1. Technikfolgenabschätzungen (TA) werden durchgeführt, um die Bedingungen und (potentiellen) Auswirkungen des Einsatzes von Techniken systematisch zu untersuchen und zu bewerten. Eine wichtige Aufgabe von Technikfolgenabschätzungen besteht darin, gesellschaftliche Konfliktfelder, die durch den Technikeinsatz entstehen können, zu identifizieren und zu analysieren.

Unter dem Eindruck vor allem der sich verschärfenden Umweltprobleme, aber auch der oft tief greifenden Auswirkungen des Technikeinsatzes auf Sozialstrukturen und sozio-kulturelle Werte wurde in den 70er und 80er Jahren die TA-Idee in vielen Ländern aufgegriffen.

2. Die wissenschaftliche Beratung staatlicher Politik ist auch heute noch ein zentrales Anliegen der Technikfolgenabschätzung. Es ist daher nur folgerichtig, dass staatliche Einrichtungen der Exekutive und Legislative seit dem Aufkommen der TA-Idee eine führende Rolle bei der Initiierung und Förderung von TA-Prozessen und der Institutionalisierung der TA übernommen haben.

3. Wie bei der Durchführung der TA vorgegangen wird, hängt von vielen Faktoren ab, nicht zuletzt von den Erwartungen und Anforderungen der Auftraggeber und Nutzer.

Mohr, Cartoon-Caricatur-Contor München c5.net

Eine Beurteilung braucht Kriterien

Die gesellschaftspolitische Debatte über die Gestaltung neuer Techniken und der aus ihrem Einsatz resultierenden Folgen hat die Problematik der Erfassung und Bewertung von Technik aufgeworfen. Im Mittelpunkt der Diskussion stehen die Sozialverträglichkeit und die Ökologische Verantwortbarkeit von Technikkonzepten. Insbesondere wird der Frage nachgegangen, ob und welche Prüfsteine bzw. Kriterien vorhanden sind, um diese globalen Ziele abbilden und einer Beurteilung zugänglich machen zu können.

In den letzten Jahren wurden von der Wissenschaft in aufwendigen Verfahren zum Teil sehr umfangreiche Einzelkriterien entwickelt, die häufig in einem zweiten Schritt zu einem Kriteriensystem oder -katalog verdichtet wurden. Es liegen insbesondere Vorschläge und Studien zur Bestimmung der Umwelt- und Sozialverträglichkeit technischer Systeme vor, da sich wirtschaftliche Kriterien und Kennzahlen mit den schon bestehenden Methoden ausreichend erfassen und bewerten lassen.

Kriterien zur Technikbewertung begegnen uns jedoch nicht nur in Form wissenschaftlicher Ausarbeitungen: Ein bekanntes Beispiel für die Bewertung technischer Produkte nach verschiedenen Kriterien liefern auch populäre Zeitschriften (wie Test-Heft der Stiftung Warentest, Öko-Test-Magazin usw.). Und schließlich hat jeder Mensch, der Technik beurteilt, seine eigenen Maßstäbe und Kriterien im Kopf.

Aufgrund des Textes können Sie das magische Dreieck der Technologiepolitik vervollständigen!
Welche drei wesentlichen Aspekte sind zu überdenken?

z. B. – Verbesserung des Wohlbefindens
– Erhöhung der Arbeitszufriedenheit
– Sicherheit des Arbeitsplatzes

z. B. – geringe Produktionskosten
– niedriger Kraftstoffverbrauch
– Erhöhung der Marktchancen

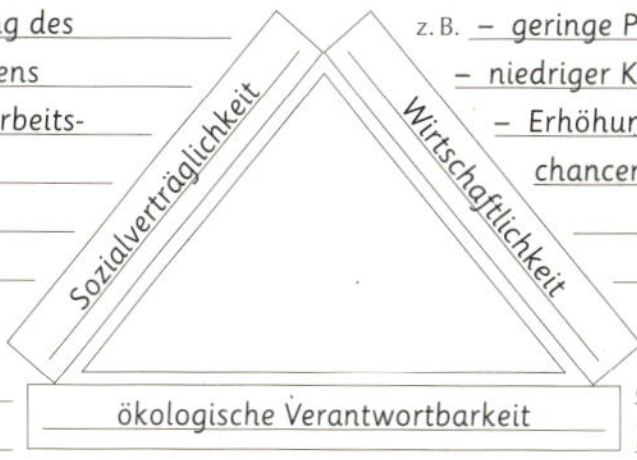

z. B. Verminderung der Luftbelastung

z. B. Verringerung des Abfallaufkommens

S. 238

Name:	Klasse: 10	Datum:	Geschichte **Sozialkunde** Erdkunde	Nr.:

Technikfolgenabschätzung: Verantwortungskriterien und Verhaltensnormen

Was überhaupt ist Technikfolgenabschätzung?

1. Technikfolgenabschätzungen (TA) werden durchgeführt, um die Bedingungen und (potentiellen) Auswirkungen des Einsatzes von Techniken systematisch zu untersuchen und zu bewerten. Eine wichtige Aufgabe von Technikfolgenabschätzungen besteht darin, gesellschaftliche Konfliktfelder, die durch den Technikeinsatz entstehen können, zu identifizieren und zu analysieren.

Unter dem Eindruck vor allem der sich verschärfenden Umweltprobleme, aber auch der oft tief greifenden Auswirkungen des Technikeinsatzes auf Sozialstrukturen und sozio-kulturelle Werte wurde in den 70er und 80er Jahren die TA-Idee in vielen Ländern aufgegriffen.

2. Die wissenschaftliche Beratung staatlicher Politik ist auch heute noch ein zentrales Anliegen der Technikfolgenabschätzung. Es ist daher nur folgerichtig, dass staatliche Einrichtungen der Exekutive und Legislative seit dem Aufkommen der TA-Idee eine führende Rolle bei der Initiierung und Förderung von TA-Prozessen und der Institutionalisierung der TA übernommen haben.

3. Wie bei der Durchführung der TA vorgegangen wird, hängt von vielen Faktoren ab, nicht zuletzt von den Erwartungen und Anforderungen der Auftraggeber und Nutzer.

Mohr, Cartoon-Caricatur-Contor München c5.net

Eine Beurteilung braucht Kriterien

Die gesellschaftspolitische Debatte über die Gestaltung neuer Techniken und der aus ihrem Einsatz resultierenden Folgen hat die Problematik der Erfassung und Bewertung von Technik aufgeworfen. Im Mittelpunkt der Diskussion stehen die Sozialverträglichkeit und die Ökologische Verantwortbarkeit von Technikkonzepten. Insbesondere wird der Frage nachgegangen, ob und welche Prüfsteine bzw. Kriterien vorhanden sind, um diese globalen Ziele abbilden und einer Beurteilung zugänglich machen zu können.

In den letzten Jahren wurden von der Wissenschaft in aufwendigen Verfahren zum Teil sehr umfangreiche Einzelkriterien entwickelt, die häufig in einem zweiten Schritt zu einem Kriteriensystem oder -katalog verdichtet wurden. Es liegen insbesondere Vorschläge und Studien zur Bestimmung der Umwelt- und Sozialverträglichkeit technischer Systeme vor, da sich wirtschaftliche Kriterien und Kennzahlen mit den schon bestehenden Methoden ausreichend erfassen und bewerten lassen.

Kriterien zur Technikbewertung begegnen uns jedoch nicht nur in Form wissenschaftlicher Ausarbeitungen: Ein bekanntes Beispiel für die Bewertung technischer Produkte nach verschiedenen Kriterien liefern auch populäre Zeitschriften (wie Test-Heft der Stiftung Warentest, Öko-Test-Magazin usw.). Und schließlich hat jeder Mensch, der Technik beurteilt, seine eigenen Maßstäbe und Kriterien im Kopf.

Aufgrund des Textes können Sie das magische Dreieck der Technologiepolitik vervollständigen!
Welche drei wesentlichen Aspekte sind zu überdenken?

z. B. – Verbesserung des Wohlbefindens
– Erhöhung der Arbeitszufriedenheit
– Sicherheit des Arbeitsplatzes

z. B. – geringe Produktionskosten
– niedriger Kraftstoffverbrauch
– Erhöhung der Marktchancen

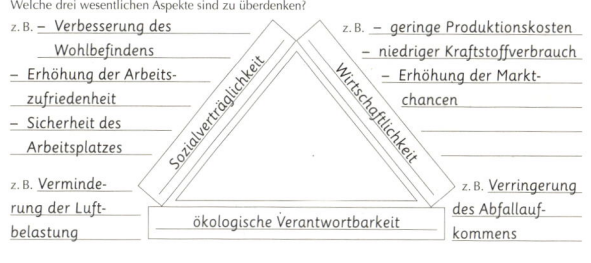

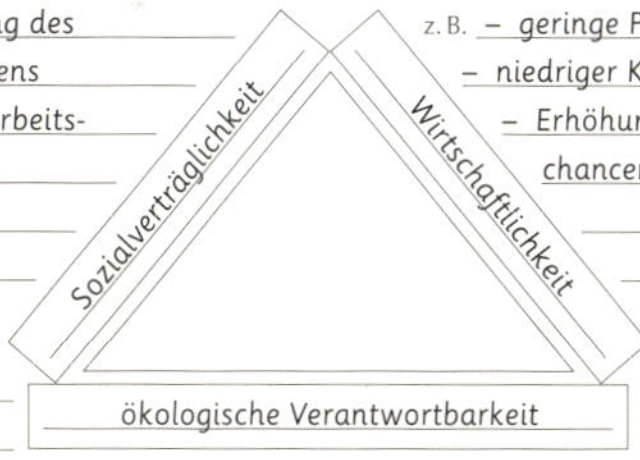

z. B. Verminderung der Luftbelastung

z. B. Verringerung des Abfallaufkommens

S. 240

Name:	Klasse: 10	Datum:	Geschichte **Sozialkunde** Erdkunde	Nr.:

Aufgaben und Ansehen von Politikern

Politiker

Parlamentsarbeit	Wahlkreisarbeit
– Ausschüsse	– Parteiveranstaltungen
– Fraktionssitzungen	– Sprechstunde für Bürger
– Hearings	– Repräsentation
– Reden	– Kontakte zu Interessenverbänden
– Arbeitskreise	
– Mitwirken bei Gesetzgebung	
– Vorbereitung von Sitzungen	

Vergleichen Sie mit den Kriterien des Stern-Tests!

Abgeordneten-Test
Die Viel-Fager
Anzahl kleiner Anfragen:

1.	Ulla Jelpke (PDS)	327
2.	[illegible] (SPD)	143
3.	Peter Struck (SPD)	141
4.	Wieland Sorge (SPD)	140
5.	Rudolf Scharping (SPD)	139
6.	A. Schwall-Düren (SPD)	138
7.	Gisela Altmann (Grüne)	126
8.	Albert Schmidt (Grüne)	123
9.	Marliese Dobberthien (SPD)	121
9.	Christoph Matschie (SPD)	121

Abgeordneten-Test
Die Viel-Redner

		Std.	Min.
1.	Theo Waigel (CSU)	23	02
2.	Rudolf Scharping (SPD)	19	37
3.	Wolfgang Schäuble (CDU)	17	57
4	Helmut Kohl (CDU)	16	43
5.	Norbert Blüm (CDU)	16	32
6.	Gregor Gysi (PDS)	14	57
7.	Günter Rexrodt (F.D.P.)	14	48
8.	Klaus Kinkel (F.D.P.)	13	28
9.	Horst Seehofer (CSU)	12	23
10.	Matthäus-Maier (SPD)	11	27

Abgeordneten-Test
Die eifrigsten Gesetzes-Macher
Punkte:

1.	Ulla Jelpke (PDS)	100
2.	Oswald Metzger (Grüne)	99
3.	Birgit Homburger (F.D.P.)	97
4.	Karl Diller (SPD)	95
5.	Norbert Geis (CSU)	95
6.	Susanne Tiemann (CDU)	94
7.	Max Stadler (F.D.P.)	93
8.	Jürgen Meyer (SPD)	92
9.	H. Däubler-Gmelin (SPD)	91

Abgeordneten-Test
Die Tops …
Deutschlands beste Abgeordnete (alphabetisch)

Hans Martin Bury (SPD)
Herta Däubler-Gmelin (SPD)
Dagmar Enkelmann (PDS)
Michaela Geiger (CSU)
Norbert Geis (CSU)
[illegible] (CSU)
Uwe Jens (SPD)
Manfred Kolbe (CDU)
Christa Luft (PDS)
Eduard Oswald (CSU)
Rudolf Scharping (SPD)
Wolfgang Schäuble (CDU)
Heinz Schemken (CDU)
Max Stadler (F.D.P.)
Peter Struck (SPD)
Rita Süssmuth (CDU)
Susanne Tiemann (CDU)

Abgeordneten-Test
… und die Flops
Deutschlands schlechteste Abgeordnete (alphabetisch)

Sabine Bergmann-Pohl (CDU)
Norbert Blüm (CDU)
Helene Fischer (CDU)
Rainer Funke (F.D.P.)
Hans-Dietrich Genscher (F.D.P.)
[illegible] (PDS)
Peter Hintze (CDU)
Heinrich Kolb (F.D.P.)
Wolfgang Krause (CDU)
Manfred Lischewski (CDU)
Kurt Neumann (fraktionslos)
Johannes Nitsch (CDU)
Egbert Nitsch (Grüne)
Günter Rexrodt (F.D.P.)
Franz-Xaver Romer (CDU)
Bodo Teichmann (SPD)
Gerhard Zwerenz (PDS)

Abgeordneten-Test
Die besten Noten
für „Politische Arbeit" …

	Note:
Bernd Klaußner (CDU)	2,0
Steffi Lemke (Grüne)	2,0
Hermann Rappe (SPD)	2,0
Uschi Eid (Grüne)	2,1
Dagmar Enkelmann (PDS)	2,1
Klaus Hagemann (SPD)	2,1
Alfred Hartenbach (SPD)	2,1
Kristin Heyne (Grüne)	2,1
Rudolf Seiters (CDU)	2,1
Ludwig Stiegler (SPD)	2,1

… und die schlechtesten

Ulla Jelpke (PDS)	4,2
[illegible] (fraktionslos)	4,2
Wilfried Seibel (CDU)	4,3
Rolf Köhne (PDS)	4,5

Abgeordneten-Test
Die besten Noten
für „Einsatz für den Wahlkreis" …

	Note:
Dagmar Enkelmann (PDS)	2,1
Ingrid Holzhüter (SPD)	2,1
Egon Jüttner (CDU)	2,1
Hermann Rappe (SPD)	2,1
Dagmar Freitag (SPD)	2,2
Klaus Hagemann (SPD)	2,2
Ernst Hinsken (CSU)	2,2
Leyla Onur (SPD)	2,2
Joachim Tappe (SPD)	2,2

… und die schlechtesten

Helmut Lippelt (Grüne)	4,9
Günter Rexrodt (F.D.P.)	4,9
Rolf Köhne (PDS)	5,3

Stern-Test in: Stern (38/98)

S. 246

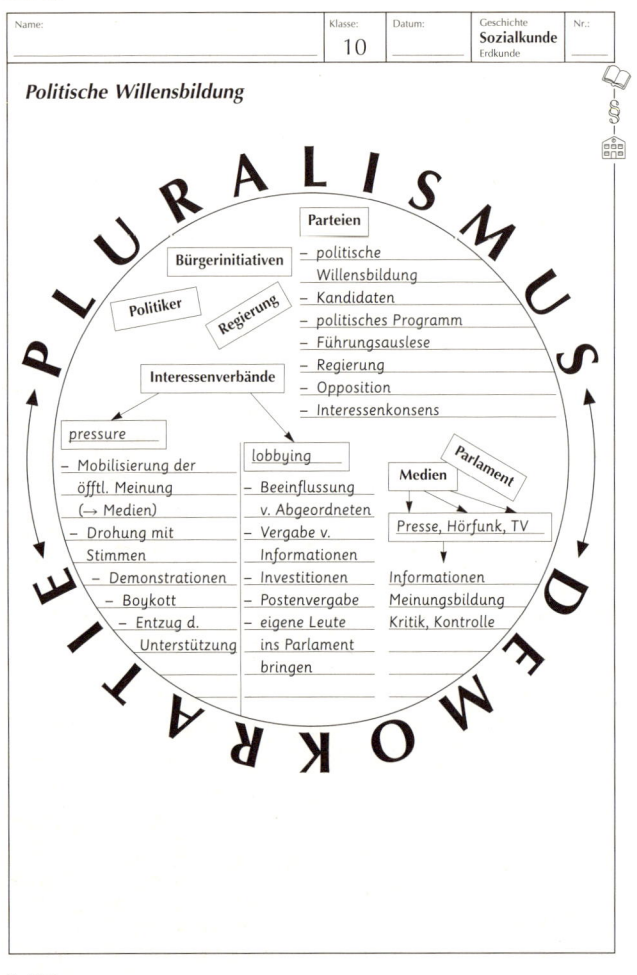

Politische Willensbildung

PLURALISMUS DEMOKRATIE

- Parteien
- Bürgerinitiativen
- Politiker
- Regierung
- Interessenverbände
- Medien
- Parlament

– politische Willensbildung
– Kandidaten
– politisches Programm
– Führungsauslese
– Regierung
– Opposition
– Interessenkonsens

pressure
- Mobilisierung der öfftl. Meinung (→ Medien)
- Drohung mit Stimmen
- Demonstrationen
- Boykott
- Entzug d. Unterstützung

lobbying
- Beeinflussung v. Abgeordneten
- Vergabe v. Informationen
- Investitionen
- Postenvergabe
- eigene Leute ins Parlament bringen

Medien: Presse, Hörfunk, TV
Informationen
Meinungsbildung
Kritik, Kontrolle

S. 248

Direkte und repräsentative Demokratie

direkte Demokratie
- Entscheidungsfindung: Gesetze, Regierung — Volk stimmt ab / wählt
- Vorteile:
  schnelle, direkte Entscheidungen
  Mitverantwortung jedes Einzelnen
- Nachteile:
  in Flächenstaaten: zu viele Abstimmungen nötig, schwer zu organisieren
  Gefahr von Stimmungsschwankungen

repräsentative Demokratie
- Entscheidungsfindung: Abgeordnete verschiedener Parteien (= Parlament) → Gesetze, Regierung — Volk wählt auf Zeit
- Vorteile:
  beständige Arbeit möglich
  gewählte Vertreter sind Fachleute
  keine sprunghaften Entscheidungen
- Nachteile:
  oft umständliche, zeitaufwendige Entscheidungsfindung
  Gefahr, dass Abgeordnete sich vom Wählerauftrag entfernen

Volk = Souverän / Staat

Gemeinsamkeiten:
- Volk ist Souverän (Regierung und Gesetzgeber)
- Mehrheitsprinzip

S. 251

5.4 Konflikt, Konsens und Minderheitenschutz

Kosovo – Krieg für den Frieden oder kriegerische Aggression?

Ein Negativbeispiel für Minderheitenschutz und Kompromissbereitschaft

Eklatante Menschenrechtsverletzungen im Kosovo durch die jugoslawische Regierung (eine Minderheit im Staat soll vertrieben werden) forderten ein Handeln der europäischen Staaten.
Es bestand Konsens innerhalb der Staaten und des Bundestages, dass diesem Zustand ein Ende bereitet werden muss. Bemühungen auf diplomatischem Weg mit Verhandlungen und Gesprächen wurden für gescheitert erklärt. Die jugoslawische Führung zeigte sich nicht kompromissbereit.
Mit Mehrheit des Bundestages wurde die Unterstützung eines militärischen Eingreifens der NATO mit Beteiligung der Bundeswehr im Kosovo beschlossen.
Eine Entscheidung, die verbindlich für alle demokratischen Kräfte in der Bundesrepublik Deutschland ist und auch durchgesetzt werden muss. Generalinspekteur Hartmut Bagger, der ranghöchste General in Deutschland, kommentierte es so: „Es macht wenig Sinn, darüber nachzudenken, wenn es eine klare politische Entscheidung gibt!" Die Bundeswehr muss teilnehmen!
Trotz weiterhin kontrovers geführter Diskussion innerhalb der Parteien und in der Öffentlichkeit, steht die Mehrheit der Bürger und Parlamentarier hinter diesem Entschluss. Andere Meinungen und Interessen werden toleriert, immer wieder durchdacht, diskutiert und für weiterführende Lösungsvorschläge berücksichtigt.

Gegen welche elementaren demokratischen Grundsätze verstößt der jugoslawische Staat?
Menschenrechte, Minderheitenschutz

Eine weitere demokratische Tugend ist nicht zu erkennen!
Kompromissbereitschaft

Welche demokratischen Tugenden werden in diesem Beispiel in Deutschland gepflegt?
Verbindlichkeit von Mehrheitsentscheidungen, Tolerieren anderer Interessen und Meinungen

Welche Minderheiten gilt es in Deutschland zu schützen? Überlegen Sie Beispiele und sprechen Sie darüber, wie dieser Schutz aussehen könnte!
z. B. alte Menschen, religiöse Minderheiten, Ausländer, Behinderte …

S. 256

Aufbau eines Feindbildes in der DDR

Die zwei wichtigsten Ziele der politischen Erziehung in der ehemaligen DDR waren:
1. Liebe zum sozialistischen Vaterland
2. glühender Hass auf den Klassenfeind

Der Klassenfeind waren die so genannten kapitalistischen Länder und hier insbesondere die ____Bundesrepublik Deutschland____.

Der Aufbau dieses Feindbildes war eine der Hauptaufgaben der sozialistischen Erziehung. Ein wesentliches Merkmal war der im Jahr 1978 eingeführte ____Wehrunterricht____.

Hier wurde den Schülern beigebracht, wie ihr Vaterland (die DDR) gegen die Übergriffe der Bundesrepublik Deutschland verteidigt werden kann.

Zuständig für die sozialistische Wehrerziehung waren besonders ____die FDJ (Freie Deutsche Jugend) und die GST (Gesellschaft für Sport und Technik)____.

Wehrunterricht im Lebenslauf eines DDR-Schülers:

3 Jahre: Eintritt in den Kindergarten

7 Jahre: Eintritt in die Jungen Pioniere

11 Jahre: Eintritt in die Thälmann-Pioniere

15 Jahre: Unterrichtsfach „Wehrerziehung" in der Schule
Wehrübungen der FDJ,
Wehrübungen der GST
Vormilitärische Grundausbildung in den Betrieben

16 Jahre: Teilnahme an den „Tagen der Wehrbereitschaft"

17 Jahre: Vormilitärische Ausbildung: 12-tägiger Lehrgang in den Sommerferien

Wehrerziehung der GST auf dem Jugendfestival der FDJ in Ost-Berlin im Mai 1984.